HISTOIRE GÉNÉRALE DES COMMUNES DE FRANCE

SAINT-JEAN-D'ANGELY

sous la Révolution
et jusqu'à l'époque Contemporaine
(1789-1909)

PAR

AMÉDÉE MESNARD

Ancien adjoint au Maire
Membre du Comité Départemental constitué au Ministère de l'Instruction Publique
pour la publication des documents
relatifs à l'Histoire de la Révolution Française.
De la Commission des Arts et Monuments Historiques de la Charente-Inférieure
et de la Société des Archives de Saintonge et d'Aunis.
OFFICIER DE L'INSTRUCTION PUBLIQUE

Ouvrage orné de nombreuses illustrations

PARIS
HENRI JOUVE, ÉDITEUR
15, RUE RACINE, 15

HISTOIRE GÉNÉRALE DES COMMUNES DE FRANCE

SAINT-JEAN-D'ANGELY

sous la Révolution
et jusqu'à l'époque Contemporaine
(1789-1909)

PAR

AMÉDÉE MESNARD

Ancien adjoint au Maire
Membre du Comité Départemental constitué au Ministère de l'Instruction Publique
pour la publication des documents
relatifs à l'Histoire de la Révolution Française,
De la Commission des Arts et Monuments Historiques de la Charente-Inférieure
et de la Société des Archives de Saintonge et d'Aunis.

OFFICIER DE L'INSTRUCTION PUBLIQUE

Ouvrage orné de nombreuses illustrations

PARIS
HENRI JOUVE, ÉDITEUR
15, Rue Racine, 15

ERRATA

Page 15, ligne 15, lire : Son, *au lieu de* : on.
— 15, — 14, — Discours, *au lieu de* : Directeur.
— 21, — 18, — satisfaisant, *au lieu de* : satisfaisante.
— 26, — 26, — accusant, *au lieu de* : accusaut.
— 34, — 29, — sursoyait, *au lieu de* : surseoyait.
— 57, — 22, — Sainte-Mesme, *au lieu de* : Saint-Mesme.
— 70, — 9, — qualité, *au lieu de* : qualités.
Pages 91 et 119, lignes 23 et 23, *lire* : baïonnettes, *au lieu de* : bayonnettes.
Page 100, ligne 27, *lire* : 20 octobre, *au lieu de* : 0 octobre.
— 141, — 23, — jugé, *au lieu de* : ugé.
— 159, — 23, — presque, *au lieu de* : en quelque sorte.
— 218, — 12, — clôt sa, *au lieu de* : closent leur.
— 229, — 8, — intervertir, *au lieu de* : intervenir.
— 257, — 18, — établies, *au lieu de* : établis.
— 260, — 17, — interdisait, *au lieu de* : interdirait.
— 262, — 18, — Vulturnum, *au lieu de* : Vulternam.
— 262, — 25, — Ludovico XV, *au lieu de* : Ludovico XX.
— 262, — 32, — me, *au lieu de* : mee.
— 292, — 19, — salle, *au lieu de* : alle.
— 366, — 21, — des, *au lieu de* : de.
— 389, — 22-23-26, *lire* : voir, vous, charge, *au lieu de* vois, vou, charger.
— 415, — 19, *lire* : spe, *au lieu de* : pes.
— 449, — 6, — l'aqueduc, *au lieu de* : l'arqueduc.
— 493, — 14, — philosophiques, *au lieu de* : philophiques.
— 502, — 28, — Dr Marcel, *au lieu de* : D Mlle.

SOURCES PRINCIPALES

Les Archives Municipales de Saint-Jean-d'Angély depuis 1789 et spécialement :

Registres des Délibérations, des Correspondances, des Arrêtés et des Sociétés.

Liasses et Notes se rapportant aux divers services.

Inventaire des Archives communales.

Ouvages consultés :

MAICHIN. — Commentaires sur la Coutume de Saint-Jean-d'Angély.

GUILLONNET-MERVILLE. — Recherches topographiques et historiques sur Saint-Jean-d'Angély.

— Annales de Saint-Jean-d'Angély depuis 1789. Notes communiquées.

AUSSY (H. d'). — Chroniques Saintongeaises et Aunisiennes. Saintes, 1857.

MASSIOU. — Histoire politique, civile et religieuse de la Saintonge et de l'Aunis.

BRIAND. — Histoire de l'Eglise Santone et Aunisienne.

MUSSET (Georges). — Cartulaire de Saint-Jean-d'Angély. Archives historiques de Saintonge et d'Aunis.

Saudau (L.-C.). — Saint-Jean-d'Angély d'après les Archives de l'Echevinage et les sources directes de son histoire.

Réveillaud (Eug.). — Histoire de la Ville, Commune et Sénéchaussée de Saint-Jean-d'Angély, des Origines jusqu'en 1789.

Brillouin. — Manuscrit inédit. Histoire de l'abbaye de Saint-Jean-d'Angély.

Delayant. — Histoire du département de la Charente-Inférieure.

PRÉFACE

> « Mais toujours nous avons cette consolation que la vie de nos ayeuls a été illustre, que leurs services ont mérité de très glorieuses récompenses et qu'il ne nous faut lire autre chose, pour apprendre la vertu, que l'histoire de nos devanciers. »
>
> Maistre Armand Maichin. Préface des *Commentaires sur la Coutume de Saint-Jean-d'Angély*, publiés en 1650 à Saint-Jean-d'Angély par Paul d'Angycourt.

Il y a longtemps que je désirais écrire une Histoire de Saint-Jean-d'Angély ; mais j'ajournais, sans cesse, cette idée à raison de difficultés dont certaines paraissaient insurmontables.

Un concours de circonstances, dû à la bienveillance de mes concitoyens, m'ayant permis de puiser à la source même des documents indispensables, voici qu'enfin, après bien des années de recherches, aux heures laissées libres par les exigences professionnelles, ce projet est devenu une réalité.

Sa conception première, trop vaste a, toutefois, subi une modification et, toutes réflexions faites, il m'a paru préférable de limiter cette étude au seul temps de la *Révolution jusqu'à la période contem-*

poraine, laissant à la plume alerte et féconde de l'érudit Eugène Réveillaud, député de cet arrondissement, le soin de traiter de *l'Histoire de la ville, de la commune et de la sénéchaussée depuis l'origine jusqu'à 1789*.

En nous partageant le travail, d'une ampleur respective encore largement suffisante, il nous a été ainsi permis d'être l'un et l'autre plus complets et d'ajouter des détails utiles.

Les divisions adoptées dans ce livre sont, comme toute division d'ailleurs, nécessairement arbitraires : il suffit cependant qu'elles soient logiques et que le lecteur ne soit pas exposé à perdre son temps et à s'égarer.

Trois parties principales sectionnent la période de plus d'un siècle qui m'est échue.

Dans la première, la plus importante assurément, d'après le titre de cet ouvrage, tout ce qui est relatif à l'époque proprement dite de la *Révolution* et du *premier Empire* : lutte des deux municipalités rivales, faits locaux d'ordre politique se rattachant à la politique générale du Pays, actions des diverses sociétés régionales ou des « clubs » issus des événements, questions religieuses, administratives ou militaires, fêtes, cérémonies et enseignement publics découlant, le tout, de la vie quotidienne de la cité, telle est, d'une façon générale, la matière traitée en y ajoutant, pour la seconde partie, son état, à ces divers points de vue, sous le *gouver-*

nement provisoire, les *Cent jours, Louis XVIII, Charles X et Louis-Philippe.*

La troisième division enfin est réservée au temps couru à partir de la *Révolution de 1848 et la présidence de Bonaparte jusqu'à nos jours*, le récit, on le conçoit, devenant de plus en plus succinct au fur et à mesure que l'on se rapproche de la période contemporaine.

Peut-être remarquera-t-on que certains points de la vie communale sont parfois sobres de détails et quelques-uns même négligés...

Mais comment pourrait-il en être autrement, puisque, malgré tous les efforts tentés pour ne pas dépasser les limites fixées, il a fallu, malgré tout, atteindre encore certaines proportions ?

Procéder autrement pour quelques détails, c'eût été s'exposer à négliger des faits indispensables.

Une abstraction était donc fatale : mais malgré cela, on ne pourra me faire le reproche, en la tronquant, d'avoir voulu altérer l'histoire.

Toute tentative historique n'est-elle pas, au surplus, forcément, une abstraction, ainsi que le fait si justement observer Aulard, puisque l'effort rétrospectif d'un esprit ne peut embrasser qu'une partie seulement de l'immense et complexe réalité ?

Peut-il, en outre, ainsi qu'ajoute cet écrivain, peut-il, en histoire, exister un livre qui se suffise à lui-même ? et le lecteur n'a-t-il pas besoin de faire toujours des lectures complémentaires ?

L'ordre chronologique a, le plus possible, été

observé dans le plan ; mais, pour éviter des redites inutiles et fastidieuses, il a dû arriver parfois, spécialement au chapitre de *l'Enseignement public*, d'épuiser, tout d'une traite, ce qui se rapportait au même sujet.

Je me suis pénétré de cette pensée émise par un homme qui a écrit des choses fort intéressantes, M. H. d'Aussy, c'est que la vérité historique ne saurait admettre de transaction et qu'il faut, comme il le dit, des actes prouvés pour obtenir et justifier les croyances de la postérité.

Comme lui encore, je suis resté convaincu que, quelque suggestive que soit la forme, elle ne suffit pas, si l'on veut faire œuvre d'historien et de narrateur fidèle : il faut, avant tout, tenir avec soin l'imagination en laisse.

Le fond ne peut être travesti, et « les romans, les virelais, les sirventes, les légendes des troubadours et des trouvères du moyen âge, loués pour leurs grâces naïves, la vérité des mœurs et le tableau fidèle des siècles des croisades, ne pourront jamais faire autorité dans les pages sévères de l'histoire. »

Cette déclaration de principe faite, c'est dire que je n'ai voulu écrire dans ce livre, qu'après avoir lu et relu les textes mêmes et n'insérer qu'après les vérifications les plus minutieuses.

J'estime que le respect que l'on doit à ses lecteurs ainsi qu'à soi-même, exige qu'il en soit ainsi.

Certes, ce travail préparatoire est souvent bien ingrat : à chaque pas, se dressent des difficultés et, cependant, il est essentiel. C'est là une constatation qu'ont dû faire ceux qui ont eu à s'occuper de semblables sujets.

N'est-ce pas, au surplus, cette même vérification qui faisait écrire à Maichin, dans son avant-propos de l'*Histoire de Saintonge, Aunis et Angoumois*, ces lignes :

« Certainement il n'y a pas peu de peine à tirer tant de choses du sépulcre où elles ont été ensevelies pendant si longtemps et j'avoue que j'ai été surpris, dans le milieu de mon dessein, de voir qu'il me fallait percer tant de volumes pour acquérir connaissance de l'état des affaires de mon pays. »

Si donc quelqu'un croyait devoir critiquer ou le plan ou la forme de cette étude, bien que je me sois efforcé d'être aussi net que possible, spécialement dans les liens de transition d'un sujet à un autre, qu'il veuille bien au moins être de tout repos en ce qui concerne la documentation proprement dite ; toutes précautions utiles ont bien, encore une fois, été prises pour la composition des dossiers.

Ce n'est point une thèse que j'ai voulu plaider ici ne recherchant, ainsi que l'a fait le maître si justement apprécié qui a écrit l'*Histoire de la Révolution Française*, qu'une chose, c'est que mon travail puisse être considéré comme un exemple d'application de la méthode historique à l'étude toute régionale d'une époque défigurée souvent « par la passion et la légende ».

Et à ce propos, que ceux qui, en relevant certains

noms mêlés à tels ou tels événements, seraient actuellement tentés de s'étonner, veuillent bien ne pas perdre de vue les circonstances particulières qui donnaient naissance aux actes, au temps où ils s'accomplissaient.

Agir autrement, ce serait se départir de la réserve qui doit être la règle de tout esprit libre et dégagé de toute idée préconçue.

Quant au but poursuivi dans cet ouvrage, que personne ne s'y méprenne surtout.

J'ai voulu, d'abord, sans souci d'attirer la moindre attention, — à l'exemple des Guillonnet-Merville, des Brillouin, des D'Aussy, des Saudau et autres, — à ceux qui, en dehors des notions générales qu'ils possèdent déjà, désirent encore connaître l'histoire économique et sociale de la région qu'ils habitent, de leur petite patrie d'origine ou d'adoption, faciliter cette étude.

J'ai voulu, ensuite, en groupant comme en un faisceau, le plus grand nombre possible de documents et détails, apporter ainsi, moi-même, une pierre utile à l'œuvre qu'un ouvrier plus exercé, dans un avenir plus ou moins prochain, pourra édifier, en se servant de matériaux jusqu'alors dispersés à tant de sources diverses et qui se trouveront, alors, pour ainsi dire, à pied d'œuvre.

N'est-ce pas, en effet, par les résultats de tous les efforts individuels, que seulement pourra être élevé le monument plus dur que l'airain auquel faisait allusion le poète qui a bercé notre jeunesse ?

Enfin, et c'est par là que je termine, j'ai aussi voulu suivant le mot d'Enlart, rendre « un juste hommage aux devanciers » dont nous ne sommes que le prolongement.

Nous avons l'espoir qu'en relevant les noms de ceux qui, soit aux heures sombres, soit aux heures plus propices, ont, chacun dans la mesure de ses facultés, joué un rôle utile dans la Cité, se vérifiera de plus en plus la justesse de cette vieille maxime du « maistre » inscrite au frontispice même de notre ouvrage, c'est que « la vie de nos ayeuls a été illustre, que leurs services ont mérité de très glorieuses récompenses et qu'il ne nous faut lire autre chose pour apprendre la vertu que l'histoire même de nos devanciers ».

Amédée Mesnard

Saint-Jean-d'Angély, janvier 1909.

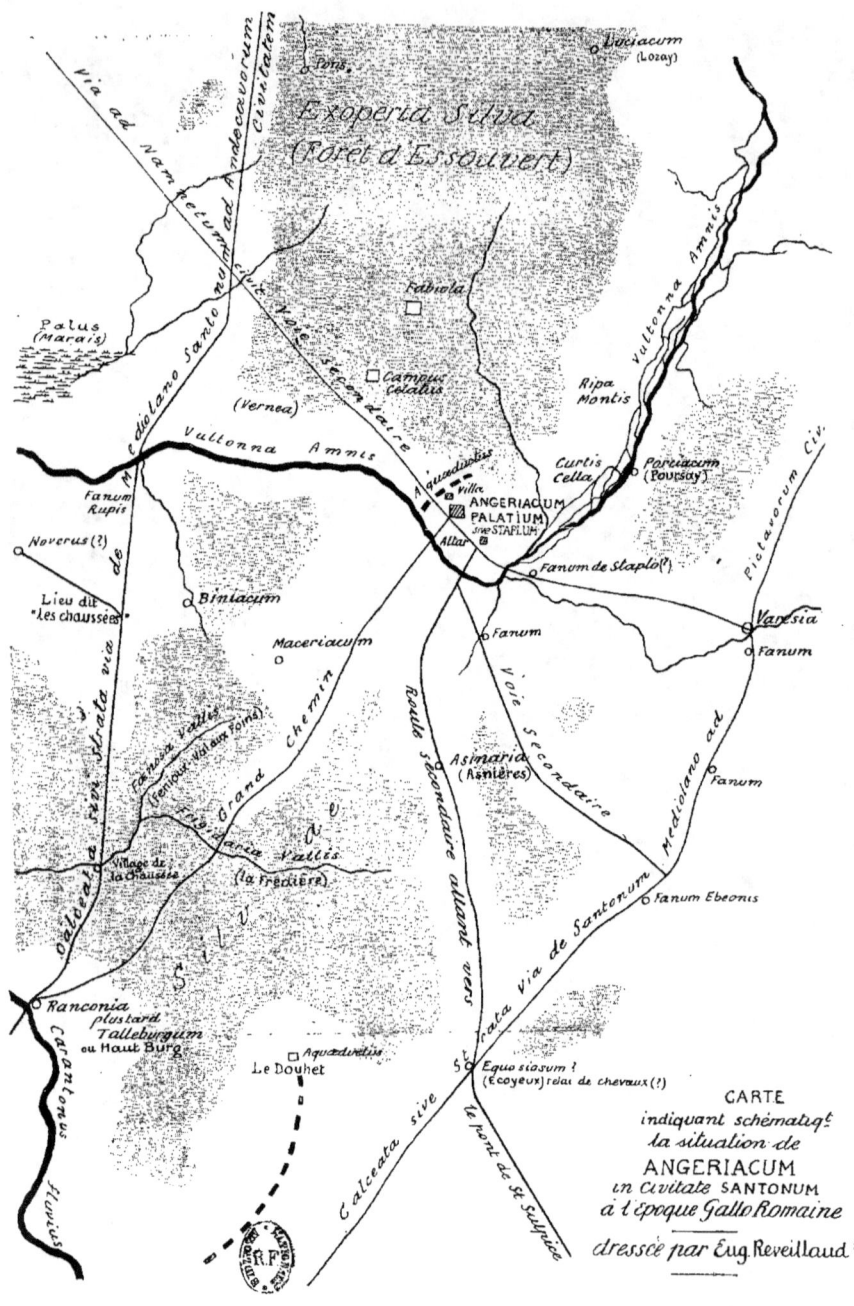

LIVRE PREMIER

PREMIÈRE PARTIE

Sommaire Général de la Première Partie

Chap. I. — Etat, en 1789, des esprits à Saint-Jean-d'Angély. — Les deux municipalités rivales.
Chap. II. — Organisation nouvelle : Troubles dans le pays. — La mairie sous Loustalot.
Chap. III. — La mort de Louis XVI : on retentissement et ses conséquences à Saint-Jean-d'Angély. — Les Clubs et Sociétés politiques.

CHAPITRE PREMIER

> « Les matériaux sont à pied d'œuvre, travaillons... »
>
> (Henri Brisson, directeur du 12 juin 1906).

Etat des esprits à Saint-Jean-d'Angély en 1789. — Les deux municipalités rivales : Normand d'Authon et Valentin. — Troubles et mouvements séditieux dans la ville. — Les députés aux Etats généraux. — Les Cahiers des doléances de la Noblesse, du Clergé et du Tiers-Etat. — Lettres patentes du roi Louis XVI. — La Société des Amis de la Constitution. — Tentatives de ce groupe : attitude des diverses municipalités du district. — Etat financier de Commune. — Les Notables. — Annulation de l'élection des 28 et 30 janvier 1790. — Les députés des huit cantons de Saint-Jean-d'Angély à la confédération générale, à Paris. — Le serment de fidélité à la Constitution au « Champ de Mars. » — L'arbre de la Liberté.

I

Saint-Jean-d'Angély (1) était, en 1789, divisé en deux fractions ayant l'une et l'autre d'ardents partisans.

---

1. La villa gallo-romaine qui s'élevait sur les bords de la Boutonne, là où s'étend aujourd'hui la ville de Saint-Jean,

La première avait comme chef Antoine Valentin (1), « conseiller du roy, son médecin, avocat au

---

d'Angély (*Angeriacum, Ingeriacum, Engeriacum* et *Angérie*) passa aux rois Carlovingiens et peut-être précédemment aux rois Mérovingiens. Son existence ne paraît pas devoir être mise en doute : sous le sol de la ville, à différentes reprises, on a découvert des restes qui paraissent bien se rattacher à cette civilisation.

A l'époque susdite, le lieu de Saint-Jean-d'Angély était habité par des membres des classes supérieures.

Etait-ce une villa, un *burgum*, une *curtis* ? il est difficile de le déterminer : mais de ce fait que la voie romaine ne passait qu'à une distance éloignée de ce lieu il est à supposer qu'il n'y avait pas là un centre important. Ce n'est en effet que plus tard, que la voie secondaire qui passait à Saint-Jean-d'Angély prit une réelle importance.

(*Cartulaire de Saint-Jean-d'Angély* publié par Georges Musset. Tome XXX des *Archives hist. de Saintonge et d'Aunis*.)

1. Louis-Antoine Valentin, dit P.-D. Rainguet, dans sa *Biographie Saintongeaise*, était fils d'un père originaire du Languedoc qui exerçait la chirurgie à Saint-Jean-d'Angély où il était venu s'établir vers le milieu du XVIIe siècle et d'une dame Laloyal. Né en 1740, il fut maire de cette ville, en 1772.

Une mention au folio 58 du *Registre des Avocats* indique qu'en 1771 Valentin fut **nommé syndic** de la compagnie des avocats à la place de Guillonnet. A propos des fonctions d'avocat, qu'il exerçait, une délibération du 4 septembre 1783, pages 72 et suivantes, relate une difficulté qu'il eut avec M. Géri, lieutenant criminel de la sénéchaussée, qui prétendait avoir été injurié par lui.

La plainte avait été portée par Géri aux officiers de ladite sénéchaussée, mais y ayant rencontré des abstentions, il s'était pourvu à la Cour et avait obtenu d'elle, un arrêt attribuant la connaissance de l'affaire au sénéchal de Saintes qui était venu à Saint-Jean-d'Angély et avait entendu les témoins du plaignant.

Le Conseil de l'Ordre appréciant la loyauté des sentiments

Parlement, maire en titre d'office » ; la seconde, Alexandre Normand d'Authon (1).

Le désir de conserver le pouvoir municipal avec les privilèges qui y étaient attachés pour celui-là, celui de le conquérir pour celui-ci, telles furent les causes de l'antagonisme qui, pendant un certain temps, en divisant ces deux hommes influents, divisèrent, par suite, la cité.

Le curé de la paroisse de Villepouge, distante de quatre lieues de Saint-Jean-d'Angély. un sieur Boutinet (2), abandonnant ses devoirs curiaux, s'était

---

de Valentin et justement ému de voir qu'il n'avait pas, lui-même, été tout d'abord saisi de la question, décida qu'il ne plaiderait plus devant M. Géri ; ne l'assisterait ni au civil ni au criminel, au cas où l'on aurait besoin de l'un de ses membres et enfin, ne lui ferait plus visite, quand il en serait fait aux autres officiers.

Cette délibération est signée : Guillonnet de Merville, Meaume, Loustallot, père ; Mousnier, Guillonnet, Binet de Pontois, Dautriche, Duret, Arsonneau, à quoi ont adhéré et signé, en outre, Marchant de Fief-Joyeux ; Durouzeau; Marchant, jeune, Loustallot, fils, syndic.

1. Normand d'Authon (Claude-Alexandre) remplit près le tribunal de la sénéchaussée les fonctions d'avocat du roi à lui transmises par son beau-père, M. Maurice Charrier. Après la suppression des sénéchaussées, bailliages et présidiaux, il fut un des juges du tribunal de 1re instance de Saint-Jean-d'Angély, et siégea jusqu'en 1793. Gentilhomme et beau-frère d'émigré, il dut renoncer à la judicature et resta avocat jusqu'en 1806. (Notes inéd. de Guillonnet-Merville. *Dict. biogr. de la Char.-Infér.*).

2. D'après Brillouin, le curé Boutinet aurait abjuré et se serait marié par la suite.

On peut voir, en effet, au chapitre relatif à la question

mis à la tête d'un comité illégalement formé dont les membres étaient pour la plus grande partie des campagnards, dans le but de renverser la municipalité dont Valentin était le chef et de lui en substituer une nouvelle représentant les idées du jour.

Un trompette, se gardant bien d'indiquer l'objet de la réunion, avait parcouru la ville rassemblant quelques habitants et subitement, sans le moindre scrutin, profitant de l'étonnement et du désarroi causés par une façon de procéder « inouïe jusqu'alors », le curé Boutinet, s'emparant de la présidence, était parvenu à faire élire Normand, maire de Saint-Jean-d'Angély.

A peine élu, Normand montant, lui-même, au fauteuil de la présidence, réussit à faire désigner, pour le seconder dans sa besogne, les principaux auteurs de l'entreprise dont la plupart lui étaient attachés par les liens du sang.

Ces échevins étaient, dit Brillouin : Duret; Merville; Dufresne; Bégeon de Saint-Mesme; De Bonnegens d'Aumont, procureur-syndic; Maugeais, procureur-secrétaire.

Les pairs étaient : Bouisserin; De Bonnegens, lieutenant général; Robinet; Marchand; Jouaneau; Brillouin; Allenet, Daniel; Chotard; Giron; Sorin; Dautriche; Guyot; Poitou; Duplessy; Demange; Dezille; Saint-Blancard, assesseur.

---

religieuse, qu'il chargea ses collègues Jupin et Poirier de remettre ses lettres de prêtrise.

Toutefois, celui que l'on avait voulu renverser, Valentin, ne se prêta pas de bonne grâce à la combinaison ; aussi convoqua-t-il, aussitôt — 1ᵉʳ décembre 1789 — tant par billets qu'au son de la cloche, les habitants dans l'église des « RR. PP. Jacobins » (1) à défaut d'hôtel de ville, pour leur soumettre le cas.

La réunion protesta contre l'illégalité dont était entachée la prétendue nomination de la nouvelle municipalité ; et Mᵉ Marchant de Fief-Joyeux, fils, avocat (2), fut délégué, en même temps que Valentin, pour aller auprès de l'Assemblée nationale lui

---

1. L'église et le couvent des Jacobins, d'après Guillonnet-Merville, dans ses notes inédites, auraient été acquis après la Révolution par M. Binet, avocat, et revendus à M. Normand-Dufié. Cette église, sise dans la rue de ce nom, avait son entrée vis-à-vis une auberge dite *Les Armes de France*. Au mur septentrional de l'église tenait le cloître, aux quatre coins duquel se trouvaient quatre cyprès : le jardin était entre la promenade alors appelée *Champ des Jacobins* et le bout septentrional de leur maison.

2. Famille originaire de Nérac en Guyenne d'après Rainguet.

Au folio 39 du registre des délibérations des avocats de Saint-Jean-d'Angély, nous relevons : « Aujourd'hui, 6ᵉ août 1759, la Compagnie en corps a assisté à l'enterrement de Mᵐᵉ Saint-Charles, religieuse hospitalière du couvent de Niort et fille de Mᵉ Charles Marchant de Fief-Joyeux, frère de la défunte et Mᵉ Isaac Marchant de Chavagne frère de la défunte. » Plus bas, on lit encore : « Aujourd'hui (1ᵉʳ janvier 1760), la compagnie a fait visite à Mᵉ Charles Joseph Marchant de Fief Joyeux, avocat et à Mᵉ Marchant, lieutenant général de police et docteur en médecine, enfant de Mᵉ Charles Marchant, l'aîné, avocat. »

demander la cassation de ce qui avait été fait. La commune, dans sa délibération, avait formellement refusé de reconnaître l'administration de Normand, la regardant comme « illégale et attentatoire au bon ordre, à la tranquillité publique et aux décrets de l'Assemblée nationale », toutes choses devant rester dans leur état primitif.

Chacun prit l'engagement formel de refuser d'exécuter ses décisions et même de l'informer de la résolution prise. Nombreuses sont les signatures apposées au pied du procès-verbal (1).

*
* *

Sur une lettre du duc de Maillé, le roi, sur le rap-

---

1. Citons au hasard celles qui suivent :
Augier, père, capitaine de cavalerie; Bonnet; de Laperrière, lieutenant des maréchaux de France; de Saint-André; Allenet, marchand épicier; Babin; Brillouin, négociant; de Lacombe, avocat; Dumaurisson, bourgeois; Devignes; Chaigneau, marchand de drap et de soie; Billard, citoyen; Augier fils; Bartaré, notaire; Binet, bâtonnier des avocats; Esmein; Saudau, maître cordonnier; Robinet, doyen des notaires; Maume, avocat; Gruel-Villeneuve; Poutier, maître serrurier; Goudet, maître ès-arts; Bonnet, entrepreneur; Marot, jeune; Lambert, marchand; Hélie, procureur; de L'Homme, notaire; Marchand, président de l'élection; Loustalot, avocat; Grelat, praticien; Lair, négociant; Marchand de Fief-Joyeux, père, doyen des avocats; son fils; Guérineau, marchand épicier; Genin, citoyen; Pongaudin, maître en pharmacie; Péraud, orfèvre; Pelletier, bourgeois; Arcouet, aîné; Mounier, avocat; Lafond, maître boulanger; Mauge, cadet, chapelier; Chapiot fils, marchand; autre Chapiot fils, marchand tanneur, etc.

port du comte de Saint-Priest, autorisa provisoirement la nomination contestée, en attendant que l'Assemblée nationale eût terminé le règlement qu'elle préparait pour l'organisation des municipalités. Celui qui faisait part de cette décision royale ajoutait qu'il espérait bien « qu'on n'apporterait aucun obstacle à ce que la nouvelle municipalité exerçât ses fonctions dans tout ce qui la concernait », disant, en outre, que le moindre acte de celui qu'il appelait « l'ancien maire », dans les attributions qu'il n'avait plus, serait considéré comme « attentatoire à la tranquillité publique ».

Malgré cela, M. Marchant de Fief-Joyeux, fils, partit pour Paris, pour exposer à ceux que dans son Mémoire il appelle « Nosseigneurs » les faits qui précèdent. Le tableau qu'il trace de l'état de Saint-Jean-d'Angély, dans l'exorde ex-abrupto de son discours, est loin d'être satisfaisante : « La Ville, dit-il, est menacée des plus grands maux et est choisie par le despotisme, — ce monstre affreux banni de toute part, — comme dernière retraite où il déploie toute la rage de son désespoir. »

C'est, ensuite, au comité usurpateur illégalement formé, comité de correspondance de la sénéchaussée, qu'il dit vertement son fait, ainsi qu'il suit : « Pour surprendre la religion des ministres, les chefs de cette cabale ont employé le mensonge, l'imposture : et, puisque nous en avons des preuves légales, nous devons le dire, ils n'ont pas rougi d'employer le moyen criminel de faux ; ils n'ont pas craint de violer toutes les formes, toutes les lois, ils ont même foulé aux pieds celles qui sont émanées de l'Assemblée nationale. La ville de Saint-Jean-d'Angély, en réclamant son ancienne municipalité, réclame donc l'exécution de vos décrets. »

Puis, après avoir développé et mis en lumière les raisons qui militaient en faveur des conclusions que soutenait la délégation, dans une péroraison ardente, le député, demandant l'annulation de l'élection de Normand comme illégale, s'écriait ;

« Vous concevrez, Nosseigneurs, que ce n'est pas sans effroi que la ville de Saint-Jean-d'Angély a vu des hommes de ce caractère se placer à la tête de sa municipalité... et ce n'est pas sans le plus grand étonnement qu'elle a appris que cette usurpation était soutenue par le duc de Maillé qui a enjoint à l'ancienne de s'abstenir de ses fonctions... Par quelle fatalité la ville de Saint-Jean-d'Angély, qui a encore et de nouveau protesté, dimanche dernier, contre les usurpateurs de sa municipalité, serait-elle la seule qui, dans ce moment, ne jouirait pas du droit naturel et légitime de se choisir des officiers municipaux et le chef de sa milice nationale... ? »

Il est facile, à la lecture de ces faits, même après plus d'un siècle, de se rendre compte de ce que devait être alors l'état des esprits angériens ; partagés entre deux hommes de caractère, d'égale valeur peut-être ; dans tous les cas, également résolus à l'emploi des mesures les plus énergiques, pour assurer le triomphe de leurs désirs respectifs.

*
* *

Il n'était, pour ainsi dire, aucune circonstance où l'opposition de sentiments qui existait entre les deux chefs ne se manifestât sous une forme ou sous une autre : occulte et dissimulée parfois, quand on ne pouvait faire autrement, mais cependant, le plus souvent, formelle et ne reculant devant aucun moyen.

Ce fut d'abord par des placards injurieux que les adversaires engagèrent la lutte : apposés dans les divers quartiers, ils occasionnaient des attroupements de la part des passants qui trouvaient, là, matière à exciter leur passion. Ils étaient lus, puis commentés, dans le sens que chacun préférait, avec les plus grands écarts de langage.

Valentin (1) et ses collègues, Alexandre Chaigneau,

---

1. Ses ennemis lui reprochaient d'avoir augmenté les charges de la Ville, anéanti les fonds patrimoniaux et établi un octroi sur la boucherie.

Ils l'accusaient, en outre, d'avoir emprunté 10.000 livres sur l'hôpital, dont il était, comme maire, l'un des administrateurs, d'avoir aliéné les matériaux et l'emplacement de l'ancien hôtel de ville et d'avoir fait vendre tous les arbres qui couvraient la place des Jacobins, ajoutant que les ouvriers qu'il employait pour le service de la Commune, n'étant pas même payés, étaient ainsi réduits à la misère.

Malgré ces accusations, Valentin était fortement soutenu par le peuple ; ses adversaires prétendaient que c'était parce que sa qualité de maire et de colonel de la milice bourgeoise lui permettait d'asservir plus facilement ceux qui avaient quelque chose à redouter de l'un et de l'autre.

(Guillonnet-Merville, *Notes inédites*.)

Hiriart, Esmein, Augier, Parant, Rocquet, Gruel-Villeneuve, Guillonnet, Quantin, Mareschal, désireux de faire cesser les divisions qui affligeaient la ville, étaient obligés d'employer la force pour faire enlever ces écrits diffamatoires ; et c'était un secrétaire, escorté de deux fusiliers, qui était chargé de cette besogne peu facile qui dut être recommencée bien des fois.

D'autre part, les deux municipalités rivales, voulant également fonctionner et manifester leur pouvoir, se disputaient la remise et la possession des plis et paquets municipaux qu'apportaient les courriers, chacune d'elles affirmant ses seuls droits à les détenir.

Pour mettre un terme à cette situation, le 2 décembre 1789, la municipalité de Valentin et le Comité d'adjonction décidaient qu'à l'arrivée de chaque courrier, on se transporterait au bureau de la poste, pour assister à l'ouverture des paquets et en obtenir la délivrance. Le soir de ce même jour, le maire Binet et quatre adjoints, accompagnés et protégés de huit fusiliers, s'y rendaient à ces fins. Mais le maître de poste, un sieur Dézille, bien qu'il eût connaissance par une notification régulière de la délibération, ne se laissa pas intimider par la vue des militaires : il verbalisa, très longuement, et requit la présence de M. de Lestang, subdélégué.

Non sans peine les délégués de la Commune réussirent à s'emparer de deux lettres et d'un prospectus d'almanach national : butin assez maigre pour toute leur peine !

A la seconde visite, malgré la force armée, Dézille, s'étant ravisé, refusa net toute nouvelle remise, se faisant appuyer, pour soutenir son refus, par la maréchaussée qu'il était allé requérir et qui dut forcer la garde pour empêcher l'envahissement de ses bureaux. Cependant, Valentin, Guillonnet, Binet, Lair, Barbeau et Bélène, députés à nouveau extraordinairement, s'étant montrés plus pressants, finirent par enlever les dernières résistances du fonctionnaire Dézille dont le déplacement, ainsi que celui de son commis, fut demandé.

Ce n'était pas seulement les correspondances ou papiers adressés à la municipalité sur lesquels Normand et ses amis voulaient faire main basse : les anciens registres, les dépêches et, d'une façon générale, toutes les vieilles écritures dont ils refusaient catégoriquement de se dessaisir, étaient l'objet de leurs plus ardentes convoitises. Six délégués chargés de les faire revenir sur cette détermination, étaient retournés sans résultat.

Après une discussion mouvementée, la commune décida, d'une voix unanime, de passer outre et de rentrer en possession des documents par tous les moyens possibles.

Plus de trois cents citoyens se transportèrent alors au domicile de Normand. MM. Marchant de Fief-Joyeux, Mareschal, Lair l'aîné et Binet, ayant seuls pénétré dans sa demeure, l'invitèrent « ainsi que les autres prétendus officiers municipaux » qui se trouvaient avec lui, à se transporter sur le seuil de la porte, pour y recevoir l'aveu général de la commune. Normand parut, en effet, escorté de dix ou douze de ses amis, essayant de prononcer un discours pour justifier son refus.

Mais le peuple ne voulut rien entendre, lui criant qu'il ne pouvait le considérer « ni comme maire, ni comme sous-chef ». Les amis de Normand, en présence d'une volonté si formellement exprimée étaient, eux-mêmes, d'avis de se soumettre aux ordres de M. le duc de Maillé, et ils allaient s'exécuter en remettant les registres, quand celui qui se considérait comme le seul chef s'y refusa absolument, en disant « qu'il ne le voulait, ni ne le pouvait ».

La foule, plus surexcitée par cette nouvelle attitude, allait se livrer à des scènes regrettables quand, sur le conseil de quelqu'un fort sage dans la circonstance, on décida de s'ajourner au lendemain, la nuit portant conseil. Si le plus grand nombre fut de cet avis et le suivit, quelques personnes pourtant, parmi lesquelles des femmes moins faciles à contenir que leurs maris, après avoir simulé une retraite, retournèrent chez Normand qui le prit, alors, de très haut, considérant ceux qui étaient là, comme un groupe formant un attroupement séditieux et accusant Marchant, fils, et Boissière d'être les promoteurs de cette insurrection. Ce dernier fut même pris au collet et dut être protégé par la troupe nationale pour éviter une fâcheuse collision.

Cependant, comme cette situation pouvait durer longtemps et amener de graves conflits, la commune s'arrêta au parti d'acheter de nouveaux registres ; mais, ne voulant supporter ce qu'elle considérait comme un refus injustifié, elle décidait de dénoncer à l'Assemblée nationale MM. Normand et autres comme « perturbateurs de son repos ». En même temps, elle déclarait ne reconnaître pour son seul maire, que le sieur Valentin et ce, jusqu'à ce que la formation des municipalités ait été décrétée, suppliant l'Assemblée nationale de faire justice de sa demande.

*
* *

Mais, l'agitation populaire loin de se calmer continuait plus vive au contraire : le trompette de ville Sourisseau affichait toujours les discours de Normand provoquant à des actes séditieux : pour calmer son zèle, on dut le mettre « six jours en prison au pain et à l'eau ». D'autre part, on faisait circuler en ville, par les soins d'un charpentier du nom de Bonnet et d'un huissier appelé Bouyer, une pétition qui, tendant à renverser Valentin, fut considérée comme subversive. Pour déjouer ces projets factieux, le maire, en sa qualité de commandant général du régiment national, ordonna à vingt fusiliers de parcourir les rues pour y rechercher les colporteurs d'écrits répréhensibles. Au Palais on trouva l'huissier Bouyer qui, ayant étalé son papier sur une table, quémandait en insistant, des signatures : à la vue des soldats, il le fourra vivement dans sa poche et refusa toute communication. Pressé, il finit par l'exhiber, déjà signé des officiers du sénéchal, de plusieurs procureurs, huissiers et citoyens. Dans cette pièce, on demandait la réunion des deux municipalités.

Sur l'observation qui fut faite à Bouyer qu'en agissant ainsi, il outrepassait ses droits, il se montra agressif, insolent et, soutenu qu'il était, sans aucun doute, par ses chefs, il alla même jusqu'à tenir des propos menaçants. Il ferma la porte du Palais, et, comme on pensait qu'il allait s'ensuivre quelques voies de fait à l'égard des commissaires, le procureur du roi, en homme prudent, ne voulant pas se trouver dans la mêlée, jugea sage de s'esquiver furtivement. De son côté, Bonnet, qui ne perdait pas son temps en semant l'agitation, fut arrêté par quatre fusiliers et conduit en prison, cependant que l'adjudant du régiment national, secondé par quatre autres soldats, cherchait à amener l'huissier récalcitrant devant l'assemblée. Mais le sergent de Thémis ne l'entendait pas ainsi : opposant la plus vive résistance, il frappa ceux qui venaient pour l'arrêter jusqu'à ce que, secouru par son clerc, jaloux de suivre l'exemple de son patron, ils eussent, l'un et l'autre, réussi à s'échapper.

*
* *

En présence du désaccord complet qui existait entre les deux partis qui divisaient la ville et des scènes graves qui se multipliaient chaque jour, les membres du Comité des rapports à l'Assemblée nationale, crurent devoir intervenir pour rétablir le calme. Comme moyen de conciliation, il proposèrent de réunir les deux municipalités, de façon à n'en faire qu'une, en y faisant comprendre un nombre égal d'officiers pris dans le sein de l'une et de l'autre.

Le procureur du roi, Guillonnet, ne voulut rien prendre sur lui dans la circonstance, et déclara qu'il allait en référer à la commune elle-même pour savoir quelle était sa manière de voir sur ce point. Celle-ci, consultée, fut d'avis que la prétendue municipalité élective avait été illégalement nommée, non seulement parce que la question de forme n'avait pas été régulièrement observée, mais parce qu'elle avait eu lieu dans une assemblée toute spéciale, composée de députés de la campagne et non par le scrutin.

Cette nomination pouvait d'autant moins être validée que plus de cinquante personnes étrangères à la commune, avaient pris part au vote ; d'autres avaient indiqué de fausses adresses, d'autres enfin, étaient des « enfants de familles ».

Elle ajoutait que la destitution de la « véritable municipalité » serait considérée comme une injustice de la dernière atrocité, que seul le pouvoir le plus barbare pourrait se « permettre », et une infraction aux décrets de l'Assemblée nationale qui mettaient sous la sauvegarde de la loi et de la nation, l'honneur et la propriété de tous les citoyens. Cette élection attaquait de front les droits de l'homme et la liberté des suffrages, don précieux de la nature et base fondamentale de la régénération française. Enfin en terminant, on ajoutait que la prétendue municipalité de Normand n'était composée que de personnes qui, depuis longtemps, enchaînaient l'opinion d'une partie des citoyens par des coups d'autorité et par l'inquisition des informations et des décrets.

C'était, selon la commune, « une pépinière d'aristocrates et de despotes » ne cherchant à se maintenir que dans l'espérance d'entraîner, comme par le passé, les suffrages de tous les citoyens tranquilles pour s'emparer des premières places et perdre ainsi la ville.

Ce n'était point, disait-on, une municipalité, mais bien plutôt un « Comité aristocratique ».

Toute idée de fusion fut donc rejetée à la suite de ces observations ; et la délibération, qui porte que « le peuple ne pouvait accepter et donner sa confiance à des personnes qui avaient sacrifié ses droits » fut transmise au Comité des rapports par Marchand et Valentin spécialement députés à cet effet. Au surplus, la commune déclarait catégoriquement qu'il ne pourrait exister de calme et de liberté dans les suffrages qu'autant que les choses seraient rétablies dans le premier état et décidait de ne point procéder à la nomination d'une nouvelle municipaité suivant la nouvelle organisation, tant qu'il ne serait pas intervenu un décret sur les réclamations formulées.

Normand, Duret et Bouisseren qui attendaient, impatiemment, le résultat de la consultation communale, en ayant été informés, entrant dans l'assemblée, demandèrent si, avant de prendre le parti auquel il venait de s'arrêter, le peuple avait bien eu connaissance de la décision du Comité des rapports.

Une voix unanime leur répondit : « Nous ne voulons pas de vous. »

Normand se retirant, dit alors : « Que ceux qui veulent la paix, me suivent ! » et, immédiatement, il ameuta le peuple devant sa demeure. Pendant ce temps, le trompette de ville, Sourisseau, dont on connaît le zèle pour Normand, escorté du brigadier de la maréchaussée, Mauclerc, et de trois cavaliers, faisait tous ses efforts pour réunir les habitants dans un endroit déterminé.

Informé du fait et craignant un trouble sérieux, Valentin, accompagné de ses officiers municipaux escortés, eux-mêmes, de fusiliers, fit procéder à l'arrestation de Sourisseau et du chef de la maréchaussée, en leur demandant pourquoi, contrairement à la loi, ils troublaient ainsi la cité. Ce dernier exhiba alors un écrit ainsi conçu : « Nous prions et requérons M. le commandant de la maréchaussée de cette ville de protéger le juré crieur chargé de convoquer les habitants pour notifier les intentions du Comité des rapports de l'Assemblée nationale.

« Saint-Jean d'Angély, le 20 décembre 1789,
« Signé : NORMAND D'AUTHON, maire électif. »

On fit comprendre à Mauclerc quelles étaient les intentions de Normand et comment elles étaient contraires au bien public. Sourisseau, de son côté, montra un écrit signé de l'huissier Chottard, qui fut jugé des plus incendiaires et il fut, pour ce fait, emprisonné, à nouveau.

Le lendemain, le mouvement, loin d'être calmé, n'avait fait que croître : les officiers municipaux étaient, à nouveau, informés qu'il se préparait, en ville, « une fermentation des plus surprenantes ».

Un apothicaire, en même temps capitaine en second des grenadiers du régiment national, du nom de Guyot, ainsi que M. le chevalier de Jauvelle, couraient de toutes parts chez les officiers du régiment, notamment chez ceux des grenadiers, des volontaires chasseurs, cavaliers et gardes nationaux pour les convoquer en assemblée extraordinaire.

Pour conjurer cette entreprise, qui paraissait « conséquente et dangereuse par ses suites », on prit les devants et on réunit d'urgence les officiers.

Guyot reconnut « ingénument » le fait qui lui était reproché. On fit, immédiatement, battre un ban dans tous les quartiers et cantons de la ville et déclarer par l'adjudant Godeau, joint à un tambour, que tout rassemblement était interdit de la part des officiers supérieurs, de celle du roi, et des officiers municipaux et ce, sous les peines portées par les règlements et notamment par la loi martiale.

Malgré toutes les précautions prises, malgré les menaces des peines les plus sévères, un attroupement se forma néanmoins dans le clos de la communauté des « PP. Capucins (1) ». Il paraissait considérable, car beaucoup de citoyens s'y rendaient ; les uns étaient même en uniforme et armés de sabres. Esmein et Binet, adjoints, Coudret et Guise, officiers délégués pour se rendre compte, déclarèrent que, dans le pré le plus près du portail, ils avaient rencontré au moins « cent cinquante personnes des différentes classes des troupes nationales ».

Le doute n'étant plus possible, alarmée de l'effet que produisait en ville cet attroupement, l'assemblée arrêta « que ce n'était plus le moment de tergiverser, que le salut de la patrie était menacé et que c'était le cas de recourir à la loi martiale, qu'au surplus il n'y avait plus un moment à perdre ».

MM. Valentin et Villeneuve, assesseurs, furent auprès de M. Caumont, commandant le détachement du régiment d'Agénois alors en garnison dans la ville, aux fins de le prévenir de la dure nécessité de requérir main-forte pour dissiper une pareille sédition et préparer sa troupe.

---

1. Les Capucins, dit Guillonnet-Merville, dans ses *Recherches topographiques et historiques sur la Ville de Saint-Jean-d'Angély* — 1830. Imp. Veuve Lacurie — furent reçus à Saint-Jean-d'Angély en 1619 et s'établirent à l'origine dans le faubourg Taillebourg. Les fossés et murailles qui existaient entre la porte de Parthenay et le faubourg Matha ayant été comblés et démolis après le siège de 1621, sous Louis XIII, le roi sur cet emplacement fit planter une croix et bâtir un couvent qu'il donna aux Capucins, couvent qui aurait été occupé par quatre prêtres et deux frères.

Les officiers du régiment furent d'avis qu'il y avait lieu d'appliquer la loi martiale et d'informer les manifestants que cette mesure allait être suivie, en exposant un drapeau rouge à une des fenêtres de la tour de la ville de même qu'en le promenant par les rues : on fit battre l'assemblée des troupes et requérir la brigade de la maréchaussée. Toutefois avant d'en venir à cette extrémité, M. de Caumont voulut, lui-même, constater sur les lieux la situation. De retour près du corps municipal avec MM. de Vaublanc et de Laître, chevaliers de Saint-Louis, qui l'accompagnaient, il déclara que les attroupés lui avaient donné leur parole d'honneur qu'ils ne voulaient que la paix, après avoir conféré avec les municipaux.

M. de Caumont tâcha de pacifier les esprits : on fit à nouveau, la proposition de Brasseau déjà refusée : maintien du maire Valentin et du procureur du roi Guillonnet et autres officiers royaux dans l'exercice de leurs fonctions jusqu'à l'organisation des nouvelles municipalités, conformément aux décrets de l'Assemblée nationale et, pendant ce temps, cessation de toutes attributions par le Corps des pairs de la prétendue nouvelle municipalité et Comité d'adjonction de l'ancienne, en tête.

Normand et ceux qui étaient avec lui refusèrent formellement ces offres. Pourtant, sur la promesse absolue qu'il ne serait commis aucune voie de fait par les attroupés, on surseoyait à toute mesure de rigueur, tout en faisant bonne garde pour ne pas être surpris et en déclarant néanmoins que le capitaine Guyot, auteur du trouble, avait encouru les dispositions de l'article 8 de la loi martiale.

II

Entre temps — 17 mars 1789 — les gentilshommes de la sénéchaussée de Saint-Jean-d'Angély nommèrent pour leur député aux Etats généraux (1) qui

---

1. Les États généraux comptaient 1213 députés dont 620 pour le tiers-état ; 308 pour le clergé et 285 pour la noblesse.

Appréciant la façon dont cette assemblée était composée, voici, à titre de simple indication en passant, comment Brillouin, dans le tome II de son manuscrit : *Histoire de l'abbaye royale et de la Ville de Saint-Jean-d'Angély*, page 155 du texte et 379 des pièces justificatives, qui nous a été communiqué, s'exprime :

« Parmi les députés du tiers figuraient 212 avocats, engeance loquace... plus initiée à la connaissance des lois civiles qu'à celle des grands principes de la politique...

« Parmi ceux du clergé 205 curés de villages ne connaissaient rien de ce monde au delà de leur obscure paroisse.

« Parmi ceux de la noblesse, un grand nombre de gentilshommes campagnards, sans lumières, remplis de petits préjugés et dévorés de jalousie contre la noblesse de la Cour. »

Les députés prêtèrent serment le 24, à la séance générale des trois ordres entre les mains de M. Larade, lieutenant particulier qui avait remplacé de Bonnegens comme président.

Le 28, le procès-verbal des séances des trois ordres fut adressé au ministre : il n'aurait pas été imprimé, dit Brillouin, parce que personne ne l'aurait demandé et que le gouvernement n'aurait pas ordonné cette impression.

devaient s'assembler à Versailles le 17 avril, le marquis de Beauchamps, maître de camp, chevalier de Saint-Louis, seigneur de Granfief.

Le député du Clergé fut Landreau, prieur, curé de Moragne : ceux du Tiers-Etat, étaient de Bonnegens (1), lieutenant général de la sénéchaussée et Régnaud, avocat (2).

Le 23 de ce même mois de mars, les membres de cette noblesse comparaissaient devant Guillaume-Alexandre, marquis Dubois de Saint-Mandé, président de leur ordre pour ladite sénéchaussée de Saintonge séant à Saint-Jean-d'Angély, élu en exécution du règlement du Conseil d'Etat du roi, du 24 janvier.

Le but de cette réunion était de remettre au député nommé les « pouvoirs et charges » exprimés et rédigés conformément aux vœux et doléances consignés dans les cahiers des bailliages qui leur servaient de fondement.

Ces cahiers étaient, comme on le sait, l'expression des plaintes, propositions et vœux formulés dans chaque ville, chaque village, au moment de la nomination des délégués et consignés dans les cahiers des paroisses.

Voici leurs textes mêmes que nous sommes d'autant plus heureux de pouvoir reproduire dans cette

---

1. Jean-Jos. de Bonnegens, né à Saint-Jean-d'Angély, le 24 juin 1750, d'une ancienne famille de robe : devint président du tribunal civil : anobli sous Louis XVIII ; mort le 29 novembre 1817.

2. Né à Saint-Fargeau (Yonne) le 3 novembre 1761.

étude d'histoire locale, que la recherche et la production de ces documents rentraient dans le cadre de la mission qui nous avait été spécialement confiée (1).

A propos de ces cahiers des doléances, Saudau, dans *Saint-Jean-d'Angély d'après les archives de l'Echevinage*, (Ollivier, 1886, page 339), écrit :

---

1. Par arrêté du 1er juin 1904 de M. le ministre de l'Instruction publique et des Beaux-Arts, un Comité départemental d'études chargé de communiquer et de collaborer avec la commission instituée, par l'arrêté du 21 décembre 1903, a été créé dans chaque département en vue de rechercher et de publier les documents économiques de la Révolution française. Réuni à La Rochelle le 30 juin 1904, sous la présidence de l'archiviste départemental, il a été procédé à l'installation de ce comité.

Etaient présents : MM. le docteur Ardouin, médecin principal de la marine, bibliothécaire de la ville et de l'école navale de Rochefort, Babinot, secrétaire de l'Inspection académique de la Charente-Inférieure ; Bruhat, professeur au lycée de La Rochelle ; Couneau, conseiller municipal ; Duprat, professeur de philosophie au lycée de Rochefort ; Dupuy, professeur d'histoire au lycée de la Rochelle ; Dusser, commissaire de la marine à La Rochelle ; Maillard, professeur d'histoire au collège de Saintes ; Martineau, président du tribunal civil à La Rochelle ; Mesnard Amédée, avoué, ancien adjoint au maire, à Saint-Jean-d'Angély ; Meyer, conseiller général ; Musset, archiviste paléographe, bibliothécaire, La Rochelle ; Saudau (C.-L.), archiviste municipal à Saint-Jean-d'Angély ; Talbot, président de la Ligue de l'Enseignement à Saintes ; docteur Vigen, médecin de l'assistance publique à Montlieu ; de Richemond, archiviste départemental, membre de droit.

M. de Richemond présente les excuses de M. Combes, président du Conseil, ministre de l'Intérieur et des Cultes ; de M. Guillet, inspecteur d'Académie et de MM. Geay, docteur Guillaud, Lepeltier ; Sylvestre et Alfred Vivier.

Lecture donnée des instructions ministérielles, le bureau est ainsi formé à l'unanimité :

Président d'honneur, M. le sénateur Combes, ministre de l'Intérieur et des Cultes.

« Aucun dépôt public ne possède le cahier de la noblesse probablement perdu. Celui du clergé a été publié par M. Antonin Proust et les archives de la Charente-Inférieure ont celui du Tiers-État. »

Grâce à un obligeant concours qui nous a facilité les recherches, nous avons pu trouver dans un manuscrit communiqué, la copie de ce cahier de la noblesse déclaré perdu, que l'on va lire :

Cahier des doléances de la noblesse.

L'an 1789 et le 23 mars ;

« Par devant nous, Guillaume-Alexandre, marquis Dubois de Saint-Mandé, seigneur de l'Aubonnière et l'Espinière, ancien capitaine de dragons, chevalier de l'ordre royal et militaire de Saint-Louis, pré-

---

Président effectif : M. le docteur Guillaud, conseiller général, professeur à l'université de Bordeaux.

Vice-présidents : MM. de Richemond, archiviste départemental ; Guillet, inspecteur d'académie ; Musset, archiviste paléographe, La Rochelle ; Maillard, professeur à Saintes, secrétaire général.

Secrétaires d'arrondissements : docteur Vigen (Jonzac) ; Amédée Mesnard, (Saint-Jean-d'Angély) ; Lepeltier, délégué cantonal (Marennes) ; docteur Ardouin (Rochefort) ; Dupuy (La Rochelle) ; Maillard (Saintes).

Les membres du Comité de chaque arrondissement forment avec le secrétaire de l'arrondissement, une sous-commission avec autorisation de s'adjoindre des correspondants communaux.

Depuis, et par arrêté ministériel du 5 octobre suivant, M. Eugène Réveillaud, député de l'arrondissement de Saint-Jean-d'Angély, a été nommé membre de la Commission centrale et de la Commission départementale.

sident de l'ordre de la noblesse de la sénéchaussée de Saintonge, séante à Saint-Jean-d'Angély, élu en exécution du règlement du Conseil d'Etat du roi du 24 janvier dernier, — suivant le procès-verbal dudit ordre, en date du 17 de ce mois, — sont comparus : MM. les gentilshommes dénommés au procès-verbal arrêté par M. le lieutenant général de ladite sénéchaussée le 17 de ce mois, lesquels, après avoir délibéré conformément au règlement, ont élu pour leur député aux Etats généraux qui doivent s'assembler à Versailles, le 17 avril prochain, la personne du marquis de Beauchamps (1) auquel dit député, lesdits gentilshommes donnent pouvoirs et charges exprimés dans le cahier ci-après : » (2)

---

1. Beauchamps (Charles-Grégoire, marquis de) originaire du Poitou, né vers 1737 dans la commune de Varaize, dit Rainguet. Blessé à Rosbach, émigra et prit du service à l'armée des princes. Mort en 1817. Cette famille posséda longtemps le château de Bussac-sur-Charente ; alliée en Saintonge, aux familles Vigier, Ponthieu, Surgères des Granges, Chesnel d'Ecoyeux, Polignac, La Rochefoucauld, Isle, etc.

2. Les rédacteurs des cahiers, dit Saudau, page 339, de son ouvrage déjà cité, furent :

Pour le clergé : l'abbé Montillet, curé de Taillant ; Poutard, curé de Mazeray ; Allaire de la Sablière, prieur du Breuil-Magné ; Flamanchat, prieur...

Pour la noblesse : le vicomte de la Baume-Pluvinel, seigneur de la Galernerie ; le chevalier de Brillac, seigneur de Grandjean ; le marquis de Beauchamps, seigneur de Champfleury.

Pour le tiers-état : Larade, Regnaud ; Pelluchon du Breuil.

Article premier. — Qu'aucun impôt ne sera, à l'avenir, mis ou prorogé sans le consentement des états généraux du royaume et, en conséquence, que toutes impositions mises ou prorogées par le gouvernement sous cette condition et accordées lors des états généraux par une ou plusieurs provinces, une ou plusieurs villes, une ou plusieurs communautés seront nulles, illégales et qu'il sera défendu, sous peine de concussion, de les répartir, asseoir ou lever.

Art. 2. — Que lesdits états statuent qu'ils s'assemblent dans deux ans au plus tard, pour la seconde tenue, à dater du jour où ils se sépareront. Ledit député fera aussi statuer que les états généraux du royaume seront convoqués périodiquement et à des époques fixes ; qu'ils s'assembleront sans qu'il soit besoin d'autres convocations, ni sans qu'il puisse y être apporté aucun obstacle et il ne pourra voter que pour le terme le plus rapproché.

Art. 3. — Que les ministres seront responsables de leur gestion aux états généraux qui les jugeront sur le fait de l'exercice de leurs fonctions, ainsi que toutes personnes chargées des intérêts de la Nation ; Que les ministres qui serviront bien l'Etat reçoivent aux états généraux l'hommage de la reconnaissance publique ; Que ceux qui auront sauvé l'Etat d'un péril imminent soient honorés d'une statue placée dans un lieu relatif à leurs services.

Art. 4. — Que les dépenses de chaque département y compris celles de la maison du roi seront invariablement fixées et que les ministres de chacun d'eux seront responsables à la Nation assemblée de l'emploi des fonds.

Art. 5. — Qu'ils prendront les moyens les plus sûrs pour qu'en aucun cas, aucun citoyen ne puisse être détenu par un ordre ministériel au delà du temps indispensablement nécessaire pour qu'il soit remis dans une prison légale, entre les mains des juges que lui donne la loi.

Art. 6. — La volonté de l'ordre de la noblesse de la sénéchaussée de Saint-Jean-d'Angély est que son député propose aux états généraux de s'occuper de la rédaction d'une loi qui établisse la liberté légitime de la presse.

Art. 7. — Il prendra acte de la déclaration qu'a faite Sa Majesté du droit imprescriptible appartenant à la Nation d'être gouvernée par ses délibérations durables et non par les conseils passagers des ministres et attendu que le vœu des états généraux est l'expression de l'intérêt et de la volonté générale auxquels l'expérience n'a que trop prouvé que l'intérêt des ministres était souvent contraire, ledit député déclarera que la volonté de ses commettants est qu'à l'avenir aucun acte public ne soit réputé loi s'il n'a été consenti ou demandé par les états généraux avant d'être revêtu du sceau de l'autorité royale.

Art. 8. — Il sera statué qu'il nous sera accordé des états provinciaux auxquels il sera donné connaissance de la nature et qualité de l'impôt consenti par les états généraux, de sa durée et que lesdits états provinciaux seuls en feront la répartition, assiette et perception.

Art. 9. — Qu'aucun citoyen ne pourra être enlevé à ses juges naturels ni troublé en ses propriétés honorifiques et foncières et que tout droit de commission sera supprimé.

Art. 10. — Que les parlements ne soient plus distraits par des objets particuliers des fonctions honorables de rendre la justice ; il suffit bien pour honorer un corps d'être les arbitres de l'honneur, de la fortune et de la vie même de leurs concitoyens ; qu'ils ne puissent jamais et sous aucun prétexte cesser des fonctions aussi importantes et qu'ils ne puissent de même en être suspendus que par l'autorité de la Nation.

Art. 11. — Que les magistrats soient responsables du fait de leurs charges, à la Nation assemblée qui se réserve le droit de les juger.

Art. 12. — Que tous les impôts qui sont perçus dans ce moment, demeurent supprimés à l'expiration de la présente année et qu'après cette époque, il ne pourra, à quelque titre que ce soit, en être perçu d'autres que ceux qui seront établis par les états généraux.

Art. 13. — La première question qui sera traitée aux états généraux, sera vraisemblablement celle de savoir si on opinera par ordre ou par tête et cette première question ne pouvant être décidée qu'en opinant par ordre, d'après le rapport fait au roi par M. Necker, il est expressément enjoint aux députés de l'ordre de la noblesse de la sénéchaussée de Saint-Jean-d'Angély, de voter pour qu'on opine toujours par ordre ; il ne pourra jamais s'en départir sous quelque raison ou prétexte que ce puisse être.

Si cependant il était porté une décision contraire par les états généraux, il ne l'adoptera que forcé par la majorité de tout l'ordre.

Et, pour que l'établissement de la Constitution ne puisse être éludé ni différé, le député ne statuera sur aucun secours pécuniaire à titre d'emprunt, d'impôt ou autrement, ni même sur la perception de ceux consentis par l'article 12, avant que les droits ci-dessus, droits qui appartiennent autant à chaque citoyen individuellement qu'à la Nation entière, aient été invariablement établis et solennellement proclamés.

Et après cette proclamation solennelle et non autrement, le député de l'ordre de la noblesse de la sénéchaussée de Saint-Jean-d'Angély usera du pouvoir que ladite assemblée lui donne de consentir aux subsides qui seront jugés nécessaires d'après la connaissance détaillée qui sera prise de l'état des finances et des besoins de l'État rigoureusement démontrés et après avoir opéré les réductions dont la dépense sera susceptible. Ils lui donnent également pouvoir de substituer aux impôts qui distinguent les ordres et tendent à les séparer des subsides qui soient également répartis entre les citoyens de tous les ordres, sans distinction ni privilège, à raison seulement de leurs propriétés.

Demande en outre l'ordre de la noblesse de la sénéchaussée de Saintonge séant à Saint-Jean-d'Angély :

Article premier. — Que les états généraux périodiques se décident à établir une commission intermédiaire pour les représenter ; les membres en seront changés chaque année, proportionnellement à l'intervalle qu'on mettra entre chaque terme d'état, de manière que si les états ont lieu tous les deux, trois ou quatre ans, la moitié, le tiers ou le quart de cette commission sera renouvelé chaque année.

Art. 2. — Que cette commission ait le droit de délibérer sur les règlements qui pourront être de nécessité absolue.

Art. 3. — Qu'elle fasse aux Etats généraux subséquents le rapport de ces règlements et de toutes les propositions faites par le gouvernement, soit qu'elles aient été agréées, rejetées ou établies par autorité absolue et que, si cette commission est établie pour valider son adhésion aux règlements, il a fallu indispensablement, les deux tiers des voix; sauf la revision aux Etats généraux.

Art. 4. — Que les prochains états se fassent représenter toutes les lois civiles, criminelles et tous les règlements de police qui ne seront pas tombés en désuétude afin de les examiner, les consentir et d'en demander la réformation, même la suppression s'il y a lieu.

Art. 5. — Que les règlements militaires qui auraient des rapports avec les lois civiles et autres intéressant le corps de la nation, soient soumis au même examen.

Art. 6. — Que tous les ans, chaque ministre soit tenu de rendre public le tableau fidèle de l'universalité des dépenses et des recettes de son département.

Art. 7. — Que l'assemblée nationale adresse toutes les impositions et leur répartition entre les provinces.

Art. 8. — Qu'il soit donné connaissance aux états provinciaux de la nature de l'imposition, de sa quotité, de sa durée, et qu'ils en fassent seuls la répartition.

Art. 9. — Que, la nation étant garante de la dette nationale et de son acquittement, les impositions destinées au paiement de ses dettes soient confiées à la commission intermédiaire, si elle existe, ou à tels commissaires qui en répondront en leur nom et en rendront compte aux états généraux.

Art. 10. — Que la vente des biens domaniaux et de plusieurs maisons royales soit faite et les deniers en provenant versés dans la Caisse Nationale et, dans le cas où les états généraux ne jugeraient pas à propos d'ordonner cette aliénation, qu'il soit rendu une loi pour fixer une administration plus sage et plus économique que celle qui existe.

Art. 11. — Que les états provinciaux ordonnent seuls de la confection des canons, des canaux et chemins publics qui traversent leurs provinces ; qu'ils en fassent les devis estimatifs, les adjudications et en règlent les dimensions.

Art. 12. — Que les ponts intéressants et dispendieux soient construits sur les fonds destinés à cet objet par les états généraux.

Art. 13. — Que les travaux publics, particulièrement ceux du genre ci-dessus, soient faits de préférence par les troupes.

Art. 14. — Que la Gabelle, impôt barbare, soit à jamais supprimée, ainsi que les droits d'aydes.

Art. 15. — Que la noblesse ne puisse plus être acquise à prix d'argent et qu'à l'avenir aucun citoyen ne puisse l'obtenir que par des services rendus à l'État.

Art. 16. — Que les douanes soient reculées aux frontières du royaume.

Art. 17. — Qu'il soit fait pour les droits de contrôle un tarif clair et précis, afin que les contribuables soient à l'abri de tout arbitraire et que tous les abus introduits par les agents du domaine soient réprimés par les états provinciaux.

Art. 18. — Que tous les autres droits soient convertis dans un abonnement proportionnel et que chaque pays d'état soit autorisé à asseoir et répartir les impositions de la manière qu'il jugera le moins onéreux à son territoire.

Art. 19. — Que le ressort des parlements, surtout celui de Paris, soit restreint dans les arrondissements qui seront fixés par l'assemblée nationale, en observant de ne pas comprendre dans un ressort moins d'une province et pas plus de deux.

Art. 20. — Que toute affaire, de quelque nature qu'elle puisse être, soit jugée au plus tard un an après qu'elle aura été portée devant les tribunaux, sauf aux juges de répondre en leur propre et privé nom, d'un plus long délai.

Art. 21. — Qu'il soit donné un conseil aux accusés, que tous les jugements à peines afflictives ou infamantes prononcées par les Parlements, dont les instructions et plaidoiries auraient été faites publiquement tant auxdites Chambres qu'en 1re instance, soient revus par la grande Chambre de ces cours pour y être confirmés ou anéantis à la pluralité des voix, que, dans le cas où l'arrêt serait confirmé, il soit motivé et qu'il ne puisse être exécuté sans avoir été signé par le roi à qui le droit de faire grâce appartient comme le plus bel apanage de la Couronne.

Art. 22. — Que les états provinciaux soient autorisés à dénoncer aux Cours souveraines, les juges qui leur sont subordonnés pour les plaintes qui leur auront été portées et, dans le cas où lesdites Cours souveraines n'y auraient pas égard, que les états provinciaux puissent les citer à la Nation assemblée.

Art. 23. — Qu'aucun juge royal ne puisse obtenir de provision qu'après avoir été agréé par la compagnie où il veut entrer et par les états de sa province.

Art. 24. — Que les sénéchaussées soient autorisées à juger en dernier ressort jusqu'à la concurrence de la somme qui sera déterminée en faveur des présidiaux.

Art. 25. — Qu'on accorde une extension de la loi en faveur des non-catholiques pour qu'ils puissent parvenir aux charges publiques et avoir l'état-civil dont ils n'ont pas joui jusqu'à présent.

Art. 26. — Qu'il soit demandé aux Etats généraux de statuer sur la nécessité qu'il y aurait d'établir des juges de paix pour concilier les différends et les querelles qui s'élèvent journellement parmi les habitants des campagnes et la classe du peuple dans les villes ; les juges de paix pourront même juger jusqu'à la concurrence d'une somme à fixer par les Etats généraux.

Art. 27. — Que toutes les causes du petit criminel soient jugées souverainement par les sénéchaussées.

Art. 28. — Qu'il soit fait un tarif modéré des honoraires des gens de justice, plus particulièrement des vacations accordées à ceux qui sont appelés aux conseils de tutelle.

Art. 29. — Que le roi soit supplié de consulter les états provinciaux sur la nomination des premiers présidents et procureurs généraux des cours souveraines et qu'il veuille bien choisir parmi trois sujets qui lui seront présentés par lesdits Etats.

Art. 30. — Que toutes les charges municipales soient remboursées et qu'elles ne puissent être données qu'à ceux que la commune aura appelés par la voie du scrutin.

Art. 31. — Qu'il soit permis à chaque commune assemblée d'établir tels règlements qu'elle jugera bons être sur les objets de police qui n'ont pas été prévus par les ordonnances et de se faire rendre compte à des termes indiqués de l'exécution des dits règlements.

Art. 32. — Que chaque année la commune soit autorisée à s'assembler à une époque déterminée pour recevoir les comptes de recettes et dépenses qui la concernent et arrêter celles qu'on doit faire l'année suivante; qu'on ne puisse les augmenter sans le consentement et l'autorisation expresse de la commune et que le tout ne soit sujet qu'à l'inspection des états provinciaux.

Art. 33. — Qu'il soit établi un gouvernement consulaire dans tous les sièges de sénéchaussées et notamment à Saint-Jean-d'Angély où l'importance de son commerce l'exige.

Art. 34. — Qu'aucune personne ne soit reçue à déposer son bilan au greffe, qu'après s'être constituée prisonnière.

Art. 35. — Que les états généraux veuillent bien fixer un temps au bout duquel les biens en saisie réelle seront vendus au profit des créanciers.

Art. 36. — Que tous arrêts de surséance soient supprimés.

Art. 37. — Qu'il soit fait des changements à l'édit des hypothèques pour que la fortune des citoyens paisibles ne soit plus exposée.

Art. 38. — Que le tribunal des eaux et forêts soit supprimé et réuni aux sénéchaussées.

Art. 39. — Que les Etats généraux soient priés de s'occuper de tout ce qui a rapport à l'éducation nationale.

Art. 40. — Que les Etats généraux veuillent bien examiner s'il ne serait pas avantageux d'établir des barrières à l'entrée de chaque pays d'Etat où il serait perçu un droit sur toute espèce de voiture pour l'entretien des chemins.

Art. 41. — Que les paroisses de Saint-Pierre-de-l'Isle, Saint-Martial et généralement toutes celles qui relèvent de la vicomté d'Aulnay, rentrent dans le ressort de la sénéchaussée dont elles ont été distraites ; que celles de Saint-Pardoult, Antezant, Saint-Julien, Garnaud, Varaize, Gibourne et autres ne soient plus troublées dans leur possession de porter leurs registres à Saint-Jean-d'Angély.

Art. 42. — Que le concordat soit aboli et les libertés de l'Eglise gallicane conservées.

Art. 43. — Que tout transport d'argent à Rome sous prétexte d'anates ou autrement soit supprimé.

Art. 44. — Que les métropolitains soient autorisés et tenus d'accorder gratis toutes les dispenses pour lesquelles on est obligé de recourir à Rome.

Art. 45. — Que le roi soit supplié de ne nommer à aucun évêché, qu'après avoir consulté les trois ordres du diocèse et de choisir parmi trois sujets qui lui seront présentés par eux.

Art. 46. — Que les revenus des abbayes, prieurés et généralement tous bénéfices qui n'auraient pas charges d'âmes et à mesure qu'ils viendront à vaquer, soient employés à améliorer le sort des curés à pension congrue, des vicaires, des hôpitaux et à fournir des établissements publics jugés nécessaires pour les états provinciaux.

Art. 47. — Que toutes les maisons religieuses d'hommes ne puissent pas être composées de moins de dix prêtres et celles des femmes de moins de quinze dames de chœur et que les uns et les autres ne puissent plus faire de vœux avant vingt-cinq ans accomplis.

Art. 48. — Que toutes les maisons qui deviendraient vacantes soient vendues et l'argent placé au profit de celles qui seront confirmées lesquelles seront tenues d'acquitter les charges des maisons supprimées.

Art. 49. — Que le droit connu sous le nom de *Melius* annuel soit supprimé et qu'en conséquence les évêques ne puissent réclamer les meilleurs meubles des successions ecclésiastiques.

Art. 50. — Que les dîmes ecclésiastiques soient supprimées dès qu'on aura trouvé un meilleur moyen de les suppléer en faveur des curés et qu'en attendant, il soit fait un règlement pour prévenir les contestations sur leur perception.

Art. 51. — Que les droits casuels des curés soient supprimés.

Art. 52. — Que les appointements des gouverneurs et commandants des provinces soient réglés de manière à ce que les villes et communautés ne soient pas tenues de faire à leurs maisons aucunes fournitures.

Art. 53. — Que les pouvoirs de commandant des places et des troupes ne s'étendent jamais jusqu'aux citoyens qui doivent être libres et gouvernés par les lois dont l'exécution ne peut être confiée qu'aux officiers de police qu'ils auront choisis ; qu'ils soient cependant tenus d'accorder main forte toutes les fois qu'ils en seront légalement requis pour la tranquillité publique ; et, dans le cas où lesdits commandants de places et des troupes, donneraient la moindre atteinte à cette loi, qu'ils soient dénoncés aux Etats généraux.

Art. 54. — La noblesse ne peut que faire des vœux pour la conservation du tribunal des maréchaux de France, mais elle demande :

1° Qu'il lui soit permis de prendre un défenseur toutes les fois qu'elle le croira nécessaire ;

2° Que ceux de leurs lieutenants qui ne sont pas gentilshommes ne puissent exercer les charges qu'ils possèdent et que désormais ces officiers dans les provinces ne puissent être nommés que sur la présentation qui sera faite de tous les sujets par l'ordre de la noblesse de cette province et la vénalité des charges supprimées.

Art. 55. — Que les pensions de retraite des ministres, officiers au service administratif et de tous autres emplois par commissions ou brevet soient fixées par un règlement dont on ne pourra pas s'écarter.

Art. 56. — Que tous les états-major de ville qui ne présentent aucune défense ni aucune utilité, soient vendus.

Art. 57. — Que tous les vieux châteaux qui ne présentent aucune défense ni aucune utilité, soient vendus.

Art. 58. — Que toutes les charges militaires vacantes qui ne seront pas d'une utilité reconnue par les États généraux, soient supprimés.

Art. 59. — Que les titres de toutes les pensions soient représentés aux Etats généraux pour qu'ils puissent augmenter celles qui ne sont pas assez considérables, modérer celles qui récompenseraient trop généreusement de légers services et supprimer entièrement celles qui n'auraient été accordées qu'à l'intrigue.

Art. 60. — Que les ministres soient tenus de rendre publique chaque année la liste des personnes qui auront de nouvelles pensions authentiques qui ajoutera un nouveau prix à leur récompense.

Art. 61. — Que tout militaire qui aura éprouvé des injustes manifestes de la part des ministres puisse en réclamer le redressement aux Etats généraux.

Art. 62. — Que la noblesse puisse, sans déroger, commercer et prendre à ferme les biens des nobles et des ecclésiastiques seulement.

Art. 63. — Que le roi soit très humblement supplié de se rendre accessible à ses sujets et d'indiquer les jours de l'année où il voudra recevoir, lui-même, les placets qu'ils auront à lui présenter.

Le présent cahier a été signé par tous les membres de l'ordre sur le registre qui a autorisé son président et les commissaires-rédacteurs à signer toutes les expéditions qu'il sera nécessaire de donner.

D'Anglars père.

Le comte Aimé de la Chevallerie.

D'Aurai, vicomte de Bric.

De Boscal.

Du Bousquet d'Argence.

De Brie d'Audreville.

Le marquis de Beauchamps de Grandfief, seigneur de Cherbonnières.

De Beaucorps de la Bastière, seigneur d'Annezay.

Le vicomte de la Beaume.

Le marquis Begeon de Sainte-Mesme, seigneur de Bagnizeau.

Bernard de Chavagne.

Boussart de Saint-Fort.

Le chevallier de Brillac, seigneur de Grandjean.

Castin de Guérin.

Castin de Guérin fils.

Castin de Guérin.

De Chabot, jeune.

Chabot de Girouville.

Le chevalier du Chausset.

Le comte de Chérisy.

Chevreuil de Romefort, seigneur de Mons.

Le baron du Chausset.

Le comte Du Bois de Saint-Mandé.

D'Aubanton, seigneur de Mornay.

Dubois, seigneur de Landes.

Le marquis du Bois de Saint-Mandé, seigneur de Courpéteau.

Le marquis du Fay de la Taillé.

Le chevalier de Félix.

Gaillard père, seigneur de Laleu d'Asnières.

Gaillard de Blacvole.

Gaillard de Landes.

De Gaudin du Cluseau.

Griffon, père.

Griffon de Beaumont.

Griffon du Bellay.

Griffon de Pleneville père.
Guibert de Landes.
Le chevalier de Jauvelle, oncle, seigneur d'Orioux.
De Lalande de St-Etienne.
De Lalaurencie de Chadurie.
Le marquis de Lalaurencie-Charay.
Le vicomte de Lalaurencie, seigneur de Neuvicq.
De Lalaurencie de la Roche.
Le comte Delastre, seigneur de Bignay.
Lemercier de Jauvelle père.
Lemercier de Jauvelle aîné.
Lemoyne de Puychenin.
Le vicomte de Lescours.
De Livennes d'Ervillers.
Mallat de la Bertinière, seigneur de Torxé.
Mallevaut de Vaumorand, seigneur de Saint-Pardoult.

Masson de la Sauzaye.
Meauclaire.
De Meschinet.
Mesnard de la Cacherie, seigneur du Suchet, de Bessé.
De Mombel d'Ysère.
De Mouhillou.
Musnier de Reignier.
Le chevalier de Nicou.
D'Orvillers, chevalier d'Anglay.
Pallet.
Péraudeau, seigneur de Beaufief.
De la Périère père.
De la Perrière De Roiffé, seigneur de Nouaillé-sur-Boutonne.
De la Perrière de Tesson.
De Pons de Morvillers.
De Roulin.
Le comte de Saint-Martin.
Le comte Viennot de Vaublanc.
De Villedon de Sausay.

Une note du manuscrit Brillouin porte :

Il ne paraît pas que plusieurs de la Noblesse qui ont signé un acte du 7 décembre, mais qui ne figurent pas sur la liste ci-dessus, aient pris part aux actes de l'assemblée. Ce sont :

le chevalier Delestre ; Normand des Eglises ; le vicomte Prévot de la Javellière ; Griffon de Beaumont fils ; le baron de Hauzen ; Elisée Auguste Peraudeau ; Benoît Peraudeau et Normand d'Authon.

Ils ont dû être convoqués comme les autres.

Voici, maintenant, le *Cahier des doléances du Clergé* :

Art. 1er. — (Même texte que celui qui précède).

Art. 2. — *Idem* ou à peu près.

Art. 3. — Responsabilité des ministres quant à leur gestion.

Art. 4. — Même texte.

Art. 5. — *Idem*.

Art. 6. — *Idem*.

Art. 7. — *Idem*.

Art. 8. — Il fera statuer que la répartition assiette et perception des impôts se feront soit par les états actuellement établis dans chaque province ou par ceux qui seront constitués par les états généraux dans celles qui n'en possèdent pas encore ou qui se plaignent de la constitution irrégulière des corps qui les administrent.

Art. 9. — Même texte.

Art. 10. — Que les Parlements ou autres tribunaux souverains ainsi que les juges subordonnés à ces corps continueront à maintenir le bon ordre et à faire exécuter les lois, soit en renouvelant leurs dispositions lorsque les circonstances l'exigent, sans qu'ils puissent toutefois y rien retrancher, ajouter ou modifier, soit en infligeant les punitions qu'elles prononcent contre ceux qui les transgressent.

Art. 11. — Il déclarera que les magistrats ne pourront à l'avenir être troublés dans l'exercice de leurs fonctions.

Art. 12. — Enfin, qu'ils seront responsables du fait de leur charge à la Nation assemblée.

Et, pour que l'établissement de la Constitution ne puisse être éludé ni différé, ledit député ne statuera sur aucun secours pécuniaire à titre d'emprunt, d'impôts ou autrement avant que les droits ci-dessus, droits qui appartiennent autant à chaque citoyen individuellement qu'à la Nation entière, aient été invariablement établis et solennellement proclamés et après cette proclamation solennelle et non autrement.

Le député dudit ordre ecclésiastique de Saint-Jean-d'Angély usera du pouvoir que ladite assemblée lui donne de consentir aux subsides qu'il jugera nécessaires, d'après la connaissance détaillée qu'il prendra de l'état des finances et besoins de l'État rigoureusement démontrés et après avoir opéré les réductions dont la dépense sera susceptible.

Elle lui donne également pouvoir et le charge de substituer aux impôts qui distinguent les ordres et tendent à les séparer, des subsides qui soient également répartis entre les citoyens de tous les ordres sans distinction ni privilèges.

Ne pourront cependant lesdits subsides être accordés que jusqu'à la première assemblée des états généraux ; les parlements et les autres cours et tous juges demeurant chargés de poursuivre et de punir comme concussionnaire quiconque aurait la témérité d'asseoir, départir ou lever aucuns subsides non accordés par les états généraux ou dont le terme par eux fixé, serait expiré.

Lu et approuvé par toute l'assemblée dont les membres présents ont signé :

Ainsi signé :

Allaire de la Sablière, prieur du Breuil-Magné, chanoine de Magné.

Allenet, desservant de Gibourne.

Annequin, prieur de Courcerac.

Aragon, curé de Lousignac, archiprêtre de Beauvais.

Bernard, prieur de Bignay.

Bruneau, curé de Neuvicq.

Boutinet, curé de Villepouge.

Barbot, curé de la Revêtisson-Arabot.

Billi, curé de Garnaud.

Birot, prieur, curé de Landes.

Bartaré, curé de Fontenet.

Charrier, curé de Bagnizeau

Constantin, gardien des Cordeliers.

David, prieur, curé d'Annepont.

Deforis, curé de Saint-Jean-d'Angély.

Duvergier, curé de Thors.

Duvaux-Dermigny, curé de Saint-Martin-de-la-Coudre.

Drouet, curé à Prissé.

Dupin de la Guérivière, curé de Saint-Hilaire-de-Villefranche.

Desting, desservant de Saint-Denis-du-Pin.

Delesai, curé de Muron.

Daval, curé de Voissay.

Fabvre, doyen de Magné.

Flamanchet, prieur, curé de Chervette.

Giraud, supérieur des Jacobins.

Jouaneau, curé de Saint-Félix.

Joubert, curé d'Haimps.

Jamin, curé de la Chapelle-Bâton.

Joubert, curé de Migron.

Jarreteau, curé de Sonnac.

Landreau, curé de Moragne.

Landreau, prieur de Saint-Loup.

Lebon, curé de Bernay.

Lemaire, bénédictin.

Letellier de Laubrey, curé de Grand-Jean.

Mallat, curé de Puy-du-Lac.

Maisondieu, prieur de la Vergne.

Métré, curé de la Cherbonnière.

Mesnut, sous-prieur bénédictin.

Mestadier, ancien prieur de Prignac.

Messais, Bénédictin.

Mestadier, curé de Breuilles.

Montgrand, curé de Genouillé.

Mouliérat, curé de Courcelles.

Montillet, curé de Taillant.

Normand, prieur de Rusays.

Pain, curé d'Antezant.

Pelluchon, curé de Sainte-Hérie.

Piqueray, curé de Saint-Mesme.

Poulard, curé de Mazeray.

Raingade, curé de Fenioux.

Robinet, curé de Saint-Savinien.

Roquet, curé de Puyroland.

S. Mesdard, curé de Nantillé.

Sionneau, curé de Saint-Julien.

Spens De Ribaucourt, curé d'Asnières.

Tardy, curé de Chantemerle.

Veruches, curé de Torxé.

Veillon, curé de Bercloux.

Et plus bas est écrit : *Ne Varietur*.

Signé : De Bonnegens, président des trois ordres et Bellet, greffier.

Collationné : Bellet, greffier en chef.

Une note de Brillouin au pied du document qui précède porte que sur 148 paroisses relevant, en 1789, du siège royal de Saint-Jean d'Angély, il ne vint aux séances que 54 curés qui auraient signé.

Nous n'avions pu découvrir le cahier du Tiers-Etat et nous renoncions à de nouvelles recherches à ce sujet sous la foi de la note du manuscrit Brillouin qu'on lira plus bas (1), sans avoir pu, en ce qui nous concerne, en vérifier l'exactitude, quand, en ouvrant l'ouvrage de M. Saudau, pages de 343 à 350, nous y avons trouvé le texte qu'on va lire :

Cahier des doléances du Tiers-Etat

« Aujourd'hui 21 mars 1789, par devant nous Jean Joseph de Bonnegens, seigneur des Hermitants, Le Château, La Grange, Ribemont et autres lieux, conseiller du roi, lieutenant géné-

---

1. « Ce cahier ne se trouve plus aux archives du Royaume où existent les procès-verbaux des assemblées et les cahiers du clergé et de la noblesse. Liasse des papiers communiqués à Camus, le 13 décembre 1791. Il paraît qu'il a été enlevé de bonne heure et un mémoire du temps accuse de ce larcin le secrétaire rédacteur qui s'est permis plusieurs changements notables avant de le déposer, changements qu'on lui reprochait et pour lesquels on demandait sa mise en accusation. Quoiqu'il en soit, le cahier du Tiers-Etat n'est plus au dossier de la sénéchaussée de Saint-Jean-d'Angély. »

Et Brillouin ajoute : « Nous ne pouvons le juger ; cependant il paraît d'après une note que nous avons lue quelque part, *qu'il se rapprochait beaucoup de celui de la noblesse dont les membres s'étaient concertés et s'étaient mutuellement communiqué leurs idées.* »

ral de la sénéchaussée de Saintonge, établie en cette ville de Saint-Jean-d'Angély et président de l'assemblée des trois ordres de ce ressort et dans ce moment, celui du Tiers, réuni en l'église des Révérends Pères Jacobins de cette ville, seraient comparus les sieurs députés des villes et paroisses de ce ressort, comparants et ayant eu acte de leur comparution par notre procès verbal du 16 de ce mois, lesquels déclarent donner pour pouvoirs généraux et définitifs de porter à l'assemblée de la Nation, leur vœu dont suit la teneur :

« La nation depuis longtemps privée de l'exercice de ses droits, doit en recouvrer sa plénitude et pour y parvenir, nos députés ne s'occuperont d'aucune délibération ultérieure qu'après avoir fait établir en lois fondamentales et immuables ou obtenu les articles suivants :

Article premier. — Les lois nationales, ecclésiastiques, civiles et fiscales ne peuvent être établies que par le commun consentement du roi et de la nation, réunis dans l'assemblée des Etats généraux.

Art. 2. — Demanderont en conséquence nos députés la périodicité des Etats généraux et leur fixation à une époque déterminée.

Art. 3. — Il y sera délibéré sur toutes les matières par tête et non par ordre.

Art. 4. — Il ne pourra être établi d'impôt que du consentement de la nation et pour le temps qu'elle déterminera lors de la tenue des Etats généraux.

Il ne sera également payé aucun emprunt qu'il n'ait été par elle autorisé.

Art. 5. — Seront tenus les cours souveraines et autres tribunaux ordinaires, de s'opposer à la perception d'aucun impôt, à la publication d'aucun emprunt, qu'ils n'aient été consentis et autorisés par lesdits états, et de poursuivre tous receveurs de deniers publics qui procéderaient à la levée d'aucun impôt ou à la recette d'aucun emprunt établis dans toute autre forme que celle fixée ci-dessus, même toutes personnes qui continueraient quelques perceptions au delà du terme déterminé par la nation.

Art. 6. — Si quelques circonstances donnaient lieu à des règlements provisoires, dans l'intervalle d'une tenue d'états à l'autre, ils ne pourront avoir leur exécution qu'après l'enregistrement aux cours souveraines et celles-ci ne pourront y procéder qu'après en avoir communiqué aux états provinciaux de leur ressort, en la présence des procureurs syndics, qui pourront y former opposition, et seront, lesdites cours souveraines et autres tribunaux ordinaires, tenus pour corps constitutionnels dans l'Etat.

Art. 7. — Il sera demandé l'établissement d'Etats provinciaux dans les provinces qui n'en n'ont pas et leur régime sera déterminé dans la meilleure forme possible par les Etats généraux, qui auront égard à ce qu'exige l'intérêt ou le local de chaque province, ainsi que nous l'avions voté par notre délibération du 4 février dernier qui a été envoyée à la cour.

Art. 8. — La liberté individuelle de tout Français sera déclarée inviolable, et nul ne pourra être privé de la sienne par aucune lettre de cachet ou ordre ministériel, les évocations et lettres de committimus seront supprimées et nul ne pourra sous aucun prétexte, être enlevé à ses juges naturels.

Art. 9. — Les magistrats ne pourront être enlevés à leurs fonctions qu'après la forfaiture jugée.

Art. 10. — Les impôts seront répartis également sur tous les citoyens des trois ordres et par un rôle commun.

Art. 11. — Les ministres seront déclarés comptables de leur administration aux Etats généraux.

Art. 12. — L'orateur du Tiers-Etat, parlera dans la même posture que les orateurs des deux autres ordres et l'Ordre du Tiers sera, pendant son discours, placé comme les deux autres.

Art. 13. — Les membres des Etats généraux seront déclarés personnellement inviolables, et en cas d'inculpation sur la manière de faire valoir leurs droits et ceux de la nation ou sur tout autre point, ils ne seront tenus de répondre et ne pourront être jugés que dans les Etats généraux et par eux.

Art. 14. — Qu'il soit mis sous les yeux de la nation un état de l'actif et du passif de la France suivant la situation présente des finances.

Art. 15. — Avant de voter sur l'impôt, nos députés s'assureront qu'on travaillera à toutes celles des réformes proposées dans nos doléances, qui seront adoptées par la nation. En conséquence, s'il y a des articles sur lesquels on juge, qu'il ne peut être statué sur-le-champ et dont l'examen et le règlement dureraient trop longtemps, on demande qu'il soit établi par les Etats généraux, une commission prise dans leur sein, que cette commission soit chargée de rédiger toutes les lois relatives aux réformes et suppressions que les Etats auront jugées convenables en correspondant, pour les localités, avec les Etats provinciaux ou leurs commissions intermédiaires ; cette commission, dont le traitement sera fixé et qui ne devra compte de son travail qu'à la nation sera obligée de lui faire le rapport à une tenue extraordinaire d'Etats généraux, qui aura lieu sans préjudice de la tenue ordinaire, au 1er janvier mil sept cent quatre-vingt-onze, ou en tel autre temps que les Etats aviseront, dans le cas où la tenue ordinaire paraîtrait trop éloignée. Alors on examinera, approuvera, sanctionnera les lois ou réformes par elles proposées, en y faisant les changements nécessaires, s'il y a lieu, et pour être certains de cette tenue d'Etats généraux, pour l'objet ci-dessus nos députés n'accorderont l'impôt que pour trois mois, après la date fixée pour leur ouverture

Après avoir obtenu sur les quatorze premiers articles une charte, lorsqu'elle aura été publiée et adressée dans les provinces, nos députés présenteront aux Etats généraux notre cahier de plaintes, remontrances, avis et doléances et se conformeront pour qu'il y soit statué à l'article 15 ci-dessus.

Nos députés entretiendront une correspondance exacte et suivie avec les commissaires de notre Ordre par nous nommés. Ils leur feront part des propositions qui pourront être faites aux Etats généraux, et de ce qui pourra intéresser la nation en général ou la province en particulier. Ils pourront même demander leur avis sur ce qui pourrait les embarrasser et être indécis dans leurs pouvoirs.

Au surplus, sur les réformes à faire qui n'auraient pas été prévues, sur les autres changements à apporter dans l'administration des divers départements de la guerre, de la marine, des colonies, des affaires étrangères et des parties casuelles, sur l'établissement des conseils pour les diverses parties, sur les moyens d'augmenter, d'étendre, de favoriser le commerce, d'en rendre la balance favorable à l'Etat ;

sur l'examen du dernier traité de commerce avec l'Angleterre, et la comparaison de ses avantages et de ses inconvénients, nos députés demeurent autorisés à adopter les plans qui leur paraîtront les mieux conçus et les plus propres à assurer la gloire du prince et la prospérité de la nation.

Fait clos et arrêté en ladite église, ledit jour et an susdit et ont lesdits comparants avec nous et notre greffier signé :

Lemaistre, commissaire ;
Guillonnet Merville, député et commissaire ;
Normand d'Authon, avocat du roi, commissaire ;
De Bonnegens d'Aumont, député, commissaire ;
Duret, député de Saint-Jean-d'Angély ;
Robinet député de Saint-Jean-d'Angély ;
Richard ;
Fabvre Philippot, syndic d'Agonnay ;
Bastard ;
L. Dugas, avocat, député de Bercloux ;
Mousnier ;
Tillé ;
Rocquet, député d'Antezant ;
A. Abelin, député d'Antezant ;
Charrier, député de Trizay ;
Louis Jau ;
Février ;
Cardinaud ;
Serton ;
Allenet ;
Raffejeaud ;
Chaperon ;
Léonard Chagnaud ;
Bellet, greffier en chef du sénéchal,
Bellet, avocat au Parlement ;
Girard ;
Poitevin, député d'Authon ;
Pontezière ;
Longueteau ;
F. Chaigneaud ;
A. Béquet ;

J. Bugaud ;

Bastard ;

Durivaud ;

Masson ;

Bourdeau, député de Loubillé ;

Audouin, député de Beauvais ;

Dugast, avocat, député de Bercloux ;

Maichin ;

Pommier ;

Favereau ;

Dautriche, député de Taillant ;

Broutin ;

Mellier, député de Blanzac ;

Bigeon ;

Guillonnet ;

Bolleau ;

Guichard, député d'Arrangon ;

Alexis Saisis ;

Louis Toreau ;

Jean Périer, député de Bouin ;

François Périer ;

J. Brunet, syndic de la Brousse ;

J. Charpentier, syndic de Sonnac ;

Huteau, député de Brizambourg ;

Gautret, député de Taillebourg ;

Guérin ;

Tournat ;

Baussay de Châteaupert ;

De Lépinay ;

Cuq aîné ;

Abelin ;

Louis Desruisseaux, député de la paroisse de Courcelles ;

Deloume, député de Courcôme, commissaire.

Réjal, député de Courcôme.

Masset.

Bizet, député de Courcerac.

Constant Deloume, commissaire.

Pierre Mainguet, député de Massac.

Jean Babou, député de Cressé.

Pierre Martain.

Corbineau, député de Fontaine-Chalandray.

Merveilleux, député des Touches de Périgny.

Fraigneau, député de Dayrançon.

Michaud, syndic d'Haimps et Fraisneau.

J. Charrier.

Jacques Jaulet.

F. Métayer.

Godet, député de....

J. Micheau.

Duvigneau, député d'Ebéon.

J. Buisson de la Poterie.

Chéret.

Vinet.

Tullier,

Poitevin.

Jean Texier l'aîné.

B. Texier.

Raboteau.

Gratiot, député de Fenioux.

J. Raboteau.

Jean Gardré.

P. Fleuret.

Moizant.

Jacques Vigneaud.

Pierre Ocqueteau, député de Geay.

Fournier du Péré.

L. Hardy, négociant.

Gouraud.

Courtin, député de Gibourne.

Merveilleux du Vignaux, commissaire.

F. Arramy.

J. Fallelour.

Pelluchon des Touches, député de Grandjean.

Hémerit.

Mallevault, député de Mazeray.

Joussomme.

De Bussac.

Lescouvois.

Larade.

Lemaistre du Pouzat, avocat du roi honoraire.

Drouhet.

P. Lecullier.

Michel Jullien.

Regnaud, avocat, commissaire du tiers.

Ballon.

Jean Garnaud, député.

Louis Quairé, député de Saint-Denis-du-Pin.

Larade.

Louis Bacqueron.

François Vinet.

J. Chollet, député du Gicq.

Sicard.

Panier, député de Mung.

Guionnet.

Pineau, syndic de Cherbonnières.

Touchard.

Brunet, syndic de la Brousse.

Guillon.

Delaitand.

Calliaud.

Bertet.

Merveilleux, de Gibourne.

P. Arramy.

J. Cruchon.

Hervé, tant pour moi que pour Luset.

Bonnarme, député de Loiré.

Bonnarme.

Debourdeau, député de Loubillé.

Susane ;

Giron ;

Cazaux ;

Maugeais, procureur, tant pour moy que pour Charles Martinaud qui ne sçait point écrire ;

Paranteau, syndic de Lésignac, tant pour moi que pour Beryeu ;

Berton ;

Louis Morin, syndic de Villepouge ;

R. Hardy ;

Renard ;

L. Gaborit ;

Lemoyne, député de Saint-Pierre-de-Juilliers ;

Lieu ;

F. Minguet, député de Massac ;

Gautier ;

Jaguenau, député de Mazeray ;

Genty ;

Viaud ;

Delaut ;

Bonnet, député de Migré.

Texier ;

Cristin ;
Giraud, député de **Migron**.
Rulland ;
Giraud ;
Soustras ;
Estachon ;
P. Sebilleau ;
Magné ;
J. Baril, député de Moragne ;
Dufresne fils, lieutenant de maire ;
Grelaud ;
Paquet ;
B. Arnault, député de Lousignac ;
J. Bonnet, député de Migré.
Mervault ;
Chotard, huissier ;
Geay, député de Nantillé.
Cristin ;
Merveilleux-Mortafon, député de Néré et commissaire ;
Cristin des Egaux ;
Boisnier ;
M. Calluaud ;
Charrier ;
Etourneau, député de Prignac ;

Gratiot ;
David, syndic et député de Marin ;
Boisnier ;
Drillaud ;
E. Favreau ;
Paillé, syndic de Puyrolland ;
Jousselin, député de **Rohan-Rohan** ;
Loyseau ;
Junin ;
Groux ;
Rocquet ;
Gay, député de **Nantillé** ;
Charrier, député de Trizay ;
Régnier ;
Desmoulins ;
Cuppé, du bourg de Saint-Crespin ;
J. Garnaud, député ;
L. Guion ;
F. Daubigné, syndic de la Benâte ;
R. Coudré ;
Jean Benoist, député de Thorigny ;
Roger ;
Vincent ;

Pierre Garnier, député ;
Jean Resteau ;
Jousseaume ;
J. Baussay ;
Loizeau, député de Saint-Hérie ;
Lauvard, député de Saint-Hérie ;
Chotard ;
M. Chartier ;
Tillier, député de Saint-Julien-de-l'Escap ;
L. Hardy, jeune, négociant ;
Pineau, syndic de Cherbonnières ;
L. Combaud, syndic de Saint-Martial ;
Paillé, député de Saint-Luc ;
Martin ;
Gobineau-Desvillers ;
Roche ;
Giraud, député de Migron ;
Jacques Lapierre ;
Drahonnet, député de Saint-Martin-de-Juillers ;
Querchon ;
J. Chaillot ;
J. Michaud ;

Chaine ;
Bignon ;
Boucherie, syndic de Saint-Ouen ;
Birot ;
Combret jeune ;
Grousseau ;
Marchand, président de l'élection ;
Alexis Ponvert ;
Prieur de Grandville, député de Saint-Pierre-de-Juicq ;
J. Chaigneau-la-Guiberderie, commissaire ;
Bergier ;
Chaigneau, député de Cressé ;
Dexmier ;
Caillaud ;
De Gennes, procureur du roi de l'Election ;
Connoué ;
J. Branger ;
P.-L. Creuzé, député de Saint-Symphorien ;
Pierre Mazé ;
L. Briaut ;
Devers ;
Guillebaud ;
Boucheraud ;

Olivier ;
J. Favre ;
J. Creuzé ;
J. Sébilleau ;
M. Billiard ;
Hard ;
Billon ;
G. Lozeau, commissaire député ;
Gourbeil aîné, député ;
Dautriche, faisant tant pour moi que pour Pierre Guindet, député de Taillant ;
Fouchier, député de Ternant ;
Martelet ;
H. Carville, député de Tonnay-Boutonne et commissaire ;
Billon ;
Cayant ;
Cloquemain, député de Saint-Vivien-de-Bords ;
Duvergier-des-Consoudes ;
Amy ;
Benoist ;
Pierre Péroche ;

Meneau l'aîné ;
Rigaud, député de Torxé ;
J. Massé ;
L. Paquier, député de Vandré ;
Boulétreaud ;
Duvergier-de-Tartre, avocat, député de Varaize ;
Latierce, député de Varaize ;
J. Bénéteau ;
Pinsonneau ;
Geay ;

—

Jouanneau, député de Macqueville ;
Martial Fourestier, député de Voissay ;
Grollaud-Gersaud ;
R. Versenne, directeur du marais de Saint-Louis ;
De Bonnegens, lieutenant général, président des trois ordres ;
Pelluchon-du-Breuil, procureur du roi ;
Basset, greffier.

III

Vers cette même époque, parvenaient à Saint-Jean-d'Angély les lettres patentes du roi Louis XVI dont on donnait lecture au peuple.

Les unes, du 7 septembre 1789, disaient qu'il n'y aurait plus, en France, aucune distinction d'ordres et accordaient aux citoyens qui, aux termes du règlement du 24 janvier, avaient le droit de voter aux assemblées élémentaires, le pouvoir de nommer leurs représentants, soit en qualités de députés, soit en qualité de suppléants.

Les autres, du 18 novembre, portaient que tous titulaires et tous supérieurs de maisons et établissements ecclésiastiques, seraient tenus de faire dans les deux mois, par devant les juges royaux ou les officiers municipaux une déclaration détaillée de tous leurs biens meubles et immeubles qui dépendaient de leurs patrimoines, en les affirmant sincères et véritables. Les titulaires et supérieurs de ces établissements devaient certifier qu'ils n'avaient aucune connaissance qu'il ait été fait, directement ou indirectement, quelque soustraction des titres ou papiers s'y rapportant, et, en cas de déclarations frauduleuses, les déclarants devaient être poursuivis et privés de leurs bénéfices.

Celles du 29 septembre, rendues sur le décret du 16,

disaient qu'il ne serait plus expédié de provisions d'offices de judicatures, sauf à être provisoirement expédié des commissions dans le cas de nécessité. Deux proclamations des 27 octobre et 3 novembre portaient : 1° que nulle convocation des bailliages et sénéchaussées ne pourrait plus avoir lieu par Ordre : elle devait être faite par individu ; 2° qu'aucun attroupement dans les forêts du royaume ne pourrait exister pour y commettre des délits. Les lettres du 27 novembre étaient relatives à la conservation des biens ecclésiastiques et à celles des bibliothèques des monastères et chapitres : elles défendaient à aucun agent de l'administration et à ceux qui exerçaient des fonctions publiques de rien recevoir à titre d'étrennes, vin de ville ou sous quelqu'autre dénomination que ce soit.

Le 2 janvier 1790, M. Brun de Saint-Joseph, secrétaire de l'intendance, adressait aux officiers municipaux un exemplaire de la proclamation du roi pour la constitution et la formation des nouvelles municipalités dans l'étendue du royaume.

Cette proclamation en 62 articles contenait les principales dispositions qui suivent :

Les municipalités alors subsistant en chaque ville, bourg, paroisse ou communauté, sous le titre d'hôtels de ville, mairies, échevinages, consulats et généralement sous quelque titre que ce soit, étaient supprimées et abolies, et cependant les officiers municipaux, alors en exercice, continuaient leurs fonctions jusqu'à leur remplacement. Les officiers et membres des municipalités qui existaient devaient être remplacés par voie d'élection.

Les droits de présentation, nomination, et les droits de présidence ou de présence aux assemblées municipales prétendus ou exercés comme attachés à la possession de certaines terres, — aux fontions de commandants de provinces ou de villes, aux évêchés ou archevêchés et généralement à tel autre titre que ce puisse être, étaient abolis. Le chef de tout corps municipal devait porter le nom de maire. Tout les citoyens actifs de chaque ville, bourg ou paroisse, pouvaient concourir à l'élection du corps municipal. Les assemblées ne pouvaient se former par métiers, professions ou corporations, mais par quartiers ou arrondissements. Il devait y avoir dans chaque municipalité un procureur de la commune, sans voix délibérative, chargé de défendre ses intérêts et de poursuivre les affaires de la commune. Les citoyens actifs de chaque communauté nommaient un nombre de notables double de celui des membres du corps municipal : le nombre de ceux-ci était déterminé par l'article 25. Dans toutes les communautés sans distinction, les citoyens actifs pouvaient prendre au greffe de la municipalité, sans déplacement et sans frais, communication des comptes et pièces justificatives des délibérations du corps municipal. Si un citoyen croyait être personnellement lésé par quelque acte du corps municipal, il pouvait exposer ses sujets de plainte à l'administration.

La constitution des nouvelles municipalités étant ordonnée, ainsi qu'on vient de le voir, on décidait, à Saint-Jean-d'Angély, malgré l'arrêté pris par la commune, dans sa délibération du 20 décembre, de s'incliner et d'obéir à cet ordre, par respect pour les décrets des représentants de la Nation, mais sans pour cela, abandonner aucune des réclamations faites.

Avant de procéder à l'élection, on régla diverses questions relatives à l'exercice du droit électoral : c'est ainsi que la journée de travail fut fixée à 20 sols ; car, pour être électeur, il fallait payer 3 livres d'impôts directs, et 10 du même impôt pour être éligible.

Les élections furent fixées au 29 janvier et les billets de convocation lancés pour cette date : la ville fut divisée en deux sections: l'une, appelée : « Section des PP. Capucins » ; l'autre : « Section des PP. Jacobins ».

Le 28 janvier, sur les 3 heures de relevée, avant de procéder au vote, M. le duc de Maillé, entrant dans l'église des Jacobins, s'exprimait ainsi :

« Ma présence, ici, comme commandant de la province et, à un titre cher à mon cœur, comme citoyen, a pour objet, Messieurs, d'y voir rétablir la paix, — ce bien intéressant troublé par les inquiétudes d'une partie des citoyens. Je vous présente le vœu d'en voir dissiper jusqu'au moindre nuage, c'est ce qui m'a porté à réunir tous les citoyens... Je demande, comme représentant du bon ordre, d'une autorité protectrice et des droits sacrés des citoyens, qu'un sentiment d'union et de rapports intimes vous unisse et vous dirige, désormais, dans le choix que vous avez à faire pour la nouvelle organisation et qu'il vous est si facile de déterminer dans la partie recommandable des citoyens éclairés qui, dans les différents rapports, ont donné des preuves de leur talent, de leur honnêteté et de leur dévouement pour les intérêts de la ville. »

L'élection donna les résultats suivants : Maire : Valentin, avec 129 suffrages en sus de la majorité des votants ; Officiers municipaux, au nombre de 8 : Ouzanneau, Binet, Marchant, fils, Lair, Suzanne, Larade, Valois, Esmein. Procureur syndic de la commune : Guillonnet.

Les 18 notables formant le conseil de la commune étaient : Rocquet, procureur, Broutin, Barbeau, Quantin-Rullaud, Gravouil, Goudet, maître ès arts, Allenet, Moge, boulanger, Péraud, orfèvre, Chapiot père, Augier père, Guérineau aîné, Dom Menu, bénédictin, Desrogis aîné, Favre, Babin, marchand, Roy-de-Lisle, Hiriard. Venaient après, non élus : Béleine, notaire royal, Dom Deforis, Chaigneau, Lacombe fils, Mareschal, officier, Pongaudin, Mallard Baptiste.

*
**

Malgré l'appel à l'union et à la conciliation du duc de Maillé, les opérations électorales furent loin d'être calmes ; c'est, au contraire, au milieu du plus grand trouble qu'elles s'accomplirent. Quelques meneurs très montés, la veille du scrutin, avaient prononcé des discours très violents et fait prendre l'engagement à certains amis de rentrer le lendemain aux Jacobins, de gré ou de force.

Ceux-ci s'étaient réunis au Palais et avaient décidé de chercher à empêcher l'élection dont ils pressentaient le résultat. De Jauvelle, à la tête de plus de deux cents individus, tant domestiques qu'étrangers, armés de sabres, bâtons et perches, avait envahi l'église des Jacobins où les bureaux du vote étaient établis.

Plusieurs des révoltés crièrent en s'avançant : « Fermez les portes, forcez la garde, dût-on employer les haches ! »

La première sentinelle, effrayée de ces propos, s'était prudemment mise à couvert. La cohorte tumultueuse continua sa route, insultant Esmein qui était de service. Aux Capucins, De Jauvelle, tirant son sabre, en lança plusieurs coups sur les sentinelles qui, heureusement, les parèrent tous avec leurs fusils. Le carnage aurait été des plus sanglants si l'on n'était parvenu enfin à fermer les portes. Un lieutenant, Brillouin, ayant envahi le corps de garde, engagea les volontaires qui l'occupaient à se retirer, ce qui fut fait par plusieurs. Pareille tentative fut faite par lui près du régiment d'Agenois, en lui assurant qu'il n'y avait pas de risques et qu'il répondait de tout. Usurpant la qualité d'officier ou d'inspecteur de police, il recommanda expressément à la garde de laisser entrer tous ceux qui se présenteraient. Se mêlant ensuite dans la foule, il criait : « S'il y en avait vingt comme moi, ils entreraient et emporteraient quelques têtes. »

Quelques-uns des attroupés se promenant le matin, devant le palais, lieu du rassemblement séditieux, disaient publiquement : « Nous irons ce soir aux Jacobins et nous y entrerons, de gré ou de force. » D'autres, s'écriaient : « Il nous faut absolument deux têtes : celle du maire et celle d'Esmein ou autre. »

L'état des esprits était tellement surexcité que l'on rencontrait dans les rues, surtout le soir, profitant de l'obscurité, des gens qui insultaient les passants en les menaçant. Bien qu'on fût à l'époque du carnaval, on fut obligé d'interdire les travestissements qui servaient de prétexte à certaines personnes pour céler leurs méfaits.

MM. de Larade et Binet furent délégués à La Rochelle pour aller rendre compte à M. le duc de Maillé, commandant de la province, de ces tristes événements et lui demander aide et protection.

On conçoit, facilement, que, le résultat des élections lui ayant été défavorable, Normand était loin d'être satisfait : par suite son hostilité contre Valentin et ses amis n'avait fait qu'augmenter. Il voulait faire du bruit et tâcher de troubler davantage les esprits pour pouvoir, au milieu des événements graves qu'il provoquait, en tirer profit. Ses bons amis, Bouyer et Sourisseau, en compagnie d'un autre huissier, Bourloton, tentèrent d'opérer un nouveau rassemblement des citoyens, sous prétexte, disaient-ils —

car ils estimaient qu'il valait mieux dissimuler la véritable cause qui les faisait agir au fond — de leur donner connaissance d'un écrit intéressant la commune.

Déjà un certain nombre d'amis ou de personnes, ne se rendant pas un compte exact peut-être de l'intention, avaient répondu à l'appel de cet homme influent.

On avait vu venir au rendez-vous des citoyens qui par leur situation avaient une certaine notoriété, tels étaient : Dautriche, Daniel Allenet, Normand, père, Lair, Léperon, Guyot, Mesnard, Savarit, Dezille, Poitevin, praticien, Châlle, sellier, Ménard, Védy, Gourdon, Bouisserin, Duplessy, Chauvin, La Sauzaie, *Debrie ?* curé de Prissé, Foreau, Texier, cabaretier, Dinet, perruquier, Broussard, fils du geôlier, etc...

Normand et ses amis avaient protesté contre la validité de l'élection, mais les commissaires n'ayant pas relevé grands griefs, paraît-il, contre celle-ci, il fallait absolument tâcher de fomenter une nouvelle sédition. Debrie et Guyot faisaient de leur mieux pour arriver à ces fins, à ce point qu'il fallut employer une patrouille pour les disperser.

Les agitateurs avaient cherché à entraîner dans le mouvement « MM. les Bénédictins » (1) personnages

---

1. Les religieux de l'Ordre de Saint-Benoît étaient au nombre de 60 à 80, vivant sous la direction d'un abbé qui avait la nomination de neuf officiers claustraux : le sacristain, l'aumô-

alors influents, mais ceux-ci avaient protesté, en repoussant les propos calomnieux répandus contre eux à cet égard, et en désirant que le peuple en fût instruit par des affiches.

Il fallait pourtant en finir avec ces semeurs d'effervescence et les auteurs de discours séditieux (1); aussi, le 27 avril, le conseil déclarait-il « Normand d'Authon et de Bonnegens d'Aumont sans qualité ni caractère pour agir, comme ils le faisaient, ne cherchant qu'à troubler l'ordre et la tranquillité publique, leur faisant défense de commettre, à l'avenir, pareille entreprise et invitant tous les citoyens à faire à la municipalité, conformément aux décrets

---

nier, le chantre, le sous-chantre, l'infirmier, le cellerier, le chambrier, le prévôt et le pitancier. Ils avaient leur domicile dans les maisons que l'on voit devant l'église paroissiale, gérant et administrant les affaires de l'abbaye, et lui payant quelques redevances pour prouver leur dépendance, *in signum superioritatis et obedientiæ*.

1. A propos des scènes auxquelles la rivalité de Valentin et de Normand donna lieu, L. F. Guillonnet de Merville, dans une note de ses *Annales inédites*, s'exprime ainsi :

« Nous avons entre les mains les écrits qui ont été faits de part et d'autre, mais nous ne voulons rien transcrire de ce qu'ils contiennent, parce que nous pensons qu'il est essentiel, pour l'honneur des deux partis, que la postérité ignore ce que la haine, l'animosité et les autres passions avaient suggéré pendant l'année où la division et la discorde régnèrent dans cette ville. »

Au surplus, à ce sujet, il est permis de voir, dans la salle des archives municipales à la mairie, les biffages opérés avec soin sur certains registres de l'époque.

de l'Assemblée nationale, la dénonciation de tous faits qu'ils connaîtraient pouvant intéresser la Nation et l'ordre public ».

*
* *

Les coups de force tentés jusqu'alors par Normand dans sa lutte contre Valentin n'ayant pas amené les résultats sur lesquels on comptait, une autre combinaison fut employée.

On chercha, de la part des amis de Normand, à se grouper étroitement, afin, le moment venu, d'agir par une action plus efficace.

Une société locale ayant pour titre *Les Amis de la Constitution*, se forma, ainsi d'ailleurs qu'il s'en établit d'autres dans certaines régions. Elle avait pour président l'avocat Duret (1). Elle se réunissait, délibérait, avait une installation et se faisait adresser un courrier assez volumineux.

---

1. Duret (Louis-François) né à Saint-Jean-d'Angély, le 19 janvier 1752. Il fut un des 36 administrateurs de la Charente-Inférieure ; avait été reçu avocat au Parlement de Paris en 1777. Installé le 21 janvier 1777. (f° 60 du registre des avocats). Il devint sous l'Empire le premier sous-préfet de sa ville natale, grâce à la recommandation de Regnaud ; fut ensuite appelé au Corps législatif et, de 1818 à 1831, il présida le tribunal de 1re instance. Il mourut le 23 décembre 1837, après avoir transmis en 1831, sa place de président à son fils. Une délibération de 1791, p. 73, disait : *que la cité n'avait reçu de commotion que par la présence de Duret ou par son fait.*

Sorte de comité juxtaposé aux côtés de l'autorité municipale, ceux qui étaient à sa tête paraissaient n'avoir qu'un objectif : s'en servir, dès que l'occasion s'en présenterait pour agir contre elle (1).

D'autres, et c'est là un fait qui se vérifie parfois, dociles instruments, sans voir plus loin peut-être, ne cherchaient qu'à affirmer, eux, leur foi patriotique.

Informé de ces faits et des allées et venues à la poste de quelques membres de cette société, le major général du régiment national — Gruel-Villeneuve —

---

1. Voici les noms de ceux qui formaient alors la *Société des Amis de la Constitution de Saint-Jean-d'Angély* et qui se trouvent sur une lettre qu'ils écrivirent le 11 janvier 1792, au Club Jacobin, à Paris : Poitou-Duplessy, président d'âge ; Gateau-Agé, Martin, Roquet, Pelluchon, Corbineau, Maugeais, Daniel Allenet, Guillonnet-Merville, L. Chaigneau, Gratiot, Bouisserin, P. Morillon, Challes, Marot, Marot fils, Deschamps, Bertin, Bonneville, Roche, Couneau fils, Desfreuches aîné, Cormeau, F. Giret, F. Boisseau, Giron, Guilloteau, Lamoureux, Guyot, Morillon, Faure, Jouaneau, B. Allenet, Abelin fils, Frouin, Allenet, Marchant, Gourdon, Moulin, Lair-Léperon, Yvon, Renaudot, Biscuit, P. Sorin père, Gallut, Choppy, Baudin, Proux, Amouroux, Geneau, Esclavon, Normand, Mesnard, Allenet, Rufelle, Barateau, Barateau jeune, Prou, Ami, Giron jeune, Manseau, J.-B. Barraud, J.-B. Sorin, Bonnet, Milon, Feniou, Deschamps jeune, Landry, Bouyer, Flamand, Brillouin fils aîné, Texier, Lemaistre fils, Desfreuches père ; Blanchard fils, Mansaud, Raymond Lemercier, J.-B. Desfreuches, Albert aîné, Marquet, Lassimone, Jollet, Guillot, Pailliau, Fordouard dit Flamand, Ribraud fils, Capon, Jouslain et Bartaré, secrétaires. (Extrait d'une copie et d'un mémoire possédé par Brillouin).

s'en émut et vint un jour, pour se rendre compte, *de visu*, de la situation et examiner la nature des correspondances échangées. Il se rencontra avec Duret, venu lui-même, pour retirer les lettres. Une discussion très vive s'engagea entre ces deux hommes ayant le même objectif. Le major, Gruel-Villeneuve, dut se servir de sa qualité et il fallut qu'une grande quantité de citoyens, accourue pour l'assister, s'en mêlât pour qu'il l'emportât et pût s'emparer du paquet, qui, ouvert au bureau municipal, contenait, entre autres pièces, notamment les statuts de la société.

Peu après, Duret, s'étant ravisé, pour donner le change, fit modifier l'adresse en se faisant écrire sous le nom de président de la Société patriotique, mais cette fois encore, le major Gruel-Villeneuve obtint la remise du paquet, en soutenant que la seule « Société patriotique » était la garde nationale qu'il commandait.

Malgré toutes les précautions prises pour déjouer leurs combinaisons, Duret, Duvergier, Dutartre et Bouisserin qui voulaient embrigader en une vaste fédération, le plus grand nombre possible, trouvaient le moyen d'adresser les statuts de leur Société, en même temps qu'une circulaire, aux municipalités des paroisses d'Asnières, Saint-Julien-de-l'Escap, les Eglises d'Argenteuil, Ternant, Vervant, Fontenet, La Vergne, Mazeray, Garnaud. Celles-ci, toutefois, ne se laissèrent pas prendre au piège, et regardant les écrits qu'elles avaient reçus, comme inconstitutionnels, décidaient de requérir une assemblée générale des municipalités du district et de dénoncer la « Société des Amis de la Constitution » tant à l'Assemblée nationale qu'à toutes les municipalités et troupes nationales du royaume.

IV

Pendant que s'accomplissaient ces événements qui devaient, on le conçoit, ne pas faciliter précisément l'administration des questions importantes, l'état financier de la commune était loin d'être satisfaisant. Il y avait une diminution très sensible dans le produit des octrois : il y avait un arriéré tel qu'on ne pouvait même pas payer « les malheureux que la ville avait été forcée d'employer ».

Malgré les registres ouverts pour recevoir les « déclarations patriotiques aux charges communes » des citoyens suivant leurs revenus, celles-ci n'affluaient pas.

On organisa les gardes nationales du district, pour qu'elles pussent faciliter la rentrée des impôts, qui ne s'effectuait pas.

Des ventes clandestines, qui diminuaient sensiblement les droits du roi, étaient, chaque jour, pratiquées et les citoyens devaient des sommes qui augmentaient sans cesse. On recourut à un emprunt de 12.000 livres pour pourvoir aux besoins les plus pressants et on enjoignit à chacun de régler les « droits d'aydes » légitimement dus et autorisés par décrets de l'Assemblée Nationale ; de plus, chaque créancier de la Ville fut invité à remettre sa note à M. Guillonnet.

Les besoins se constataient sous les formes les plus manifestes ; c'est ainsi que les quatre archers dont était à ce moment pourvue la cité, manquaient absolument d'habillements. Tous les trois ans, la commune devait donner à chacun d'eux un habit complet ; or, depuis huit années, ils n'avaient rien reçu, si bien que leur état était si misérable, ils étaient si fripés qu'on ne pouvait plus les employer « décemment au service de l'hôtel de ville et encore moins dans les cérémonies publiques », qui se multipliaient. Pour donner à ces archers une mise plus convenable, on autorisa un officier municipal à se transporter chez un marchand de drap, afin « de veiller et de faire acheter sous ses yeux les étoffes nécessaires à cet effet.

Malgré cette pénurie, la municipalité n'en adressait pas moins à Messieurs du Comité institué pour l'aliénation des biens nationaux, une adresse à l'effet d'être autorisée à acheter jusqu'à concurrence de 1.500.000 livres les biens dépendant de l'abbaye royale de la ville. Ces biens, d'après une lettre du Comité ecclésiastique, avaient été mis en régie par les soins de la municipalité de Saint-Jean-d'Angély et non par ceux des municipalités sur le territoire desquels ils se trouvaient.

Mais le 23 juin, les Bénédictins qui avaient déclaré

qu'ils allaient se retirer dans leurs familles respectives, revenant sur leur décision, faisaient signifier une opposition à l'administration, suivant exploit de l'huissier Meaume, par laquelle ils demandaient à administrer eux-mêmes comme par le passé, et à reprendre les locaux — salle, salon, lingerie — dont on s'était emparé pour établir les bureaux municipaux.

La question étant des plus importantes, on invita la commune à délibérer sur le cas, tout en consultant le Comité ecclésiastique, pour qu'il fît connaître son avis. La requête des Bénédictins fut ensuite transmise au district, puis au directoire, qui devait faire ultérieurement connaître sa décision.

*
* *

Le 3 juin 1790, on apprenait à Saint-Jean-d'Angély, par une lettre de MM. de Beauchamps, de Bonnegens, Regnaud et Landreau, qu'un décret de l'Assemblée nationale du 27 mai annulait la municipalité élue le 29 et le 30 janvier, ordonnant de procéder à une nouvelle élection, par devant les mêmes commissaires que précédemment.

On juge de l'émoi causé en ville par ce décret : on craignait que la rumeur qu'il occasionna ne prît des proportions inquiétantes. M. Marchant de Fief-Joyeux fut député à La Rochelle pour prier MM. les commissaires de venir eux-mêmes assister aux opérations électorales.

Comme, à cette même époque, des lettres du roi convoquaient les électeurs à se rendre à l'assemblée du département qui devait s'ouvrir à Saintes, le 12 juin, on pensa qu'il était bon, à raison de la « fermentation qui ne faisait qu'augmenter », de former la municipalité avant le département, cette opération devant servir de base à toutes les autres.

La nouvelle élection municipale fut fixée, d'accord avec le commissaire, M. Goguet, au dimanche 4 juillet 1790. Quatre placards indiquant le fait, furent apposés et le décret fut lu en chaire par le curé.

*
* *

Le collège électoral fut divisé en quatre sections : celle d'Aunis siégeant aux Capucins ; celle de Matha aux Jacobins : l'une et l'autre de ces sections formées suivant une démarcation établie d'après la situation topographique des quartiers.

Le district (1) de Saint-Jean-d'Angély était alors

---

1. Un décret préparatoire du 22 novembre 1789, avait réglé à l'avance, la forme des nouvelles administrations départementales.

Aux termes de ce décret, chaque département était régi par une assemblée de trente-six membres nommés par les électeurs. Cette assemblée était divisée en deux sections : l'une sous le titre de Conseil du département, ne devait tenir qu'une séance annuelle d'un mois au plus ; l'autre, appelée le *Directoire* du département et formée de huit membres, était en permanence. L'une

divisé en 8 cantons : Tonnay-Boutonne, Taillebourg, Brizambourg, Matha, Saint-Savinien, Aulnay, Loulay, Lozay.

Le 24 juin, les officiers municipaux de ces cantons, étaient prévenus, par des circulaires qu'on leur avait remises, d'avoir à se réunir le mardi 29 à 7 heures du matin, dans « l'église des PP. Jacobins », afin d'y procéder à la nomination générale des députés qui devaient se réunir à Paris, le 14 juillet, pour, en confédération nationale, y prêter le serment fédératif. Le 29 du même mois, sur les ordres de l'Assemblée nationale et une lettre de M. de Saint-Priest, la réunion se fit à Saint-Jean-d'Angély, à l'endroit fixé.

M. Marchant-de-Fief-Joyeux déclara que, n'ayant reçu que 95 lettres de convocation, c'était ce qui expliquait pourquoi il n'en avait pas été adressé aux 127 paroisses dont se composait le district. On décida, après délibération, qu'un député à raison de 200 citoyens-soldats serait délégué à la confédération générale des Français.

Le canton de Saint-Jean-d'Angély, avec 2.119 citoyens militaires, nomma 10 députés : Valentin fils, volontaire, Lair, volontaire, Palâtre, capitaine, de

---

et l'autre étaient renouvelables par moitié tous les deux ans. Il y avait près de chaque assemblée un procureur syndic et un secrétaire greffier. Chaque *district* avait son assemblée administrative de douze membres nommés par les électeurs du district qui ne devait tenir qu'une séance annuelle de quinze jours et du *Directoire* composé de quatre membres permanents ; il y avait de même, près de chaque assemblée du district, un procureur syndic et un greffier.

Brémond, officier, Broutin, capitaine de la compagnie de Ternant, Devigne, sergent-major de volontaires, Latierce, capitaine de Varaize, Izambard, capitaine de Fontenet, Robinet, capitaine de grenadiers et Berthomé, capitaine de la Chapelle ; Robinet, ayant démissionné, fut remplacé par Rullaud-Gravouil, brigadier de cavalerie.

Le canton de Tonnay-Boutonne, avec 711 citoyens militaires, nomma MM. Cuppé, payeur aide-major de Tonnay-Boutonne ; Paillant, de Cornebouc, lieutenant des grenadiers, Griffon de Plemeville, capitaine en second de la compagnie de Chantemerle.

Le canton de Saint-Savinien, avec 1254 citoyens militaires, nomma MM. de Ponthieu, colonel ; Le Comte, lieutenant-colonel ; de Gennes, capitaine ; de la Sauzaie, commandant ; Ponvert ; Faure, capitaine des grenadiers de Saint-Savinien, de Sociados, commandant d'Archingeay.

Le canton de Taillebourg, avec 516 citoyens militaires, nomma Dugué, commandant de Taillebourg ; Ballay, major ; Chaigneau, capitaine de Juicq.

Le canton de Brizambourg, avec 1000 citoyens militaires, nomma Jolly d'Aussy, commandant ; Huteau, major de Brizambourg ; Jacques Planton, sous-lieutenant de Sainte Même ; Guiron de Toudon, lieutenant-colonel de Brizambourg ; Armand Beaucorps, commandant.

Le canton de Matha, avec 1451 citoyens militaires, nomma Baraud, commandant ; Audouin Voilier, commandant ; Duvergier, commandant de Thors ;

Charrier, commandant de Siecq ; Barateau, major de Neuvicq : Bartaré, commandant d'Haimps ;

Le canton d'Aulnay, avec 1.600 citoyens-militaires, nomma Bastard, lieutenant-colonel de Fontaine, Rigoudeau, capitaine dudit lieu, Merveilleux, chirurgien-major, Charles Groleau, lieutenant de Saint-Pierre-de-Juillers, Gallard Alexis, officier d'Aulnay, Daulide-de-Ferrière, commandant de Saint-Mandé, Jacques Dantras, sergent de Romazières, André Boucard, caporal à Saint-Mandé.

Le canton de Loulay, avec 517 citoyens, nomma MM. Berthommé, capitaine de La Chapelle, Combeau, lieutenant de la Jarrie.

Enfin le canton de Lozay, avec 542 citoyens militaires, nomma Larade, capitaine commandant à Lozay et Marchant, de Dœuil.

Le conseil alloua la somme de 6 livres par chaque député, pendant trente jours si le cas le requérait, dont ils devaient être payés sur un crédit ouvert à cet effet.

Le lendemain de leur nomination, les militaires des cantons d'Aulnay, Matha et Brizambourg, adressaient une requête au maire Valentin, afin de toucher le montant de la solde qui leur était allouée ; faute de quoi, disaient-ils, il serait impossible à plusieurs d'entre eux « de remplir leur mission et satisfaire, en cette partie, le patriotisme de leur amour pour la constitution ». Cette demande, ajoutaient-ils, pouvait d'autant moins souffrir de difficulté que la garde nationale devait être assimilée aux troupes réglées auxquelles les receveurs publics comptaient les sommes allouées. C'était, évidemment, une requête tout à fait juste, et le pouvoir devait faciliter autant que possible cette « auguste fédération » et mettre chaque citoyen à même de remplir ses vœux à cet égard.

Mais la municipalité de Saint-Jean-d'Angély, n'ayant alors « que mille livres ou environ de revenus et loin d'avoir des fonds en caisse, étant de beaucoup arriérée », ne pouvant pas faire droit à la demande, il fut décidé que les requérants devraient s'adresser aux receveurs publics.

*
* *

Le 14 juillet, jour où, à Paris, le serment fédératif était prêté par les députés délégués (1), les officiers municipaux réunis sur les onze heures, au « Champ

---

1. Les fédérés arrivaient de toutes les parties du royaume. On les logeait chez les particuliers qui s'empressaient de fournir lits, draps, bois et tout ce qui pouvait contribuer à rendre le séjour de la capitale agréable et commode. Douze mille ouvriers travaillaient sans relâche à préparer le Champ de Mars. Enfin le 14 juillet, jour de la Fédération, arrive. Les fédérés rangés par département sous 83 bannières partirent de la Bastille... Ils reçurent les acclamations d'un peuple immense répandu dans les rues, aux fenêtres des maisons, sur les quais. La pluie qui tombait à flot ne dérangea ni ne ralentit la marche. Les fédérés, dégouttant d'eau et de sueur, dansaient des farandoles et criaient : *Vivent nos frères les Parisiens !* (De Ferrières.)

de Mars » (1) de Saint-Jean-d'Angély pour déférer aux décrets de l'Assemblée nationale qui voulait que les troupes de ligne prêtassent le serment de fidélité à la Constitution, recevaient eux-mêmes, le serment de fidélité du régiment d'Agenois qui tenait, alors, garnison en cette ville.

Cette cérémonie s'accomplit avec une grande solennité : les troupes formées en bataillon carré, les corps administratifs municipaux et civils, ainsi que le clergé, se dirigèrent vers l'autel de la Patrie, au bruit du canon, chacun observant un respectueux silence.

Après la messe célébrée par le curé, des discours furent prononcés par Guillonnet-Merville, vice-président du directoire du district, puis par Duvergier, au nom du corps municipal.

La prestation de serment eut lieu dans les termes fixés, alors que la musique jouait l'air national : *Ça ira, ça ira*.

Ce même jour, à dix heures du soir, au Champ de la Fédération fut planté un arbre de la Liberté, au milieu, dit un chroniqueur du temps, « d'un peuple prodigieux ».

M. Faure, commandant en chef du second bataillon de la garde nationale, prononça un discours à ce sujet et le curé « constitutionnel » Jupin ayant entonné un *Te Deum*, la fête se termina par une illumination générale.

---

1. Le Champ de Mars ou de la Fédération se trouvait où est actuellement la place Matha. (*Annales inédites* de Guillonnet-Merville.)

L'ancien Échevinage de Saint-Jean-d'Angély.

CHAPITRE II

§ I. — Organisation de la municipalité : les officiers municipaux. — Désordres à l'hôpital : plainte contre le corps municipal. — Projet de casernement. — Troubles graves à Saint-Jean-d'Angély et dans un grand nombre de paroisses de la région. Envoi de commissaires pour notifier la loi rendue le 10 décembre 1790 sur le décret de l'Assemblée nationale du 30 novembre précédent, à la suite des troubles de Saint-Jean-d'Angély et lieux circonvoisins. — Retrait des armes à feu qui étaient aux mains des habitants. — Nominations diverses : le bureau de conciliation. Division du territoire communal.

§ II. — L'agitation continue : Saint-Jean-d'Angély divisé en deux camps : les partisans de la municipalité et la Société des Amis de la Constitution. — Le serment de la garde nationale. — Installation de la municipalité dans la maison des « cy-devant Bénédictins ». — La mairie sous Loustalot. — Les officiers municipaux et les notables de la commune. Division du travail : le serment des fonctionnaires. — Décret du 24 février 1793 sur le service de la patrie. Engagement de volontaires aux Jacobins : les trois premiers inscrits ; masse pour exciter le zèle des engagés ; les donateurs. — Fabrication de piques et de bayonnettes à Saint-Jean-d'Angély pour les besoins de la guerre.

i

L'élection précédente ayant été annulée, ainsi qu'on l'a vu plus haut, le 6 juillet 1790, les citoyens actifs de la commune de Saint-Jean-d'Angély se réunissaient, conformément aux décrets de la Convention nationale et aux lettres patentes du roi, chez

« MM. les Bénédictins » pour l'organisation de la municipalité.

L'assemblée fut ouverte par Me Binet, avocat (1), en présence des commissaires, Goguet et Collet.

Après le dépouillement du scrutin, de Laprade et Binet, élus président et secrétaire, prêtèrent, l'un et l'autre, serment dans les formes usitées.

Les deux sections des quartiers Matha et des Jacobins donnèrent un chiffre de 653 votants : Valentin, ayant obtenu 100 voix en sus de la majorité absolue, fut élu maire de la ville de Saint-Jean-d'Angély.

Cette nomination, qui assurait, enfin, le triomphe d'un parti sur l'autre, fut — ainsi qu'il est facile de le supposer, accueillie en ville avec une joie indicible, — car on sait l'importance qu'elle avait à raison des nombreux événements que l'on connaît. « L'émotion, dit le procès-verbal, et les mouvements de tendresse s'emparèrent de tous les cœurs : chacun suivait la première impulsion de son âme, sautant au col de son voisin, lui donnant des marques du désir de la paix, chacun jurant de vivre en vrai frère. »

Le lendemain, on procéda à l'élection des officiers municipaux : il y eut 514 votants. Les élus furent

---

1. Me Binet (Maurice) fut installé comme avocat à Saint-Jean-d'Angély le 24 mars 1775, la même année que Me De Bonnegens d'Aumont installé le 11 février. Il fut syndic en remplacement de Me Loustalot le 19 mai 1775. Reg. des Avocats, fo 60.

Susane, Lair, Larade, des Granges, Binet, Marchant, Ouzanneau et Levallois. Guillonnet fut proclamé procureur de la commune ; les notables furent : Rocquet, Broutin, Babin, Goudet, Roy-de-Lisle, Rullant, Gravouil, Allenet-des-Aubiez, Augier père, Chapiot père, Maurice Desrogis, Barbeau, Alexandre Chaigneau, Dom Deforis, Mauge, boulanger. Chaque nouvel élu déclara accepter sa commission, promettant de s'abstenir de toutes fonctions militaires, pendant tout le temps qu'elle durerait.

Le maire et les officiers municipaux prêtèrent entre les mains de la commune le serment prescrit par la loi, qui était « de maintenir de tout leur pouvoir la constitution du royaume, d'être fidèles à la Nation, à la Loy et au Roy, et de remplir leurs fonctions avec zèle et courage ».

Des cris d'enthousiasme et de reconnaissance se traduisant par celui de : « Vivent MM. les commissaires ! » terminèrent la séance.

A peine le corps municipal était-il installé, que son action dut se faire sentir dans des conditions qui méritent d'être relatées. On était en séance, quand on annonça que M. de Capi, commandant le bataillon des chasseurs bretons, à la tête de ses officiers, avait une communication à faire. Introduit aussitôt, dans la salle du Conseil, l'officier annonça que des désordres occasionnés par des soldats de son bataillon existaient depuis deux jours en ville. L'hôpital militaire où se trouvaient des soldats malades, était surtout le foyer de l'insurrection : l'indiscipline y régnait en maîtresse : on craignait de nouveaux troubles bien plus graves encore. Il y avait intérêt et urgence — le commissaire des guerres étant absent — à étouffer, promptement, la révolte. On décida que le corps municipal escorté d'un bataillon de la garde nationale se transporterait sur les lieux du trouble.

Le maire entré dans l'établissement, s'adressant aux soldats réunis en cercle autour de lui, leur dit :

« Messieurs, nous venons moins ici comme officiers municipaux que comme citoyens. Nous ne pouvons cependant vous dissimuler que, chargés du maintien du bon ordre qui doit régner dans la ville, nous ne pouvons, cependant, nous dispenser de sévir avec rigueur contre les fauteurs des insurrections. Nous espérons, néanmoins, que votre sagesse nous épargnera le désagrément d'en venir à des extrémités chagrinantes. Nous vous invitons, en conséquence, et nous vous enjoignons, en cas de besoin, de ne vous écarter en rien de la subordination que vous devez à vos chefs ; de rester inviolablement attachés à la discipline établie de l'hôpital, et nous espérons que nous n'aurons qu'à applaudir à notre démarche. »

Il faut croire que le cœur de ces hommes, que le comte de Capi avait voulu représenter comme une soldatesque effrénée, n'était point aussi endurci qu'il avait pu le supposer ; car, à peine ces paroles furent-elles prononcées, « qu'une approbation générale, un applaudissement continuel et une promesse de ne point sortir de leur devoir » furent la réponse de tous les soldats. Après cette « remontrance » suivant l'expression du procès-verbal, le collège municipal « s'en retourna à l'hôtel de ville », comme il était venu.

*
* *

A cette même époque, le directoire du département fut saisi d'une requête que lui présentaient quelques citoyens de Saint-Jean-d'Angély qui prenaient la qualité d'anciens grenadiers et qui se plaignaient des sévérités excessives commises à leur encontre par le corps municipal. Cette requête avait été ordonnancée par le directoire qui avait écrit une lettre pour demander des renseignements sur les actes qui avaient été portés à sa connaissance. De plus, il avait ordonné l'élargissement d'un sieur Bonnet, alors incarcéré, et fait « inhibition au corps municipal de ne faire emprisonner aucun citoyen sans motif et sans avoir préalablement dressé procès-verbal ».

Le Conseil général de la commune, informé de cette décision de l'assemblée départementale, le prit de très haut et décida, pour plusieurs considérations, qu'il lui serait fait une « remontrance » contenant tous les motifs qui auraient dû la déterminer à ne point recevoir cette plainte et, dans tous les cas, à ne point statuer sur les conclusions qu'elle contenait. Il fut en conséquence arrêté que trois des officiers municipaux : MM. Valentin, maire ; Suzane et Marchant, fils, seraient députés à Saintes pour représenter au directoire, la fameuse « remontrance ».

Cette situation, quelque peu tendue, entre le directoire du département et le Conseil général de la commune, n'empêcha pas cependant l'autorité municipale de pourvoir à certaines mesures d'administration qui s'imposaient. C'est ainsi, tout d'abord, que le rétablissement du minage qui se trouvait en mauvais état et celui des foires royales furent décidés, tout en choisissant sur la proposition du chirurgien Favre, une maison pour en tenir lieu pendant que durerait sa reconstruction : de même on résolut le nettoiement de la rivière qui en avait le plus grand besoin et l'édification d'une écluse à la jonction du flux et du reflux.

On s'occupait, en même temps, de nommer des collecteurs pour procéder au recouvrement des deniers portés au rôle de la taille qui contenait 921 cotes confectionnées par Grelet. Ce soin était confié à Blanchard, vitrier ; Bonnet, charpentier et Charles Tourneur. Dans ce même mois, les officiers municipaux rendirent leur compte d'administration, conformément aux décrets et lettres patentes du 20 avril ; ces opérations terminées, un certificat de décharge leur était accordé.

*
* *

Le besoin se faisait alors sentir à Saint-Jean-d'Angély d'une caserne et d'un hôpital militaire.

Le ministre paraissait décidé à accorder à cette ville un bataillon d'infanterie et un escadron de cavalerie. M. d'Aussy, commissaire des guerres, donnait lecture à l'assemblée d'une lettre de M. Le Mounier, premier commis du bureau de la guerre, qui informait les habitants de ces bonnes dispositions de la part de l'autorité. Il y avait lieu de s'entendre sur le choix du local et de dire s'il devait être aux Capucins ou aux Jacobins. Deux commissaires, MM. Binet et Larade, furent nommés pour étudier la question. M. Thibaut-de-Dongnourt, inspecteur des hôpitaux militaires, avait, dès le mois de septembre 1780, en présence des notables de la ville et de MM. Voyer-d'Argenson et Latour-Dupin, officiers généraux de la province, fait un rapport sur la question. Après enquête et étude sérieuse, le corps municipal et le conseil de la commune, ne voulant rien négliger pour ne pas porter atteinte à l'humanité souffrante, arrêtèrent que l'établissement des Cordeliers était préférable à celui des Capucins : de plus la dépense à faire aux Cordeliers n'était que de 60.000 à 80.000 livres, tandis que celle à exposer aux Capucins était de 300.000 livres au moins (1). Il fut

---

1. Rappelons, à ce propos, en passant, et ce, d'après Guillonnet-Merville, que le couvent des Cordeliers avant la Révolution était composé de sept ou huit religieux et de deux frères convers. Ils s'étaient établis à Saint-Jean-d'Angély en 1225, au faubourg Taillebourg dans les bâtiments où la régie des poudres et salpêtres avait établi son magasin à gauche du pont de pierre, en sortant de la ville. Des lettres patentes du

donc décidé que Sa Majesté serait suppliée de donner un avis favorable à l'emplacement des Cordeliers.

Pour réaliser ce projet, le ministre désirait que la ville qui devait bénéficier des établissements dont la création était sollicitée, s'imposât des sacrifices, mais on observa que la cité était très pauvre par elle-même et se trouvait par suite dans l'impossibilité de les fournir. « Les édiles ajoutaient que Saint-Jean-d'Angély présentait trop d'avantages, par lui-même, pour l'établissement de cet hôpital, par sa proximité des côtes et des villes maritimes, et par sa rivière qui pouvait servir à conduire les blessés et les malades de difficile exportation, pour que la ville puisse être tenue à aucune charge. Au surplus, il paraissait tout naturel que Sa Majesté, à qui devait appartenir l'hôpital, fournisse aux frais. »

En ce qui concernait les casernes, on se faisait fort de préparer convenablement un quartier dans la maison des Capucins pour y loger le bataillon d'infanterie, et en attendant, on logerait la cavalerie dans les maisons vides et chez les particuliers qui en avaient de plus commodes.

*
* *

---

2 février 1626 de Louis XIII avaient accordé à ces religieux le château et ses fossés pour y établir leur couvent, sous l'obligation pour eux de dire, chaque année, le jour de la naissance du roi, une grand'messe pour la conservation de ses jours.

Quant aux Capucins, on a vu, précédemment, dans une note, quelle fut leur origine et leur établissement à Saint-Jean-d'Angély.

Pendant que cette question qui intéressait l'opinion publique et préoccupait ses représentants s'agitait, des troubles se rapportant à la situation générale de la politique, en France, éclatèrent à Saint-Jean-d'Angély et « dans un grand nombre de paroisses l'avoisinant. »

Il y eut de graves insurrections : des attroupements nombreux assaillirent la cité et des excès regrettables y furent commis contre « l'ordre public, la santé et la vie de quelques citoyens ».

Les moyens employés pour prévenir de semblables scènes avaient été insuffisants : peut-être aussi y avait-il eu négligence, de la part de l'autorité, pour les empêcher ou tout au moins en atténuer les conséquences. MM. Bréard et Jouneau furent nommés commissaires par le directoire de la Charente-Inférieure à l'effet de conduire en ville un régiment d'Agénois en garnison à Saintes ainsi que des gardes nationales, en tout 600 hommes, « pour agir suivant que les circonstances paraîtraient l'exiger ».

Le corps municipal fut péniblement impressionné de voir qu'il était taxé « d'indifférence à réprimer ces troubles », d'autant plus qu'il affirmait avoir pris toutes les précautions qui s'imposaient dans une occasion où la cité se trouvait dénuée de force et de secours, ayant au surplus agi de concert avec deux membres du directoire du district qui avaient, eux-mêmes, reconnu qu'il était impossible d'opposer une résistance. En présence de ces explications, les commissaires Jounceau et Bréard n'hésitèrent pas à délivrer à la municipalité une attestation établissant que le directoire du département n'avait point eu l'intention de l'inculper. Malgré cela, le sieur Mauclair, brigadier et commandant la maréchaussée de Saint-Jean-d'Angély, sur l'ordre qu'il en avait reçu des commissaires délégués, fit savoir qu'il recevrait des mains des « officiers municipaux de la ville toutes les armes à feu qui s'y trouvaient de même que toutes autres qui avaient été ramassées dans la paroisse de « Varaize » (1) qui s'était particu-

---

1. Voici qu'elles furent les causes de ces troubles qui attirèrent sur « Varaize », dit Denys d'Aussy, dans l'opuscule portant ce titre, l'attention publique.

Plusieurs municipalités et gardes nationales s'opposaient à la libre circulation des grains qu'on voulait dans certains endroits faire taxer à un prix uniforme et paraissant arbitraire. Le directoire, pour dissiper l'erreur du peuple, avait fait afficher une proclamation rappelant les citoyens à leurs devoirs et montrant le danger que couraient ceux qui voulaient s'y soustraire : un grand nombre des municipalités comprit alors.

Cependant Arnaud, commandant de la garde nationale d'Aujac, excitait le peuple en lui conseillant de ne point laisser sortir le blé de la paroisse et l'engageant à la résistance.

L'insurrection d'Arnaud gagna ; plus de dix paroisses refusèrent la dîme et les terrages non supprimés.

A Migron, Giraud prêcha la même révolte : les commissaires s'y transportèrent le 0 octobre 1790 avec douze gendarmes, mais le peuple ne voulut rien entendre.

L'insurrection gagna le district de Saint-Jean-d'Angély.

Laplanche et Labrou firent à Varaize ce qu'Arnaud et Giraud avaient fait à Aujac et à Migron.

L'huissier Bouyer, à la tête de 30 chasseurs bretons, fut chargé de l'exécution du décret de prise de corps contre Laplanche, ce

lièrement agitée, pour être déposées à la caserne de la maréchaussée jusqu'à nouvel ordre ».

Il n'y avait point à regimber ; aussi le bureau municipal ordonna l'exécution de cet ordre.

———

qui eut lieu ; mais une horde de femmes furieuses, armées de bâtons et fourches, s'avança ; un coup de fusil fut tiré ; une bagarre épouvantable s'ensuivit. Trois femmes furent tuées ; deux hommes blessés.

Latierce, maire de Varaize, ayant requis un détachement pour que force restât à la loi, on l'accusa de trahison.

Arrêté immédiatement, on l'attache aux cadavres ensanglantés, puis on veut le pendre aux ailes d'un moulin.

Réflexion faite, on décide son transfert à Saint-Jean-d'Angély. Plus de 2.000 paysans des paroisses de Varaize, Aujac, Fontenet, Aumagne, Garnaud, Argenteuil-les-Eglises, Saint-Jullien-de-l'Escap, Villepouge, Le Pin, Courcelles, s'avancent le 22 octobre, tumultueusement, dit un chroniqueur du temps, avec leur proie enchaînée.

La foule demande la mise en liberté de Laplanche, « son père, son libérateur, son ami ».

On y consent, à la condition que Latierce serait, lui-même, relâché ; mais, malgré cette promesse, ce dernier était immolé dans une longue agonie.

Son cadavre resta tout un jour exposé à la curiosité de la population.

De nombreux détachements de troupes tâchèrent de rétablir l'ordre. A Fontenet et à Saint-Julien, plusieurs rebelles furent arrêtés et conduits en prison ; à Varaize et à Aumagne on procéda aussi à des arrestations. L'armée revint à Saint-Jean-d'Angély avec 90 prisonniers conduits à Saintes, puis à La Rochelle où ils restèrent jusqu'à l'amnistie accordée par le roi. après l'acceptation de la Constitution, à ceux qui étaient accusés de délits révolutionnaires.

On doit les plus grands éloges, dit Guillonnet-Merville, au

Jouneau et Bréard, membres du département, avaient pour mission, une fois à Saint-Jean-d'Angély, de requérir, si besoin, la force armée, troupes nationales du département ou troupes de lignes et de lui donner telles instructions qu'ils jugeraient convenables. Ils devaient, en outre, en cas de négligence, retard ou refus de la municipalité d'agir, faire *proprio motu*, ou d'accord avec le corps administratif du district, tout ce qu'ils croiraient utile pour ramener l'ordre. Au besoin, ils avaient le droit de proclamer, aux formes ordinaires, la « loy martiale » pour désarmer les révoltés ou attroupés, en faisant arrêter les perturbateurs.

A la suite d'un Mémoire présenté tant au directoire du département qu'à l'Assemblée nationale sur ces événements, deux officiers municipaux furent députés au directoire du district pour en connaître les conclusions. Malgré toutes les précautions prises pour en éviter le retour, les événements de Varaize des 21 et 22 octobre préoccupaient les esprits.

Le 8 décembre 1790, conformément aux droits qu'accordait un décret de l'Assemblée nationale, l'assemblée générale de la commune se réunit. On décida que Susane, Valentin et Marchant iraient à Paris auprès des représentants du pays, pour leur

---

« dévouement généreux du régiment d'Agenois à qui la couronne civique fut décernée à Saintes ».

Un rapport sur ces événements fut fait par M. Vieillard et les procès-verbaux adressés à l'Assemblée nationale.

démontrer la vérité et solliciter la justice que la commune était en droit d'espérer.

Ils devaient supplier l'Assemblée nationale de leur faire la grâce d'être admis à sa barre pour « y développer le défaut de patriotisme qui inspirait quelques citoyens ennemis de la République », en dénonçant tous écrits inconstitutionnels dont ils pouvaient être nantis. Près de deux pages et demie de signatures sont au pied de cette délibération : relevons au hasard les noms de Guérineau, Allenet, Marchant, Cornet, Pelletier, père et fils, Lemaitre, Rocquet, Grelat, Bourdin, Baudrit, Doussin, Chappiot, notable, Jagueneau, Chappiot, volontaire, Esmein, capitaine, etc.

Les événements que nous venons de relater avaient été particulièrement graves ; car, le 28 décembre 1790, sur les 9 heures du matin, les administrateurs du directoire du département réunis donnaient connaissance d'une loi datée de Paris, du 10 du mois, sur le décret de l'Assemblée nationale du 30 novembre précédent, signé par le roi relativement aux troubles arrivés « à Saint-Jean-d'Angély et lieux circonvoisins ».

Deux commissaires, Bréard et Jouneau, avaient été envoyés pour la notifier aux municipalités récalcitrantes et en faire insérer le texte sur le registre des délibérations. Voici en quels termes s'exprimait à ce sujet, au sein de l'assemblée, le procureur général syndic :

« Messieurs, le roi vient de vous faire adresser la

loi relative aux troubles arrivés à Saint-Jean-d'Angély et lieux circonvoisins, donnée à Paris le 10 décembre présent mois sur le décret de l'Assemblée nationale du 30 décembre précédent.

« Il est nécessaire de la faire mettre en exécution conformément à ce qu'elle contient. En conséquence, je requiers qu'il soit nommé deux commissaires parmi vous, messieurs, pour se transporter à Saint-Jean-d'Angély pour notifier la loy à la municipalité avec injonction de s'y conformer. »

Le 3 décembre, sur les 3 heures, les commissaires ayant plein pouvoir d'employer la force, arrivaient en ville, faisant aussitôt par lettre prévenir les officiers municipaux. Dès qu'ils eurent fait connaître le but de leur voyage, M. Elisée Loustalot, l'un des officiers municipaux, déclara que le corps municipal de Saint-Jean-d'Angély n'avait pas mérité la sévérité dont il était l'objet, mais que pourtant, il était disposé à se soumettre à une loi émanée de l'Assemblée nationale, quelque rigoureuse qu'elle fût ; ajoutant que tous les citoyens qui le composaient n'en seraient que plus ardents à donner des preuves de leur patriotisme et de leur zèle pour le maintien de la Constitution. Ceci dit, Loustalot lut, à haute voix, la commission de Bréard et de Jouneau et l'enregistrement en eut lieu, immédiatement.

De nouveaux officiers furent alors nommés pour assurer le service. Ce furent : Lair, Esmein, Binet et Larade, remplacé le 21 novembre 1790 par Rocquet, Loustalot, Roy de Lisle, et Combeau des Nobles.

Presque aussitôt leur entrée en fonction, une adresse de 100 citoyens demanda la création d'une bourse ou juridiction consulaire à Saint-Jean-d'Angély : en même temps on s'occupa, pour déférer aux décrets de l'Assemblée nationale relatifs à l'organisation de l'ordre judiciaire, de former les bureaux de conciliation. Ce bureau devait être composé de 6 citoyens dont 2 hommes de loi. Voici les noms de ses membres : Valentin, maire, Robinet, notaire royal, Jouneau, avocat, Favre, négociant, Rullaud-Gravouil, et Loustalot avocat. Les juges du tribunal du district ayant été installés peu après, une cérémonie publique avait lieu, à cette occasion, le 14 décembre.

Les troupes furent mobilisées pour faire cortège et l'on se rendit avec « une pompe digne de la fête à l'église paroissiale où fut célébrée une messe du Saint-Esprit au bruit des tambours et des clarinettes ».

Les juges prêtèrent serment dans les formes d'usage ; des discours patriotiques furent prononcés par Dautriche, président, et Pelluchon. Le même jour, le conseil de paix du district prêtait, lui aussi, serment et était installé.

L'article 1er du titre II du décret de l'Assemblée nationale des 20, 22, 23 novembre 1790, accepté par le « Roy » le 1er décembre suivant, portait qu'aussitôt que les municipalités auraient reçu le décret et sans attendre le mandement du district, elles formeraient un état indicatif du nom et des différentes divisions de leurs territoires et que ces divisions s'appelleraient « sections », soit dans les villes, soit dans les campagnes.

Pour y obéir, il fut procédé à ce travail. Le territoire de Saint-Jean-d'Angély fut divisé en six sections : la première connue sous le nom de section de Saint-Eutrope, la deuxième, de Fossemagne, la troisième de l'Etore, la quatrième du Port, la cinquième de Niort, la sixième de Matha.

La vérification des sections eut lieu le 5 mars 1791 dans l'église des Jacobins où pouvaient se rendre les habitants, par les commissaires nommés à cet effet sous la surveillance d'un officier municipal par quartier.

II

Pendant que l'on s'occupait de ces questions de pure administration, la division qui agitait la ville au temps où Normand et Valentin se disputaient le pouvoir et qui, semble-t-il, aurait dû s'éteindre au lendemain des élections de juillet 1790 qui avaient donné la victoire à ce dernier, se manifesta, de nouveau, avec le même caractère d'intensité.

Même classement que précédemment : d'un côté les amis de la municipalité ; de l'autre ceux qui, mécontents, voulaient prendre sa place ; loi fatale, sans doute, à laquelle le temps ne change rien.

Ces derniers, ainsi que nous l'avons déjà dit, se

comptaient dans la société des Amis de la Constitution.

L'animosité qui existait entre les adversaires n'ayant fait que couver, pendant quelques mois, reparaissait plus vive encore.

Les mêmes chefs dirigeaient : des noms que l'on connaît.

Un jour Loustalot, s'étant aperçu que l'on faisait des préparatifs dans la salle des « Cy-devant Bénédictins », réservée d'ordinaire aux séances de la municipalité, et ayant pressenti là quelque chose d'hostile à l'autorité, intervint subitement pour en empêcher. Dans ce but, il congédiait le fameux Sourisseau qui disposait les sièges destinés à la réunion projetée, mais tout aussitôt, on venait l'avertir que le non moins fameux apothicaire Guyot se promenait dans les rues en habits bourgeois, avec des pistolets à la ceinture,

Quelqu'un lui ayant dit :

— Comme vous voilà armé !...

Guyot, affectant un air des plus mystérieux, donnant à entendre qu'il allait se passer quelque fait grave, avait répondu :

« C'est comme cela, qu'il faut être aujourd'hui ! »

Ne voulant pas être pris au dépourvu, Loustalot, en homme prudent, avait fait placer deux factionnaires à la porte de la salle, avec ordre de n'y laisser entrer personne.

Sur ces entrefaites, Sourisseau était retourné avec une lettre signée de Merville, Augier, Chaigneau,

Bouisseren, Lemaître, faisant connaître l'objet que se proposaient ceux qui faisaient préparer la salle des Bénédictins. Celle-ci indiquait que la « Société des Amis de la Constitution », voulant rendre hommage à la mémoire de Mirabeau en lui faisant les honneurs qui lui étaient dus, désirait y tenir une séance publique. On voulait savoir de suite pourquoi l'entrée en était gardée.

La municipalité le prit mal, déclarant que si la loi du 19 novembre permettait à toute société libre de se réunir, à charge d'observer les lois communes à tous, une de ces mêmes lois défendait de le faire sans autorisation. Au surplus, ajoutait-elle en épanchant ainsi tout ce qu'elle avait dans le cœur contre cette société : Celle-ci a toujours méprisé cette règle et ce n'était que par la seule envie de la braver, qu'elle demandait l'autorisation de s'assembler dans son enceinte, à la porte de ses bureaux, uniquement pour la troubler.

« Vous devez sentir, Messieurs, disait la réponse, qu'une assemblée comme la vôtre ne peut se tenir à nos côtés sans nous interrompre, d'autant plus qu'il y a plusieurs endroits en ville où elle peut tenir plus commodément ses séances. » Ce n'était évidemment que pour narguer la municipalité et se mettre en opposition avec le peuple que la Société agissait comme elle le faisait dans la circonstance.

On parlementa encore : enfin on finit par licencier les fonctionnaires et la foule se retira satisfaite, en apparence du moins.

On voit de suite quel était, d'une façon générale, l'état des esprits : partout dans les divers quartiers, du bruit, des rixes, des disputes, et des batailles.

Pour ramener un calme relatif, on fut obligé de faire circuler des patrouilles dans les rues : une proclamation fut affichée à la porte des églises, carrefours et cantons, aux termes de laquelle il était fait défense à toute personne « de se provoquer, s'injurier, se battre, surtout en duel, et de s'attrouper ».

Le 14 juillet 1791, la municipalité était prévenue que le major Gruel-Villeneuve, commandant la garde nationale, allait faire renouveler le serment fédératif.

On se réunit pour cela, sur « la Place Neuve » avec un régiment de grenadiers, les volontaires, les canoniers, les chasseurs et les cavaliers sous les armes, « la cavalerie à cheval et le reste des habitants non organisé, faute d'armes, formaient un bataillon carré ».

Chacun la main droite levée, cria :

« Je jure d'employer les armes remises entre mes mains à la défense de la Patrie et à maintenir contre tous ses ennemis du dedans et du dehors, la Constitution décrétée par l'Assemblée nationale, de mourir plutôt que de souffrir l'invasion du territoire Français, d'être fidèle à la Nation, à la Loy et de n'obéir qu'aux ordres donnés en conséquence de l'Assemblée nationale. »

On poussa ensuite les cris de : « Vive la Nation, vive la Loy ! » et chacun se retira au milieu de l'enthousiasme général.

Comme on le sait, il n'existait pas alors d'hôtel commun. Gabriel Merville, procureur syndic de la commune, proposa de l'établir dans la communauté des « ci-devant Bénédictins », dans la partie des appartements qui servait autrefois d'infirmerie, en en fixant les loyers avec les préposés aux administrations des domaines nationaux.

Le lieu convenait parfaitement à l'établissement des bureaux pour les opérations de la municipalité, de la police, des impositions, du procureur syndic et pour le dépôt des papiers et archives de la ville.

Au levant, existait une autre salle pour les réunions du conseil municipal, le conseil de la commune, le bureau de conciliation et le logement des gagés de ville ; enfin un autre appartement, qui servait « ci-devant de classe aux novices », devait former un bureau de police correctionnelle. Le corps municipal fut de cet avis et donna l'autorisation de traiter. Les négociations ayant suivi leurs cours pour arriver à la réalisation de la proposition du procureur syndic, l'administration municipale de Saint-Jean-d'Angély installa donc ses bureaux dans la maison des « ci-devant Bénédictins » et c'est là qu'elle tint ses séances, en payant un loyer annuel de 300 livres au receveur de l'Enregistrement.

Cet établissement, par suite des lois nouvelles sur les biens nationaux, appartenait à la nation, et il était plus que suffisant pour les besoins du service : l'administration cantonale en occupait une partie en même temps que le tribunal de commerce et celui de simple police. Les dépendances en étaient réservées aux écuries des chevaux du dépôt de remonte : les jardins étaient affermés et il y avait en outre un magasin à fourrage. Les bâtiments affectés à ce service avaient besoin de certaines réparations urgentes, mais les fonds manquaient.

Le secrétariat général était établi au rez-de-chaussée pour la commodité du passage des troupes : des balustrades entouraient les bureaux pour ne pas que les militaires pussent y prendre des papiers. De plus, dans le but de faire des économies de bois, on avait fait installer un poêle, et cet aménagement avait coûté 2.080 livres en assignats payés par les impositions. De son côté, le district avait fourni les objets suivants : un secrétaire, une petite table, 2 bergères, 5 chaises, 24 cartons, 4 mains de papier, 2 flambeaux, 8 livres de bougies, 6 cahiers de papier à lettre, 2 chenets, 2 pelles, 2 pincettes.

Avec ce matériel sommaire, l'administration fonctionnait comme elle le pouvait : le 18 ventôse, elle n'avait encore acheté que 6 livres de chandelle évaluées à 1.200 livres en assignats qui n'étaient pas encore payées. Cependant quelques objets lui étaient pourtant de première nécessité, et elle les réclamait avec une certaine insistance, notamment « un canif, des plumes et des chandelles, les 6 livres étant consommées ». D'autre part, les secrétaires et commis ne touchaient pas leurs appointements.

Le maire Valentin, ayant cessé ses fonctions (1) et Cabaud-Desnobles, appelé à le remplacer, ayant donné sa démission pour ne pas exécuter une décision qui l'obligeait à rendre ses comptes « qu'il considérait comme injurieuse pour son ami », Elisée Loustalot, avocat et officier municipal, élu le 26 février 1792, qui n'avait pas voulu lui-même accepter, fut nommé une seconde fois (2).

---

1. Devant l'agitation des partis devenue extrême, Valentin, contraint d'abandonner son poste, s'était retiré à Rennebourg, commune de Saint-Denis-du-Pin. Après la mort de Louis XVI, il fut regardé comme un ennemi de la Révolution. Son frère et son fils ayant émigré, il fut considéré comme suspect et, le 21 mars 1793, on obtint contre lui un arrêté du département. Il fut enfermé à Rochefort, au vieil hôpital converti en prison. Le 3 mai, il fut, avec Perraudeau, de Chièvre, Pallet et de Chastenet, interné à Paris où il resta vingt-deux mois consécutifs. Ses biens furent vendus et il ne lui serait même pas resté une paillasse pour se reposer. En 1795, transféré à Saint-Jean-d'Angély, Valentin aurait été obligé d'y vivre dans une chambre. En juin 1796, la mainlevée du séquestre qui pesait sur ses biens qui restaient, aurait été donnée.

Ces notes auraient été extraites d'un manuscrit laissé par Valentin lui-même et qui aurait ensuite été en la possession de Brillouin.

Il mourut à cinquante-neuf ans, le 17 fructidor, an VIII, 1799, à Rennebourg. Une rue de la ville porte, à juste titre, le nom de cet homme dont le rôle fut certainement prépondérant.

2. Elizée Loustallot fils, (c'est ainsi que le registre des délibérations des avocats à la sénéchaussée de Saint-Jean-d'Angély, orthographie son nom et sa signature — f°s 71 et 72 —) fut installé comme avocat le 5 février 1783. Il fut nommé syndic le même jour en remplacement de Me Arsonneau parti sans

Démissionnaire à nouveau, malgré une importante manifestation « d'un grand concours des deux sexes pour qu'il revînt sur sa détermination et la déclaration que, s'il ne voulait pas être maire, il en remplirait les fonctions comme officier municipal », cédant enfin aux sollicitations pressantes dont il était l'objet, le 3 décembre, il acceptait la mairie.

Le 5 décembre 1792, Loustalot jurait d'être fidèle à la Nation, de maintenir de tout son pouvoir la République française, la Liberté, l'Egalité, de mourir à son poste en s'acquittant de ses fonctions et en veillant à la sûreté des personnes et à la conservation des propriétés.

Ainsi faisaient les officiers municipaux, les citoyens : Nicolas Picard, Pierre Barthélémy, Toussaint, Poitou, Duplessis, négociant, Dominique Moullin, père, Jacques Berthonnière, propriétaire, Pierre André Jouslin, ministère public, Pierre Benjamin, Rullaud-Gravouil, marchand tanneur, Pierre Tilhar Pongaudin, apothicaire, J.-B. Mallard, marchand tanneur.

Jacques-Elie Levallois fut proclamé procureur de la commune.

---

remettre le registre aux mains de ses confrères, par les avocats réunis chez Mᵉ Elizée Loustallot, son père. Cette délibération est signée : Saint-Blancard, Marchant de Fief Joyeux, Meausne, Loustallot, père, Mousnier, Valentin, Binet de Pontois, Debonnegens d'Aumont, Dautriche, Doret, Loustallot, fils, syndic.

Les notables étaient : Jean Jouanneau, avoué (1), Daniel Allenet, marchand, Barbeaud, taillandier, Jean Barateau, aîné, charron, Siméon-Pierre Maugeais, avoué, Pierre Barthelémy, Sorin, fils aîné, marchand, Alexandre Chaigneau, marchand, Maurice Desrogis, oncle, Jean Frouin, aîné, cordonnier, Jacques Chotard, huissier, Jacques Ogé, marchand, Xavier Martin, cafetier, Pierre Vilain, tailleur pour hommes, Louis Mesnard, Despaillière, Paul Roché, propriétaire, Jacques Bouyer, Augustin Albert, aîné, sellier.

Le citoyen Ogé fut nommé officier public pour remplir les fonctions d'officier d'état civil.

Un des premiers actes de la municipalité fut de se partager le travail. Il y eut deux bureaux : le premier dit bureau municipal, le second dit bureau de police.

Rullaud fut chargé de la visite des prisons.

Ceci fait, les premières questions dont la municipalité s'occupa, presque aussitôt son installation, avaient pour objet de s'assurer du dévouement à la République, des personnes exerçant des fonctions publiques ou qui, ayant exercé un mandat religieux, pouvaient paraître suspectes.

Ce fut d'abord, le citoyen Louis Bélème, « prêtre et cy-devant mineur conventuel de l'ordre Saint-

---

1. Premier président de la Chambre des avoués figurant au registre des avoués, aux termes d'une délibération du 1er vendémiaire an X de la République, une et indivisible. Elle est signée de : Jouanneau, Feniou, Roquet, Texier, Delacombe, page 2.

François dit Cordelier », qui, la main sur la poitrine, jura le 6 janvier 1793, d'être fidèle à la Nation, de veiller avec zèle sur le troupeau qui pourrait lui être confié et de reconnaître la constitution civile du Clergé décrétée par l'Assemblée nationale, le 24 août et le 26 septembre 1790.

Ce furent ensuite les citoyens : Jean Goudet, René Mansaud, Jean-Baptiste-François Reigner et Etienne Rouillé, habitants de la ville et y tenant maisons d'écoles publiques, qui remplirent les mêmes formalités, promettant de veiller avec zèle sur les jeunes personnes confiées à leurs soins en les instruisant dans les principes de la nouvelle Constitution.

De même firent les citoyennes Dufau, Marguerite et Robin, institutrices.

*
**

A ce moment-là, on recevait de Paris les nouvelles les plus graves à Saint-Jean-d'Angély : la patrie, menacée par les nations coalisées, venait d'être déclarée en danger, et l'*officiel* fixait les mesures à prendre en pareil cas, en publiant la loi qui s'y rapportait. La publication de cette loi fut faite dans la cité aux endroits accoutumés et par le curé à son prône.

Tous les citoyens furent invités, aussi bien ceux de la ville que de la commune, à venir déclarer à la municipalité, dans la huitaine au plus tard, sous les peines édictées, le nombre et la nature des armes et munitions dont chacun était porteur.

D'autre part, un décret de la Convention nationale (1) du 24 février 1793, relatif au recrutement de l'armée, exigeait pour le service de la patrie un effectif de 300.000 habitants. La commune de Saint-Jean-d'Angély devait contribuer à concurrence de 34 soldats dans ce chiffre.

Dès cette même date, on s'était réuni dans l'église des Jacobins et, sur la proclamation des commissaires délégués par la Convention nationale, un registre avait été ouvert pour inscrire les noms des citoyens qui se dévoueraient à la défense du pays sur les vaisseaux de la République.

Les citoyens Nicolas Clément, couvreur, Charles Vergnot, Jacques Moge et Antoine Chauvet avaient demandé leurs inscriptions dès la première séance ; il avait été décidé que le registre continuerait à rester ouvert tous les jours pour y recevoir les adhésions de toutes personnes de bonne volonté pour le service de la mer.

---

1. Les députés envoyés à la Convention par la Charente-Inférieure furent : Dautriche, président du tribunal civil de Saint-Jean-d'Angély ; Bernard, président du tribunal de Saintes ; Bréard, de Marennes, vice-président du département ; Riou, maire de Rochefort ; Eschasseriaux, de Saintes ; Ruamps de Surgères, membres de l'Assemblée législative ; Garnier de Saintes ; Giraud de La Rochelle ; Dechézeau de l'île de Ré ; Lozeau de Soubise, Vinet de Pons.

En 1791, à l'Assemblée législative, on trouve les noms de Jouanneau, officier de gendarmerie ; Dumoustier, négociant à la Rochelle, Riquet de Montlieu ; Gilbert de Soubineau de Pons ; Lacoste, président du tribunal de la Rochelle.

En outre, pour déférer à une lettre du directoire du district, un registre était ouvert à la maison commune pour recevoir les engagements volontaires de ceux qui voulaient s'enrôler pour le service de la patrie.

Au cas où les inscriptions n'atteindraient pas le chiffre exigé, les citoyens, garçons et veufs de vingt à quarante ans, étaient tenus de le compléter. Dans le but d'exciter le zèle des jeunes gens présents et de les déterminer à s'inscrire sur le registre ouvert à cet effet, quelques citoyens offrirent des primes de 25 livres aux trois premiers qui s'engageraient.

Les trois premiers qui s'offrirent alors furent : un apprenti épicier, Gabriel Rouhier, un apprenti boulanger, Jacques Bernard, et enfin Ambroise Quentin, fils d'un aubergiste, qui, n'ayant pas l'âge, ne fut admis que sous la condition qu'il serait accepté.

Sur la proposition de certains membres présents, il fut décidé qu'il serait créé une masse à laquelle participeraient les seuls volontaires et de laquelle seraient exclus ceux qui devaient servir soit par nomination au scrutin, soit par le sort ou autrement.

Parmi les donateurs, nous relevons les noms des citoyens : Dufrène, qui remit un assignat de 250 livres en faisant observer qu'en 1757, il avait payé de sa personne comme volontaire, et qu'aujourd'hui il devait se servir de sa bourse, Mesnard, 100 livres, Pollet. Decrès, Bonnegens, Giron, Faure, Grelat, Pierre Joseph Saint-Blancard, Pongaudin, Saint-André, Foucqueteau, Guérineau, chacun 50 livres ; Desnobles 25 livres ; le citoyen Moge, boulanger, promit de donner un habit complet et le notaire Rocquet s'engagea à fournir « un autre habit, veste et culotte ».

Malgré cela, la liste ne fut pas remplie lors de la première réunion : il en fallut une seconde qui eut lieu dans l'église des Jacobins.

Le secrétaire et les citoyens Rullaud et Duplessis, retirés derrière le sanctuaire, recevaient les inscriptions.

Pendant ce temps, on formait la masse dont il avait été question dans la première assemblée, et les offrandes atteignaient le total de 3.630 liv. 5 sols.

Le nombre du contingent exigé pour la commune fut dépassé : nous regrettons que les limites de notre œuvre ne nous permettent pas de faire connaître à nos concitoyens tous les noms des généreux enfants du peuple qui se présentèrent. En voici pourtant quelques-uns pris au hasard dont les familles existent encore pour la plupart, du moins croyons-nous : François Cloché, Pierre Lachet, Etienne Libaud, Jacques Bonneaud, Michel Texier, Pierre Coutanseau, Jean Jagueneau, Jean-Baptiste Morin, Jean Dumas, Jean Robion, Michel Sureau, Pierre Guillé, Jean Jonchère, Jean Labarre, Pierre Charron, Pierre Josiaud, etc.

Le patriotisme était tel qu'au lieu de 34 ou 36 volontaires, on en trouva 40.

Mais ce n'était pas seulement des hommes qu'il

fallait pour défendre la patrie, il fallait aussi des armes et les arsenaux en étaient démunis.

Le 9 janvier 1793, les administrateurs du directoire du district de la ville avaient écrit une lettre signée Larade, par laquelle ils prévenaient les maires et officiers municipaux de Saint-Jean-d'Angély que la commune devait participer pour 1.040 livres dans la répartition de celle de 11.798 livres destinée à faire fabriquer des « piques » dans l'étendue du district.

Ces armes devaient être livrées, conformes au modèle présenté au plus tard, dans le courant de la semaine sainte et, pour que la livraison pût être effectuée dans les délais, il fut procédé à une adjudication au rabais, à la criée.

Parmi les industriels qui concoururent pour obtenir cette fourniture, nous relevons les noms des citoyens Pierre Mesnard, Benoist, Bouillon, et celui de Pierre Martel, qui fut proclamé adjudicataire comme ayant porté l'enchère la plus basse, c'est-à-dire moyennant 8 livres la pique.

Il n'y avait pas que les piques qui fissent défaut, il en était ainsi des bayonnettes, et le Comité de Salut Public avait pris un arrêté enjoignant d'avoir à s'en procurer.

L'agent national de la commune d'*Angély-Boutonne* — c'était le nouveau nom de Saint-Jean-d'Angély — Pierre Maugeais, invita les divers serruriers de la ville alors présents, et au besoin les requit, dans l'intérêt de la République, d'avoir à se trouver, le 9 germinal an II, au bureau municipal pour « conférer avec lui sur la fabrication de ces armes ».

A part les citoyens Mesnard, Bergne et Cantin qui se trouvaient déjà à Rochefort par réquisition, les autres industriels convoqués n'eurent garde d'y manquer.

Plusieurs d'entre eux firent observer qu'ils n'avaient jamais fabriqué l'article demandé et que, par suite, ils se trouvaient assez embarrassés dans la circonstance : le citoyen Clément déclara même que, n'étant qu'un simple polisseur de pièces, il ne se croyait pas la capacité voulue pour tenter une pareille entreprise, mais, comme l'arrêté du Comité de Salut public n'admettait pas de réplique et qu'il s'agissait de l'intérêt supérieur de la République, force était bien de s'exécuter et, en définitive, le moins habile répondit à l'agent national « que si on l'exigeait, il s'en chargerait avec plaisir ».

Plaisir n'était peut-être pas le mot qui rendait le mieux la pensée de Clément, mais, à ce moment, que la chose fût agréable ou non, il fallait bien s'exécuter.

CHAPITRE III

§ 1. — Mort de Louis XVI. — Son retentissement en ville. — Création d'un « Comité de Salut public » et d'un Comité de « Surveillance » à Saint-Jean-d'Angély. — Leurs composition et premiers actes. — Réélection de la municipalité et des officiers municipaux. — Division et organisation du travail administratif.

§ 2. — Les « Clubs » et Sociétés politiques à Saint-Jean-d'Angély sous la Révolution : 1° La Société des « Amis de la Constitution » ; 2° La Société des « Amis de la Liberté et de l'Egalité » ; 3e La Société « Populaire et Républicaine » ; 4° La Société « Révolutionnaire ». — Les règlements. — Prestation de serment des membres. — Les gendarmes nationaux et la Société. — Affiliation de la Société de Matha. — Adresse d'adhésion aux décrets de la Convention nationale, condamnant Louis XVI à mort. — Noms des signataires. — Les membres de la Société « Populaire ou Révolutionnaire d'Angély-Boutonne ». — Nouvelle formule de serment : les suspects.

I

On sait quels graves événements s'accomplissaient, en France, à ce moment-là.

S'il nous arrive parfois, dans cette étude toute spéciale à une région, d'en rapporter certains se rattachant plutôt à l'histoire générale du pays, c'est uniquement, on le conçoit, pour établir le lien qui les réunit et de cette façon éclairer en quelque sorte les faits locaux et en faire mieux saisir le sens et la portée.

Malgré d'éloquents plaidoyers, les larmes de Malesherbes et la protestation indignée de Lanjuinais, le roi Louis XVI, par 693 voix sur 719 votants, est déclaré coupable d'attentat contre la liberté publique et le 17 janvier 1793, il est condamné à mort par 433 suffrages.

Le 31 du même mois, réveillé à 5 heures par Cléry, l'infortuné monarque montait à l'échafaud et, à 10 heures 10 minutes, avait cessé de vivre.

C'est avec des transports de joie que les esprits excités par les événements que l'on connaît, accueillent à Saint-Jean-d'Angély la nouvelle de cette exécution (1).

Le district d'Angély-Boutonne, pour nous servir encore une fois du nom de l'époque, se ressent tout entier de la préoccupation générale qui est la conséquence forcée de ce fait important.

Chacun se méfie de son voisin et l'on éprouve le besoin de se garer contre tous et contre tout.

Aussi est-ce sous l'influence de cette idée que, le 5 mars, les maire, officiers municipaux et notables

---

1. A propos des faits spéciaux qui se produisirent en ville, à ce moment, Guillonnet-Merville dans ses notes inédites, déclare « qu'il croirait souiller sa plume en relatant les extravagances dont Saint-Jean-d'Angély fut le théâtre cette année-là ».

De son côté dans le même ordre d'idées, Brillouin, p. 305, t. II, manuscrit, dit : « Nous n'avons pas assez de courage pour entreprendre les scènes du carnage et d'anarchie sans exemple... » qui suivirent.

s'assemblent pour examiner la situation et voir ce qu'il y a à faire.

Le procureur de la commune, prenant la parole, demande alors que, conformément à l'arrêté pris par tous les corps constitués, il soit établi à Angély-Boutonne un Comité de « Salut public », composé de six membres, avec un pareil nombre de suppléants.

L'un de ces membres était choisi dans le directoire du district ; deux parmi les officiers municipaux et le conseil de la commune, et les trois autres parmi les membres de la « Société populaire des Amis de la République », dont nous parlerons ultérieurement.

Les citoyens Rullaud, officier municipal, et Jouanneault, notable, Pongaudin et Albert furent désignés ; les deux premiers comme membres de ce comité et les deux derniers comme suppléants.

Un des premiers actes de ce Comité de Salut Public fut de faire disparaître tout ce qui, à un titre quelconque, pouvait rappeler le régime déchu.

Les cloches de la paroisse furent descendues du clocher (1). D'autre part, pour bien parvenir à effa-

---

1. A propos de ces cloches, Guillonnet-Merville, dans ses notes inédites, indique que, des démarches ayant été faites par la suite pour obtenir du préfet maritime de Rochefort leur restitution, il fut répondu qu'elles avaient été converties en canon. Du métal ayant été cependant accordé pour en fondre, on en transporta trois nouvelles à Saint-Jean-d'Angély.

Le 29 novembre 1803, ces cloches furent montées dans le clocer les traces des idées anciennes, l'agent national, le 26 messidor an II, avait lui-même pris soin d'écrire au receveur d'enregistrement :

Le Comité de Salut public instruit, Citoyen, que les signes odieux de la royauté et de la féodalité n'ont été détruits que très imparfaitement, me charge de faire compléter cette destruction dans le plus bref délai. Comme c'est à ton Administration que sont confiés les monuments publics, je t'invite à faire effacer dans le plus bref délai tous les vestiges de féodalité et de royauté qui peuvent se trouver sur les monuments... pour que l'empreinte de la pierre où auraient pu exister ces signes n'en puissent rappeler la mémoire. S'il est possible, tu dois substituer les attributs de la Liberté aux signes de l'esclavage.

Je connais ton patriotisme et ton zèle et je me flatte que le vœu de la loy sera bientôt rempli.

Salut et Fraternité,

Signé : MAUGEAIS

Quelque temps après, ce Comité de Salut public ne suffisant pas pour remplir le but pour lequel il

---

cher après avoir été bénies par M. Cardailhac, curé de la ville. Sur la plus grosse on lit : « Ville de Saint-Jean-d'Angély, an XI de la République Française, Bonaparte Ier Consul ; — Guillemardet, préfet ; Duret, sous-préfet ; Griffon, maire ; — à Rochefort C. Wagner. »

Sur la seconde ou moyenne, on lit : « Ville de Saint-Jean-d'Angély, an XI de la République Française. »

Sur la troisième ou la plus petite on voit la même inscription.

avait été constitué, les citoyens se réunissaient en la cy-devant église des Jacobins » et le maire, prenant la parole, fit savoir que la réunion avait pour objet la création d'un « Comité de Surveillance » en exécution des décrets de la Convention des 21 et 30 mars dernier.

Les uns voulaient que la nomination des membres qui devaient composer le nouveau comité fût faite à haute voix, les autres demandaient le scrutin, conformément à l'article 2 de la loi du 21 mars : ce dernier mode fut adopté.

Les citoyens Loustalot, Guillonnet-Merville, Bouisseren, Feniou et Binet furent choisis comme scrutateurs.

On vota et, après dépouillement opéré avec une infinie précaution, voici quels furent les commissaires de surveillance nommés : Jacques-Joseph-Robert Lair, Rocquet aîné, Desvignes aîné, Poitevin, Plaisance, Picard, Marot, Bouyer, Sorin aîné, Mounier, juge, Paul Roché.

Plusieurs de ces membres ayant des fonctions incompatibles avec celles qui venaient de leur être confiées, il fut procédé à leur remplacement en la personne des citoyens Chappiot père, Moullain fils, Pipi et Texier, avoué.

Le Comité de Surveillance nommé ainsi qu'on vient de le voir, fonctionna aussitôt son investiture.

Plein de zèle, comme il arrive souvent au lendemain d'une élection, il constata bientôt que certains membres de la municipalité et du conseil général ne méritaient plus sa confiance. Le 4 frimaire an II il, écrivait aux citoyens, frères et amis de la municipalité, une lettre dans laquelle il ne dissimulait pas ses sentiments à son égard.

Voici, en effet, en quels termes s'exprimaient les citoyens Picard, Desvignes aîné, P. Morillon, Marot, Roché, Pipi, Poitevin, Sorin, fils aîné, Moullain, fils, Texier, Chappiot et Plaisance, secrétaires :

« Le Comité, — citoyens, frères et amis, — vous informe que des membres de la municipalité et du conseil général sont prévenus les uns « de tiédeur, d'insouciance et quelques autres d'impéritie ». Le Comité qui est tenu à une surveillance générale sur ce qui a trait à l'intérêt public, ne peut être indifférent sur les rapports qui sont parvenus à sa connaissance ». Et il concluait en disant : « L'administration de la commune a besoin d'être renouvelée ».

En conséquence, « le Comité invitait et au besoin requérait les citoyens, frères et amis, à prendre les mesures qui leur paraîtraient propres pour assurer cette résolution », terminant sa lettre par la formule de « Salut et fraternité » en usage à ce moment-là.

En possession de ce document, les maires, adjoints, officiers municipaux, et le Conseil général de la Commune s'assemblaient, le 7 frimaire an II de la République « une et indivisible », pour en délibérer.

Sur la réquisition de Levallois, procureur de la Commune, voici la résolution qui intervint :

Le corps municipal,

Considérant qu'il résulte de la lettre ci-dessus que le Comité de surveillance pense que les membres composant alors le Corps municipal, n'avaient ni assez d'activité ni assez de talent pour remplir les fonctions qui leur avaient été confiées par leurs concitoyens ;

Considérant que le Comité requiert le renouvellement dudit corps municipal qui, sous cette réquisition, ne doit ni ne peut aux termes d'une loi existante, abandonner son poste ;

Considérant enfin qu'il n'est pas un de ses membres qui pour l'intérêt public, ne s'empressât de satisfaire à tout ce qui peut contribuer au grand avantage de la République ;

Arrête que la commune sera convoquée en deux sections, celle des Bénédictins au « Temple de Vérité », celle de la section des Jacobins, en la salle ordinaire du Club.

Les élections eurent lieu en la forme accoutumée et, les commissaires en ayant établi le résultat, les nouveaux élus étaient proclamés le 18 frimaire, ainsi qu'il suit :

Maire, le citoyen Dufresne ; officiers municipaux, les citoyens Jouslain, Larade, Jolly d'Aussy, Boutinet, Mestadier, Berthonnière et Quantin ; procureur de la commune, Maugeais ; notables, Faure, Péroche Lambert, Alexandre Vinet, Chopy, greffier, Chavi, Mauzé, Josserand, Allenet, Marais, Rocquet aîné, Gouliard, huissier, Biraud, aubergiste, Fromageau. Pierre, Cormeau, Poirier, Désiré.

Les élus, avant d'entrer en fonction, prêtèrent le serment exigé dont on connaît la formule : fidélité à la nation, maintien de la République, une et indivisible, et de la liberté, de l'égalité, se déclarant prêts à mourir au poste confié et à s'acquitter des fonctions qui leur étaient dévolues.

Les citoyens Faure et Poirier, nommés officiers publics pour recevoir les actes de naissances, mariages et sépultures, en exécution de la loi du 20 septembre 1792, furent installés en leurs fonctions après serment.

Puis pour mieux administrer, les élus divisèrent la besogne en quatre parties.

Il y avait d'abord la police du minage et du marché, ensuite la visite des prisons et autres lieux de détention « pour s'informer de leur bonne tenue et adoucir, s'il était possible, le sort des détenus, réprimer le geôlier ou le gardien, en cas de négligence ou de trop de dureté ».

Ensuite, le service des hôpitaux, pour vérifier si l'humanité souffrante avait de la part des officiers de santé, pharmaciens et infirmiers, tout ce qu'il fallait et si les entrepreneurs agents ou proposés faisaient ce qu'ils devaient.

Enfin, le bureau général chargé de maintenir le plus grand ordre et beaucoup de célérité dans les expéditions.

Il était en outre décidé que, les 3, 10, 15, 20, 25 et 30 de chaque mois, le Conseil général se réunirait pour statuer sur les objets exigeant une décision générale.

Le minage et le marché, à raison des faits dont

nous parlerons plus loin, ayant surtout besoin d'une surveillance spéciale, furent confiés aux soins des citoyens Berthonnière et Quantin, à eux joints les notables Fromageau et Bérard. D'Aussy et Jouslain s'occupaient des hôpitaux et hospices, au nombre de deux, à raison du service des armées de l'Ouest, l'un sédentaire et l'autre supplémentaire.

Le Comité, sous la surveillance duquel étaient ces maisons hospitalières, était chargé de les administrer et de fournir, à chaque décade, des bulletins qui répondaient à diverses questions posées et rendaient compte de la situation.

D'après un état qui porte la date du 30 messidor, voici quel en était le personnel :

1 directeur, 2 commis aux entrées, 7 commis aux écritures, gardes-magasins et dépensiers, 1 officier de santé de 1re classe, 13 de 2me et de 3me classe, 59 sous-employés.

Les prisons étaient visitées par Boutinet et Favre avec les notables Péroche et Vinet ; et le service du bureau général était tenu par les citoyens Mestadier et Larade, auxquels étaient adjoints les notables Lambert, Jousseraud, Allenet, Marais et Couillard.

§ II

> « Là est un des caractères essentiels de cette Révolution : elle s'éveilla, elle grandit, elle se développa avec les sociétés populaires, elle tomba et disparut avec elles.
>
> « La Société mère des Jacobins rayonna sur tout le territoire. Elle eut sur chaque point, ville ou village, une succursale obéissante qui eut au même moment le mot d'ordre, l'instruction partie du centre.
>
> « La moindre de ces sociétés devint l'image parfaite de la Société de Paris : aucune puissance ne pouvait lutter contre ces sociétés. »
>
> E. Quinet

Le 29 avril 1792, un certain nombre de citoyens assemblés à Saint-Jean-d'Angély, dans l'église des « cy-devant Bénédictins », décidaient de former une Société (1) composée des vrais amis de la Liberté et des zélés défenseurs de la Constitution. Ils nommaient un président d'âge et des commissaires qui devaient « attester » les citoyens qui voudraient en faire partie.

Nous relevons au hasard parmi les noms portés alors au registre des délibéations ceux qui suivent : Guillonnet jeune, Ouzanneau, père, Abelin, Robinet, J. Marchant, juge de paix, Loustallot, Morillon, Elie

---

1. La constitution des sociétés de cette nature n'était pas spéciale à l'arrondissement de Saint-Jean-d'Angély ; elles existaient dans bien des villes.

La Société des *Archives historiques de Saintonge et d'Aunis* dans son vol. XXXIV, p. 29 et suiv. a publié des documents intéressants sur les délibérations de la Société des Amis de la Liberté et de l'Egalité d'Ars-en-Ré.

Cousseau, Lair l'aîné, Chotard, Barateau, Faure, secrétaire, Goulard fils aîné, Chaigneau, Alexandre, Favre, Ladmiral Pierre, Rayé, Louis de la Roulerie, Pierre Mesnard, serrurier, Maugeais, Mousnier, Elie Jean, Simon, avoué, Marot, etc...

Jacques-Sébastien Dautriche, président du tribunal, ayant réuni presque tous les suffrages, fut élu président ; Maugeais et Marchant furent élus secrétaires.

Le premier acte de la Société des Amis de la Constitution fut d'établir une caisse pour recevoir les offrandes volontaires des citoyens, pour soutenir les frais de la guerre alors déclarée, et de nommer une commission pour préparer un règlement.

Ce règlement de la Société dont le siège était aux Jacobins comprenait 26 articles.

Le président voyait ses pouvoirs renouvelés tous les premiers dimanches de chaque mois ; il y avait en outre deux secrétaires.

Tout citoyen qui voulait faire partie de cette société devait être présenté par un membre, et son patriotisme et ses principes devaient être attestés par deux autres membres.

Le cachet qui scellait les pièces et documents portait dans son inscription : « Vivre libres ou mourir » avec un bonnet de la Liberté pour cimier et pour légende ces mots : « Liberté des Amis de la Constitution de Saint-Jean-d'Angély. »

Les séances étaient publiques, et tous les citoyens avaient droit d'y être présents, hors le lieu de l'assemblée ; les membres occupaient une enceinte réservée.

Pour y être admis, il fallait avoir un billet nominatif revêtu du cachet de la société.

Chaque citoyen admis versait une cotisation suivant ses facultés pour pourvoir aux frais généraux et dépenses.

La Société des « Amis de la Constitution », ayant pour but général l'utilité publique, se livrait à toutes les dicussions qui devaient éclairer les citoyens sur leur véritable intérêt et, dans l'assemblée, une voix sûre et non suspecte, donnait lecture des décrets du gouvernement.

Les discussions avaient pour objet de garantir les citoyens des insinuations perfides de l'erreur et des fausses interprétations des décrets de l'Assemblée nationale, dans lesquelles ils pouvaient être entraînés par les ennemis de la Révolution.

La société faisait un devoir à chacun de ses membres de donner connaissance de tous les actes inconstitutionnels qui pourraient leur être dévoilés, ainsi que des écrits incendiaires, séditieux et susceptibles d'exciter des émotions populaires.

Elle devait délibérer publiquement sur les dénonciations qui lui seraient faites et son devoir était d'en instruire aussitôt les municipalités et corps administratifs sur le territoire desquels les délits étaient commis : les dénonciations ne devaient porter que sur les faits importants et tendant à troubler l'ordre public et à nuire à la Constitution.

Le serment que chaque membre était tenu de prêter était ainsi conçu : « Résolu de vivre libre ou de mourir, je jure d'être fidèle à la Nation, à la Loy, au roy et de soutenir de tout mon pouvoir et jusqu'à la dernière goutte de mon sang, la Constitution du Royaume décrétée par l'Assemblée nationale et à dénoncer comme traîtres à la Patrie tous ceux qui, directement ou indirectement, chercheraient à soulever les esprits et à se soustraire à la Loy. Je jure de nous regarder comme frères, de rester, à jamais, unis et de voler au secours de tous nos membres souffrants. »

Ce règlement qui fut voté, avait été présenté par Guillonnet, Favre, Barattau et Marchant.

En somme, comme on le voit, cette société était, à son début, une réunion de citoyens en communion d'idées, ayant pour objet le groupement des forces pour faciliter la tâche des pouvoirs publics : c'était un club ayant à sa tête des hommes instruits et énergiques.

Un des premiers actes de la société, fut la création par le directoire du district et la municipalité, d'une caisse patriotique de billets de confiance, afin de remédier à la rareté du numéraire. C'était là le seul moyen qui fût, disait l'arrêté qui fut pris à ces fins, susceptible d'entraver « les projets déjà trop sensibles de l'agiotage ; de faciliter le commerce obstrué par le défaut de monnaie et de mettre les citoyens à même de se procurer leurs besoins journaliers ».

L'émission était de quatre séries de billets, savoir: de 5, de 10, de 15, de 20 sous jusqu'à concurrence de 10.000 livres dans les proportions suivantes :

2.000 à 20.........	2.000 livres
4.000 à 15.........	3.000
6.000 à 10.........	3.000
8.000 à 5.........	2.000
20.000	10.000

Tous les billets devaient être signés par Larade et Dautriche, membres du directoire du district, et par MM. Moullain et Bartaré, officiers municipaux, nommés commissaires ainsi que par M. Duplessis, officier municipal trésorier.

Au fur et à mesure que s'accomplissaient les événements historiques que l'on connaît, les membres de la société devenaient plus nombreux et les discussions plus vives.

En juillet 1792, M. Mousnier fut élu président.

« Frères et Amis, — disait Mousnier en recevant l'investiture de ses nouvelles fonctions, — l'ancien régime est détruit : les privilèges exclusifs abolis, l'égalité rétablie ; la Liberté renaît, le bonheur luit et bientôt il va féconder toutes les parties de ce vaste empire.

« Quel présage, messieurs, pour les Français qui naîtront après nous ! Ils n'auront plus à lutter contre les tyranniques efforts des grands ; les perfidies des prêtres séducteurs ; contre la main royale... ; les projets, les actions oppressives d'un ministre rampant et corrompu. Ils monteront, fiers, au capitole de la liberté et de sa profondeur, ils verront le despotisme mort du dépit de voir son orgueil abattu, ses chaînes rompues, ses ressources épuisées... »

Ah ! Vie douce et paisible des siècles à venir ! Combien de désirs n'allumes-tu pas dans nos cœurs ?...

Pour nous qui vivons dans les temps de crise et d'alarmes, que notre courage nous ranime ; que notre confiance nous rassure !...

Dédaignant les vils agitateurs que le despote meut à son gré, les lâches intrigants qui ne cherchent qu'à ramener les temps lugubres de la Ligue, disons-leur encore une fois, mais avec cette énergie qui emporte l'opinion : Vivre libres ou mourir, voilà le symbole des bons Français !...

La fin de ce discours ne le cède en rien à ce qui précède.

Les nouvelles reçues de la capitale annonçaient alors la réintégration du maire de Paris dans ses fonctions, et l'arrivée d'une foule de volontaires pour la Fédération.

Ce fut là encore matière pour le président Mousnier à un discours, dit le compte rendu de la séance du 17 juin, « touchant et énergique, souvent interrompu par les applaudissements les plus mérités ».

Bouisseren demanda qu'il en fût fait mention au procès-verbal et qu'il fût livré à la publicité ; cette mesure était ordonnée, bien que l'orateur protestât en disant : « J'ai bien l'ambition de me montrer, citoyens, mais non pas l'orgueil de la publicité ».

Sur la demande du citoyen Lair, on inscrivait en gros caractères, au-dessus de la chaire du président ces mots : « La Patrie est en danger », et il fut décidé qu'ils y resteraient inscrits jusqu'à ce que l'Assemblée nationale eût déclaré qu'elle ne l'était plus.

A cette occasion, Favre monta à la tribune et dit : « La Patrie est en danger !... Où en est la cause ?... Elle ne peut exister que dans la trahison de nos ministres..., dans la corruption de tous les fonctionnaires publics nommés par le roi... » Il demanda, en conséquence, que par une adresse la société sollicitât la suspension du pouvoir exécutif, la sélection de tous les fonctionnaires publics, la vente du mobilier des émigrés et qu'enfin les armées ne fussent plus commandées par des nobles.

Toutes ces propositions furent accueillies avec les plus vifs applaudissements : il en fut de même d'une déclaration faite au même instant par le citoyen Mesnard qui ne pouvant plus, lui-même, aller combattre les ennemis de la Constitution, affirmait son patriotisme en venant spontanément offrir 100 livres pour être distribuées à ceux qui partiraient pour les frontières.

On comprendra très certainement, et on nous le pardonnera, le motif pour lequel nous sommes particulièrement heureux et fier d'enregistrer aujourd'hui, à plus de cent ans de distance, ce dernier fait.

Une proclamation du roi lue par le citoyen Bouyer invitant tous les Français à se réunir pour lutter contre les ennemis et à opposer le fer au fer, souleva peu d'enthousiasme dans la réunion.

Le 24 août 1792, « la Société patriotique de Saint-Jean-d'Angély » accueillait avec les marques de la plus vive satisfaction le décret sur la déportation des prêtres insermentés et la nouvelle de l'arrestation « du cy-devant général Lafayette ».

Pendant ce temps, les gendarmes nationaux en résidence à Saint-Jean-d'Angély sollicitèrent leur admission aux réunions du club.

Une difficulté se présentait : le citoyen Brousse, bien qu'il ne doutât pas du civisme de ces militaires, combattait leur demande parce qu'un article de la Constitution défendait les rassemblements avec armes et parce que les règlements professionnels ne leur permettaient pas de les quitter : d'autre part, il pouvait se faire, disait-il, que leurs successeurs n'eussent pas les mêmes principes qu'eux. Dautriche et Marchant étaient d'un avis opposé : les gendarmes furent admis en armes.

Il en fut de même des grenadiers du second bataillon qui ayant donné des preuves non contestables de leur civisme furent aussi reçus sur la demande de leur capitaine, le citoyen Rocquet. Bien qu'ils fussent pères de famille, les nouveaux membres, les gendarmes nationaux de la ville demandèrent à partir au secours de la patrie.

Frères et Amis, dit l'un d'eux, le citoyen Colais, l'âme de la Gendarmerie de notre ville est dans la mienne : nous partons : le courage, la Liberté et l'Egalité nous conduisent : nous serons invincibles. Livrez, Frères et Amis, à l'anathème celui qui d'entre nous ne méritera pas le digne nom de défenseur de la Patrie et n'aura pas su vaincre ou mourir. Si nous partons c'est pour mourir pour vous, heureux si, en mourant, nous pouvons faire votre bonheur et celui de nos neveux.

Adieu à nos amis... à nos concitoyens !... Notre vœu est de contribuer au bonheur de tous, notre intrépidité l'accomplira. Le soldat doit être inflexible, mais il a une âme susceptible d'émotions. Vous le dirai-je ? nos larmes ont coulé aux témoignages d'amitié que vous nous avez donnés, mais ces larmes, loin de nous affaiblir, n'ont fait qu'animer notre courage. Le Dieu des Armées nous protègera et la reconnaissance de nos concitoyens sera pour nous la plus digne récompense.

Ce discours, qui, comme on le voit, est assez pathétique, fut suivi d'un second dans le même genre du soldat-citoyen Darnal, jaloux, lui-même, d'imiter l'exemple que lui traçait son camarade.

*
* *

En somme, en septembre et déjà depuis quelque temps, la Société semble avoir apporté une légère modification dans son nom ainsi qu'elle le fera encore plus tard, au fur et à mesure de l'accomplissement des faits historiques que l'on connaît.

Ce n'est plus, comme dans le début, la Société des « Amis de la Constitution », elle est devenue « la Société des « Amis de la Liberté ».

A cette époque, il existait à Matha, sous la présidence de Bequet aîné, et la vice-présidence de Petit, une société semblable à celle de Saint-Jean-d'Angély, dont l'autonomie et l'organisation étaient complètement indépendantes de cette dernière.

Dans une lettre contenant « les sentiments du plus pur patriotisme », nos voisins manifestaient le désir d'être affiliés à l'assemblée d' « Angély-Boutonne » ainsi d'ailleurs qu'ils l'étaient déjà à toutes les autres sociétés du département.

Frères et amis, disaient les sociétaires de Matha, lorsque la Liberté, à peine à son aurore, paraissait devoir succomber sous les efforts du despotisme, on vit soudain, pour la sauver du danger dont elle était menacée, des sociétés populaires se former dans tout l'Empire. L'heureuse harmonie qui a régné entre ces sociétés a dissipé l'orage qui grondait sur nos têtes et conservé à la Nation les droits qu'elle avait si glorieusement recouvrés. Mais aujourd'hui les mêmes dangers reparaissent de tous côtés, le péril nous environne et semble, de jour en jour, devenir plus imminent. Unissons-nous donc, frères et amis, et formons entre nous des liens que rien ne puisse rompre. Unissons-nous, car ce n'est que par notre union que nous pourrons repousser nos oppresseurs et nous maintenir libres.

Affiliés à toutes les sociétés du département, nous ne le sommes pas encore à la vôtre, mais nous demandons aujourd'hui cette affiliation et nous espérons que nos vœux à cet égard ne tarderont pas à être remplis.

Cette demande fut, ainsi qu'il est facile de le supposer, accueillie en ville avec le plus vif enthousiasme et on répondit qu'à la lecture de cette lettre, un seul cri s'était fait entendre : « Ce sont de vrais amis, des frères qui, en volant au-devant de nos vœux, se montraient dignes du vrai nom de Français. »

Cette réponse se terminait par ces mots : « Que chacun de nous, dans ce moment de crise générale, se fasse le devoir le plus sacré de contribuer de tout son pouvoir, pour garantir de toute incursion l'arche sainte de la Liberté et de l'Egalité et pour apprendre aux tyrans que leurs droits sont toujours subordonnés à la volonté du peuple ! »

Peu après, une lettre du citoyen Dautriche, député à la Convention, annonçait « que les frères et volontaires du 1er bataillon de ce département, lors des affaires de Virton, avaient pris trois drapeaux à l'ennemi et en avaient fait offrande à la Convention » : il annonçait, en outre, la prise de Mons par nos troupes.

Etant donné l'état des esprits, il est facile de se rendre compte comment ces nouvelles étaient accueillies par la Société qui, depuis « le 6 novembre 1792, an Ier de la République », avait pris le nom de « Société républicaine de Saint-Jean-d'Angély ».

« Continuez, écrivait le président Bouisseren, dans une adresse au 1er bataillon, continuez, généreux soldats, à poursuivre l'affreux despotisme et croyez qu'il est déjà plus qu'à demi vaincu : encore quelques efforts, le monstre sera bientôt à vos pieds, et l'Univers sera libre. »

Deux pages laissées en blanc sur le registre de la Société républicaine établissant une lacune jusqu'au 22 février, nous ne pouvons par suite relater ce qui se passa à Saint-Jean-d'Angély au moment même de la mort de Louis XVI.

Le citoyen Duret, à cette dernière date, fut élu président de la Société, Lair, secrétaire, et Guyot et Godaux, censeurs. Le 24 du même mois, la Société ayant repris le nom de « Société des Amis de la Liberté et de l'Egalité », il lui était fait lecture des décrets de la Convention nationale et « notamment de celui qui avait jugé Louis, le dernier ».

A cette occasion, la Société fit adhésion à ces décrets et il fut établi que le document qui le constatait serait seulement signé du président, du secrétaire et des deux censeurs. « La Société, dit le procès-verbal, entendit la lecture de cette pièce avec beaucoup d'intérêt, la rédaction en fut unanimement adoptée et applaudie et il fut arrêté que l'envoi en serait fait le lundi 26. »

Ce jour-là, il y eut une grande réunion au lieu ordinaire des séances ; et voici en quels termes le président, après avoir ouvert le manifeste, s'exprima :

Citoyens, la Société avait arrêté, dans sa précédente séance, qu'il serait fait une adresse à la Convention nationale en adhésion aux décrets qu'elle a rendus et notamment à celui qui a jugé Louis le dernier : elle avait également arrêté qu'elle serait seulement signée du président, des deux secrétaires et des deux censeurs. Mais, par des observations ultérieures de quelques membres qui ont manifesté le désir de signer cette adresse, nous avons cru devoir en suspendre l'envoi, bien persuadés que tous les membres de la Société seraient également flattés d'y apposer leurs signatures. En conséquence, nous déposons cette adresse sur la table des secrétaires, afin que chaque membre puisse en prendre connaissance et y donner sa signature.

Voici les termes de l'adhésion envoyée de Saint-Jean-d'Angély à la Convention nationale :

Représentants du Peuple,

Le Soleil de la Liberté luit enfin sans nuages sur la France!
Le Tyran n'est plus! Nous adhérons à vos décrets!

Tous les membres, dit le procès-verbal, par un mouvement unanime et spontané, s'empressèrent de signer.

L'original porte en effet, au pied, un très grand nombre de signatures, ainsi qu'il est permis de s'en convaincre par le document qui suit, tiré des registres des assemblées, archives de la mairie, liasse G, n° 13.

Il n'était pas sans intérêt de relever tous ces noms dont beaucoup encore appartiennent à des familles connues (1) :

Albert, sellier ; Allenet Daniel ; Allenet-Marais ; Augereau, marchand ; Augier père, propriétaire ; Allos ;

Bartaré fils, notaire ; Boutinet, ancien prêtre ; Binet, juge de paix ; Binet-Marcognet ; Barateau ; Bérard ; Bartaré père ; Beaud, laboureur ; Bouisserin, agent national ; Bouyer ; Bourlaton, huissier ; Baron, huissier ; Bardon fils, ferblantier ;

---

1. Il convient, comme nous l'avons fait observer dans la Préface, pour apprécier aujourd'hui sainement bien des faits de cette époque, de ne pas perdre de vue la situation souvent toute particulière créée par les événements.

Barbaud, taillandier ; Billard ; Beaulieu, tonnelier ; Bordeau, tailleur ; Binet fils, étudiant ; Bosquet Antoine ; Boulet, pharmacien ; Biset, commis au district ;

Chappy, greffier ; Chastillard aîné ; Chotard, gendarme ; Cardailhac Paul ; Chouet ; Chappiot père, tailleur ; Cousin : Cléjeau ; Cerveau, valet de la mairie ; Chaigneau Alexandre, marchand ;

Duret, président ; Dautriche, administrateur ; Destaing, libraire ; Demange, chapelier ; Desvignes, propriétaire ; Delhomme, notaire ; Durand, propriétaire ; Duverger, commissaire national ; Debens ; Drahonnet, chirurgien ; Deshoulière, chirurgien ; Daudel, huissier ; Delestre ;

Epagnou ; Desille, directeur de la poste ; Esmein, chirurgien : Elie fils, écrivain ; Epagnou fils ;

Fromageau, propriétaire ; Feniou, juge ; Fayet ; Frouin, cordonnier ; Fradin, cabaretier ; Fouqueteau ; Fleurimond ; Favre, médecin ;

Grelat. Jacques ; Grelat, secrétaire de la justice de paix ; Guillonnet-Merville, vice-président du district ; Guillot, cafetier ; Genty, propriétaire ; Gombaud, peintre ; Grelet ; Guilloteau, jardinier ; Guyot, P. ; Guilloteau, trompette ; Gouillard ; Gratiot, huissier ;

Hébert, tailleur ; Hourdet, boulanger ;

Jouslain, notaire ; Jouaneau, avoué ; Jupin, prêtre : Jauneau ;

Loustalot, propriétaire ; Larade, Auguste ; Lacombe, ancien militaire ; Lair, Paul ; Lamotte fils ; Lévêque, cabaretier ; Landry, maréchal ; Ladmiral, pharmacien ; Lépinais, commis au district ; Levallois, procureur ; Lair aîné.

Maugeais, procureur ; Mousnier, juge ; Morillon, propriétaire ; Maugé, tailleur ; Mauclair, gendarme ; Mallard, tanneur ; Morin, secrétaire du district ; Moulin fils ; Moreau, tanneur ; Merville fils, commis du district.

Opinel, employé aux vivres ; Ouzaneau, notaire.

Picard, propriétaire ; Poitevin, Jean ; Pipi, orfèvre ; Pinet, journaliste ; Poirier, ancien ecclésiastique ; Plaisance, secrétaire au district ; Perdigeon aîné ; Perdigeon jeune ; Pontagné ; Palastre, étapier ; Pongaudin ; Pongaudin fils.

Quantin, aubergiste ; Quantin, cafetier ; Quantin fils.

Rocquet, notaire ; Romet, marchand ; Rullaud-Gravouil ; Raud fils, secrétaire de la justice de paix ; Richard, charpentier ; Robinet, notaire ; Rullaud fils, marchand ; Rouneau, sergier ; Renaud, taillandier ; Renard.

Sebilleau, administrateur ; Savary jeune, cordonnier ; Sureau fils, charron ; Susane, receveur d'enregistrement ; Sorin Barthelémy ; Sorin ; Léandre.

Tillié, juge ; Toussaint, imprimeur.

Vitet cadet, marchand ; Védy fils, aîné ; Védy père ; Vilain ; Villeneuve, ancien militaire.

Deuxième liste de ceux venus signer postérieurement l'acte d'adhésion à la mort de Louis XVI :

Armand ; Allenet-Desaubiers ; Allenet père, marchand ; Allenet, maréchal, propriétaire ; Allenet fils, négociant ; Arcouet père ; Augé, fils sellier ; Agé, marchand ; Albert ; Arsivaud.

Bouvier, plâtrier ; Boulètreau, laboureur ; Baillarget, marchand ; Blin fils, imprimeur ; Bonnain ; Bitaud, marchand ; Brillouin, marchand ; Bernard, Pierre, secrétaire au district ; Benon, rétier ; Bras, Jean ; Brunis, chirurgien ; Brisset, Michel ; Benoit père, sergier ; Baudry fils aîné, sabotier ; Bosquet, Antoine ; Brassaud, Jean ; Boisseau, menuisier qui, ne sachant signer, fit écrire au registre la mention suivante : « signe et adère à la mort de Quapet », Beaucorps, ancien militaire ; Becquet, contrôleur des poudres ; Bouillon, serrurier ; Bonnet, père ; Bernard, menuisier ; Bouchet, chapelier ; Béraud, aubergiste ; Berthomé ; Berthomé père ; Bonnegens de la Grange ; Brieudal, ancien chantre de l'abbaye ; Benoît, Henri.

Changeur Alexandre ; Clerjeau ; Chavy, menuisier ; Clément, jeune, armurier ; Chappiot fils, tanneur ; Chardon, chirurgien ; Cormeau, aîné, tonnelier ; Cornet fils, coutelier ; Claude Jean ; Charrier Henri, coutelier ; Chat, chaisier ; Coudret fils, chaisier ; Chapiot, cordonnier ; Cornet père, coutelier ; Challe, dit Dérange tout ; Coutanceau, charpentier ; Cartier, sabotier ; Christain, officier public ; Cormeau père, tonnelier ; Cormeau fils, id. ; Couraud, boulanger ; Chastelard, jeune ; Charrier-Ladmoreau.

Delastre ; Dupuis ; Demange, jeune, chapelier ; Dumorisson, commis du district ; Desrogis, Maxime, sergier ; Desrogis Jean-Baptiste, sergier ; Dallemagne, ancien militaire ; Desrogis, née Lambert (sic) ; Desprès, poudrier ; Doussin fils ; Doussin père, perruquier ; Decourt, médecin ; Dhiarsat, orfèvre ; Dufour fils ; Dupin, vitrier ; Deschamp, cordonnier ; Devert fils, chirurgien ; Doussin, Paul.

Epagnou.

Flamant Paul, cordonnier ; Fusée-Aublet, médecin ; Fouché, perruquier ; Favre, négociant ; Fradel aîné ; Fouchier, commis aux poudres ; Fradin.

Guenon ; Gaboriaud, sellier ; Grousset, charpentier ; Guérineau fils, salpêtrier ; Grelat ; Giraud, cordonnier ; Gantet aîné, perruquier ; Goguet, serrurier ; Gaborit, voiturier ; Gayet, cabaretier ; Goudet, maître ès-art ; Guérineau, marchand ; Guérin Casimir ; Godet, secrétaire ; Gargouleau, maréchal ; Guertin ; Goullard aîné, officier de santé.

Josserand, imprimeur ; Jolly Daussy ; Jagueneau, charron ; Jouanneau, Jean.

Lair, jeune ; Lamoureux, journalier ; Livennes ; Lalande ; Léon-Laîné ; Jean, perruquier ; Lemaitre, peintre ; Lafond, chirurgien ; Legendre, maçon ; Lafond, boulanger ; Léger ; Labarde, ancien militaire ; Lescours ; Labonay, perruquier ; Lépine, invalide ; Léaud, apothicaire ; Leblanc, perruquier ; Luraxe, secrétaire du commissaire des guerres.

Montbouchet, marchand ; Mansaud, instituteur ; Magné ; Mouton ; Maichain, bouvier ; Mercier ; Morin fils, cabaretier ; Martel ; Marchand, commissaire des guerres ; Meneau ; Moisset fils, cordonnier ; Mounerat ; Meneau ; Marsillac, gabarier ; Moisnard fils, gabarier ; Moisnard aîné, gabarier ; Martineau, maçon ; Mayer-Coblentz, employé ; Mousnier fils ; Mounier ; Mestadier, officier municipal ; Mesmaquer, tailleur.

Navin, Noblet, garde-magasin.

Ouzaneau père.

Pelletier, tailleur ; Pelletier-Maurin ; Pineau, salpétrier ; G. Paulinier ; Perroge, horloger ; Perrault, orfèvre ; Prouet ; Maurice Maréchal ; Philippe, horloger ; Pelletier, apothicaire ; Pelletier père, boulanger ; Pelletier fils, boulanger.

Roche Jean, tonnelier ; Robineau Jean ; Rocher Jean cabaretier ; Rambur ; Reigné, sellier ; Renaud Jean, bourrelier ; Roquet-Richaume, meunier ; Reboul, ancien militaire ; Réal ; Fois ; Renaud, bourrelier ; Renaud, maréchal ; Raffin ; Roy de l'Isle ; Rochet aîné.

Sandeau, cordonnier ; Simonnet, cultivateur ; Savary Jean ;

Sourisseau, concierge du district ; Simonnet ; Lalaurencie ; Paraut Jean-Baptiste ; Triaud, perruquier.

Tranchand, tailleur ; Tomberely, commis au district ; Tourneur, perruquier ; Teigand ; Beaumont, inspecteur des douanes ; Texier, avoué.

Vergne, menuisier ; Vinet, orfèvre.

Les signatures apposées, un des secrétaires chanta deux hymnes à la Liberté et il fut procédé à la réception de nouveaux membres, dont le civisme et le patriotisme étaient connus. Une nouvelle formule de serment à prêter à l'avenir fut adoptée ; voici en quels termes elle était conçue :

« Nous membres de la Société des Amis de la Liberté et de l'Egalité de Saint-Jean-d'Angély, promettons et jurons d'être fidèles à la Nation : de maintenir la Liberté et l'Egalité ou de mourir en les défendant, de maintenir de la même manière l'unité et l'indivisibilité de la République, de porter haine éternelle aux Tyrans et de nous opposer de toutes nos forces à l'entreprise de ceux qui sous le nom de dictateurs, protecteurs ou autres quels qu'ils soient, voudraient usurper l'autorité souveraine qui ne peut essentiellement résider que dans le peuple en masse ou légalement représenté. Nous jurons également de protéger ou de défendre de tous nos moyens la liberté des propriétés publiques ou individuelles. »

Sur la proposition d'un membre, il fut ajouté :

« Nous jurons encore de surveiller de près et de dénoncer aux autorités constituées tous ceux que nous reconnaîtrons ennemis de la chose publique et contre lesquels nous aurions acquis des preuves matérielles d'incivisme et tous ceux qui affecteraient de colporter des nouvelles fâcheuses et controuvées. »

Ce serment devait être prêté individuellement et un délai de vingt-cinq jours était accordé pour l'accomplissement de cette formalité : ceux qui n'avaient pas signé l'adresse d'adhésion devaient le faire dans le même délai, et ceux qui ne savaient signer devaient, avant d'être admis au serment, dire au sein de l'assemblée, à haute voix, qu'ils ratifiaient le fait accompli.

La Société continue, pendant les mois qui suivent, le cours de ses séances, sans que rien de particulier mérite d'appeler l'attention : ce sont des admissions de nouveaux membres, notamment celle des citoyens Sorin aîné, marchand, Lespinay et Duras, dont le patriotisme était notoire, des chants de la *Marseillaise* interrompant la lecture des *Bulletins et Nouvelles*, des discours invitant les jeunes gens de Saint-Jean-d'Angély et des environs à aller relever dans les Deux-Sèvres les défenseurs de la Patrie, « presque tous pères de famille dont l'âge diminue les forces et à les rendre à des femmes malheureuses et à des enfants infortunés ». Ce sont encore les relations du grenadier Fradin, sur « les chasses qu'il a données aux brigands, dont plusieurs ont été par lui détruits sans qu'il ait attrapé le moindre mal ».

Une allocution du citoyen Duret prononcée le 19 avril 1793, devant deux commissaires de la Convention qui assistaient alors à une des réunions de la Société, porte qu'à ce moment-là elle était composée « de *la presque totalité des citoyens de la cité, n'ayant qu'une même volonté, celle de l'intérêt de la Patrie* » et que chaque citoyen de la ville en état de le faire avait abandonné son foyer, ses travaux, souvent unique ressource de sa famille, pour aller combattre les ennemis.

A cette époque, la Société ancienne disparaît et de ses ruines sort « la Société populaire et républicaine d'Angély-Boutonne ».

Pour en faire partie, il faudra subir une nouvelle investiture et l'épreuve de l' « épuration ». Tout d'abord, elle élit un « comité épuratoire » qui devra en son âme et conscience nommer chacun des membres qu'il jugera dignes d'être admis. Il est composé des citoyens : Richard, charpentier ; Picard, propriétaire ; Rousseau, sergier ; Mallard jeune, tanneur ; Bonnet, marchand ; Morillon, propriétaire ; Esmein, chirurgien ; Renau, maréchal ; Rullaud-Gravouil, tanneur ; Bernard, musicien ; Chappiot fils aîné, tanneur ; Péraud, orfèvre.

Picard fut élu président et Rullaud, secrétaire.

Le secret le plus inviolable devait être proposé sur tout ce qui serait proposé et discuté par le comité : personne ne pouvait pénétrer au delà du lieu des séances, et celui qui serait convaincu d'avoir divulgué quoi que ce soit devait être regardé comme « coupable d'infidélité et de trahison et rejeté définitivement de la société comme faux patriote ».

Avant d'entrer en fonction, chacun des membres

prêtait entre les mains du président le serment de secret, ainsi conçu : « Je jure de garder inviolablement le secret de tout ce qui sera dit, proposé et discuté au comité, à peine d'être rejeté du sein de la société, considéré et traité comme faux patriote lorsque je serai convaincu d'avoir trahi ledit secret. »

Le président remplit, de son côté, la même formalité.

Le Comité de Salut public, dans une circulaire à la nouvelle société, ayant exposé certains principes, le comité ainsi composé promit d'y souscrire en ce qui concernait le choix des membres devant la composer.

Les membres que nous pourrions, en quelque sorte, appeler fondateurs de la société, ceux qui devaient en être la base, étaient d'abord tous ceux qui avaient « signé l'adresse d'adhésion au décret qui avait fait tomber la tête de Louis Capet, ceux qui avaient adhéré à la mort du dernier de nos tyrans. »

Nous relevons, le 15 nivôse an II de la République « 300 noms, épurés et admis » après une mûre délibération et vive discussion.

Parmi ceux-ci, citons au hasard :

Larade Antoine, ex-capucin ; Sorin Benjamin, marchand ; Dufrène, maire ; Devers fils, chirurgien ; Rocquet, notaire ; Goudet, maître ès arts ; Bellet, juge ; Cartier Jean, sabotier ; Triaud, perruquier ; Cornet, sacristain ; Jupin, ex-curé ; Larade-des-Granges ; Cardhaihac ; Sureau père, charron ; Pelletier père et fils, boulangers ; Lair, dit Quinzième ; Lair, dit Seizième ; Pelletier, apothicaire ; Grelat, volontaire ; Mousnier, juge ; Jouslain, notaire ; Augier père ; Guillonnet-Merville ; Ouzanneau, notaire ; Poitevin, cy-devant avoué ; Feniou, juge ; Chopy, greffier, Larade, administrateur ; Dautriche, idem ; Esmein ; Loustalot, homme de loi ; Hébert, tailleur ; Ladmiral ; Doussin père et fils, etc...

Plus tard, parmi les nouveaux sociétaires, nous relevons encore les noms qui suivent : Tessier, avoué ; Godet, caissier ; Allenet ; Duret, juge ; Challe, serrurier ; Arcouet père et fils ; Marot fils, tonnelier ; Bardon, ferblantier ; Sureau fils ; Lambert fils ; etc... et « les artistes fabricateurs de bayonnettes avec lesquels deux commissaires étaient chargés de fraterniser », Mesnard, serrurier ; Clément, armurier ; Beau ; Guillard ; Boyseil, aussi serruriers.

La requête du citoyen Jolly d'Aussy qui demandait à subir l'épuration fut ajournée. Il en fut de même pour les « citoyens Sionneau et Vincent Jacob, cy-devant curés ».

Plusieurs citoyens se virent suspendus comme membres, soit qu'ils n'eussent pas signé l'adresse en adhésion à la mort « du tyran », soit pour n'avoir pas été assez généreux vis-à-vis des défenseurs de la Patrie, soit pour insouciance, faiblesse ou négligence.

Onze autres figuraient sur une liste de « suspects » n'ayant pas été jugés dignes de faire partie de la Société révolutionnaire. Citons notamment un sieur

Poirier, ex-prêtre, parce qu'il ne s'était pas marié ; un sieur Béuns, eu égard à sa qualité de noble ; d'autres à cause de leurs relations avec les émigrés ou encore pour « inconduite ou mauvaise foi ».

Voici au surplus les noms tels qu'ils figurent sur la liste des « suspects » :

Barateau, Poirier, Béuns, Palatre, Gouillard, Bouchet, Gautet, Ecard, Ager, Bouyer, Darragon.

DEUXIÈME PARTIE

Sommaire général de la Deuxième Partie

Chapitre IV. — La Déclaration des Droits de l'Homme à Saint-Jean-d'Angély. — Premières menaces de disette dans la commune : mesures qui en sont la conséquence. — La famine en ville.
Chapitre V. — La Question religieuse dans le district d'Angély-Boutonne.
Chapitre VI. — La question militaire : les déserteurs.
Chapitre VII. — Divers actes municipaux.

CHAPITRE IV

Fête à Saint-Jean-d'Angély sur la place de la « Fédération » à l'occasion de la présentation et de l'acceptation de la « Déclaration des Droits de l'Homme ». — Désordres au marché. Premières menaces de disette ; précautions pour y obvier : taxes. Déclaration à faire par l'habitant à peine d'être suspect : visites domiciliaires. — Délégation à Brioux : pain « d'égalité », pain blanc. Conditions requises pour en avoir. — La disette s'accentue : proclamation du maire Paroche-Dufrène. Scènes de désordre provoquées par le besoin. — Taxes du pain à 3 et 5 francs la livre. Pénurie des matières de première nécessité : le savon, le sucre, le suif, le fer, l'eau-de-vie pour les militaires. — Discrédit complet des assignats : abandon par les nourrices non payées des enfants de la Patrie confiés à leurs soins. — La famine à Saint-Jean-d'Angély.

Un décret de la Convention nationale du 27 juin 1793 prescrivait la convocation des Assemblées primaires pour la présentation et l'acceptation de la Déclaration des Droits de l'Homme et du Citoyen et de l'acte constitutionnel.

Les dimanches 14 et 21 juillet, sur un ordre reçu,

le corps municipal, réuni aux autorités constituées de la ville, se transporta à cette occasion sur la place de la Fédération ; et là, en présence de la garde nationale, d'une compagnie de chasseurs de Toulouse, formée en bataillon carré et d'une grande affluence d'habitants de la cité et des campagnes, lecture de ces « Déclaration et Constitution » fut faite à haute voix.

Des cris de « Vive la Nation, vive la République Française, Une et Indivisible ! », se firent aussitôt entendre au milieu d'une allégresse universelle.

L'acceptation de ce document en fut faite par les assemblées primaires de la ville et les deux sections désignèrent, pour porter, le 10 août suivant, les procès-verbaux constatant l'accomplissement de ces faits, les citoyens Arcouet et Bartaré. Les cloches sonnèrent à toute volée et une illumination générale clôtura la manifestation.

Cette fête était à peine terminée que de graves désordres se produisaient au marché : les approvisionnements devenaient plus difficiles, et déjà on se préoccupait de l'avenir au point de vue de la subsistance des habitants.

Les campagnards cherchaient à tirer de leurs denrées un prix exorbitant, pendant que quelques personnes mal intentionnées profitaient de la situation pour semer la discorde et troubler la tranquillité publique. Une multitude indisciplinée, s'érigeant en tribunal de police arbitraire, insultait les magistrats du peuple dans le marché, arrachait les denrées des mains des campagnards et les distribuait, à son gré, à des personnes assez peu délicates pour en profiter et favoriser le désordre.

Plusieurs citoyens avaient sollicité une taxe que la police municipale n'avait pas osé établir, si bien que la municipalité, pour obvier à ces inconvénients, avait pris le parti de convoquer les autorités constituées ainsi que le Comité militaire pour leur exposer le cas et leur demander conseil.

L'assemblée, considérant que la progression rapide et extrême qui s'était effectuée depuis quelques jours sur les prix des comestibles et les autres objets de première nécessité, n'était que le fruit d'une coalition réprouvée par la loi, entre les approvisionnements du marché; que, si cela continuait, il n'était pas possible de prévoir les abus qui résulteraient nécessairement d'une augmentation de prix qui n'avait pour base qu'un pur caprice et une volonté déréglée; décida de la faire céder aux besoins du peuple et à son salut qui devait être la suprême loi.

En conséquence, une taxe fut établie sur certaines marchandises, à titre d'essai; et sous l'autorisation de la Convention nationale, à laquelle il devait en être référé, elle devait se renouveler plus tard; être plus élevée et s'étendre à un plus grand nombre d'objets, ainsi qu'on le verra plus loin.

Un détachement de six grenadiers et un sergent furent requis pour escorter et donner main forte aux officiers municipaux chargés de surveiller le marché et le minage, pour empêcher les abus et les taxes arbitraires que certains soldats malades de l'hôpital et autres particuliers se permettaient d'établir sur les marchandises.

Les approvisionnements s'épuisant de plus en plus, et une légitime appréhension pour l'avenir, s'emparant des esprits, la municipalité décida que les boulangers de la ville se transporteraient à Ecoyeux, pour y acheter, pour une quinzaine au moins, du froment.

Deux commissaires : Bertonnière, officier municipal et Martin, notable, furent délégués pour prendre connaissance des achats qui seraient faits : en même temps, on établissait une taxe, proportionnelle au prix des blés, sur le pain qui serait fabriqué.

Dès le lendemain du jour où cette résolution avait été prise, les boulangers et les commissaires nommés allaient à Ecoyeux. Ils y constataient une énorme quantité de froment., mais, « on se l'arrachait des mains », disent-ils dans le rapport qu'ils firent le 31 juillet, aux maire, officiers municipaux et notables.

Des boulangers de Saintes, de Blaye et d'autres marchands l'avaient acheté, jusqu'à 38 livres la pochée. Aussi n'avaient-ils pu s'en procurer que 13 sacs, achetés à raison de 37 livres 5 et 37 livres 10 sols l'un.

Ils avaient traité avec différents grainetiers pour environ 100 sacs, sur les mêmes bases : de cette façon, la ville devait être pourvue, en quantité suffisante, pour quinze jours environ.

Le prix du boisseau étant de 12 livres 8 sols 4 deniers, le Conseil général de la commune taxa le petit pain qui ne pouvait être qu'en miche de 1 et 2 livres à 6 sols, 1 denier la livre, le pain second en miches de 3 livres et au-dessus à 5 sols 4 deniers la livre et le pain bis à 4 sols la livre. Il fit, en outre, défense aux boulangers de le vendre à plus haut prix, à peine de confiscation et d'amendes.

Grâce aux précautions prises par les autorités, les habitants de Saint-Jean-d'Angély furent bien, pendant quelque temps, à l'abri des besoins les plus pressants ; mais les blés venant à manquer, de plus en plus, au bout de quelques mois, la disette se fit de nouveau sentir. Tout le froment recueilli dans le canton et même dans l'étendue du district étant insuffisant pour l'approvisionnement du public, on obligea alors les propriétaires détenteurs de cette denrée, à en faire la déclaration.

A ce sujet, des visites domiciliaires furent faites chez certains propriétaires et notamment chez un sieur Moullain, de Moulinveau, village joignant presque l'un des faubourgs de la ville : on y trouva un tierçon foncé de blé vieux qui n'avait pas été déclaré, et dans une barrique défoncée par un bout, une autre petite quantité de cette céréale.

L'avenir ne paraissant pas réserver des quantités plus abondantes, bien au contraire ; l'autorité songea à astreindre les boulangers de la ville à fabriquer un pain dit : « *Pain d'égalité* », et un arrêté fut pris en conséquence, pour assurer l'exécution de cette mesure de précaution. Le mélange fut ainsi fixé : moitié orge, moitié froment. Le pain ainsi fait était de mauvaise qualité et presque immangeable : des plaintes nombreuses étaient portées à ce sujet. L'autorité s'en émut et désira savoir quelles pouvaient être les causes d'un semblable état de choses. Cette qualité défectueuse provenait-elle du mélange des grains ou de la trop petite extraction du son qui en était faite ?... Y avait-il infidélité de la part des boulangers ?...

Pour mettre plus au grand jour la conduite de ces derniers et leur assurer « la portion d'estime qu'ils avaient droit d'attendre ou le blâme inséparable d'une conduite aussi répréhensible », le procureur de la commune requit le corps municipal d'arrêter qu'il serait fait « une épreuve » pour le pain d'égalité et de conserver un pain de « comparaison » dont l'échantillon demeurerait entre les mains de la municipalité.

Et pour parvenir à la confection de cette « épreuve » il fut décidé qu'il serait pris quatre boisseaux de froment de moyenne qualité et quatre boisseaux « méture ou orge » qui seraient conduits, sous la surveillance et en présence de deux commissaires, chez un boulanger qui, séance tenante, passerait le tout à son moulin et fabriquerait le « pain de comparaison ».

Chaque boulanger devait, ensuite, se conformer, pour la fabrication, au spécimen obtenu, à peine d'être déclaré « suspect et traître à la patrie ».

On faisait bien aussi, à la vérité, du pain blanc,

mais n'en avait pas qui voulait, même à prix d'or ! Pour s'en procurer, il fallait produire un certificat de l'officier de santé, établissant que l'impétrant en avait absolument besoin pour cause de maladie.

Sur le vu de cette pièce, un bon était délivré par l'officier municipal, mais la quantité remise était toujours très restreinte : 1 ou 2 livres et c'était tout.

Un registre, commencé le 21 août 1790, indique les noms de ceux qui obtinrent ces faveurs : 107 inscriptions y figurent seulement.

Voici un spécimen de la formule employée : « Le citoyen Blanchard, boulanger de cette commune, est invité à fournir une livre de pain blanc à la citoyenne Chatelier ayant la fièvre ; ce qui est attesté par un certificat du citoyen Esmein, officier de santé ; ce pain sera payé par ladite citoyenne.

« Fait à la maison commune de Saint-Jean-d'Angély, le 1er nivôse an II de la République, Une et Indivisible. »

Ce pain, comme on le voit, était en quelque sorte considéré comme un remède, un médicament pour la délivrance duquel il fallait, en quelque sorte, une véritable ordonnance.

*
* *

Le 11 pluviôse, l'agent national Maugeais, appelait d'une façon toute particulière l'attention des officiers municipaux sur la situation ; leur faisant observer qu'aux termes de la loi du 2 octobre 1793, tous les comestibles étaient compris dans la loi dite du maximum. Or, à l'égard de certaines denrées, cette loi n'avait pas été appliquée en ville, d'où des abus incalculables.

« Nous avons vu, disait l'agent national, les habitants des campagnes vendre à des prix excessifs les comestibles qu'ils y apportaient, et nous voyons, chaque jour, une progression effrayante sur chaque objet. Il en est de même du poisson que les poissonniers vont chercher sur les ports de mer ou qui se pêche dans notre rivière de Boutonne. On ne peut se dissimuler que tolérer une pareille conduite, ce serait attaquer de front l'intérêt de l'indigent et favoriser les malveillants et les égoïstes tant de la commune que de celles qui l'entourent. Il est donc urgent de prendre les mesures les plus rigoureuses pour éviter de pareils abus ; autrement nos concitoyens sans facultés se trouveraient privés d'une partie de leur existence. »

Et Maugeais terminait son rapport en demandant immédiatement l'établissement d'une taxe sur tous les comestibles.

Faisant droit à ces conclusions, l'autorité, dans l'intérêt général, faisait afficher dans les marchés et lieux publics, un tableau qui fixait les prix des objets ou denrées ci-après, ainsi qu'il suit :

. . . .

1. Les dindes la livre brute, c'est-à-dire en plumes à raison de .... 15 sols
2. Les chapons, aussi en plumes, la livre 20

3. La poule	—	20 —
4. Les canards	—	15 —
5. Le couple de beaux poulets		40 —
6. Le couple de pigeons francs		40 —
7. Le lapin		30 —
8. Une perdrix rouge		30 —
9. Une perdrix grise		25 —
10. Une bécasse		30 —
11. Une bécassine		8 —
12. Un canard sauvage		30 —
13. Une sarcelle		10 —
14. Un moraton		20 —
15. Une douzaine d'alouettes		24 —
16. Une grive ou merle		6 —

Poisson

17. La sole du poids de 1 livre	30 —
18. La raie	12 —
19. Le posteau	10 —
20. La tare	10 —
21. Le chien de mer	10 —

Poisson d'eau douce

22. La carpe au-dessus du poids de 5 livres	20 —
23. Au-dessous	15 —
24. Le petit carpeau au-dessus de 1 livre	10 —
25. Le brochet au-dessus de 5 livres	20 —
26. Au-dessous	10 —

27. L'anguille belle.....................................	15 —
28. La moyenne	12 —
29. La petite..	12 —
30. Les œufs, la douzaine	12 —
31. Le beurre, la livre...............................	20 —
32. Un fromage ébeuré	2 sols 6 deniers
33. Le plus fort choux..............................	5 —
34. Le plus beau pied de « sellerit »	3 —
35. Le moyen	2 —
36. La botte de salsifis	10 —
37. La douzaine de chicorées	10 —
38. La douzaine de laitues	12 —
39. L'artichaut rouge...............................	2 —
40. L'artichaut blanc et beau	5 —
41. La botte d'asperges de grosseur ordinaire......	15 —

Les carottes, navets, poireaux, betteraves, dont les prix ne pouvaient alors être déterminés, devaient être payés suivant leur grosseur.

Les cerises, qui n'étaient pas comprises dans la nomenclature qui précède, devaient, un peu plus tard, être vendues un prix excessif ; les paysans ne craignaient pas d'exiger jusqu'à dix sols pour une livre de ces fruits.

Aussi fallait-il réparer, par une mesure spéciale, l'abus qui existait à cet égard, ce qui fut fait par un arrêté en date du 30 floréal an II, qui en fixa la valeur à 5 sols la livre pour les habitants et à 5 sols 6 deniers pour les revendeurs, car, disait-on, « il importe de mettre un frein à l'ambition des campagnards en fixant un prix à cette espèce de fruit très avantageux pour les citoyens, tout en rendant au propriétaire le juste produit de sa propriété ».

Ceux qui contrevenaient à ces arrêtés, en vendant plus cher que le tarif adopté ne le permettait, étaient déclarés « réfractaires à la loy et punis comme suspects ». Aucun approvisionnement ne pouvait avoir lieu non plus, par qui que ce soit, en dehors du marché.

* *

Malgré toutes les précautions prises pour empêcher les abus, malgré la surveillance active dont les matières nécessaires à l'alimentation des habitants étaient l'objet, il y avait néanmoins des fraudes et de fausses déclarations.

Déjà plusieurs particuliers ne cachaient plus la crainte qu'ils éprouvaient depuis longtemps, de voir sous peu, apparaître « la dizette ». Il fallait, à tout prix, tâcher d'éviter que cette crainte ne se répandit dans la masse du peuple ; il convenait, si possible, d'empêcher l'affolement, car on sait les pires extrémités auxquelles peut se livrer une foule affamée, sourde, comme dit le proverbe, à aucun raisonnement.

Presque aussitôt son élection, le corps municipal, sur la réquisition du directoire du district, avait fait le recensement général de la population et des subsistances de la commune. Il en était résulté que, pour

8.103 bouches à nourrir, il y avait 6.519 quintaux de toute espèce de blé.

Le directoire en avait été informé le 21 nivôse et on lui avait demandé de prendre ce résultat en considération. La quantité ci-dessus avait, depuis, « considérablement diminué » à cause de la consommation journalière des habitants ; des fréquents passages de troupes ; de celle de la garnison ; de celle des campagnards, et aussi à raison de l'ensemencement des terres.

Par suite du refus des paysans d'apporter au marché et de livrer les ventes précédemment faites, les boulangers se trouvaient de plus en plus démunis. Ces industriels ne faisaient plus leur nombre ordinaire de fournées. Plusieurs citoyens même, sans la fraternelle pitié de quelques particuliers, n'auraient pas eu de pain pour eux et leurs enfants.

Ceux des habitants à qui l'on s'était adressé pour avoir l'excédent du froment indispensable, avaient déclaré qu'ils n'en avaient pas. Le besoin devenant plus pressant, une adresse avait été envoyée au directoire du district, pour qu'il puisse, par telle mesure qu'il aviserait, ramener un peu de tranquillité dans les esprits.

En réponse, le directoire n'avait fait que renvoyer à l'exécution du décret du 25 brumaire et à une lettre du 2 nivôse qui l'accompagnait, ajoutant seulement, comme moyen de consolation, que la résistance aux réquisitions de la municipalité exposait à être « traité comme suspect ».

Cependant, le décret, rendu seulement pour la fabrication du *pain d'égalité* dans toute la république, n'indiquait et ne prescrivait aucun moyen de se procurer du blé, aux communes qui étaient sur le point d'en manquer.

*
* *

L'autorité municipale faisait remarquer, à juste titre d'ailleurs, que, nonobstant l'article 2 de cette loi qui portait que qui que ce soit ne pourrait s'opposer à la circulation et au transport des grains mis en réquisition pour l'approvisionnement des armées et des marchés, quand même on prétendrait n'en avoir pas assez pour sa provision personnelle, cela ne voulait pas dire que les habitants d'une commune qui, pendant un an, s'étaient épuisés à cultiver leurs champs dans l'espérance de garder leur nourriture et celle de leurs enfants, seraient tenus de la livrer à la première demande, tandis que les gros cultivateurs, les propriétaires et les fermiers avaient des excédents considérables.

Dans une conférence tenue trois jours auparavant — le 14 pluviôse — entre le directoire du district, le corps municipal, le commandant des bataillons et le commandant temporaire de la place, ce dernier avait été invité à ne laisser à Saint-Jean-d'Angély qu'un noyau de 100 hommes en délivrant des congés limités. Cette mesure était d'une exécution d'autant plus facile que ces soldats pouvaient être rappelés sous les drapeaux dans les vingt-quatre heures et qu'elle avait pour objet de permettre aux volontaires malades de respirer l'air natal et de se rétablir et à ceux qui étaient forts et vigoureux de rendre des services à l'agriculture, en allégeant les charges de la nation à concurrence des 25 sols par jour qu'elle ne serait pas obligée de leur payer tant que durerait leur absence.

Mais cette détermination n'avait pas eu d'effet, le général Bournel qui était à La Rochelle, non seulement ne l'ayant pas exécutée, mais ayant reçu avis de l'arrivée d'un grand nombre de nouveaux hommes. Dans cette occurrence, le conseil général de la commune, d'accord avec l'administration, s'était porté en masse au directoire du district pour lui exposer « fraternellement mais avec énergie » la gravité de la situation et lui demander avis.

Malgré les mesures de précautions prises, il se produisait néanmoins des fraudes et de fausses déclarations ; chacun voulait, on le comprend, en présence des nuages sombres qui montaient à l'horizon, conserver quelque chose pour le jour de pénurie extrême que l'on sentait proche.

Aussi, désirant que les déclarations déjà ordonnées fussent plus sincères et plus efficaces, le Corps municipal, ayant à sa tête le maire Dufrêne, prenait-il l'arrêté suivant (1) :

Au nom de la République, Une et Indivisible,

---

1. 17 pluviôse an II.

Le corps municipal, instruit que plusieurs citoyens conservent du blé dans leurs greniers sous prétexte de fabriquer leur pain, et qu'au lieu d'exécuter cette disposition, ils prennent journellement celui nécessaire à leur consommation chez le boulanger ; considérant qu'une semblable manœuvre ne pourrait manquer d'amener la disette ; qu'elle ne peut être produite que par des malveillants, des accapareurs et des égoïstes, que, dans un temps où la masse des substances appartient à tous les Français, il est criminel de ne pas mettre en circulation toutes celles nécessaires à leur vie ;

Pour déjouer les complots liberticides que le fanatisme et l'amour des tyrans auraient cherché à provoquer par la soustraction des blés qui se trouvent en réserve chez ceux qui n'en font aucun usage et continuent à prendre leur pain chez le boulanger ;

Arrête, que tous les citoyens qui ont du blé et qui ne fabriquent pas leur pain, sont requis de venir en faire la déclaration à la municipalité, dans les vingt-quatre heures, à peine d'être déclarés « suspects ».

*
* *

Malgré les termes du document qui précède et la menace d'être considéré comme « suspect » ; les détenteurs de blé n'affluaient pas à la maison commune pour y indiquer les marchandises qu'ils possédaient.

L'embarras croissait, il importait d'aviser promptement.

Deux nouveaux commissaires, Fromageau et Allenet, furent désignés pour aller non seulement dans les communes voisines, mais encore dans les districts et départements voisins, acheter des grains. Chaque citoyen fut invité à souscrire selon son zèle et ses facultés, pour former une somme suffisante aux achats dont le besoin s'imposait.

Porteurs de fonds importants et des pouvoirs les plus étendus, les commissaires délégués, se mirent en route, sans retard, et visitèrent différents marchés. A Brioux, ils se rencontrèrent avec d'autres commissaires venus dans le même but qu'eux, de Bordeaux, La Rochelle et Cognac. Dans cette localité ils trouvèrent un grand nombre de cultivateurs dont les greniers et gerbiers immenses regorgaient de blé.

De la part des mandataires de la commune de Saint-Jean-d'Angély on fit immédiatement des démarches et des offres pour obtenir une certaine quantité de froment ; et pas n'est besoin de se demander s'ils durent être éloquents et persuasifs, s'ils firent vibrer toutes les considérations qui s'imposaient dans la circonstance, pour obtenir satisfaction, ajoutant comme argument le plus frappant, de belles et bonnes espèces.

Rien n'y fit, aucun paysan ne voulut entrer en relation d'affaires avec les délégués, sous prétexte que le blé, quoique prodigieusement cher, ne l'était pas encore assez et que les prix n'étaient pas nettement établis.

Même réponse fut faite aux envoyés des autres villes qui furent obligés de se retirer sans avoir reçu quoi que ce soit. Le Conseil général de la commune réuni au Comité révolutionnaire, ne savait vraiment quel parti prendre.

Le district chargé de l'approvisionnement du minage était impuissant à le faire : la récolte de l'année, par surcroît de malheur, avait été très peu abondante, et elle avait été frappée de réquisitions au profit des villes voisines dont l'état était tout aussi alarmant.

La situation empirait d'autant plus que la ville voyait, par suite de l'arrivée des réfugiés de la Vendée et d'un grand nombre de militaires de passage, s'accroître dans des proportions assez sensibles, le nombre de ses habitants. On avait pensé que le décret du 4 nivôse qui levait la loi dite du maximum et permettait la libre circulation des grains dans toute la république et l'augmentation du pain dans la proportion de la cherté des blés, faciliterait l'approvisionnement, mais il n'en avait rien été ; malheureusement, cet espoir ne s'était pas réalisé.

Dans le but d'éviter tout accaparement, on fit, à nouveau, des visites domiciliaires chez les meuniers, mais le résultat ne fut pas favorable. A chaque instant les boulangers envahissaient les bureaux de la municipalité, pour déclarer qu'ils n'avaient plus de matière première.

Maugeais lui-même, le 25 pluviôse an II, s'écriait : « La pénurie du blé est inquiétante », faisant appel à toute la sollicitude du corps municipal. L'un des boulangers, Maurice Demoge, était venu le matin, déclarer qu'étant sans blé, il était obligé de fermer son four, si on ne l'autorisait à procéder par voie de réquisition, à l'enlèvement de marchandises, soit chez l'habitant, soit chez « le citoyen Sicard de la commune d'Asnières, qui en détenait 4 pochées qu'il lui avait vendues ».

On lui fit bien observer que, chargé par son état de se procurer du blé, il était surprenant qu'il en fût arrivé à un tel point, mais Demoge répliqua qu'il en avait été empêché par la raison qu'il avait dû partir comme cavalier à La Rochelle et que, d'autre part, il était chargé par la municipalité de cette ville d'y faire transporter 9.000 quintaux de froment.

On lui enjoignit d'avoir à s'approvisionner comme il le pourrait et en outre, de donner un état détaillé de ses envois, pour bien contrôler l'exactitude de son allégation et voir s'il ne dépassait pas les quantités demandées.

*
* *

Le public, qui commençait à sentir vraiment l'aiguillon de la faim, ne raisonnait plus : ses plaintes devenaient plus vives.

Douloureusement ému, au spectacle des misères, dont il était, de par sa situation, chaque jour le témoin, le maire Paroche-Dufrêne parlait ainsi, le 20 nivôse an III, au comité, aux magistrats du peuple et aux membres du conseil général :

Citoyens, nous sommes dans le plus pressant besoin, nous

touchons au moment d'un dénuement absolu, il faut une mesure efficace et prompte.

En attendant que le Comité du Salut public et la Convention soient informés des maux que nous endurons et de ceux dont nous sommes menacés, je demande que les meuniers et les boulangers de cette commune soient appelés à l'instant, pour qu'ils dénoncent tous les cultivateurs de ce district qui ont des excédents ; et qu'aussitôt, conformément à l'article 3 du décret qui lève le maximum, des réquisitions soient lancées contre les cultivateurs et qu'il leur soit enjoint d'ouvrir leurs greniers et d'apporter successivement, à toutes les décades, à notre Minage, les excédents pour y être vendus de gré à gré.

L'agent national, Maugeais, s'associant à ces paroles, proposa d'adresser au Comité de Salut public un Projet de loi d'après lequel tout propriétaire serait obligé de mettre, dans un délai déterminé, en circulation, les grains et autres objets de première nécessité excédant les besoins de sa famille, pour être vendus au prix du cours.

On adopta avec d'autant plus d'empressement ce projet de loi que les boulangers et meuniers spécialement convoqués étaient venus déclarer que, *tous comptes faits, il n'y avait plus que pour quatre jours de subsistance dans la commune;* les blés de *tout le district* ne constituaient pas un approvisionnement supérieur à quinze jours.

Alors se produisirent des scènes de désordre bien faciles à concevoir de la part d'un peuple qui, depuis longtemps, endurait de dures privations et de la part d'ouvriers qui, suivant l'expression du maire, dans son rapport du 29 nivôse, *crevaient la faim*. A Neuvicq, un cultivateur ne fut pas maître de son grain : le peuple le déchargea dans la rue, en fit, lui-même, le prix et se le partagea.

Depuis quinze jours, il n'était pas venu un seul grain de blé au Minage. On attendait, le 29 nivôse, l'arrivée de 530 quintaux de froment et orge, requis il y avait six jours par le district, et rien n'était venu. Trois voitures, expédiées de Saint-Savinien et destinées à la commune de La Rochelle, avaient été arrêtées par des femmes, qui, malgré la défense expresse des autorités, avaient tenté de se les approprier.

Les bureaux de la municipalité étaient, à chaque instant, envahis par des citoyens qui criaient : *Du blé ou du pain!* et l'on craignait que le peuple qui ne pouvait plus être contenu, ne se jetât avec avidité sur les premiers sacs qui paraîtraient.

Le pain blanc fut fixé à 13 sols la livre ; le pain bis à 9 sols ; quelques jours plus tard, le 16 pluviôse, il valait le premier 18 sols, le second 12, et encore était-il défendu à chaque famille de s'approvisionner pour plus d'une décade. Le 22 ventôse, par suite d'une nouvelle hausse, la livre blanche était taxée à 25 sols et la livre seconde à 17. Le 23 germinal, les communes voisines en ayant fait enlever une grande quantité dans les départements de la Vendée et des Deux-Sèvres, elle monta à 36 et 38 sols. Le boisseau de blé, quand on pouvait en découvrir, valait alors 120 livres.

Le pain blanc, réservé dans les cas spéciaux que l'on sait, monta à 55 sols la livre : le pain bis, — quel pain !... quelque chose ressemblant sans doute à ce que l'on consommait sous ce nom dans la capitale aux jours néfastes du siège de 1870, — coûtait 35 sols la livre, et encore n'en avait pas qui voulait.

Pourtant, quelque excessifs que ces prix puissent paraître aujourd'hui, ils montèrent encore... Curieux de savoir quel avait été le taux maximum de cet aliment, nous avons, après recherches, trouvé dans une délibération de germinal, que la livre de pain de première qualité s'était élevée à cette époque jusqu'à *5 francs* et celle de la deuxième à *3 francs* ; si toutefois il est permis d'appliquer ce mot de « qualité » à une sorte de mastic peu appétissant. L'on pouvait bien jeûner parfois ; endurer de nombreuses privations souvent ; mais pourtant, on ne pouvait se résoudre à mourir de faim.

Débordée et ne sachant plus où donner la tête, la municipalité dut, en désespoir de cause, tenter une démarche suprême près du citoyen Lamarre, préposé aux vivres de la marine, dont les réserves en magasins étaient toujours considérables, en sollicitant de lui un emprunt et en s'engageant à remettre les quantités en nature le plus tôt possible. Lamarre se laissa attendrir et, sous la garantie de la municipalité, prêta aux boulangers de la ville, une certaine quantité de marchandises qui fut convertie en pain.

Le blé, postérieurement à cet emprunt, ayant

encore considérablement augmenté, les boulangers ne pouvaient rendre en nature ni payer autrement qu'en assignats, et le prêteur ne semblait pas disposé à régler ainsi cette affaire.

De là, embarras extrême des débiteurs dont la dette s'élevait à 3.944 livres et qui n'avaient pour se libérer que des assignats. La municipalité, prenant alors en considération leurs légitimes doléances et ne pouvant, en ce qui la concernait, se substituer à eux, puisqu'elle n'avait ni revenus directs ni patrimoniaux et qu'elle n'acquittait ses dépenses qu'avec le produit des impositions et les secours du gouvernement, fut d'avis de réitérer les offres faites d'un paiement en assignats et de s'adresser, au besoin, au Comité de subsistance lui-même.

Dans le but de faire face aux dettes qu'on avait dû contracter pour assurer la subsistance des pauvres et des ouvriers hors d'état de pourvoir par eux-mêmes à leurs besoins, par suite des prix si élevés, ainsi qu'on l'a vu plus haut, des matières premières, l'administration arrêta, le 25 brumaire an IV, autorisée par le Corps législatif, de contracter un emprunt de 200.000 livres, remboursable dans un délai maximum de deux ans.

*
* *

Ce n'est pas seulement le pain qui manqua à Saint-Jean-d'Angély, à cette époque, ainsi qu'on a déjà pu le constater par les prix excessifs auxquels étaient montés tels ou tels objets : ce furent encore toutes autres matières, ce qui explique les taxes établies jusque sur les « cerises » pour permettre à tout le monde de s'en procurer.

Le savon et le sucre, notamment, étaient choses tout à fait rares. « Point de savon pas plus à la ville qu'à la campagne », disait un membre de la municipalité, « et des plaintes amères sur cette privation d'une matière de nécessité absolue, se font entendre, à chaque instant. »

Aussi, le 14 nivôse, souffrant beaucoup de la privation d'un objet aussi indispensable, est-ce avec le plus grand plaisir qu'on apprenait par un officier municipal qu'une voiture logée à l'auberge du *Jardin de Plaisance*, chargée de vingt-cinq caisses de cette matière et de quelques bocaux de sucre, tout aussi rare que le savon, venait d'arriver à Saint-Jean-d'Angély, se dirigeant sur Niort. Vite, le citoyen Favre est délégué près du voiturier qui, en entendant le récit de l'extrême pénurie où se trouvaient les habitants et désireux, aussi, très probablement, d'éviter une histoire et une mauvaise affaire, consentait à laisser cinq caisses et une futaille à raison de 28 sols 8 deniers la livre de savon et 33 sols 1 denier la livre de sucre.

Ces marchandises furent livrées aux citoyens Brillouin jeune, Durand, Rullaud jeune, Daniel Allenet et Allenet-Marais, marchands, pour en opérer la vente au détail *le plus fort, d'une livre pour chaque famille*.

Toutefois, comme les prix ci-dessus étaient portés

à un taux qui dépassait celui fixé par la loi dite du *maximum*, il était décidé que, dans le cas où il y aurait difficulté à cet égard de la part du représentant du peuple — Lequinio — les officiers municipaux prendraient la différence à leur compte.

C'était aussi le suif qui faisait défaut : la boucherie étant complètement tombée par suite de la difficulté à trouver du bétail. Celle des hôpitaux qui fonctionnait encore tant bien que mal était la seule qui fournît cette matière à la commune, mais dans les proportions les plus restreintes, car les quantités qu'elle fournissait étaient déjà insuffisantes pour les hospices militaires, le corps de garde et les différents corps constitués.

Il fallait pourtant bien y voir et pas de suif, pas de lumière ! Malgré cette triste situation, La Rochelle, qui n'y voyait guère plus que Saint-Jean-d'Angély, avait chargé son préposé de lui faire passer tous les suifs provenant des bœufs et autres bestiaux qui se consommaient pour le compte de nos hospices militaires, et, comme les besoins de nos voisins étaient pressants, les enlèvements devaient se faire dans le plus bref délai.

L'agent national ayant signalé ces faits à la municipalité, celle-ci décida que, par tous les moyens possibles, on tâcherait de faire retirer l'ordre donné aux préposés aux fins ci-dessus, « la lumière devant être considérée comme un objet de première nécessité dont il était impossible de se priver ».

Pas plus de fer non plus que de suif, de savon ou de sucre !

Pourtant il en fallait bien aussi, tant pour le service de la république que pour les besoins de l'agriculture.

Faute de matière, les ouvriers étaient, à chaque instant, arrêtés dans l'exécution de leurs travaux : pénurie aussi complète de charbon de terre.

Les maréchaux étaient quelquefois plusieurs jours sans pouvoir ferrer les bœufs et les chevaux employés aux transports et labourages. Les bouviers et les voituriers étaient hors d'état de pouvoir remplir les fréquentes réquisitions qui leur étaient adressées : les forges étaient vacantes.

Justement ému de cette situation, et ne voulant qu'aucun des rouages qui doivent contribuer à la prospérité générale ne fût entravé ou ralenti, on décidait de soumettre le cas au représentant du peuple alors en mission à l'armée de l'Ouest ou dans le département de la Charente, à l'effet d'obtenir un ordre pour qu'il soit délivré par les administrateurs des forges, 100 milliers de fer nécessaires aux travaux de la commune.

Bien que bien moins nécessaires que le pain, la viande, la lumière ou autres objets de première nécessité, les eaux-de-vie, utiles pourtant aux troupes, surtout en temps de guerre, manquaient également complètement.

Aux termes de l'article 7 de la loi du 24 nivôse, le prix des eaux-de-vie devait être fixé, dans l'intérêt de la république même, à laquelle appartenait le droit de préemption, ainsi que le fit remarquer le citoyen Vanquier, agent de la commission des approvisionnements.

Le citoyen Mestadier, officier municipal, fut chargé de visiter les divers négociants de la ville qui avaient fait des achats dans ces derniers temps, à l'effet de prendre le relevé de leurs registres.

Le résultat de ces démarches chez les citoyens Moullin, Blancard et Cie, Favre, Parent et C^i, fut l'établissement d'une moyenne proportionnelle de leurs trois prix différents, en tenant compte des divers frais de transport, magasinage, surforce, etc.: cette moyenne fut alors fixée à 1.300 livres les 27 veltes.

Le salaire des ouvriers, on le comprend par la majoration des prix rendus obligatoires par la rareté absolue des marchandises, n'était plus en rapport avec le taux auquel montaient les choses indispensables à l'existence.

On fut donc obligé, pour remédier à cet inconvénient, par un arrêté du 3 fructidor, d'augmenter la journée des ouvriers.

Dans les établissements publics, les choses n'allaient pas mieux. L'hospice de Charité de la commune était, notamment, complètement démuni. Depuis un certain temps, boulangers et bouchers, y avaient, comme partout ailleurs, cessé leurs fournitures.

Il y régnait un tel désordre alors, que les corps

des soldats qui y mouraient n'étaient pas inhumés convenablement : *leurs ossements encore chargés de chair n'étaient même pas recouverts de terre ; ils devenaient,* dit le registre des correspondances, *la proie des bêtes féroces.*

Le 22 thermidor, la municipalité adressait un appel pressant au département :

En vain, disait-elle, depuis vingt jours nous attendons avec la plus vive impatience l'arrivée de tous les courriers dans l'espérance qu'à la vue de l'état de situation de notre hôpital de Charité, nous recevrions des fonds pour l'entretien de ses malades.

Malgré nos instances réitérées, le 15 de ce mois, vous nous laissez sans réponse, sans ressources et dans le plus grand embarras. Nous vous le répétons, 60 malheureux accablés de misère et de souffrance, vont manquer de tout, si, dans trois jours, vous ne nous faites toucher en petits assignats la somme que nous vous avions demandée.

Dans un rapport du 29 frimaire an IV, c'est encore la même douloureuse constatation :

Citoyens, la subsistance de l'hospice de Charité de cette commune a déjà sensiblement fixé notre sollicitude : elle est plus fortement affectée aujourd'hui par le rapport que nous ont fait les boulangers et bouchers, de ne pouvoir plus continuer leurs fournitures par l'impossibilité qu'ils éprouvent de pouvoir se procurer des denrées en assignats et nous avons la douleur de voir que les fournitures importantes sont cessées.

Ce n'était cependant pas toujours le défaut absolu des denrées qui empêchait aux fournisseurs de s'en dessaisir ; c'était aussi parfois le manque de paiement. Le marchand voulait, en échange de sa marchandise, des espèces sonnantes et non un règlement avec des « assignats ».

Chacun sait assurément, par l'histoire, ce qu'était l'assignat, sans qu'il nous soit besoin d'insister ici pour expliquer la défiance dont il était l'objet dans la région. C'était un petit carré de papier pouvant bien, comme aspect, n'être pas disgracieux, mais ne valant pas très cher. Une superbe tête de Louis XVI à gauche, avec de magnifiques allégories à droite; le tout encadré de ces mots : « Règne de la Loi », plus deux femmes assises dans le bas dont l'une, au chef recouvert d'un bonnet phrygien au bout d'une pique.

Le discrédit de ce papier-monnaie était tel que personne n'en voulait.

Les fournisseurs, sachant qu'il ne représentait, en réalité, aucune espèce trébuchante, par derrière lui, l'avaient en horreur et n'en voulaient pas.

Personne ne se faisait illusion sur l'inutilité complète de ce papier, car une loi du 3 février 1792, sur le décret de l'Assemblée nationale du 30 janvier, portait que les coupons d'assignats avaient cessé d'avoir cours de monnaie à compter du 1er avril et tous ceux de 3, 4, 10 et 15 livres étaient sans objet à partir du 1er mai. On les acceptait bien encore à ce moment, chez le receveur mais c'était tout, pour payer les contributions jusqu'au jour alors proche où ils devaient être tout à fait considérés comme des non-valeurs.

Nous trouvons dans le registre du 4 pluviôse an IV (1) un arrêté statuant sur une réclamation des palefreniers du dépôt de remonte de la ville qui donne une idée du discrédit de ce genre de monnaie et de quelle façon on en était prodigue :

Considérant, dit cette pièce, que la somme de 40 livres reçues (par les palefreniers) par jour en assignats, ne pourrait procurer à chaque famille qu'une livre de ...; Considérant que le service du dépôt est urgent et qu'il est de l'intérêt de la République de maintenir chaque palefrenier à son poste ;

L'administration estimait « qu'il devait être accordé provisoirement à chacun d'eux la somme de *100 livres par jour* ».

*
* *

Depuis longtemps les nourrices des orphelins de la patrie demandaient elles-mêmes, de leur côté, que leurs salaires, absolument insuffisants, fussent portés à 600, 540, et 480 francs par an, parce que, étant donné le taux du pain quand il y en avait encore un peu, il leur était bien difficile de s'en procurer.

Depuis leur réclamation, les événements avaient empiré : cet aliment de première nécessité avait doublé de prix, et les pauvres femmes disaient que si leurs gages restaient au taux où ils se trouvaient alors, elles seraient obligées de renoncer à leurs nourrissons.

Les officiers municipaux avaient fait les démar-

---

1. N° 29.

ches les plus pressantes près de trois nourrices, pour qu'elles consentissent à recevoir un nouveau-né exposé près de la commune, mais ils n'avaient pu y parvenir parce qu'elles avaient trouvé le traitement trop modique ; le petit infortuné avait, dans ces conditions, dû être porté dans la boîte de l'hôpital, et ce n'était « qu'avec l'art que l'humanité inspirait aux hospitaliers » qu'on pouvait espérer le sauver.

D'autre part, le traitement si minime donné à ces femmes qui se dévouaient pour élever les enfants abandonnés n'était pas régulièrement servi, même lorsqu'il l'était en assignats, si bien que plusieurs d'entre elles dans la misère et poussées à bout étaient venues déclarer que, si on continuait à les régler ainsi, elles seraient obligées de ne plus allaiter et soigner les pauvres petits êtres confiés à leurs soins.

« Il nous est impossible — disaient-elles, en exposant leurs légitimes doléances — avec cette monnaie, de nous procurer les objets de première nécessité. » Et de fait, les malheureuses femmes, ne touchant plus rien, rapportaient les infortunés nourrissons qui périssaient en grand nombre.

Dans les prisons qui regorgeaient de détenus la situation était lamentable.

Le même rapport que nous citions tout à l'heure, disait à cet égard :

Nous avons aussi à nous occuper de fournir la nourriture aux détenus de la commune d'après le refus formel que nous ont fait les boulangers de donner du pain, vu l'impossibilité où ils sont de trouver des grains en assignats. »

On était obligé, pour empêcher les prisonniers de mourir de faim, de procéder en quelque sorte par voie de virement ; et voici l'arrêté pris à ces fins le 10 ventôse an IV :

« Considérant qu'il est urgent de pourvoir provisoirement à la fourniture des détenus déjà assez malheureux d'être privés de leur liberté ; que l'humanité exige qu'il y soit sur-le-champ pourvu ;

« Vu l'urgence, le conseil arrête que provisoirement il sera délivré au concierge de la maison d'arrêt le pain prescrit par la loi pour chaque détenu, par Moge, boulanger, sur les blés à lui donnés en manipulation pour les pauvres de l'hospice de charité et que l'administration du département sera invitée de prévoir dans sa sagesse, aux moyens d'approvisionner les sus-nommés. »

Six bouviers qui avaient conduit des convois militaires de Saint-Jean-d'Angély à Beauvais-sur-Matha et qui, pour effectuer ce transport, étaient obligés de se contenter malgré tout d'un paiement en assignats, escomptant peut-être qu'ils pourraient plus tard recouvrer une valeur relative, ne craignaient pas alors de réclamer pour prix de leur voyage, une somme de *30.000* livres.

La municipalité, quelle que fût l'exagération de cette demande et l'énormité de pareil chiffre, donna l'ordre nécessaire à ses agents de payer en papier, vu le peu d'importance que cela pouvait avoir ; l'étapier Palastre, régla donc de cette façon, à chacun des convoyeurs, une somme de 5.000 francs, ce qui formait la totalité de la réclamation.

Les défenseurs de la patrie, eux-mêmes qui, en exécution d'ordres reçus, allaient rejoindre leur corps et traversaient chaque jour la ville, au nombre d'au moins 300, ne recevaient aucune fourniture, les fonds manquant absolument pour assurer le service des étapes.

Le citoyen Roy-de-Lisle écrivait à cette occasion :

Citoyens, je ne cesse de solliciter auprès de l'agence des transports militaires à Paris pour avoir des fonds : l'on m'en promet, mais ils n'arrivent pas. Le service est à la veille de manquer. Vous aurez la bonté de me faire compter une somme de 200.000 francs par le caissier : cette somme sera remise aussitôt que les fonds que j'attends me seront parvenus !

Absolument débordée et ne sachant plus vraiment que faire pour calmer l'anxiété des malheureux qui l'assiégeaient, la municipalité ne trouva plus qu'un moyen : soumettre le cas au département, en lui demandant quelle solution il entendait y donner.

Dans une lettre navrante, le citoyen Isnard, le maire, résumait la situation ainsi :

Il n'est pas de cité plus dépourvue que la nôtre !...

Tous les jours nos concitoyens, cette classe utile d'ouvriers ou d'indigents journaliers, vont inutilement crier la faim devant les fours...; les militaires, les défenseurs de la patrie manqueraient de pain, si leurs hôtes, pris de pitié, ne partageaient avec eux !

Le département ne pouvait faire plus que la commune ; aussi les choses empirèrent-elles encore, si tant est qu'elles aient pu devenir plus tristes qu'elles l'étaient depuis un certain temps.

Alors, ce fut une véritable calamité, la misère s'étalant sous toutes ses formes !

Et Saint-Jean-d'Angély qui avait déjà subi deux sièges, dont l'un particulièrement mémorable en 1569, sous Charles IX (1) ; qui, en 1621, sous Louis XIII, après vingt-cinq jours d'une lutte inégale (2), avait vu par ordonnance royale « ses murailles, remparts, tours, bastions, éperons, ravelins et autres fortifications » démolis, démantelés, rasés et ses fossés comblés ; ses privilèges supprimés ainsi que ses exemptions et immunités, ses deniers communaux et patrimoniaux réunis au domaine du roi, ses vieilles institutions municipales anéanties, jusqu'à son

1. Charles IX, étant entré dans la place vaincue par la porte Matha, accompagné du maréchal de Vieilleville et d'une nombreuse cour, ne put « à l'aspect des ruines qui jonchaient tous les quartiers de la ville, se défendre d'un profond sentiment d'horreur et de pitié ».

Ce siège mémorable que l'on s'était flatté de terminer en huit jours, qui dura sept semaines, coûta à l'armée royale plus de 6.000 hommes, tant capitaines que soldats.

Les assiégés n'eurent qu'environ 300 morts, y compris les habitants des deux sexes. (Massiou. *Histoire de Saintonge et d'Aunis*, t. IV, p. 179.)

2. Du 31 mai au 24 juin 1621

nom légendaire même de Saint-Jean-d'Angély changé —suprême humiliation—en celui de « Bourg-Louis », la vieille cité angérienne connut les angoisses poignantes de la famine et les maux qui en sont le triste cortège (1).

---

1. (Ordonnance du roi au *Mercure de France*, juin 1621.) Le jour même de son entrée dans la place de Saint-Jean-d'Angély, Louis XIII rendit une ordonnance ayant pour objet « de laisser à la postérité quelques marques du châtiment qu'il infligeait à sa désobéissance et à sa rébellion ».

La commune fut abolie avec ses franchises et libertés. Toutes les fortifications furent rasées au niveau du sol par les soins du baron d'Ambleville.

« Déchu de son rang de ville close et réduit à l'humble condition de bourg, Saint-Jean-d'Angély se vit pour dernier outrage, dit Massiou dans son *Histoire de Saintonge et d'Aunis*, imposer par le vainqueur « le nom de *Bourg-Louis* » mais l'usage, ajoute-t-il, plus puissant que la volonté royale, ne conserva pas cette injurieuse dénomination. » (*Hist. généal. de la Maison de France*, t. II, p. 175. Moréry, V° Saint-Jean-d'Angély.)

Le Siège de Saint-Jean-d'Angély (1569)

CHAPITRE V

Les fêtes publiques à Saint-Jean-d'Angély sous la période révolutionnaire : arrêtés et circulaires à ce sujet. — L'autel à la Patrie : la salle des audiences attribuée aux fêtes décadaires. — Nombre des fêtes nationales : leur célébration ; les principales. — La cocarde tricolore et les citoyennes angériennes : peines contre celles qui ne la portaient pas.

Il serait cependant dans l'erreur, celui qui croirait que les tristes événements que nous venons de relater plus haut, absorbaient alors complètement ceux qui avaient, à Saint-Jean-d'Angély, le grave souci de la direction des affaires publiques.

Doués de l'énergie qu'ont seules les âmes bien trempées, et non les natures pusillanimes, indécises et flottantes que l'on rencontre parfois, incapables, en face d'une situation délicate, de prendre la détermination qui s'impose, ceux qui, à cette époque, assumaient la responsabilité de l'autorité avaient toujours, malgré tout, le courage à la hauteur de la circonstance, quelle qu'en fût la gravité ! Avec intelligence, tact et fermeté, ils pourvoyaient dans la mesure du possible aux divers besoins du service, ayant à cœur, en bannissant de leur esprit toutes considérations étrangères au strict accomplissement de leur mandat, de mériter la confiance de leurs concitoyens.

Et, nonobstant les préoccupations faciles à comprendre, à raison des faits que l'on connaît, rien n'était négligé par les administrateurs communaux pour que les décrets de la Convention Nationale et les arrêtés du directoire du district fussent scrupuleusement appliqués ; non seulement suivant la lettre, mais encore et surtout, suivant leur esprit.

Malgré la famine qui, on l'a vu, affolait la population, faisait mourir les enfants au sein de leurs mères et privait les défenseurs de la Patrie des secours auxquels ils avaient droit ; malgré les complications de toutes sortes qui résultaient de la disette qui sévissait, les troubles locaux et les embarras financiers dans lesquels on se trouvait, les questions d'administration, mêmes celles qui, à première vue, semblaient n'avoir qu'une importance relative, étaient pourtant examinées et traitées avec le plus grand soin.

Ce n'est point, certes, à la municipalité de l'époque révolutionnaire spécialement, qu'eût pu être appliquée la vieille maxime bien connue : *de minimis non curat prætor*.

Et si le *panem*, que réclamaient, en même temps que les jeux du cirque, les Romains, n'était pas toujours distribué en ce temps-là aux Angériens suivant leurs désirs, les fêtes publiques, en revanche, ne leur étaient point marchandées.

Maigre compensation, dira-t-on peut-être et qui assurément ne devait pas atteindre le même but !... Pourtant, il en fallait, ainsi le voulait la loi et, aufond, ces réjouissances pouvaient faire diversion et jusqu'à un certain point soutenir les courages abattus.

Au surplus, les fêtes publiques n'ont-elles pas de tout temps tenu un rôle important chez les peuples de l'antiquité.

Tantôt, fêtes de familles et du foyer en l'honneur des dieux domestiques, lares, mânes et pénates ; tantôt fêtes des collèges et des groupements d'individus ; de l'Etat, politiques, religieuses et populaires.

Un arrêté du 6 prairial disait qu'elles constituaient « les moyens les plus efficaces et les plus sûrs de consolider le régime républicain en ce qu'elles n'avaient pour but et pour motif, que de stimuler à la pratique des vertus ».

Une circulaire du ministre de l'Intérieur, du 20 fructidor an VII de la République, relative à l'exécution de la loi du 17 thermidor, prescrivait aux administrations municipales de choisir et faire convenablement arranger un local pour la célébration du decadi, celle des « mariages » et la lecture des *Bulletins décadaires*.

D'après ce même document, il fallait placer dans l'enceinte de ce lieu des emblèmes civiques (1).

En outre, on devait y dresser un *Autel à la Patrie* et y réserver des places d'honneur pour les magis-

---

1. Une note inédite de Guillonnet-Merville, qui porte la date de 1803, déclare que, par suite d'un échange intervenu entre le gouvernement et le maire de Saint-Jean-d'Angély, d'un terrain pour un bois appartenant avant la révolution, aux Capu-

trats du peuple, les vieillards et les défenseurs blessés de la Nation.

De plus, il y fallait une estrade ou tribune spécialement réservée aux lectures ; en un mot, tout le possible devait être tenté pour rendre ces fêtes *majestueuses, imposantes et agréables à tous les citoyens.*

A Saint-Jean-d'Angély, les administrateurs municipaux, pénétrés de l'esprit de cette circulaire, ne voulaient point rester en arrière : tout au contraire, ils tenaient à se signaler en faisant bien les choses.

Au surplus, une lettre de l'administration centrale du 7 vendémiaire fournissait toutes recommandations utiles à ce sujet : aussi, le 9 de ce même mois, l'autorité municipale réunie, arrêtait-elle les mesures à prendre en vue des réjouissances publiques.

Déjà quatre mois auparavant, cette question des « fêtes nationales » avait préoccupé la municipalité qui, pour leur donner tout l'éclat et toute la dignité qu'elles devaient comporter, avait fait élever sur la

---

cins, la promenade de la place Matha fut créée et il ajoute « que l'escalier que l'on voit à la partie méridionale de cette place est celui de l'autel à la patrie qui se trouvait au centre de la place Matha. »

Grâce à la même source, nous pouvons ajouter que les colonnes que l'on voit sur chaque piédestal de cet escalier conduisant, est-il dit, au bois des cy-devant Capucins, de même que les deux pots de fleurs placés sur la corniche de ces colonnes, décoraient, avant la Révolution, le dessus et les deux côtés du portail des Bénédictins.

Les « Tours » de Saint-Jean-d'Angély.

place de la Liberté l'autel projeté et commencer des travaux importants.

Mais, hélas ! il y a souvent loin d'un projet à son exécution, et les bonnes intentions ne suffisent pas, toujours, pour assurer la réalisation du rêve le plus généreux !

Et, de même que ceux qui naguère firent édifier les deux tours (1) qui donnent de loin à notre cité l'aspect d'une ville importante, avec l'intention de les relier à un monument en rapport, ne s'étaient pas suffisamment inquiétés des moyens pratiques de réaliser leur désir, de même les édiles angériens, en commençant leur besogne, n'avaient pas assez songé à la question d'argent.

Bientôt, on avait dû suspendre l'exécution du projet trop grandiose, faute de *moyens pécuniaires*, faute de *facultés*, suivant le joli mot du procès-verbal.

On avait oublié, dans l'élan généreux du début, que si l'argent est le nerf de la guerre, il est, aussi,

---

1. Ce monument, qui, contrairement à sa destination première, servit pendant un certain temps de maison d'arrêt, devait être la façade d'une église paroissiale élevée sur l'emplacement de celle qui fut détruite par les Calvinistes, en 1568.

La première pierre en fut posée et les fondements bénits le 14 septembre 1741 par le R. P. Gardez, prieur, accompagné de sa communauté.

Les plus habiles architectes avaient été consultés pour cette construction et les matériaux provenant de l'ancienne abbatiale amassés à ces fins, étaient d'une valeur supérieure à 15.000 livres. (Dom Fonteneau, t. LXIII, p. 577-583.)

celui de la construction. Il avait donc fallu bon gré mal gré, aviser, car on ne pouvait contraindre les ouvriers et marchands à travailler et à fournir leurs marchandises, sans leur assurer un paiement préalable.

On déclara donc qu'à moins que l'administration centrale n'accompagnât ses prescriptions et ses ordres de dépenses, des fonds nécessaires pour les couvrir, on ne pourrait déférer aux vœux du ministre.

Dans ces conditions, aucune salle nouvelle ne pouvant être construite à Saint-Jean-d'Angély, il fut décidé que celle des audiences étant « vaste et close » et paraissant être le local le plus commode et le moins dispendieux pour rassembler les citoyens pour les fêtes décadaires, la célébration des mariages et la lecture des bulletins, on y ferait les réunions dans ce but.

Des fonds furent demandés à l'administration centrale pour payer les ouvriers et fournisseurs employés à l'aménagement du lieu choisi et, le lendemain, qui était précisément le premier jour décadaire, on s'y rendit à 2 heures de l'après-midi, musique en tête, pour se conformer au vœu de la loi.

Ce n'était pas l'organisation de la fête publique par elle-même qui, sous la Révolution, préoccupait seulement l'autorité ; toutes questions accessoires s'y rattachant étaient, aussi, l'objet de ses soins.

C'est ainsi qu'à l'époque où l'on pouvait encore trouver assez facilement des vivres, on exigeait que les boucheries et boulangeries qui commençaient, pourtant, à se démunir, fussent suffisamment garnies pour que les assistants, tant ceux de la commune que les étrangers qui y accouraient à cette occasion, après avoir manifesté leur enthousiasme, ne fussent pas obligés d'observer par trop les lois de l'abstinence.

*
* *

Une des premières fêtes publiques à noter était celle relative à la célébration de l'un des premiers *décadis*. Certains de ces jours étaient marqués par des réjouissances plus solennelles qui commémoraient des dates célèbres, ainsi qu'on le verra plus loin ; d'autres honoraient des sentiments ou des entités.

C'était, disait l'autorité, comme « un symbole de l'élan le plus épuré et un moyen de réunir tous les esprits et de consolider l'égalité, l'union et la fraternité qui, seules, devaient être la base de toute action républicaine ».

Cette fête civique eut lieu en grande pompe sur la place de la *Fraternité*.

A l'issue de la cérémonie et pendant que l'air retentissait, encore, des chants et des cris d'allégresse, subitement un citoyen sortit des rangs et se présenta à la municipalité.

C'était un nommé « Mayer-Coblentz, ci-devant sectaire juif, » est-il dit aux écritures.

Dans un sentiment magnifique et encore sous lecoup qu'il avait très probablement ressenti, en voyant et en entendant de si belles choses, il désirait affirmer sa foi politique, il voulait donner « des preuves non équivoques de son patriotisme ».

Aussi, comme moyen le plus sûr et le plus énergique d'arriver à ce résultat, Mayer-Coblentz ne trouva-t-il rien de mieux, que de déclarer que le nom qu'il avait porté jusqu'à ce jour, devant être en horreur à tout républicain, il voulait en changer.

Et comme il fallait bien que, désormais, il eût un nom, il sollicita d'être admis à porter, dans l'avenir, à la place de celui de « Coblentz », celui de « Mozelle » qui était celui de son département.

Il va sans dire qu'il fut donné immédiatement à ce citoyen, acte de son désir « preuve non douteuse de son civisme », et ainsi débaptisé, il s'appela et signa à l'avenir « Mayer-Mozelle ».

Bien qu'à Saint-Jean-d'Angély, il semble que les fêtes décadaires, tout au moins dans le début, aient joui d'une certaine faveur, il n'en était pas ainsi partout, d'après ce qu'écrit Aulard, dans ses *Etudes sur la Révolution Française*.

« Le gouvernement eut beau s'ingénier, écrit-il, le culte décadaire était célébré sans enthousiasme. Très languissant dans les campagnes, il n'eut de sectateurs ardents que dans les villes, dans celles où les « Jacobins » dominaient. Ils s'y ennuyaient, ils y bâillaient, mais ils y assistaient par devoir civique, parce qu'ils avaient le sentiment que la patrie n'était pas si complètement victorieuse et à l'abri de tout danger que le croyaient les masses rurales. C'est par suite de ce sentiment qu'il y eut toujours plus d'affluence et de zèle à celles des fêtes annuelles qui honoraient non une institution ou un sentiment, mais le souvenir d'un fait de guerre contre les royalistes. Il est certain que, de toutes, la fête anniversaire de l'exécution de Louis XVI fut celle qu'on célébra avec le plus d'entrain et de spontanéité. »

La loi du 3 brumaire an IV, en présentant la nomenclature des « Fêtes nationales », en fixait le nombre à sept. Une instruction du ministre de l'Intérieur du 27 ventôse an V, attachait, ainsi que nous l'avons dit plus haut, la plus grande importance à ces fêtes et en exigeait impérieusement la célébration, en prescrivant au directoire exécutif de lui faire connaître les administrateurs qui mettraient de l'insouciance ou de la négligence à cet égard.

Le commissaire de ce directoire, Texier, en rappelant ce qui précède aux officiers municipaux et en les invitant à célébrer l'une de ces fêtes instituées en l'honneur des armées de la république, leur écrivait, le 6 prairial an V.

Jusqu'à ce moment, citoyens administrateurs, vous n'avez cessé de donner des preuves de votre sollicitude pour l'exécution de la loi et vous ne pouvez que redoubler de zèle à l'instant où nous jouissons du plus grand triomphe de nos armées ; où la patrie doit plus que jamais reconnaissance à ses fidèles défenseurs !

A la suite de la réquisition qui lui en était faite, on

ordonnait la célébration de la fête de la *Reconnaissance* et ce, encore une fois, dans le but de témoigner la gratitude du pays aux « zélés défenseurs qui par leur courage et leur intrépidité dans les combats, avaient amené les ennemis à un préliminaire de paix en les immortalisant et en faisant la gloire des Français ».

A cette occasion, quatre coups de canon étaient tirés et voici en quoi consistait le programme :

Les autorités et le peuple en foule se rendaient sur la place de l'administration aux cris : de *« Vive la liberté ! Vive la République ! Vivent les braves défenseurs de la patrie. »*

Des tambours, une musique guerrière, une artillerie ambulante annonçaient aux guerriers toute la « reconnaissance ».

Les troupes, la garde nationale, formaient un carré, le président prononçait, comme dans toute fête bien comprise, un discours. Au surplus, la mode sur ce point n'est point changée. Point de réunion publique, quelle qu'en soit la nature, sans une allocution quelconque, dont l'étendue varie suivant les circonstances et la richesse de l'imagination de l'orateur.

La joie, si l'on en croit les écritures du temps, était « universelle » ; chacun se retirait ensuite, se déclarant satisfait.

Parmi ceux qui assistaient à l'une de ces cérémonies se trouvaient : Mansaud, capitaine commandant de la force armée, Alexandre Chaignaud, Allenet, Guérineau, Tillé, Bartaré, Mousnier.

Venait ensuite : *La fête commémorative de l'exécution de Louis XVI*, en vertu de la loi du 21 nivôse an III et de l'arrêté du directoire exécutif an IV.

Voici les termes de la lettre d'invitation que recevaient les autorités constituées et les salariés de la république :

« Nous vous invitons à vous rendre à l'Administration municipale, ce jour d'hui, 2 heures, pour de là vous transporter avec toutes les autorités constituées sur la place de la Révolution de cette ville, célébrer la fête de l'anniversaire de la mort du dernier de nos tyrans, et nous vous prévenons qu'il doit être dressé procès-verbal de la cérémonie dans lequel *il sera fait mention des absents.* »

Il est probable que, grâce à cette mention, les absences étaient justifiées par des raisons sérieuses et qu'elles étaient assez rares.

De nos jours, quoique en disent certains esprits mal disposés, il faut bien reconnaître que l'on se montre moins autoritaire et que MM. les fonctionnaires peuvent, sans être l'objet d'une mention spéciale, se dispenser de figurer dans un cortège officiel. Simple constatation en passant !

Dans une de ces solennités, celle du 10 prairial an VI, le président s'avança au centre du bataillon de la garde, ayant à sa gauche le citoyen Mallard, jeune, qui en avait été le chef.

Il profita de la circonstance pour lui faire jurer « haine à la royauté ; à l'anarchie ; fidélité et attachement à la république et à la Constitution de l'an III », après quoi, tout le monde se livra aux sentiments de la joie la plus vive.

Citons, après, la *Fête de la souveraineté du peuple* par laquelle le peuple-roi se réjouissait, lui-même, en signe de son autorité et de sa puissance.

Elle avait lieu dans la salle des « cy-devant Bénédictins, décorée de toutes choses convenables à un sujet aussi intéressant ».

La *Fête de l'Agriculture*, ainsi que son nom l'indique, avait un but beaucoup moins politique que celles qui précèdent.

D'un caractère beaucoup plus calme et beaucoup plus pacifique, elle avait lieu le 15 messidor, en présence des troupes, en l'honneur des moissons et des récoltes.

C'était, en quelque sorte, la fête de l'antique Cérès. Les habitants des campagnes qu'elle intéressait, surtout, y assistaient nombreux ; des gerbes de blé, des fruits y étaient apportés en grand nombre et les municipalités de Saint-Jean-d'Angély et des cantons fraternisaient à cette occasion.

Les fêtes *du 14 juillet, de la Victoire* et *de la Concorde* ne le cédaient en rien à celles qui précèdent ; tout au contraire, il semblait qu'elles fussent l'objet d'une attention spéciale.

Le sous-préfet, le maire, ayant à leur côté six vieux militaires, pensionnaires de la République, les corps constitués, suivaient dans le plus grand ordre. Le cortège s'avançait par les principales rues, bordées de citoyens témoignant la plus grande satisfaction et se dirigeant sur la place de la Liberté.

Le maire étant avec toutes les autorités sur « l'autel de la Patrie » présentait des places d'honneur aux six militaires pensionnés et cette juste distinction faisait éclater dans la foule des applaudissements nourris et « bien mérités », dit le procès-verbal.

Le chef de la municipalité et le représentant du Gouvernement faisaient, chacun, un discours.

De même faisait un citoyen, Gouineau, qui éprouvait le besoin d'exprimer son attachement à la constitution et à ses concitoyens.

Un jeune écolier parlait ensuite « en faveur de la Liberté » et le maire le décorait, pour le récompenser, d'une médaille en lui donnant l'accolade. Après l'élève, c'était le tour du maître ; l'instituteur Prévost s'avançait avec un des sujets de sa classe et exécutait avec celui-ci, un duo composé par lui pour la circonstance.

Nous regrettons bien, ne l'ayant trouvé consigné nulle part, de ne pouvoir faire profiter nos lecteurs de ce petit régal littéraire, car le procès-verbal ajoute que « ce duo fit bien *plaisir* » à ceux qui l'entendirent.

Pendant tout ce temps, la musique jouait ; le canon tonnait et la garde nationale et la troupe de ligne faisaient des décharges, le tout aux cris de : Vive la République française! cri auquel on adjoignit plus tard celui de : « Vive Bonaparte ».

Le peuple, dit-on, satisfait se livrait à la gaieté et tout le jour se passait ainsi qu'une partie de la nuit, en paisibles divertissements.

Un des procès-verbaux qui constate l'accomplissement de pareils faits est signé par le maire Dufrêne; le sous-préfet Duret; le président du tribunal de Bonnegens; de Tillié, juge de paix, de son assesseur Jolly-Daussy — alors sans particule —; de Baron, huissier public; de Jouanneau, troisième suppléant; de J.-B. Parant, adjoint; de Maugeais et de Faure.

La *fête des époux*, en exécution de la loi de brumaire an IV, célébrée le 10 floréal an VI sur la place de la Liberté, ne comportait pas grande variante dans le programme.

C'étaient, toujours, les corps constitués; les salariés de la République; les instituteurs et les institutrices. On faisait pour le mieux pour que le peuple « formé par ces fêtes à la pratique des Vertus », suivant qu'il est dit dans l'un des considérants d'une délibération du 6 prairial an V, fût content, tout en observant toutefois « l'économie recommandée par la modicité des fonds alloués pour cette cause ».

Enfin, citons encore, en terminant, au nombre des réjouissances publiques la *Fête du Pays* exécutée le 10 floréal an VI, avec la pompe proportionnée aux facultés pécuniaires, c'est-à-dire sans grand faste, si nous nous en rapportons à la recommandation de l'autorité prescrivant l'économie « vu la modicité des fonds existant en crédit pour cet article ».

Et pendant que s'exécutaient ces fêtes, les citoyennes de Saint-Jean-d'Angély devaient avoir bien soin d'arborer la cocarde tricolore.

Plusieurs d'entre elles, ayant omis — simple oubli sans doute, — de déférer à cette injonction qui résultait d'une loi du 21 septembre 1793, les administrateurs du directoire d'Angély-Boutonne, instruits du fait, écrivirent, le 16 germinal an III, d'avoir à leur enjoindre de réparer cette omission, à l'avenir.

Larade, Dautriche et Bartaré disaient, en terminant leur recommandation à ce sujet : « Celles qui ne la porteront pas seront punies la première fois de huit jours de prison ; en cas de récidive, elles seront réputées *suspectes*. »

Etant donnée la sanction apportée à l'exécution de ce décret, nul doute que les dames de Saint-Jean-d'Angély se gardèrent bien, dans la suite, d'oublier leurs cocardes tricolores ; d'autant plus que les artistes angériens devant rivaliser de zèle dans la fabrication de ces objets, ils pouvaient encore constituer des parures de nature à donner un cachet de plus à leurs coiffures.

Aujourd'hui, quoi qu'en disent certains esprits aigris, on n'attacherait assurément pas la moindre importance à des faits de cette nature ; et nous pensons même que si semblable décret existait encore, bon nombre des délinquantes, loin d'être qualifiées de « suspectes », traduiraient plutôt en quelques couplets frondeurs, leur mécontentement à l'égard de l'autorité par trop exigeante qui voudrait leur faire grief de semblables peccadilles !

*
* *

Si les fêtes publiques et les divertissements de la foule étaient alors en honneur, si l'administration avait à cœur de faire bien les choses, dans la pensée, louable assurément, d'exciter ainsi le peuple à la pratique des vertus ; en revanche, quand il s'agissait des distractions particulières, elle se montrait plus difficile.

C'est ainsi qu'elle prescrivait impitoyablement tous jeux de hasard, les considérant comme « dangereux pour les jeunes gens » et allant même, dans sa sévérité toute Catonienne, jusqu'à comprendre dans sa prohibition le paisible jeu de « Lotteau » qu'elle visait spécialement, poursuivant rigoureusement ceux qui s'y livraient « poussés par un vif intérêt » et faisant fermer les établissements des tenanciers.

De même, pour ne pas favoriser les spéculations excessives, l'autorité interdisait-elle à un sieur Marchesseau, qui avait eu, il faut bien le reconnaître, une idée singulière, de faire tirer en loterie la maison qu'il possédait en ville.

CHAPITRE VI

La question religieuse sous la Révolution dans le district de Saint-Jean-d'Angély. — Départ des Bénédictins et désaffectation de leur paroisse ; fermeture des églises de l'arrondissement ; envoi des objets du culte à la municipalité « d'Angély-Boutonne » par les communes d'Haimps, Annepont, Les-Églises d'Argenteuil, Beauvais-sur-Matha, Ballans, Taillebourg, Saint-Pierre-de-l'Isle, Saint-Martin-de-la-Coudre, Massac, Bernay, Bresdon, Courcelles, Fontenet, Landes, Mons, Saint-Ouen, Romazières, Fontaine-Chalendray, Villepouge, Neuvicq, Les Nouillers, Taillant, Villiers-Couture, Vervant, Néré, Tonnay-Boutonne, Siecq et Saint-Loup. — Déclarations des officiers municipaux à ce sujet. — Départ de Dom Deforis, curé de Saint-Jean-d'Angély. Le serment des prêtres : registre à cet effet. — Attitude des curés Gouinaud et Jupin. — Les prêtres remplacés par vingt citoyens prédicateurs : leurs noms. — La célébration des décadis : hymnes religieuses. — Retour de certains ecclésiastiques dans la commune : proclamations à ce sujet pour en empêcher. — Arrêté municipal du 13 pluviôse an II de Jolly d'Aussy, Quantin, Favre, Faure-Jouslain etc., pour les chasser dans les trois jours, à peine d'être dénoncés comme suspects. — Mesures contre les « Cy-devant nobles », parents d'émigrés et étrangers. — Certificat de civisme à Jolly d'Aussy : sa réintégration dans les fonctions d'officier municipal. — Recommandation spéciale de Bouisserin contre les nobles et réfugiés de la Vendée : leur nombre à ce moment. — Séquestre de leurs biens : liste des émigrés de la sénéchaussée de Saint-Jean-d'Angély.

Les religieux bénédictins, à l'abbaye desquels, (fondée par Pépin, roi d'Aquitaine, près du château qu'il possédait sur les bords de la Boutonne, dans la forêt « d'Angéri »), notre ville devrait, — suivant la légende, il est vrai, — son origine, furent, dès 1792, expulsés de leur monastère.

N'ayant point voulu prêter le serment constitutionnel et menacés d'être emprisonnés dans l'une des maisons qui servaient, sous la Révolution, de lieux de détention, leur communauté réduite à quatres membres, Dom Deforis, alors curé de la ville, Dom Messé, Dom Desbarres et l'économe, formèrent le projet de se retirer à l'étranger.

Le trésor du monastère consistait, à ce moment-là, d'après la déclaration d'un écrivain, en 100.000 fr.; nous n'avons pu opérer la vérification de cette assertion, mais ce que nous pouvons, quant à nous, indiquer, c'est qu'à cette époque, (comme nous l'écrivions au surplus dans notre étude d'histoire locale sur les « *Jacobins du Prieuré de Saint-Jean d'Angély* »), leurs revenus s'élevaient encore à 30.241 liv. 20 ; sans y comprendre certaines ressources qui ne figurent pas au document qui accuse ce chiffre.

On a vu, en effet, quand nous avons eu à nous occuper de cette question, — aussi ne ferons-nous que le rappeler ici en passant, — que les Bénédictins, au temps dont nous nous occupons spécialement, possédaient encore de très nombreuses propriétés ou seigneureries. Ils avaient notamment celles de Néré, La Grange de Goux ; Sainte-Sévère ;

La Grange de Virlet ; Muron ; Antezant ; Courcelles ; La Chapelle-Bâton ; Haimps et Fraisneau ; Puychérand, etc., etc.

Le désir de sauvegarder, aussi bien leurs personnes que leurs biens — tout au moins pour la partie liquide, puisqu'il ne leur était pas possible d'emporter le sol avec eux — leur fit faire toute diligence pour réaliser leur idée.

D'Aussy et Brillouin ne sont pas tout à fait d'accord sur le moyen qu'employèrent les religieux pour dissimuler leur argent et s'en faire suivre. D'après le premier, c'est dans l'essieu de leur voiture ; tandis que pour le second, c'est dans les raies des roues préparées tout exprès par le charron Sureau, que le trésor fut caché (1).

Arrivés à Bayonne et reconnus, ils eurent quelque difficulté à pouvoir aller jusqu'en Espagne : pourtant ils y parvinrent, mais non sans avoir été obligés d'abandonner aux mains d'une foule excitée, le véhicule qui servait de retraite à leurs louis d'or. Ce ne serait que quelque temps après que, grâce aux démarches du Prieur de Fontarabie, ils auraient

---

1. « Il s'agissait de trouver un moyen de soustraire le trésor... les Bénédictins s'imaginèrent de faire perforer, d'un bout à l'autre, l'essieu de la voiture... Le serrurier Gasmin se mit à l'ouvrage..., employa tant d'adresse à forer l'essieu et à y placer les 4.662 louis et à mettre un petit boulon recouvert par une roue, qu'il était impossible de s'apercevoir que ce long tube renfermait un corps étranger, beaucoup plus précieux que le contenant. » (Hippolyte d'Aussy. *Chroniques Saintongeaises et Aunisiennes*, page 166.)

pu rentrer en possession de leur trésor, et continuer leur route jusqu'à Ségovie, terme, dit-on, de leur voyage.

Un des premiers actes touchant à la question religieuse accompli à Saint-Jean-d'Angély, au moment de la Révolution, fut la désaffectation de la paroisse qui existait alors chez ces religieux.

Sur un décret du 13 février 1790 qui prohibait les vœux monastiques de l'un et l'autre sexe, le « roy » avait, le 19 du même mois, pris des lettres patentes dont il fut donné lecture comme on a vu à la maison commune, le 22 mars 1792. Les officiers municipaux, Loustalot, Poitou, Duplessy, Robinet, Moullain, Duvergier, Bartaré, Picard et Pongaudin furent chargés d'exécuter ce décret en ville, et voici es considérants sur lesquels ils s'appuyèrent pour rendre leur décision :

Considérant qu'aux termes de l'article 1 du décret du 13 février 1790, tous les ordres et congrégations réguliers sont supprimés en France ;

Considérant que, conformément à l'article 2, tous les religieux qui ne voudront pas se retirer chez eux seront tenus de le faire dans une maison qui leur sera indiquée ;

Considérant que dans cette municipalité, il y avait une maison de Bénédictins de la Congrégation de Saint-Maur dont la majeure partie des religieux se sont retirés, notamment tous ses supérieurs et officiers ;

Considérant que ceux qui y sont restés sont attachés à la paroisse et la desservent, l'un comme curé et les autres comme vicaires et que, à ce titre, ils ne peuvent faire d'autres offices dans leur cy-devant église que l'office paroissial, et que, s'il en est qui n'y sont pas attachés, ils ne peuvent cependant faire aucun office public et particulier et que même ils ne peuvent assister à ceux de la paroisse dans leurs cy-devant costumes qu'ils appellent robes de chœur, mais seulement dans leurs habits ordinaires ;

Considérant que leur église qui autrefois était conventuelle et paroisse a perdu sa première destination dès que la Communauté des Bénédictins se trouve détruite, de sorte qu'elle est uniquement aujourd'hui paroissiale, puisque les ci-devant Bénédictins qui la desservaient sont salariés par le Trésor national, en qualité de fonctionnaires publics et que tous les frais du culte sont uniquement acquittés par la Nation ;

Considérant enfin que le service paroissial se fera avec plus de majesté, de décence et de commodité à l'autel principal de ladite église qu'à la chapelle qui a été connue jusqu'à ce jour pour la paroisse.

Arrêtons qu'à compter de dimanche prochain 25 du courant, le service paroissial se fera au grand autel de ladite église ; — que la messe de paroisse qui sera une grand'messe sera célébrée, les fêtes et dimanches à 10 heures en hiver et à 9 heures et demie en été ; — qu'à cette messe, on y annoncera les fêtes et les jeûnes ; y publiera les bans et fera les prônes ; — que les sieurs curé et vicaire qui assisteront à cette messe seront tenus de le faire, en surplis, de même qu'aux vêpres qui devront se chanter à 3 heures ; — qu'aucun prêtre ne pourra assister aux susdits offices dans le costume de chœur des ci-devant Bénédictins ; — 3° que le collatéral qui servait autrefois de paroisse ne sera plus considéré que comme simple chapelle et, au surplus, que la présente délibération sera notifiée au sieur Deforis, curé de cette paroisse, avec prière de s'y conformer et d'y faire conformer ses vicaires.

*
* *

Cette mesure ne fut que le prélude des évenements plus importants au point de vue religieux qui devaient bientôt se produire dans le pays. On sait que la commune de Paris n'imita pas la réserve relative adoptée par la Convention, elle-même, vis-à-vis de la religion. Bientôt, en effet, une fraction de la population demanda l'abolition non seulement du culte catholique, mais de tous les autres cultes tolérés.

Chaumette, Hébert et les autres chefs de la Commune et des Cordeliers étaient parmi ceux-ci : Robespierre, Saint-Just et d'autres Jacobins proclamaient le Déisme ; Chaumette allant plus loin, organisa l'athéisme.

Clotz répétait qu'il n'y avait pas d'autre Dieu que la Nature et d'autre souverain que le « Genre Humain ».

Tous les signes extérieurs du culte furent, généralement, abolis et, partout où il y avait des emblèmes religieux, on les fit disparaître pour y substituer les bustes de Marat et de Lepelletier.

Dans le but d'arriver à obtenir la suppression du culte catholique, une députation, à la tête de laquelle se trouvait l'évêque constitutionnel, Grobel, alla trouver la Convention qui répondit que la république ayant décrété la liberté des cultes, la laissait à chaque secte, tout en applaudissant aux résolutions prises par celles qui, mûries par une sage réflexion, venaient abjurer leur superstition et leurs erreurs.

L'exemple donné par la commune de Paris ne devait pas tarder à être suivi par les autres communes de France : comme on le sait, la majeure partie de la population adopta le culte de la « Raison ».

« Vous êtes parvenus, disait Boissy d'Anglas, en se félicitant qu'on eût séparé l'Eglise de l'Etat, à rendre étrangère au gouvernement une puissance, longtemps sa rivale, et pendant que la philosophie la présentait aux yeux des hommes, dépouillée de ce qui devait séduire en elle, vous l'avez, à jamais, expulsée de votre organisme politique. Citoyens, le culte a été banni du gouvernement, il n'y rentrera plus.. »

Plus loin, il déclarait la religion catholique intolérante, sanguinaire, puérile, dominatrice et funeste, formulant le désir et l'espoir de voir, au lieu d'une religion, « les hommes s'éclairer des lumières de la raison et s'attacher les uns aux autres par les seuls liens de l'intérêt commun, par les seuls principes de l'organisation sociale, par ce sentiment impérieux qui les porte à se rapprocher et à se chérir... Bientôt on ne connaîtra plus que pour les mépriser, ces dogmes absurdes : Bientôt la religion de Socrate, de Marc-Aurèle, de Cicéron sera la religion du monde... » (1).

Les Eglises furent fermées et il fut enjoint d'envoyer à la barre de la Convention, toutes les richesses qu'elles possédaient en or, argent, bijoux, étoffes précieuses, qui s'y trouvaient accumulées, depuis des siècles et ce, pour alimenter le trésor public.

A Paris, on déposait les ciboires et les saints-sacrements aux chants entremêlés des *alleluias* et de la *Carmagnole*. Dans les départements, on faisait de même et ce n'était pas seulement les objets de valeur que l'on recherchait ; les cloches étaient aussi vivement réclamées pour être fondues en gros sous et en canons.

« Partout, dit Anquetil, dans son *Histoire de France* (tome XI, page 173), partout on dépouillait les églises et l'on rencontrait sur toutes les routes des charrettes chargées d'argenterie et d'étoffes précieuses provenant de ces dépouilles : ces charrettes étaient conduites par des hommes affublés de chasubles, de chapes et autres habits sacerdotaux. »

Le directoire « d'Angély-Boutonne » ne fut pas en retard à suivre le mouvement qui agitait les esprits, et bientôt, les églises étant fermées, pour déférer aux ordres de la Convention, des instructions étaient adressées dans toutes les communes de l'arrondissement, réclamant l'inventaire immédiat de tous les objets affectés à l'exercice du culte et la remise de tout ce qui figurerait aux états qui seraient dressés.

---

1. Aulard, *Etudes et leçons sur la Révolution française*.

La plupart des maires et officiers municipaux s'empressèrent de déférer aux invitations reçues.

A Haimps, c'est le maire Coudreaut et l'officier municipal Ayrault qui font la besogne. Parmi les objets les plus remarquables se trouvaient : « trois cy-devant surplis de Cambrai, plus une cy-devant bannière en satin rouge, avec un galon et dentelle en frange en argent, plus une cy-devant écharpe en satin rouge, une bourse en satin et une en velours rouge, etc., etc. ».

A Annepont, c'est le cy-devant curé David qui, suivant l'état qu'en dresse le secrétaire, le 18 prairial an II, remet les registres de baptême, mariage et décès de la paroisse et les vases sacrés, consistant notamment « en un ciboire d'argent doré au dedans garni d'un drap d'or, un petit calice et sa patenne ; un soleil d'argent dont le pied d'argent et les rayons de cuivre doré, trois missels, un tabernacle, un bénitier en fonte, une boîte en fer blanc pour mettre les hosties, etc., etc. ».

Aux Eglises d'Argenteuil, le maire Chaigneau, l'officier municipal Gardré et l'agent national, Varache, font l'envoi au district, le 1er floréal an II, des ornements qui servaient « au cy-devant culte catholique et trouvés dans le temple de vérité de la commune d'Argenteuil (cy-devant les Eglises) sans y comprendre les vases cy-devant sacrés déjà envoyés ».

Rien ne semble avoir été laissé de côté, car on trouve, dans la note qui accompagne le colis, depuis

« la grande lampe qui était suspendue à la voûte du temple, jusqu'à un chandelier en cuivre cassé... »

A Beauvais-sur-Matha, le maire Audouin et les officiers municipaux Denézeau et André, assistés de Jean-Adam Déatho qui signe comme secrétaire-greffier, expédient, le 16 floréal, par un sieur Boisteau, les objets réclamés. Cette commune était, d'après l'inventaire, bien fournie, témoin l'extrait suivant : « 13 nappes d'autel de 4 aunes chacune sur trois quarts de large ; plusieurs autres de rechange, 120 petits morceaux de linge de différente grandeur qui servaient au ci-devant curé à différents usages... 15 chasubles, 16 manipules, une petite boîte d'argent dont l'intérieur avait été lavé, en or, pesant une once et demie... des bénitiers, des canettes en plomb pesant ensemble 58 livres... une petite cloche ou sonnette de métal pesant quatre livres, plus 4 gros livres vieux... »

A Ballans, le maire Drouineau, les officiers municipaux Légeron et Bernard avec Hillairet, notable, déclarent avoir envoyé les vases sacrés, il y a deux mois environ ; ils ajoutent « 9 livres à chanter et à lire, 2 *soi-disant crucifix* et une croix, le bonnet carré, deux cannettes d'étain, une bannière, 4 machines qui faisaient le tour du dais ; 13 étoles et 11 machines qu'il (sans doute le curé) mettait au bras, plus 283 deniers, 2 liards et un sou marqué. » Ils terminent ainsi : « Voilà les cy-devant ornements que nous avons trouvés en la cy-devant église

Pour à l'égard des cy-devant vases sacrés, nous vous les avons déjà adressés. »

A Taillebourg, on fait mieux les choses : on y met les formes : le butin est plus riche : Couvertures, cloches, tableaux, tout s'y trouve : Voici comment s'expriment le 19 nivôse an II, les sieurs Cailleau, maire, Mesnard, officier municipal, et Duvallois fils : « Citoyens, nous vous faisons passer les 3 couvertures que vous nous demandez par votre lettre du 14 frimaire... Nous profitons de cette occasion pour vous envoyer une cloche que nous avons trouvée au château et qui servait, cy-devant, à sonner le dîner à Monseigneur. Vous voudrez bien, aussi, citoyens, recevoir une poêlonne en cuivre et qui s'est aussi trouvée dans le même château. Au 1er jour, nous ferons cheminer vers Angély-Boutonne tous les vases et autres ustensiles de notre cy-devant église et nous leur donnerons pour escorte maints tableaux représentant marquis et marquises, comtes et comtesses, ducs, princes et rois : nous tâcherons de faire arriver la caravane à bon port. »

Ce n'est pas tout : à Taillebourg, le zèle semble avoir été plus grand qu'ailleurs : on expédie, par la gabarre du citoyen Marot, de Saint-Jean-d'Angély, au district, la quantité de 5.307 livres de fer provenant, partie d'une barrière située à l'entrée de la première cour du château de la commune et l'autre partie, de la rampe de l'escalier : on y joint des barres qu'on a descellées aux croisées et d'autres ferrures. On ne se borne pas à mettre la main sur ce qu'on trouve dans l'église ; on creuse à l'intérieur ; on y découvre un cercueil en plomb renfermant, dit l'écrit, *un prétendu saint*, et on y joint 350 livres de plomb. Il est vrai qu'en échange des trésors envoyés, on demande les frais de transport du gabarrier Marot ; ce qui est dû à l'ouvrier serrurier qui a exhumé le cercueil, bouché le trou, enlevé le plomb et retourné toutes les plaques du château qui étaient en grand nombre ; en tout 18 fr. Ce n'était vraiment pas trop cher pour un pareil travail.

A Saint-Pierre-de-Lisle, dénommé alors « Lisle-Boutonne », le citoyen Devers, cy-devant curé, fait la remise à l'Autorité de tout ce que possédait son église. Parmi les objets remis se trouvaient entre autres, « un ornement « de Calmanda » de plusieurs couleurs, un autre en soie et clinquant. » L'envoi est daté du 30 frimaire de la « maison cy-devant curiale » : la pièce est signée de Lescallier, maire, Rouché, officier municipal, et Abelin, agent national.

A Saint-Martin-de-la-Coudre, alors appelé « Lacoudre-Fabre », l'officier municipal Martineau, fait de même, le 18 prairial, en mettant jusqu'aux « graduel vespéral et aux 2 missels in-4° », plus un « petit vase en cuivre servant à mettre l'eau baptismale ».

A Massac, c'est Gauthier et Billard qui font le nécessaire en faisant observer, toutefois, que parmi les ornements, il en est « un en indienne usée », d'autres en « laine médiocre », que le soleil « a pour pied celui du calice et que le surplus fin et la pierre sacrée enveloppée d'un linge, sont au cy-devant curé Oliveau. La qualité des objets du culte est plutôt défectueuse : la laine des ornements sacerdotaux est médiocre ; le drap est mauvais ; les petits linges très usés. En revanche, le missel grand in-4° relié en maroquin, est « très bon » ; les cartons, garnis de baguettes dorées, « sont très propres et les livres pieux relativement nombreux : « 3 grands et 3 petits de chœur »..

A Bernay, le maire Maichain et les officiers municipaux déclarent qu'après la prédication du citoyen Jouanneau, de Saint-Jean-d'Angély, nommé à cet effet, toute la commune assemblée en l'église en présence de Pierre Rayé, cy-devant curé, a fait don à la Nation des vases sacrés qu'elle y a trouvés.

A Bresdon, le maire Sebilleau constate la remise par Louis Thomas Guillonnet, cy-devant curé, de tout le matériel religieux, y compris, « la bannière, la croix et son manche, une livre 6 onces de deniers servant aux aumônes » et jusqu'aux clés de l'église de la sacristie et du tabernacle, sans oublier « deux draps mortuaires, deux antiphones in-4° et deux petits cantus ».

A Courcelles, pas beaucoup d'objets envoyés par le maire *Sougène* (?)

A Fontenet, la municipalité ayant comme maire Izambard, L.-B. Texier comme officier municipal et Lhomme comme secrétaire greffier, emploie plus de forme dans l'expédition ; la pièce qui la constate commence par ces mots :

« Liberté, égalité, fraternité ou la mort. On s'est déjà exécuté le 27 brumaire à l'exception de peu d'objets dont spécialement une lampe servant au président de la société populaire et qu'on demande à conserver. »

A Landes, la formalité a été remplie, le 15 pluviôse, par Gandelin, officier municipal et le secrétaire Chaigneau ;

A Mons, par le maire Vinet, les officiers municipaux Mesnard, David, Billeau, Portier et l'agent Baron : la désignation paraît complète, car on y trouve jusqu'à une cuvette et un goupillon.

A Saint-Ouen, c'est le maire Bignon, Boucherie officier municipal et l'agent national Sebilleau qui renferment dans un sac lié et cacheté tout ce qu'ils ont trouvé dans la « cy-devant église ».

A Romazières, la chose a lieu, le 10 thermidor, par le maire Rangeard et Lair, jeune : à Fontaine-Chalendray, par le maire Papillaud et les officiers municipaux Bisquit et Sebilleau :

A Villepouge, par le maire Maurain et l'agent national Geay, le 2 messidor.

A Neuvic (Nevic), le maire P. Cherreau et les officiers municipaux, Calluaud, Lardy et Gestreau, écrivant à ce sujet, désignent les 4 aubes trouvées dans leur cy-devant église par ces mots, *4 chemises à mensonge*. A cette expédition, on ajoute 5 sabres, 2 ceinturons, 4 bayonnettes et 5 fusils.

Aux Nouillers, rien de spécial. A Taillant, comme

dans certaines communes, l'envoi a lieu en 2 fois, le premier avait été fait le 28 frimaire ; le deuxième l'est le 20 prairial par Couteau, maire ; Garreau et Guindet, officiers municipaux, avec Sureau, agent national.

A Villiers-Couture, l'état dressé par le maire, P. Charroux, le 1ᵉʳ nivôse, ne comprend que du fer et de la mitraille.

A Vervant, c'est Lavoissière, maire, avec Vincent officier municipal et Billiard secrétaire greffier qui se transportent, le 8 messidor, dans la cy-devant église aujourd'hui « temple de vérité » aux fins de l'inventaire prescrit, le tout « trouvé dans une armoire à deux battants. »

A Néré, le maire Pineau fait l'envoi par Pierre Papilleau, marchand — Bladié, le 27 ventôse : « Nous avons baléyé tout ; notre temple se trouve débarrassé, tout entier, de tout ce qui servait à notre ancien culte » écrit-il dans sa lettre, aux « citoyens administrateurs d'Angély-Boutonne ».

A Tonnay-Boutonne, le citoyen Cuppé fils, aîné, maire, s'adressant aux mêmes, leur écrit, le 12 ventôse : « Nous vous adressons les restes des dépouilles du fanatisme consistant en 7 chasubles, 1 drap mortuaire etc. »

A Siecq, le maire Charpentier et l'agent national, Porchaire P., remettent les « vases dits sacrés » et ils terminent ainsi : « En conséquence, citoyens, nous comptons sur votre patriotisme, que vous rendrez justice et que vous paierez le présent porteur en votre âme et conscience, attendu que vous savez qu'il fait cher vivre ; comme ayant 6 grandes lieues de chemin pour se rendre ici, il serait fâcheux si ce pauvre malheureux porteur mangeait du sien : Salut et Fraternité ! »

Saint-Loup, qui s'était débaptisé pour prendre le joli nom de *Lespinay-sans-Culotte*, suivait l'exemple des autres communes par son maire, Paillé, et par Gouyneau, son officier municipal.

Nous terminons cette longue énumération par Saint-Pierre de Juillers ou plutôt *Juillers-Lavie* qui closent ainsi leur lettre d'envoi : « Enumération des objets depuis un fer à ostie jusqu'à une petite marmite. »

« Le présent porteur est chargé de vous remettre le tout ; l'envoi vous en est fait avec autant de plaisir que notre commune hait les charlatans qui s'en servaient : Puissent ces effets servir utilement à la défection de nos ennemis communs et nous faire jouir des fruits chéris de notre révolution !

« Les autres effets plus importants de notre cy-devant église ont dû vous être remis par la municipalité du canton d'Aulnay ; l'envoi lui en a été fait aussitôt que l'hydre du fanatisme a été définitivement terrassée. — Salut et Fraternité ! »

*
* *

Le curé de Saint-Jean-d'Angély, Dom Deforis, ayant refusé de lire en chaire l'exhortation pastorale de l'évêque constitutionnel, Robinet, cette formalité fut remplie par l'autorité civile qui se transporta à cet effet à l'église à l'issue de la messe. Ce « cy-devant curé », avant de laisser la commune qu'il administrait, avait cependant tenu à laisser les choses en règle ; aussi avait-il remis « deux bourses de soye, plus deux clés des troncs destinés aux aumônes et une somme de 98 livres 4 sols provenant de la cy-devant confrérie du Saint-Sacrement ». C'était Allenet, « queysier du Comité de bienfaizance », qui avait reçu le solde, le 23 pluviôse, pour le soulagement des pauvres et en avait donné décharge.

*
* *

Les décrets de l'Assemblée nationale acceptés par le « roy », notamment celui du 25 novembre 1790 sanctionné le 26 décembre, exigeaient un serment de la part des prêtres ainsi conçu : « Je jure de veiller avec soin sur les fidèles qui me sont confiés, d'être fidèle à la Nation, à la Loy, au Roy, et de maintenir de tout mon pouvoir la Constitution décrétée par l'Assemblée nationale et acceptée par le roy. »

Le 30 janvier 1791, pour y déférer, le frère Antoine Larade, cy-devant religieux capucin de la cy-devant communauté de la ville, aumônier en exercice de l'hôpital civil et militaire, l'avait prêté la main sur la poitrine : le sieur Barbaud, curé de Varaize, malade et ne pouvant se transporter, avait fait de même entre les mains des officiers municipaux qui s'étaient, à cet effet, rendus à son domicile.

Plus tard, la formule de ce serment fut modifiée par une loi du 6 vendémiaire an V et du 18 fructidor qui obligeait les prêtres qui voulaient continuer l'exercice de leurs fonctions, à prêter le serment de « haine à l'anarchie et à la royauté, d'attachement et de fidélité à la République et à la Constitution de l'an III » : les curés Hilaire Bellin, Jean-Jacob Vincent et Antoine Larade, ex-capucin, déférèrent à cette prescription, le premier jour de l'an V.

Les prêtres qui voulaient jurer sans restriction le serment de fidélité à la Constitution de l'an VIII, devaient, en vertu d'un arrêté du préfet du département du 21 brumaire, l'inscrire sur un registre ouvert à la mairie. Il existe sur ce livre quatre déclarations sacerdotales : ce sont celles de Domain, Croizé, Barbaud et de Frotier, en date du 3 pluviôse an IX. Celle du dernier de ces ecclésiastiques est ainsi conçue : « Je sousinié promet fidélité à la Constitution de la République. A Saint-Jean-d'Angély le 3 pluvios an IX de la République ». Signé : « Frotier, praite catolique apostolique et Romain. »

Il en existe une cinquième faite par Marie-Anne Mauduit, cy-devant religieuse hospitalière à Niort, qui fait le même serment. Le citoyen Vincent fils avait, dès 1792, abandonné sa cure et avait déclaré se soumettre aux lois de la République.

Si quelques prêtres refusèrent le serment et préférèrent l'exil ou l'échafaud, d'autres se montrèrent moins difficiles et tinrent au contraire à faire preuve d'un zèle tout à fait remarquable.

Restes de l'ancienne Église abbatiale formant le clocher de l'Église actuelle.

Dès que les églises (1) furent fermées pour être converties en « temples de Vérité » et que les objets du culte, ainsi qu'on l'a vu plus haut, eussent été détournés de leur première destination, un grand nombre d'ecclésiastiques abandonnèrent leurs fonctions. Parmi ceux qui se signalèrent le plus à Saint-Jean-d'Angély, en brûlant avec ardeur ce qu'ils avaient naguère adoré, les curés Gouynaud, Jupin, Poirier et Boutinet méritent assurément une mention spéciale.

Dans une réunion de la Société populaire, l'un d'eux, le curé Gouynaud, croyons-nous, bien qu'il nous soit cependant impossible de l'affirmer, car la page qui contenait ce renseignement manque au registre, s'exprimait ainsi :

---

1. Celle de Saint-Jean-d'Angély, après le départ des religieux, fut transformée en « temple de vérité », puis, dit M. Georges Musset, dans le tome XXXIII des *Archives historique de la Saintonge et l'Aunis,* sous le titre « Histoire de l'Abbaye », p. CXLVIII, après avoir démoli une partie des murs de la nef, on en fit une prison.

En dehors de cet édifice, les églises soit antérieures, soit postérieures à l'abbaye, auraient été, suivant le même, les suivantes : Notre-Dame, consacrée à la Vierge Marie, modeste chapelle d'après la tradition, située non loin de la Boutonne ; un oratoire consacré à Saint-Sauveur ; Saint-Révérend, non loin de la porte d'Aunis et au nord de la place du Minage, probablement édifiée au milieu du xe siècle ; détruite en 1568. Saint-Pierre, confondue à tort par Guillonnet-Merville avec la chapelle des Jacobins. M. d'Aussy estime qu'une maison à l'angle de la rue Gambetta et de celle des Jacobins pourrait bien se trouver sur son emplacement, Eglise de « Romagnoles ou Romagnolles », à l'endroit qui porte ce nom.

« Toute religion qui aura pour maxime : hors de nous pas de salut, est intolérable sur toute la surace de la terre. Loin de nous tout système religieux, tout mystère inexplicable ! les droits de l'homme et ses devoirs, ses droits considérés par rapport à l'homme dans son état naturel, sont la liberté et la résistance à l'oppression. Il est de sa dignité de se les rappeler souvent. Ses devoirs par rapport au pacte social sont de bannir de son cœur tous sentiments égoïstes et tout désir d'enfreindre les lois. Il appartient au ministre du Culte de les lui mettre souvent sous les yeux. Qu'on m'apporte ici le réchaud de Scévole et, la main sur le brasier, je montrerai à tout l'univers qu'il n'est d'opinion que je ne sois prêt à sacrifier pour le bien et pour l'amour de ma patrie, qu'il n'est sorte de tourments et de tortures capables de me faire prêcher une doctrine contraire au repos public et à l'harmonie du pacte social, que le souverain ordonne par l'organe de ses mandataires et j'obéirai. Voilà ma religion, voilà ma loi, voilà mes serments. »

Les curés Poirier et Jupin ne voulurent pas rester en arrière. Jupin, ancien professeur à Saintes, avait remplacé dans sa cure, à Saint-Jean-d'Angély, Dom Deforis qui avait refusé de lire en chaire, la lettre pastorale de l'évêque constitutionnel, Robinet, ainsi que nous l'avons déjà dit plus haut.

Le lendemain du jour où les paroles qu'on vient de lire avaient été prononcées, Jupin et Poirier étant montés à la tribune du club, déclarèrent que le citoyen Gouynaud, leur collègue, qui avait fait la veille un discours sur les principes de la Liberté et de l'Egalité, de même que sur la moralité dont devait se faire l'apôtre tout bon républicain et sans-culotte, qui ne devait jamais se départir de la soumission et du respect dû aux lois, — ce sont ces paroles qui nous ont permis, en l'absence de la première page du texte, d'en attribuer la paternité à Gouynaud — n'avait fait que « traduire les sentiments qu'ils éprouvaient eux-mêmes, et rendre ce qui était peint dans leur propre cœur. »

« Nous sommes dans les mêmes principes que lui, — dirent les deux ministres du culte catholique, — et quoiqu'il n'y ait pas encore de loi qui nous oblige de remettre nos lettres de prêtrise, nous vous les remettons, citoyens, frères et amis, sur votre bureau pour que vous ayez, si vous le jugez ainsi, à écrire notre vœu et notre intention aux représentants du peuple. »

Le curé Boutinet, alors malade, n'ayant pu se joindre à ses collègues pour affirmer, lui-même, ses idées, ceux-ci ajoutèrent qu'ils avaient reçu mandat de lui pour agir dans le même sens.

*
* *

Les « cy-devant curés » furent remplacés comme prédicateurs par un groupe de 20 citoyens nommés au scrutin et choisis dans le sein de la *Société popu-*

laire, avec mission d'aller dans les communes du district « prêcher la morale ».

Les 20 premiers noms des citoyens chargés de ce ministère que nous relevons, sont ceux qui suivent :

Fabre, chirurgien, Fromageau, Feniou, Duvergier, Lair-Lainé, Ouzanneau, fils aîné, Guyot, Bonnaud, Collet, Gireaud, Maugeais, Jouanneau, Lair, quinzième, Ladmiral, Lalande, Moulins fils, Rullaud-Gravouil, Suzanne, Texier et Bartaré.

La célébration du décadi remplaça les fêtes religieuses et ce fut, ainsi qu'on l'a vu au chapitre des « Fêtes Publiques », dans une salle d'audience, sur un autel décoré d'emblèmes civiques, que les nouvelles cérémonies étaient célébrées. « La religion, dit Aulard dans ses *Etudes sur la Révolution française*, consistait à s'assembler soit dans la famille, soit dans le temple pour s'encourager à pratiquer la morale. Sur l'autel, des plus simples, ceux que l'on appelait alors les « Théophilanthropes » déposaient en signe de reconnaissance pour remercier le Créateur de ses bienfaits, des fruits ou des fleurs selon l'époque dans laquelle on se trouvait : tandis que sur une tribune on lisait des discours ou des invocations. Les orateurs, sans y être astreints, pouvaient revêtir un costume spécial : habit bleu ou ceinture rose. C'était d'abord au Père de la nature qu'on s'adressait : chacun faisait ensuite son examen de conscience dans un religieux silence, puis au milieu des chants, on louait le printemps, rendant ensuite hommage aux hommes qui, par leurs vertus, avaient fait honneur à l'humanité, soit à Socrate, soit à Jean-Jacques Rousseau, Washington ou autres. Ce culte d'une religion naturelle était remarquable comme élégance de style : c'était plutôt, ainsi que le fait observer un écrivain, à la bourgeoisie lettrée qu'aux ignorants qu'il s'adressait, avec l'espoir d'y rallier peu à peu la masse de la Nation.

A Saint-Jean d'Angély, pour les grandes circonstances, on se transportait au pied de l'arbre de la Liberté ou sur la place Matha, et des hymnes d'un genre nouveau remplaçaient les textes liturgiques.

Voici, à titre de curiosité, une invocation adressée à l'Etre suprême, en l'an VII, pour la prospérité de la République :

O Dieu bienfaisant et juste qui donnas à l'homme un rayon de ton intelligence pour discerner les moyens du vrai bonheur, jette les yeux sur un peuple qui, pour y parvenir, a secoué, avec l'aide de ton bras, le joug de ses tyrans et vengé, tout à la fois, ta gloire et sa dignité, en recouvrant les droits qui lui appartenaient par la nature.

Achève aujourd'hui, ton ouvrage, en accoutumant les Français à chérir le gouvernement libre qu'ils se sont choisis. Qu'ils apprennent, par tes lumières, que leur liberté ne peut subsister, sans la soumission aux lois et le respect pour les magistrats. Que ceux-ci, pénétrés, à leur tour, de l'importance de leurs fonctions et de l'étendue de leur devoir, ne t'aient pas, en vain, promis, dans ce jour solennel, de conserver dans toute son intégrité, le dépôt sacré d'une constitution qu'ils ont juré de maintenir ; — entretiens — dans leur cœur, le sentiment toujours plus vif de l'obligation qu'ils viennent de contracter en ta présence, et qu'aucun d'eux ne tente, jamais de l'éluder par force et par adresse. Qu'ils se gardent, surtout, de marcher par une insigne déloyauté sur les pas d'un tyran dont le despotisme et la trahison ont rendu la mémoire exécrable à tous les siècles.

Qu'ils craignent, à jamais, de voir leur nom flétri avec le sien ! Dieu tout-puissant, donne aux magistrats le civisme et les lumières ; aux guerriers, l'intrépidité dans les combats et la modération dans la victoire ! Qu'une paix solide et durable soit l'unique but de nos succès !

Voici, en outre, maintenant, un échantillon de poésie religieuse qui sortait des presses de « chez Corinthe, Josseraud et Hus à Saintes, maison du cy-devant doyenné ». Il a pour titre :

Imprécation contre les parjures rédigée en conformité de l'arrêté du Directoire exécutif du 3 frimaire an VII, sur la célébration de l'anniversaire de la juste punition du dernier roi des Français.

Stances

O Dieu, venge ton injure !
Contre l'infâme parjure
Arme toute la Nature,
Remplis-la de tes fureurs :
Dans ton courroux implacable,
Que sur sa tête exécrable

Ta vengeance inexorable
Verse un torrent de malheurs !

Que le remords le harcelle
Que ta Justice éternelle
Dans son âme criminelle
Porte la justice et l'effroi !
Et que, sans cesse présente,
Une image menaçante
A sa paupière tremblante
N'offre que son crime et toi !

Que la foudre dévorante
Sur sa vigne florissante
Sur sa maison jaunissante
Tombe, roule en mugissant !...
Que ses étables périssent,
Que ses enfants le trahissent,
Que ses voisins le maudissent..
Qu'il vive seul et souffrant! ...

Que sur ses lèvres perfides
Soient gravés en traits livides
Son nom, ses vœux parricides,
Pour effrayer les pervers !
Qu'il soit sans feu, sans asile,
Se traînant de ville en ville,
N'ayant amis ni famille,
En horreur à l'Univers !

Mais que loin de sa Patrie,
Portant une âme flétrie,
Il aille à la Tyrannie
Offrir un front dégradé !
Là, qu'au sein de l'esclavage
Il se dessèche de rage
En contemplant le rivage
Où règne la Liberté !...

*
* *

Le 14 pluviôse an II, l'agent national Maugeais dénonçait aux magistrats du peuple d'Angély-Boutonne que depuis peu de jours, plusieurs cy-devant prêtres des communes du district étaient arrivés dans la cité pour s'y établir, quoique aux termes de la loi, chacun dût se retirer dans sa municipalité. Il leur signalait le danger que comportait un semblable état de choses sous un gouvernement révolutionnaire où la surveillance des individus devait être plus étroite, ajoutant, pour stimuler leur zèle, que certains de ces prêtres n'avaient point vu « de sang-froid, l'hydre du fanatisme s'éteindre, et qu'il y avait lieu de craindre qu'ils n'abusassent encore des âmes faibles en fomentant des troubles ». Aussi, les officiers municipaux d'Angély-Boutonne adressaient-ils une proclamation défendant à tout étranger de la commune et spécialement aux prêtres de venir s'y établir, enjoignant à ceux qui s'y seraient retirés, de venir donner leurs noms, « à peine d'être déclarés suspects et poursuivis comme tels ».

Cette proclamation n'ayant pas amené grand résultat au point de vue des déclarations, et « les cy-devant prêtres continuant à affluer dans la commune », le Comité de surveillance s'émut des conséquences qui pouvaient résulter d'une pareille infraction aux lois et en prévint la municipalité qui, après avoir entendu l'agent national, craignant que « ces assemblages ne fussent de nature à intervenir et à troubler l'ordre », prit, le 13 pluviôse an II, un arrêté ainsi conçu :

Considérant que la proclamation faite en exécution de l'arrêté du 14 courant n'avait pas produit tous les effets que le corps municipal avait lieu d'en attendre ;

Considérant que les cy-devant prêtres qui affluent dans cette commune ne peuvent être que des sujets d'inquiétude, puisque par la loi ils doivent rentrer dans la commune de leur naissance ou de leur famille, et que cherchant à s'y soustraire, ils donnent occasion de soupçonner leur conduite ;

Considérant que le Comité de surveillance, par sa lettre du 19 courant, a eu la même crainte que celle que le corps municipal avait établie par sa lettre du 14, nous invite à surveiller cette affluence et à nous opposer à ce que les cy-devant prêtres des communes étrangères à la nôtre, viennent s'y établir ;

Considérant enfin que 3 se sont présentés pour demander d'être reçus dans cette commune ;

Arrête qu'il sera enjoint à tous les cy-devant prêtres des communes, étrangers à la nôtre, d'en partir dans le délai de trois jours, à peine d'être dénoncés comme suspects et punis comme tels, à moins que, par maladie ou infirmité, ils ne puissent être transportés.

Ce document est signé de Maugeais, agent national, Dufrêne, maire, Jolly d'Aussy, Quantin, Favre, Berthonnière, Faure, Mestadier, Jouslain, officiers municipaux, Vinet, Chastelard, aîné, Mauzé, Cristin, notables.

Malgré toutes les précautions prises pour atteindre les prêtres qui devaient être déportés ou reclus en exécution de la loi du 26 août 1792 et 21 avril 1793, plusieurs, réussissant à tromper la surveillance dont ils étaient l'objet, se cachaient dans la commune où ils avaient exercé ou là où ils avaient quelques parents ou amis. Le ministre de la police générale, par des lettres des 21 et 22 pluviôse an IV, registre du 4 pluviôse an IV, n° 34, prescrivit de nouvelles mesures pour les faire découvrir.

Le 15 germinal 1795, an IV, l'administration de Saint-Jean-d'Angély, en exécution de ces lettres, ordonnait à tout citoyen qui aurait connaissance de la retraite d'un prêtre, en la commune, de venir en prévenir le bureau municipal dans les trois jours, à peine d'être regardé comme complice, de même que d'indiquer le nom des prêtres qui, après avoir prêté serment, se seraient rétractés ainsi que des ecclésiastiques soit séculiers, soit réguliers, frères lais ou convers qui seraient dans ce cas. Ceux qui auraient pu donner asile à l'un de ces prêtres réfractaires étaient traduits devant les tribunaux et jugés conformément aux lois.

Quelque temps plus tard, — le 25 prairial an V — le commissaire du directoire exécutif, informé que malgré tout, quatre cy-devant prêtres exerçaient encore dans certaines maisons de la ville le culte catholique, sans avoir, au préalable, fait la soumission prescrite par la loi du 7 vendémiaire an IV, écrivait pour stimuler le zèle des fonctionnaires publics :

Le danger d'une pareille infraction empêcherait presque d'y croire ! mais il est du devoir des fonctionnaires publics de s'en assurer, d'en rechercher les auteurs par la surveillance la plus active. Par ce moyen, on préserve le peuple des horribles effets du fanatisme dont nous avons déjà été trop victimes. Et quelles ne peuvent pas être les vues des prêtres qui, sans s'être conformés à la loi, sans s'être fait connaître à l'administration municipale, exercent, comme des intrus, clandestinement et furtivement, toute l'autorité dont ils sont par leur état susceptibles !...

Les décrets d'expulsion et mesures contre les cy-devant prêtres visaient également les « ex-nobles, parents d'émigrés et étrangers ».

Le 1er floréal an II, le représentant du peuple dans les départements de l'Ouest envoyait, au nom du peuple français, de Nantes à Saint-Jean-d'Angély, pour la transcrire sur le registre à ce destiné et l'exécuter, la décision du Comité de Salut public de la

Convention nationale, du 28 germinal, sur la matière. Ce comité, en exécution du décret du 27 de ce mois sur les mesures de police générale de la République, arrêtait qu'il ne serait donné retraite à aucuns « cydevant nobles et étrangers » dans l'arrondissement des armées de l'Ouest et des côtes de Brest et notamment dans la Charente-Inférieure et la Vendée. Les représentants du peuple devaient donner sur le champ des ordres nécessaires pour l'exécution de cette mesure qui leur était transmise par des courriers extraordinaires. Le décret était signé : Collot D'Herbois, Robespierre, et la copie en était certifiée conforme par Prieur de la Marne.

Quelque temps avant, une lettre du district adressée aux officiers municipaux leur avait enjoint de dresser l'inventaire de tous les biens des émigrés ou réputés tels par leur absence en y comprenant les rentes, prestations ou autres redevances pouvant leur être dues.

En exécution de cette mesure d'expulsion, les nobles avaient quitté le pays : parmi ceux-ci nous relevons le nom de l'officier municipal Jolly d'Aussy, dont nous aurons occasion de reparler dans le chapitre suivant.

Pour retourner dans l'endroit que l'on avait quitté, il fallait obtenir un certificat de civisme et pour cela il fallait qu'un citoyen dont le patriotisme était notoire, se portât caution de la personne.

Le 7 messidor an II, la citoyenne Dubois, épouse du citoyen « Jolly d'Aussi » (sic), venait au bureau de la municipalité, demander l'enregistrement d'un arrêté du représentant du peuple Ingrand, daté de Niort, du 5 du mois, par lequel ce dernier, après avoir vérifié certaines pièces qui lui étaient représentées, autorisait le susnommé ainsi que sa femme et ses enfants, à rester provisoirement dans la commune d'Angély-Boutonne, jusqu'à la décision du Comité de Salut public à son sujet. Jolly d'Aussy, étant donné certaines considérations de l'arrêté qui visait les nobles et les étrangers, s'était abstenu d'exercer les fonctions de son emploi d'officier municipal. Le 13 fructidor, il se présentait au bureau pour dire à quel sentiment il avait obéi en agissant ainsi, exhibant en outre deux pièces, en vertu desquelles il demandait sa réintégration dans son ancien poste.

L'une, du Comité du Salut public du 2 dudit mois portait que, en vertu du décret du 27 germinal concernant les mesures de police générale de la République, il devait continuer ses dites fonctions à Angély-Boutonne, d'après la demande de la municipalité, du Comité révolutionnaire et de la Société populaire d'Angély-Boutonne; signé Treillard, Lindel, Carnot, Thuriot, Collot d'Herbois et Barrère ; l'autre consistant en une lettre d'avis en date de ce jour portait ordre de l'agent national du district Bouisserin au dit d'Aussy, d'en agir ainsi. Le Conseil de la commune, après avoir entendu Faure, en l'absence de l'agent national Maugeais, accepta les conclusions qui précèdent et d'Aussy fut en conséquence déclaré digne de reprendre l'exercice de ses fonctions.

Cependant, si d'Aussy, vu les services qu'il avait rendus fut jugé digne du certificat de civisme, il n'en fut pas de même de la plupart de ceux qui portaient une particule. Les nobles, les émigrés et les déportés, surveillés très étroitement, se réfugiaient partout où ils pouvaient.

Malgré les arrêtés pris contre eux, un grand nombre était venu à Angély-Boutonne, tout au moins dans la commune, dans l'espoir d'y trouver peut-être une tranquillité relative.

Instruit de ces faits, le Comité de sûreté générale donna des instructions à l'agent national près le district, Bouisserin, qui, lui-même, s'adressant à l'agent national de la commune, lui prescrivait à nouveau « la plus active surveillance sur ceux qui oseraient remettre les pieds sur le sol de la Liberté ».

Je t'invite, disait-il, dans une lettre qui porte comme en tête imprimés, ces mots : « Guerre aux Tyrans » à faire connaître cette lettre à ta municipalité, à tes concitoyens, afin que tous réunis, nous puissions découvrir et faire punir ceux qui croiraient pouvoir se permettre de se jouer, impunément, des lois qui les proscrivent à jamais de la République française. Salut et Fraternité.

D'autre part, certains prêtres insermentés ayant été, à raison de leur âge, élargis, avaient cru que cette mesure les autorisait à réclamer la restitution de leurs biens confisqués ou vendus en exécution de la loi du 17 septembre et 29 vendémiaire. Or, telle n'était pas l'intention du Comité de sûreté générale qui, quelque temps plus tard, renouvelait ces mesures d'une façon toute spéciale en écrivant :

Comme il importe à la tranquillité publique de prévenir les désordres que le fanatisme, la superstition et la malveillance voudraient faire revivre, tous les prêtres non assermentés réunis en liberté doivent constamment rester sous la surveillance des communes qu'ils habitent ; il faut éclairer toutes leurs actions et empêcher qu'abusant des esprits faibles, ils ne les induisent en erreur et n'altèrent en eux le respect dû aux lois et l'attachement que la République a droit d'attendre de tout bon citoyen. Nous comptons sur votre zèle et vos soins.

Cette circulaire adressée à toutes les communes de France, était par Bouisserin transmise à l'agent national « d'Angély-Boutonne » qui l'accompagnait des réflexions suivantes :

Je t'adresse, Citoyen, copie de la lettre du Comité relativement aux prêtres insermentés qui ont obtenu leur liberté... Comme il en existe dans ta commune, citoyen, je t'invite à requérir de la municipalité toutes les mesures qui pourront tendre à éclairer leurs actions. Tu voudras bien me rendre compte des mesures prises.

Et il excitait à nouveau le zèle de chaque habitant à rechercher et à dénoncer les émigrés, les prêtres et les déportés en ajoutant :

Si quelqu'un d'eux avait osé paraître dans votre commune, il est du devoir de tout vrai républicain de le dénoncer sur-le-champ et de le livrer aux tribunaux qui doivent prononcer sur le sort des ennemis de notre liberté.

Que les émigrés (1), écrivait-il plus tard, le 6 prairial an VI,

---

1. Voici, d'après une note du manuscrit Brillouin, la liste des émigrés de la sénéchaussée de Saint-Jean-d'Angély, « faite dit-il, sous le gouvernement républicain et complétée autant que possible avec les archives de la préfecture de la Charente-Inférieure et les renseignements que nous ont fournis un émigré ». Cette liste, ajoute-t-il, sur laquelle n'ont pas été portés ceux qui, d'après renseignements, seraient restés en France, serait, nécessairement incomplète et inexacte.

Abezac, Antoine-Guillaume, de *Migré* ; Amillot, de *Varaize* ; Anglars Alexandre, de *Saint-Jean-d'Angély*, plus cinq frères officiers ou ecclésiastiques ; Arsonneau André, de *Courant* ; Arsonneau, prieur, mort curé de Rochefort ; D'Aubanton fils de Saint-Pierre de Lille, plus trois frères ; Augier fils, de Saint-Jean-d'Angély ; trois frères, *idem* ; D'Aulaide fils, *idem* ; D'Auray, Jean, vicomte de Brie, *idem* ; Beau François de la Berthière, de *Courcelles* ; le marquis de Beauchamps, de *Grandfief* ; *idem* quelques parents ; de Beaucorps et trois frères d'*Annezay* ; de Beaucorps, de *Parençay* ; de Beaucorps de la Bastière, de *Saint-Jean-d'Angély*, et trois frères, fils ou gendre ; de Beaucorps, de *Cherves* ; de la Baume, de Saint-Jean-d'Angély ; Begeon de Sainte-Mesme et quelques parents ; de Bobenne, de *Saint-Jean-d'Angély* ; Boisseau de la Galernerie, de *Taillant* ; Bernet, Jean Charpentier, de *Saint-Jean-d'Angély* ; Brillat, Jean Seguin, de *Grandjean* ; Brillouin, prieur de Fléac, mort curé à *Saint-Jean-d'Angély* ; Cardailhac, prêtre mort curé à *Saint-Jean-d'Angély* ; Castin, Jean, de *Fontenet* ; Chataigner, capitaine, et trois enfants, de Saint-Jean-d'Angély ; de Chancelais, *idem* ; de Chastenet, *idem* ; de Chièvre, Gaspard, Aujac, Courron, Pétrouille, *Blanzac* ; Damblement, Chambert, Grandjean, Daudel, fils, *La Chapelle* ; Deforis, curé de Saint-Jean-d'Angély, mort en Espagne ; Culaud, *Saint-Jean-d'Angély* ; Griffon, Alexis, *idem* ; Griffon

en faisant à nouveau des recommandations à la municipalité de Saint-Jean-d'Angély, que ces ennemis impardonnables du gouvernement, ne vous échappent pas plus la nuit que le jour. Saisissez-les au passage : que ces monstres y trouvent la peine due à leurs projets sanguinaires. Assurez par une surveillance active et soutenue l'heureux résultat de l'invitation que le Comité fait au nom des Français restés fidèles à leur Patrie ».

De son côté, le représentant du peuple, Lequinio, avait, antérieurement à Bouisserin, fait lui-même des observations dans une lettre consignée au registre des correspondances : il invitait la municipalité à surveiller étroitement les suspects et à sévir sans ménagement contre les coupables.

Au surplus, les prêtres, les émigrés et les déportés n'étaient pas les seuls qui fussent l'objet d'une étroite surveillance : un certain nombre de fonctionnaires

---

du Bellay, *Saint-Denis-du-Pin* ; Gaillard, Saint-Jean-d'Angély ; Griffouil, chirurgien, *idem* ; Guillonnet d'Orvilliers, *Torxé* ; le baron de Haussen, Saint-Jean-d'Angély ; son frère, Courcelles ; Labossay, fils, Saint-Jean-d'Angély ; Lair, prêtre, curé de Charente, *idem* ; Lalaurencie, de Villeneuve, commandeur, *idem* ; son frère, *idem* ; Lalaurencie de Chadurie, *idem* ; son fils, *idem* ; Lalaurencie de Lefort ; *idem*, Laperrière et quatre enfants ; Lasnier des Barres, bénédictin ; Mallat, père, Saint-Jean-d'Angély ; Mallat de la Bertinière ; Saint-Mandé, fils, de Courpéteau ; Messé, Bénédictin, Saint-Jean-d'Angély ; Pallet, *idem* ; Perraudeau, fils aîné ; Pineau, frère : la femme de Jean-Joseph de Puimontbrun, de *Thors* ; Serignet, Sorin, prêtre, Saint-Jean-d'Angély ; Valentin de la Jarrie, son neveu et fils du maire, *idem*.

publics destitués, supprimés ou suspendus depuis le 10 thermidor, étaient tenus de se retirer dans leur commune respective, pour y être surveillés par la municipalité.

Toutefois, pour calmer le zèle excessif de certains officiers municipaux, le Comité de Sûreté générale crut devoir intervenir, car quelques-uns allaient jusqu'à consigner les suspects et à les astreindre à ne sortir qu'avec un garde.

Le nombre des réfugiés de la Vendée à Saint-Jean-d'Angély allait toujours croissant : il était, le 21 germinal an II, de 84, de 143 le 1er floréal, et de 288 le 21 du même mois.

Comme on le sait, il n'y avait pas que les seuls nobles et émigrés qui fussent l'objet de mesures particulières de la part de l'autorité, il en était de même de leurs ascendants et de leurs biens.

Un arrêté de l'administration centrale du 14 nivôse an VI portait que le séquestre devait être rétabli sur les biens de leurs ascendants, à l'exception de ceux dont les renonciation et abandon auraient été prouvés d'après l'article 11 de la loi du 9 floréal an III.

Ce même arrêté prescrivait aux administrations municipales de fournir l'état nominatif des ascendants qui auraient justifié, par des actes en forme, du partage définitif de leurs biens.

Aussi, pour parvenir à fournir l'état demandé, l'administration municipale de Saint-Jean-d'Angély arrêta-t-elle que les ascendants d'émigrés qui avaient obtenu un partage de leurs biens, ainsi que ceux au profit desquels les renonciation et abandon avaient été prononcés, seraient tenus d'en faire les justifications au bureau municipal dans le délai de trois jours, faute de quoi, l'arrêté de l'administration centrale serait exécuté.

Cet arrêté qui portait la date du 29 nivôse an VI, ayant été affiché, ainsi que celui sus-énoncé de l'administration centrale, un administrateur municipal demanda, le 8 pluviôse suivant, que le séquestre fût établi sur le bien des ascendants qui n'avaient pas fait les justifications prescrites, soit du partage définitif, soit de la renonciation, conformément aux articles 2 et 3 de l'arrêté du 14 nivôse; et conséquemment, il demanda la nomination de commissaires pour mettre cet arrêté à exécution.

La municipalité de Saint-Jean-d'Angély, considérant que cette demande avait pour objet l'intérêt national, nomma, le même jour, pour commissaires à l'effet de séquestrer les biens de veuve Laroche, veuve Dubois Saint-Mandé, Dubois Saint-Mandé-Longeville, Brillac Chadurie, Griffon et Baumon, le citoyen Jaulin, notaire, et le citoyen Faure, notaire, pour séquestrer ceux de veuve Beaucorps, veuve Lalaurencie, Dubousquet femme Lemaître, Danglard, Vernet veuve Gaudin, veuve Saint-Georges, Duverger veuve Châtenet, Créqui veuve Milon, héritiers Amillot, Grousseau dit Chapitre.

CHAPITRE VII

Préoccupations de l'époque : L'officier municipal, Jolly d'Aussy ; son règlement de l'hospice. — Les déserteurs : mesures prises contre eux. — Les patrouilles : la question militaire ; conversion en caserne du couvent des ex-Capucins. — La municipalité établie chez les ex-Bénédictins. — Le marché : sa police ; les rues de la ville. — Transformation de l'ancien cimetière « Saint-Georges » en une « Bourse de commerce ». — Diverses mesures municipales : déclarations à faire pour impôt sur le revenu. — Projet de décentralisation : pétition du 11 vendémiaire an VI au Conseil des Cinq-Cents par les habitants de Saint-Jean-d'Angély ; La Rochelle, Saintes et Saint-Jean-d'Angély.

Les faits que jusqu'à présent nous venons de passer en revue, nous ont fait constater, qu'à raison des diverses circonstances qui s'accomplissaient, c'était (et cela s'explique d'ailleurs), un besoin pour chacun de ne laisser subsister aucun doute sur ses sentiments patriotiques.

Cette préoccupation des esprits à cette époque troublée, n'a pas sa source dans l'étalage d'une vaine parade ; et pour bien se rendre compte de sa nature, à plus d'un siècle de distance, il est nécessaire de se rappeler quelle était alors la situation tant intérieure qu'extérieure de la France.

Chacun avait à cœur, et ceci se comprend, de ne

pas passer pour « suspect », car on sait quelles étaient les conséquences d'une pareille suspicion.

Les distinctions sociales, les titres de noblesse sont abolis ; aussi ceux qui en sont alors pourvus se garderont-ils bien d'en faire usage.

Tel est le cas, notamment, de l'officier municipal Jolly d'Aussy, qui, ainsi que ses amis à particule, auront bien soin désormais de la laisser de côté.

N'ayant pas été admis à faire partie des membres de la « Société Populaire », toute puissante alors, d'Aussy, avec l'agrément du représentant du peuple, par un sentiment qui s'explique, crut devoir par une lettre, en date du 16 nivôse an 11, se démettre de ses fonctions publiques.

Mais cette démission, provoquée par l'ostracisme dont il avait été l'objet de la part du « Club », ne fut pas acceptée par le corps municipal, qui déclara que les motifs de haine que celui-ci avait supposés à d'Aussy en le rejetant de son sein, n'existaient pas dans son âme de « vrai républicain » ; ajoutant que cette mesure ne pouvait être que la suite de renseignements erronés.

L'autorité ajoutait en outre que ce citoyen « joignait à des qualités certaines les plus grandes lumières, tant par principe que par caractère vraiment républicain, « sa conduite l'ayant prouvé d'une manière indiscutable ». Et de fait, cet homme, auquel ceux qui avaient droit de le faire, rendaient ainsi hommage, semble avoir mérité l'attestation de civisme qui lui était délivrée.

Des abus graves étaient alors commis à l'hospice, reconnu sous le titre « d'Hôpital des pauvres, des orphelins et des infirmes » ; des plaintes s'étaient plusieurs fois élevées. On pensa que cette question méritait toute la sollicitude du corps municipal.

D'Aussy présenta un plan sérieux et étudié dans le but de sauvegarder l'intérêt des pauvres et de la Nation ; il fut considéré comme le seul moyen de mettre fin aux irrégularités qui s'étaient jusqu'alors glissées dans l'administration.

Aussi fut-il décidé qu'il serait envoyé au directoire du district pour avis, pour être ensuite transmis au département pour obtenir sa sanction.

Le projet proposé comprenait vingt-six articles ; nous ne pouvons les citer ou les analyser tous ici ; pourtant constatons, en passant, qu'il paraît en effet, dans son ensemble, être l'œuvre d'une nature consciencieuse, préoccupée réellement de la sauvegarde du double intérêt auquel le corps municipal faisait allusion.

Voici, à titre de document, les principales dispositions de ce travail :

Chaque malade, vieillard ou orphelin, avait droit chaque jour à une demi-livre de viande ; dont les deux tiers de bœuf, et l'autre de veau ou mouton, sans tête, cœurs, freissures ou pieds.

Il fallait que chaque portion cuite pesât, au moins, « cinq onces », et ce n'était pas seulement pour ceux que nous dénommons plus haut, que cette pitance était réservée ; mais elle s'appliquait aussi à tous ceux qui étaient nourris aux frais de la République dans ledit hospice, « compris ceux qui étaient à la diette ».

On ajoutait en plus, pour ceux qui n'étaient point dans ce dernier cas, six onces de légumes verts et trois de secs.

Le pain, dit d'égalité, était délivré à concurrence de vingt-quatre onces ; il était fabriqué, ainsi qu'on l'a vu précédemment, de moitié froment, moitié orge ; extraction faite de quinze livres de son, par cent livres de farine.

Quant au pain blanc, l'article 3 voulait, pour qu'il en fût délivré, ainsi qu'on le sait, une ordonnance du chirurgien.

La boisson — de vin blanc ou rouge — suivant les cas, était d'un « septier », mesure de Paris.

Quelquefois, suivant certains cas, on pouvait donner des œufs frais, de la tisane, du lait, du riz, de la bouillie, pommes cuites, sel, vinaigre, etc.

L'entrepreneur avait la fourniture de tous les remèdes généralement quelconques, tant internes qu'externes, et il lui était interdit de fournir d'autre eau-de-vie que celle du vin.

Il devait pourvoir à la nourriture de tout le personnel et entretenir l'établissement dans le plus grand état de propreté.

Le chirurgien employé à l'hôpital devait remplir les doubles fonctions de contrôleur en ce qui concernait l'entrepreneur, et celles d'officier de santé.

Un décret, rendu à cette époque, par la Convention nationale, contre la désertion, permit à l'autorité municipale d'affirmer d'une façon toute particulière son énergie et la force de son patriotisme.

On pensait qu'un certain nombre de déserteurs pouvait bien se cacher dans nos murs ; aussi, pour faire disparaître pareil fait, le conseil général de la commune, le 25 frimaire an II — Dufrêne maire, avec Jouslain, Larade, Jolly Daussi (sic), Boutinet, Mestadier, Faure, Berthonnière et Quantin — tonnait-il fortement, après avoir établi qu'une criminelle contravention à la loi pouvait exister dans notre enceinte, contre les hommes qui, se disant républicains, auraient lâchement abandonné leurs drapeaux, fuyant au lieu d'écraser les vils satellites des tyrans et l'exécrable secte des brigands de la Vendée.

Avant d'appliquer la nouvelle loi décrétée, le conseil voulut remettre sous les yeux des pères, mères et amis des déserteurs, qu'ils pouvaient tenir cachés chez eux, le décret dont s'agissait, qui traitait comme « émigrés », les déserteurs par eux recueillis, et eux-mêmes comme « receleurs ».

Aussi, dans une proclamation pressante, étaient-ils invités d'accourir avec eux, dans un délai de vingt-quatre heures dans le sein de la commune « pour se « purifier » et se rallier au cri perçant de la Patrie et jurer à cette tendre mère qu'ils consacreraient le reste de leur vie à la destruction des trônes, des tyrans et au maintien de la République Une et Indivisible ».

« Nous attendons, disait en terminant cet appel,

ce serment inviolable et sacré ; et alors, sans crainte et sans honte, ils (les déserteurs) voleront à la gloire qui les attend.

« Mais, citoyens, le délai de vingt-quatre heures expiré, la surveillance la plus grande, les recherches les plus exactes seront employées, et aucun de ces lâches n'échappera au fer vengeur de la loi. »

Cette exhortation et cette menace n'ayant pas amené tout le résultat qu'on en attendait, quelque temps plus tard, sur la réquisition de l'agent national Maugeais, on affichait dans la commune un arrêté portant que tous ceux qui avaient des étrangers chez eux, seraient tenus de les déclarer à la mairie, à peine d'être considérés comme « suspects ».

« S'il est des soldats qui préfèrent rester dans cette commune plutôt que de voler où l'honneur les appelle, ils sont capables d'une lâcheté punissable, disait cet arrêté, et les magistrats du peuple ne peuvent trop surveiller la conduite de ces soldats et celle de leurs complices ».

Quelques jeunes gens se trouvant dans leurs familles, furent appelés sur la réquisition de l'agent national, pour justifier d'un congé régulier ; à défaut de quoi, il devait en être référé au commissaire des guerres, pour, ceux-ci, être ensuite conduits à leurs corps, de brigade en brigade, sans préjudice de peines plus sévères.

Sur la réquisition du commandant des troupes, alors en station à Saint-Jean-d'Angély, on s'occupa dans le but de maintenir l'ordre et la tranquillité de la ville, de régler les divers services militaires.

Toutes les portes de la commune devaient être gardées par les troupes soldées, autant que la force de ces troupes le permettrait. Chaque chef de poste devait faire observer la consigne affichée au corps de garde.

Chaque jour, une patrouille de vingt fusiliers, deux caporaux et un sergent devaient être fournis alternativement par chaque corps armé.

Cette patrouille, le matin, se divisait en quatre autres qui, avant l'ouverture du marché, devaient arrêter tous ceux qui seraient surpris dans les différentes avenues conduisant des campagnes à la commune, achetant ou vendant des denrées avant de les rentrer au marché, et particulièrement ceux qui les achèteraient, soit au prix du maximum, soit au-dessus ou même à n'importe quel prix.

Ces patrouilles étaient ensuite chargées de surveiller l'ordre avec fermeté et justice, en arrêtant tous ceux qui le troubleraient, ou tout soldat attardé après l'appel de la cloche.

Chacune d'elles était composée seulement de volontaires exercés au maniement des armes et devait, de 9 heures à 11 heures du soir, être sur pied par les rues et les avenues des chemins et être à la disposition de la municipalité après réquisition adressée par celle-ci, à la sentinelle se trouvant à la porte du quartier.

Si l'on s'occupait de la conduite des habitants, et

si la surveillance exercée contre eux était, à cette époque, assez stricte, on s'occupait non moins de celle des soldats, dont on sentait avoir le plus grand besoin.

Non seulement il importait au salut de la République, que chacun fût bien à son poste, mais encore il importait que chaque militaire fût bien garé et protégé contre les entraînements de son âge ou des circonstances dans lesquelles il pouvait se trouver.

C'est ainsi qu'un lieutenant de la Compagnie Franche de Poitiers, en garnison dans notre ville, se plaignit à l'autorité de l'action néfaste exercée sur ses hommes par une « prostituée qui habitait la fin du faubourg Taillebourg », en corrompant les jeunes défenseurs de la Patrie.

Un arrêté était aussitôt pris pour en empêcher, car il importait que la discipline ne s'amollît pas.

La question militaire étant l'objet d'une préoccupation constante de la municipalité, elle étudia alors l'établissement d'une caserne.

Les Capucins qui, comme on sait, occupaient dans notre ville un très vaste emplacement dans l'endroit qui porte encore leur nom et là où est placé le dépôt de remonte, étant partis, leur couvent était devenu vacant.

On avait eu immédiatement l'idée de convertir ce local en caserne, mais soit pour une raison, soit pour une autre, les choses en étaient restées là et n'avaient pas fait un pas depuis. Une certaine indifférence sur ce sujet s'était emparée des esprits, si bien que le district avait placé, dans « la cy-devant église » ; un atelier à fabriquer des salpêtres, et le régisseur des biens nationaux affermait le bâtiment et le clos au profit de la Nation en attendant une destination plus convenable.

Le 5 floréal an III, le maire, Paroche-Dufrêne, en présence du mouvement considérable des troupes qui s'opérait alors et de la difficulté que l'on éprouvait à les loger, reprenant le projet abandonné, s'écriait :

Longtemps avant la Révolution, on disait souvent que le local occupé par les « cy-devant Bénédictins » devait servir à loger des guerriers utiles, plutôt que des mendiants à charge au public. Depuis la destruction des moines, les regards constamment fixés sur ce superbe emplacement qui fait face à une place immense, au bout de laquelle est la rivière, on s'est dit encore : « Ne fera-t-on pas une caserne de cette capucinière ? » En effet, dès le 12 octobre 1790, le conseil général de cette commune prit un arrêté portant que la maison des cy-devant Capucins servirait à loger un bataillon d'infanterie, qu'à ces fins, il serait demandé que ce local fût mis à la disposition de la ville et que le plan de cet établissement serait tiré.

Le 5 novembre suivant, le conseil général fit pour cela une pétition à l'Assemblée nationale, mais on a perdu de vue cet objet important ; au lieu de se concerter avec l'administration à laquelle il ne faut que proposer le lieu ; au lieu de lui présenter l'utilité de cet établissement ; au lieu de prévoir que les fréquents mouvements des défenseurs de la patrie et des convois pour les besoins des armées nécessiteraient des passages fatigants pour les habitants, on est resté, semble-t-il, indifférent; ou plutôt les secousses de la Révolution n'ont pas permis à la ville de solliciter cette propriété ni d'y installer les militaires qu'elle n'a cessé d'avoir en garnison pour la garde de ses moulins à poudre et hôpitaux.

Cependant un corps de caserne pour un bataillon d'infanterie est indispensable dans notre cité; sans cela on ne pourra jamais y établir une bonne discipline militaire, ni assurer la tranquillité des citadins, ni faire respecter leurs propriétés.

Dans ces conditions, le maire demanda un arrêté du district et du département, pour installer provisoirement la garnison aux « cy-devant Bénédictins ».

Le conseil général fut de cet avis, et décida que l'indemnité à payer à la Nation, pour privation de jouissance, serait réglée par les charges locales et la participation des habitants.

*
* *

Nous avons dit plus haut qu'au moment de la Révolution, la municipalité s'était installée dans l'abbaye des Bénédictins. Or cette installation étant défectueuse pour le service, on voulut y remédier.

Persuadés que les magistrats du peuple devaient toujours être sous ses yeux pour le servir avec plus de célérité, ceux-ci estimèrent que leurs devanciers avaient été dans l'aveuglement en établissant leurs bureaux au premier dans de petites cellules, au bout d'un dortoir obscur.

Le bureau du maire, celui de l'agent national et

celui de « l'officier public » étaient en effet dans trois petites cellules monacales et, pour se communiquer, il fallait se chercher et perdre beaucoup de temps.

Le public n'y voyait goutte et les officiers municipaux et secrétaires, lorsqu'ils veillaient tard, pouvaient ainsi être exposés à la malveillance.

D'autre part, il était indispensable que les officiers municipaux pussent contrôler facilement l'arrivée des chevaux et voitures pour éviter toutes fraudes.

Enfin un changement devait avoir pour conséquence une diminution de feu et de lumière et, ainsi qu'on l'a vu plus haut, il était bon alors d'économiser sur tout.

Plusieurs semblaient d'avis de transférer les bureaux de la municipalité « dans le cy-devant presbytère », mais on s'y opposa, parce que cette maison devait être, selon le décret du 25 brumaire, destinée au soulagement de l'humanité ou à l'instruction publique ; en second lieu, en exécution de la loi du 24 août 1793, elle était propriété nationale ; il fallait de grands frais pour l'aménager.

A la suite de ces observations on fit des demandes pour obtenir le transfert des services.

Quelques questions relatives aux rues et marché, de même qu'à la désaffectation d'un ancien cimetière au profit du commerce local, occupèrent ensuite les administrateurs communaux.

Les trois jours de marché de chaque décade furent

fixés aux « tridi, sextidi et nonidi » ; ceux pour l'approvisionnement des blés étaient les nonidis.

Il paraît que à cette époque, la police du marché laissait fort à désirer.

On se plaignait, depuis longtemps, que les habitants de la commune et des environs étaient exposés lorsqu'ils allaient s'y approvisionner.

On reprochait à la municipalité de souffrir au « Canton des Bancs » et aux rues environnantes, où avait alors lieu le marché, une confusion affreuse parmi les gens de la campagne, qui apportaient leurs denrées. Tous les comestibles étaient mêlés avec d'autres marchandises ; les voyageurs, les voituriers, les animaux, traversaient et barraient continuellement les communications d'une rue à une autre et l'on ne pouvait arriver jusqu'à l'objet dont on avait besoin, *sans être violemment pressé, sans craindre les ruades et quelquefois sans être blessé.*

« Souvent, dit le rapport, les femmes, les ménagères qui ne pouvaient lutter avec la grossièreté d'un campagnard ou d'un étourdi, se retiraient sans rien acheter. »

La police avait fait mettre des chaînes aux coins des rues et refouler les vendeurs dans deux autres cantons voisins, mais, malgré cela, les choses n'allaient pas mieux.

En conséquence un arrêté fut pris, qui empêchait aux voitures de passer pendant les heures du marché dans les rues des Bancs, de l'Horloge, de la Traverse, de la Boucherie, et un sieur Cervante fut chargé de dénoncer les fauteurs de désordre.

De même que l'état du marché était défectueux, celui des rues de la ville ne l'était pas moins, le 23 floréal an II.

Malgré les arrêtés et les proclamations, nécessités par les circonstances, les propriétaires, locataires et adjudicataires de l'enlèvement des boues avaient tellement négligé de les balayer, amonceler, enlever et de faire réparer leurs pavés, que souvent les passants, la nuit surtout, *s'étaient trouvés ensevelis dans des bourbiers affreux et dans des cavités énormes.*

On ne pouvait pas faire deux pas sans rencontrer des excavations dangereuses qui, dans les temps de pluie, étaient autant de cloaques insalubres, nuisibles à la santé, brisant les voitures, exposant les marchandises et pouvant estropier les animaux et même les personnes.

Diverses mesures furent prises en conséquence : deux fois par décade, au moins, on devait balayer et nettoyer ; on nomma le citoyen Ravau père pour constater l'état des pavés défectueux et enjoindre aux propriétaires et locataires de les faire réparer, faute de quoi, des pavés neufs devaient être replacés à leurs frais.

*
* *

Autrefois, à Saint-Jean-d'Angély, les commerçants

Ancienne Halle Cliché Chaine

se réunissaient sous une halle qui masquait la plus belle place de la cité.

Elle tomba en ruines : les habitants d'alentour avaient fait quelques tentatives pour la faire relever ; d'autres voulaient la placer ailleurs. Elle était grevée de quelques rentes seigneuriales : un côté faisait partie du patrimoine de quelques familles qui réclamaient leurs privilèges et leurs propriétés.

La loi qui supprimait les privilèges et la féodalité étant survenue, chacun avait renoncé à sa prétention ; tous les débris de cette halle avaient disparu ; en l'an III de la République il n'en restait plus trace.

Néanmoins, obéissant aux lois de l'habitude qui, comme on le sait, est une seconde nature, les commerçants de Saint-Jean-d'Angély continuaient à venir sur cette place, malgré qu'elle n'eût aucun abri.

Faute d'un local convenable, leurs spéculations commerciales étaient, on le comprend, gênées.

Un endroit pouvant réunir tous les avantages nécessaires aux commerçants existait alors. Il était la propriété de la ville ou tout au moins la propriété partielle de ses habitants. Il était situé au centre de la cité ; à proximité du district, de la municipalité, du tribunal judiciaire, de la chambre consulaire et du minage.

Avec un appent ou hangar au couchant, un petit mur pour contenir les terres, et une petite plantation d'arbres, on pouvait faire quelque chose d'utile au commerce, d'autant plus que le terrain ne pouvait être ni réclamé ni morcelé par qui que ce soit.

Cet endroit, dont on voit la situation par ce qui précède, n'était autre qu'un ancien cimetière, appelé alors : « Cimetière Saint-Georges » (1).

En 1782, un intérêt particulier avait fait adjuger ce terrain précipitamment, moyennant 995 francs. En 1783, cette vente avait été attaquée par plusieurs habitants, qui étaient venus dire que ce terrain était leur propriété particulière et qu'ils ne souffriraient pas que les cendres de leurs aïeux, puisqu'ils avaient acheté ce cimetière, fussent aliénées ; offrant, par la construction des maisons et caves qu'on y ferait, un spectacle d'ossements déchirant.

Ils ajoutaient que depuis longtemps ce terrain eût fait une très jolie place publique, si les « ex-Bénédictins » ne s'en fussent emparé.

La loi du 24 août 1793, mettant tous les domaines des villes dans la main de la nation, il semblait y avoir quelque difficulté à s'emparer de l'ancien cimetière pour le convertir en une place et en un endroit réservé au commerce ; mais le maire ayant déclaré que la commune ne voulait pas rivaliser avec

---

1. A propos de ce cimetière, Guillonnet-Merville déclare que que M. Régnaud, conseiller d'Etat, l'avait acquis de M. Charles Saint-Blancard, négociant, qui lui-même l'avait acheté à la ville pendant la Révolution. Au mois d'août 1805, on en aurait fait un jardin anglais, car on n'y faisait plus d'inhumations depuis plus de cinquante ans. Ce chroniqueur ajoute : « Il est probable que ce cimetière était aussi ancien que l'église abbatiale auprès de laquelle il était et dont il reste l'arc-boutant qui sert aujourd'hui de clocher à la paroisse ».

« des moines avides et puissants » et qu'elle donnerait de suite au local la destination proposée, le conseil général de la commune donna un avis favorable à la réalisation du projet, et ordonna la confection des devis, plan, et travaux nécessaires.

Les divers travaux que nous venons d'énumérer terminés, la municipalité atteignit le terme de son mandat : elle rendit ses comptes, et, à cette occasion, le maire prononça les paroles suivantes :

Pendant un gouvernement révolutionnaire, qui nous prescrivait des mesures de rigueur et des réquisitions forcées contre les citoyens de différentes professions pour le service de la République ; pendant la disette et l'extrême cherté du blé, et de toutes espèces de denrées qui semblaient menacer nos citoyens d'une misère affreuse ; pendant les fréquents mouvements des troupes et des convois militaires, qui ont fatigué nos citadins ; à côté du danger d'une guerre destructive et sans moyens de maintenir la police, ni faire respecter l'autorité, nous devions craindre quelques convulsions populaires, dans le cours de notre administration ; mais le bon esprit de nos concitoyens nous a préservés des risques que nous avions à redouter.

Nous avons la satisfaction d'avoir fait tout le bien qui était en notre pouvoir, de n'avoir à nous reprocher ni partialité, ni injustice, ni mal à qui que ce soit, et de ne laisser à acquitter par la municipalité, aucune dette de notre fait, lorsque nous aurons des successeurs.

Les comptes furent trouvés exacts et approuvés.

Dufrène fut renommé maire par les deux sections, mais il refusa d'accepter, disant : « Je suis vivement sensible à la nouvelle marque de confiance que vient de me donner la commune ; si j'ai consacré tous mes moments à lui être utile, je m'en trouve grandement indemnisé par les témoignages d'estime que l'on me donne, mais des intérêts majeurs me forcent à refuser une place qui m'honore.... »

Les citoyens Tillé ; Rulland ; Gravouille ; Sorin aîné ; Brassaud et Jouslain furent élus ; mais ces trois derniers, ayant donné leur démission par écrit, furent remplacés par ceux, qui après eux, avaient eu la majorité des suffrages ; les citoyens Le Vallois, Picard, Brillouin aîné, et Bouillon.

Le citoyen Bartaré, secrétaire général du district, fut, en exécution des articles 191, 216 et 234, nommé commissaire du directoire exécutif près la municipalité d'Angély-Boutonne.

Par décret du 9 thermidor, le citoyen Roy de l'Isle fut investi des fonctions de préposé aux transports militaires, et il était requis de prêter aide et assistance, toutes les fois que le besoin du service pourrait l'exiger.

Binet fut nommé juge de paix avec Fromageau, Bartaré père, Le Vallois, Hélie Allenet et Sorin comme assesseurs.

Tillié fut élu président de l'administration municipale dont les services se divisèrent en quatre :

Celui de la correspondance, des dépêches et des

archives: Celui des domaines nationaux et des émigrés : Celui des travaux publics : Celui des contributions, de l'administration civile et de la police civile et militaire.

Levallois fut nommé officier public.

Les séances furent fixées, — pour déférer à un arrêté du 8 brumaire an IV de l'administration départementale, signé : Poitevin-Moléon ; Billotte, Baudry et Genau, — aux tridi et octidi de chaque décade.

L'Etat avait à ce moment, par suite des événements qui s'accomplissaient, de lourdes charges et il avait forcément, pour entretenir les troupes, besoin de fonds.

Pour s'en procurer, une contribution personnelle de chacun et une taxe somptuaire qui atteignait les citoyens suivant les revenus de leur fortune, avaient été établis, ainsi qu'on le verra plus loin.

Chaque personne devait faire, pour permettre d'asseoir l'impôt, la déclaration de ce qu'elle possédait au bureau municipal ; mais le zèle, pour déférer à l'article 13 de cette loi, ne paraissait pas être excessif.

Pourtant, qu'on le voulût ou non, il fallait bien obéir à cette obligation, de l'accomplissement de laquelle le salut commun dépendait.

Aussi, le 4 germinal an IV, nouvelle menace de la part de l'administration municipale qui nomma des nouveaux commissaires de quartiers, Boutinet, Marchand l'aîné, Babin et Allenet des Aubiers ; Pongaudin et Mallard, pour se transporter, chacun dans son quartier, au domicile des citoyens, à l'effet de recevoir d'eux, la déclaration du nombre de domestiques attachés à leur personne ou ménage ; de la quantité des chevaux, mulets de luxe, voitures, carrosses, ainsi que des cheminées ; prendre les noms de tous les habitants depuis l'âge de douze ans.

D'autre part, pour contribuer dans l'emprunt de 600 millions, alors contracté par la France, des taxes furent créées, et elles étaient si lourdes, que beaucoup étaient dans l'impossibilité de les remplir.

Des demandes nombreuses de dégrèvement étaient adressées à l'autorité, obligée de les rejeter.

Pourtant, Tillié fut délégué comme commissaire, pour aller au département porter les « doléances de Saint-Jean-d'Angély qui, sans établissements publics, grevé du passage continuel des troupes, n'ayant que peu de ressources et étant sans commerce », déclarait ployer sous le fardeau qui l'accablait.

Pour se procurer de l'argent, l'Etat venait d'ordonner l'aliénation des domaines nationaux.

Dans ce nombre figurait l'ancienne abbaye des « cy-devant Bénédictins », fort importante comme on sait.

La ville pensant que cet établissement pouvait servir à l'autorité militaire, et être utilisé pour le bien public, que, d'un autre côté, cette vente ne serait pas d'un grand produit, jugea qu'il était de l'intérêt de la République de le conserver : aussi pour qu'il en fût ainsi, une pétition se couvrit de signatures.

D'autres biens nationaux existaient également, parmi lesquels ceux qui provenaient d'une donation faite à la ville par une dame : Marianne Coybo-Bourgeois, qui les avait légués, pour y établir des écoles de charité pour l'instruction des jeunes filles de Saint-Jean-d'Angély, et particulièrement pour celles du quartier Taillebourg. Cette institution avait été homologuée par arrêt du conseil de décembre 1753.

Ces biens avaient été mis, par la loi du 23 messidor an II, sous la main de la République qui en jouit jusqu'à la proclamation de la loi du 2 brumaire, qui en suspendit l'exécution, en voulant que chaque administration perçût les revenus des hôpitaux, maisons de secours, hospices, bureau des pauvres et autres établissements de bienfaisance.

En exécution de cette loi, le receveur des revenus des Domaines nationaux avait reçu, le 15 nivôse, les titres et papiers de ces écoles ; ce que sachant, une institutrice du nom de « Carros » était intervenue, en déclarant qu'elle était prête à y enseigner conformément à l'acte d'institution. La loi du 28 ventôse ayant alors permis la soumission à l'achat de ces sortes de biens, quelques habitants de Saint-Jean-d'Angély s'empressèrent de faire des offres pour se rendre acquéreurs de certains de ceux-ci, qui consistaient notamment en un jardin au lieu appelé la Bonde ; un pré, une métairie dans la commune de la Jarrie-Audouin ; une maison à Saint-Jean-d'Angély près de la rue des Bancs ; un bâtiment appelé les Ecoles et tous biens qui en dépendaient.

L'administration donna un avis favorable à la non-réalisation de ces immeubles, qui devaient servir à l'instruction des enfants de la majeure partie des habitants qui « étaient hors d'état de faire apprendre à lire et à écrire à leurs enfants qui croupissaient dans une ignorance grossière ».

Elle fit en conséquence opposition à cette vente. Plus tard, une dame Sureau, se disant héritière de la dame Coybo, revendiqua ces mêmes biens, mais la commune s'opposa à l'envoi en possession demandé en se déclarant prête à remplir les charges de la donation.

A cette même époque on s'occupa de régler quelques questions de pure administration en ce qui touche notamment les promenades publiques qui étaient fort abîmées : on interdirait à tous individus d'y faire paître leurs bestiaux, ce qui semble bien indiquer en effet que le sans-gêne en ce qui les concernait était plutôt excessif ; surtout sur la place de la Liberté et du cours qui conduisait du pont à la grand'-route de Niort ; et pour que ces prescriptions ne fussent pas purement comminatoires, on conduisait les contrevenants à la police correctionnelle.

En même temps, on distribuait des cartouches à la gendarmerie qui en était dépourvue et à qui elles étaient nécessaires pour la conduite des malfaiteurs et des jeunes gens réfractaires à la circonscription que l'on était obligé de reconduire de force à leur corps.

On créait aussi, pour déférer à un arrêté du Directoire exécutif du 17 floréal, une colonne mobile, dans la garde nationale composée de cent hommes avec deux capitaines, trois lieutenants, trois sous-lieutenants, six sergents et douze caporaux.

*
* *

Le 15 floréal an V, un message du Directoire exécutif annonçait à la France que les préliminaires de la paix venaient d'être signés.

Saint-Jean-d'Angély, quelque peu fatigué et épuisé par les charges de guerre, accueillait cette nouvelle avec joie. La cloche de la grosse tour (1) sonnait à

---

1. La construction de la grosse tour qui se trouve dans la rue de l'Horloge est établie par des documents portés à l'inventaire des archives communales, BB, travée 2. L'objet et l'importance de ces monuments du moyen âge sont connus. Les beffrois étaient des tours élevées par les communes en commémoration de l'établissement de leurs droits populaires. Une des prérogatives de ces droits, dit Bosc dans son *Dictionnaire raisonné d'Architecture*, t. I, p. 233, c'était de suspendre dans le beffroi la cloche à ban, la *bancloque*, *Campana banalis*, qui servait à convoquer aux assemblées les bourgeois et les échevins : de là l'expression de convoquer le *ban et l'arrière-ban*.

Au sommet se trouvait la chambre du guetteur qui signalait l'approche de l'ennemi et sonnait les incendies. C. Enlart, directeur du Musée de sculpture comparée du Trocadéro, dans son remarquable ouvrage, *Manuel d'Archéologie française*, t. II, p. 318, cite parmi les tours d'horloges placées à cheval sur une rue, comme les plus dignes d'attirer l'attention, celles de Rouen, Dinan (ce qu'il nous a été donné de vérifier personnellement sur

toute volée, et les habitants, invités à pavoiser leurs maisons en signe de réjouissance, étaient heureux d'obéir à cette invitation.

---

place), *Saint-Jean-d'Angély*, Auxerre, Prague, Saint-Eloi de Naples, Saint-Fargeau et Douai.

Sans vouloir empiéter sur des détails qui s'appliquent à la partie historique de Saint-Jean-d'Angély antérieure à la Révolution, qui a été traitée de si brillante façon par l'érudit et distingué Eugène Réveillaud, qu'il nous soit permis, en passant, de donner quelques détails, non sans intérêt et tout de circonstance sur la cloche du beffroi de Saint-Jean-d'Angély, en les empruntant au manuscrit de Brillouin qui affirme les avoir extraits des registres municipaux et les avoir vérifiés en ce qui concerne les inscriptions, lui-même, sur la cloche, elle-même.

Sur la cloche, montée dans la tour de l'Echevinage en 1277, il y avait trois lignes d'inscriptions en lettres tudesques ; à la première, dont le tiers était effacé, on lisait seulement :

Des. Anyaco super Vulturnam Petrus Meau me fecit S. P. mense mai anno Dñi MCCLXX septimo.

A la deuxième, *Laus tibi sit, Christe, placidus tibi sit sonus iste.*

A la troisième, *ad mentem sanctam, spontaneam, honorem Dei et patriæ liberationem.*

Refondue en 1731, on y fit graver :

Anno Dñi 1731, regnante Ludovico XX. Dño Bignon : provinciæ præfecto : facta fui : opibus : et opera Dñi Charrier : Angeriaco præfecti.

Dictus Dñus Charrier, patronus meus fuit et dña Castin de Guérin uxor ejus matrona, ad honorem Dei patriæque salutem : laus tibi sit, Jesu, placidus tibi sit sonus iste. Olim anno 1277 fusa fui, pond. 3184, hodie 15 februarii refusa sumptib : multor : civium pond. 3227 et 24 mee ejusdem benedicta.

On a ajouté en creux et après coup :

Fecerunt me S et R. Barrau.

La tour de l'Horloge

Pendant que l'on fêtait les bienfaits de la paix que l'on désirait ardemment, et que l'on s'apprêtait à goûter un repos, d'autant plus convoité que les temps antérieurs avaient été plus troublés, pendant que l'on se préparait à fêter d'une façon toute spéciale la Révolution « dans le but de détruire toute espèce de tyrannie », un mouvement politique redoutable agitait l'intérieur.

On connaît les faits d'histoire générale des 9 et 10 thermidor : Tallien attaquant dans la Convention Robespierre, qui, faisant passer la loi du 22 prairial, avait ainsi ouvert le régime dit de la « Terreur » sous lequel étaient tombées tant de victimes, entre autres Mme Elisabeth, Malesherbes, Chénier, Lavoisier.

On se souvient de l'arrestation mouvementée, dans la grande salle de l'hôtel de ville, de Robespiere exécuté avec son frère ; Couthon, Saint-Just, pendant que Lebas se brûlait la cervelle.

Sous les efforts énergiques de la Convention qui s'était ressaisie, les comités étaient dissous, les clubs fermés et les lois d'exception abolies.

C'est alors que se fit la réaction thermidorienne, qui se manifesta dans des attaques violentes de la part des royalistes qui voulaient à tout prix, conquérir le pouvoir qu'ils avaient perdu.

L'administration municipale de Saint-Jean-d'Angély, en recevant de Paris les nouvelles qui l'informaient du mouvement tenté par les amis du roi pour renverser le gouvernement de la République, s'émut d'une façon toute particulière.

Le 2 thermidor an IV, Texier, donnant lecture d'une lettre du Directoire exécutif, excitait le zèle des habitants, en disant :

Le gouvernement est résolu à dissiper les craintes inspirées par le royalisme, le fanatisme et autres agitations aussi perfides ; à garantir la sécurité publique ; à faire triompher la foi nationale, et à rassurer particulièrement les acquéreurs nationaux.

Unissons notre vœu au sien et à celui des sincères républicains. Les projets liberticides resteront dans l'impuissance et l'avilissement.

Des étrangers étant arrivés à ce moment à Saint-Jean-d'Angély, on ordonnait des recherches très minutieuses, dans le but de les connaître, ainsi que les causes de leur visite. Le commissaire de police fut chargé spécialement de faire des battues dans les hôtels et auberges pour y rencontrer les conspirateurs qui pouvaient s'y cacher. Pour mieux surveiller les ennemis de la République et « bannir du sol de la Liberté », des hommes qui n'y étaient venus, que pour y porter « la flamme et le carnage », on agissait avec ordre et secrètement, et les visites étaient faites par les administrateurs municipaux, accompagnés de gendarmes.

Levallois, Faure, Jouslain, étaient chargés de ce soin, notamment chez Olliveau, médecin ; veuve Beaucorps ; Million ; Courcerac ; Villeneuve ; Lalaurencie ; Friou ; Tesson ; Meaume ; Laperrière ; chez les citoyens Demolle ; Hardy ; Perrodeau père ; veuve Dubois-Saint-Mandé, Poisson.

Un membre de la municipalité siégeait en permanence dans les bureaux, pour y prendre les mesures que pouvait comporter la situation, cependant que la loi du 19 fructidor, sauvegarde de l'acte constitutionnel de l'an III, qui contenait des mesures de salut public pour déjouer la conspiration royaliste, était publiée et affichée en ville.

Le 1er floréal an VI, l'administration municipale faisait une nouvelle division de son travail partagé en six bureaux.

Tillié fut nommé juge de paix avec Jolly d'Aussy; Fromageau ; Dugas ; Sorin, aîné ; Duret et Allenet comme assesseurs.

La nouvelle administration, désirant remplir l'intention de la loi en prenant toutes mesures relatives à l'ordre et au bien publics, fixa les trois marchés par décade, aux primidi, quartidi et septidi.

Les rendez-vous commerciaux, connus sous le nom de « Canton », devaient avoir lieu les primidi et septidi.

Il était enjoint aux citoyens, de n'employer, dans leurs affiches, avis ou écriteaux, que des dates conformes au calendrier grégorien ; les écrits contenant des expressions « vieux style » devaient être arrachés.

En exécution de la loi du 18 fructidor an V, on fit établir quatre barrières pour la perception des droits de passe.

Pour mettre plus d'activité dans les affaires, on établissait qu'il y aurait deux séances du conseil par décade, les primidi et sextidi, de chaque décade, et que (excellente chose assurément et exemple à suivre), tous les membres seraient tenus de s'y rendre pour y délibérer des questions.

Les affaires urgentes étaient tranchées dans une convocation spéciale, et chaque membre devait faire un rapport sur ce qui intéressait son bureau.

A cette même époque, se place une question pour laquelle se passionna l'opinion publique, ainsi qu'il est permis de le constater dans une pétition adressée, le 11 vendémiaire an VI, au conseil des Cinq-Cents par les citoyens de la commune de Saint-Jean-d'Angély.

Une loi du 19 vendémiaire an IV, portait dans une seule commune le placement de toutes les autorités administratives et judiciaires.

Cet état de choses ne paraissait ni juste, ni politique, ni en harmonie avec les principes « d'Egalité », ayant pour conséquence de laisser périr plusieurs communes d'un département pour en capitaliser une seule : « c'était le renversement de toute idée de sagesse et d'équité ». Aussi l'abus qui résultait de l'application de cette loi, était-il dénoncé au Directoire exécutif et au Corps législatif, à la date indiquée, dans des termes absolument formels, et qui contenaient un véritable réquisitoire contre la centralisation excessive dont profitaient certaines cités :

Plus vous centralisez dans un même lieu les fonctionnaires-

publics salariés par le gouvernement, disait ce document, plus vous vous éloignerez du but de réserver aux villes secondaires ce qu'elles vous ont donné. Non seulement ce moyen les dessèche, mais encore l'obligation de se porter sans cesse au centre des autorités, soit pour réclamer justice, soit pour coopérer à son exercice devient pour elles une cause d'épuisement. Et pourtant pour les communes secondaires, arrive chaque année la même charge d'impôts !...

. . . .

Qu'on cesse donc de réunir dans un seul lieu toutes les autorités administratives et judiciaires, les caisses, l'état militaire, l'enseignement public, ce qui présente, sur un seul point, toute la force et la pensée d'un département.

S'il était un département où le placement des autorités dût être divisé, ajoutait la supplique, c'était assurément « celui de la Charente-Inférieure où, dès l'origine de la Révolution trois communes : *La Rochelle, Saint-Jean-d'Angély* et *Saintes,* furent jugées dignes de mériter l'alternat.

Que *Saintes* conserve le premier corps constitué, l'administration centrale, même l'enseignement public ;

Que *La Rochelle,* place de guerre et de commerce, ait l'état militaire et la caisse ;

Que *Saint-Jean-d'Angély,* de tout temps recommandable par ses jurisconsultes, soit le siège du tribunal.

Tous nos députés, ceux-mêmes des départements voisins, attesteront que de tout temps Saint-Jean-d'Angély, par sa profonde connaissance des lois, mérita peut-être une juste réputation ; ce goût pour l'étude n'est point perdu et chaque jour encore on y vient rechercher une juste explication des lois.

On vous attestera également que Saint-Jean-d'Angély a

perdu tous ses établissements : tribunaux, corps administratifs, état militaire, dépôt de remonte, hôpitaux ; cette commune n'en conserve plus aucun.

Saintes lui-même conviendra que, s'il perd le tribunal, il ne peut être porté qu'à Saint-Jean-d'Angély ; l'équité et les convenances le veulent ainsi.

C'était ensuite des raisons de topographie, de salubrité et d'économie qui étaient mises en avant par les pétitionnaires pour avoir gain de cause.

Saint-Jean-d'Angély était le point central du département : même masse d'habitants de tous côtés, alors que La Rochelle était précisément tout le contraire.

Des camps de santé avaient été établis plus d'une fois chez nous où on avait vu refluer les fiévreux de Rochefort et La Rochelle.

Enfin, le traitement des magistrats, la ville étant moins nombreuse, devait être moins élevé pour le Trésor public.

Pour toutes ces considérations, on demandait l'établissement du tribunal civil et criminel dans la maison des « cy-devant Bénédictins ». Et, pour toucher plus sûrement le pouvoir, on disait « au citoyen ministre de la Justice » que, s'il agissait dans le sens de la décentralisation demandée, « il s'assurerait l'amour de ses concitoyens et retrouverait la juste récompense de ses efforts ».

Une note, non signée, porte qu'une souscription fut ouverte, pour faire imprimer le mémoire adressé aux consuls de la République : soixante quinze citoyens y figurent pour des sommes différentes.

Les quelques actes qui suivent sont relatifs à des règlements de police intérieure et à des taxes diverses.

Puis, à partir de 1798, ce sont de nombreuses demandes en décharge ou réduction de patente, le tout sans grand intérêt au point de vue de l'histoire locale.

Pourtant, en fructidor an VII, on relève encore la trace d'une agitation secrète en ville, car des colporteurs inconnus y répandent des chansons anti-républicaines, l'une notamment, ayant pour titre : *Les Jacobins*, et la troisième : *Mort aux Jacobins!* étaient considérées comme pouvant être dangereuses, car l'administration dénonce ces écrits au pouvoir judiciaire comme « l'œuvre du royalisme et de la chouannerie », ajoutant que leurs auteurs usurpaient sous le masque de l'hypocrisie ordinaire le nom d'amis de l'ordre.

« Elle les considère comme de nature à jeter la désolation dans la cité ; à affaiblir le contingent des armées, à allumer partout les brandons de la discorde ; à rompre les liens du pacte social et à conduire aux plus affreux déchirements. »

Quelque temps après, le citoyen Paroche-Dufrêne, président de l'administration municipale, donne sa démission, avec le regret de ne plus être utile à ses concitoyens et le désir de leur prouver, dans d'autres occasions, son inviolable attachement.

Il se retire, en terminant sa lettre, par le « Salut et Fraternité », selon la formule du temps.

Le citoyen Opinel lui succéda, et, le 29 frimaire an VIII, les fonctionnaires réunis, dans la salle décadaire, prêtèrent le serment prescrit par la loi du 25 brumaire.

LIVRE DEUXIÈME

Sommaire Général du Livre Deuxième

Chap. VIII. — La Constitution de l'an VIII : Paix avec l'Autriche. — Diverses Créations et Organisations Administratives. Fin du premier Empire.
Chap. IX. — L'instruction publique à Saint-Jean-d'Angély sous la Révolution et depuis à nos jours.
Chap. X. — Saint-Jean-d'Angély sous le Gouvernement provisoire : les Cent-Jours, Louis XVIII, Charles X, Louis Philippe.

CHAPITRE VIII

La Constitution de l'an VIII : Sa publication à Saint-Jean-d'Angély : La Nouvelle Municipalité. — Etat des rues à cette époque, le numérotage des maisons : Etat financier : Impôt sur le Revenu : quelques mesures municipales. — Fête à l'occasion du traité de Paix avec l'Autriche. Adresse au Général Consul. — Les premiers réverbères angériens : Fixation des foires de Saint-Jean-d'Angély par décret Impérial. — Création de la Compagnie des sapeurs-pompiers angériens : Règlement de cette compagnie. — Mariages des filles sages avec les guerriers : Fixation de l'heure des mariages. — Adresse et Offre de la Ville de Saint-Jean-d'Angély à Napoléon Ier. — Fin du premier Empire.

Pendant que l'on recherchait partout les ennemis de la République et que, pour les découvrir, l'autorité municipale de Saint-Jean-d'Angély, sur les ordres venus de Paris, faisait procéder en ville à des visites domiciliaires très consciencieuses ; pendant qu'on exerçait la plus active surveillance sur les prêtres, les nobles et autres partisans du « pouvoir tyrannique », empêchant même, en temps de carnaval, les déguisements pour mieux lire sur les figures, les sentiments du cœur, on ne prenait pas suffisamment garde que déjà le Consulat était rendu et qu'une nouvelle orientation allait se produire.

Déjà celui qui, quelques années plus tard, devait être le maître de l'Europe, avait dit au président du Conseil des Anciens : « Vous êtes sur un volcan : la République n'a plus de gouvernement ; le Directoire est dissous ; les factions s'agitent. L'heure de prendre un parti est arrivée ; vous avez appelé mon bras... »

Et l'on sait que c'est, sans aucun doute, pour sauver la République que, refusant de prêter serment à la Constitution de l'an III qui pourtant en était la sauvegarde, Bonaparte favorisait l'élaboration et l'établissement de la Constitution de l'an VIII, plus apte à servir, assurément, l'accomplissement de ses secrets desseins.

On connaît, sans qu'il soit besoin d'insister, l'esprit de cette nouvelle Constitution, de ce nouveau « pacte social » ainsi qu'on aimait à l'appeler alors, qui fonctionnait avec son Conseil d'Etat, son Tribunat et son Corps législatif, ayant à ses côtés un Sénat chargé d'élire ceux qui faisaient les lois, les tribuns, les juges à la Cour de cassation et de veiller à son maintien.

Bonaparte prêta, en même temps que ses deux collègues, Siéyès et Royer-Ducos, le serment de fidélité inviolable à la souveraineté du peuple, à la République, une et indivisible.

Peu de bruit à cette occasion à Saint-Jean-d'Angély, qui comptait, il est vrai, à ce moment, des grenadiers parmi les troupes de sa garnison. La nouvelle Constitution présentée au peuple français parvint en ville, en même temps que la loi du 23 frimaire an VIII et la proclamation des nouveaux consuls avec leur arrêté du 24 du mois.

Dans la séance du 1er nivôse, l'administration municipale assemblée, jugeant qu'il n'y avait point de temps à perdre dans la circonstance, considérant que de la promptitude dans l'exécution des mesures prescrites pour l'acceptation de la Constitution, dépendait également la prompte substitution d'un ordre de choses fixe et invariable à un gouvernement provisoire ; qu'à cet ordre fixe était attaché le bonheur des Français et que, sous ce rapport, les administrateurs devaient s'empresser a rivaliser de zèle avec les premiers magistrats dont le dévouement et le courage avaient su tirer la République des périls dont elle était menacée et fonder le nouveau « pacte social » sur les bases de la liberté et de l'égalité et du système représentatif ; arrêtait que la nouvelle Constitution serait publiée dans la commune de Saint-Jean-d'Angély avec la pompe et l'apparat nécessaires.

Un détachement de la garde nationale ; un piquet

de cavalerie et la musique accompagnèrent les citoyens administrateurs Levallois et Opinel, qui, escortés du commissaire de police et de l'afficheur, lurent les pièces reçues dans les divers quartiers.

Une proclamation fut de plus adressée au peuple angérien, l'informant que les délais pour l'acceptation ou la non-acceptation commençaient à courir le 2 pour finir le 4 au soir ; invitant les citoyens, au nom du bonheur commun, « à manifester leur adhésion à ce nouveau pacte qui lui était présenté ».

Comme on le voit, on ne laissait guère le temps de la réflexion : le succès devait, en effet, dépendre de la célérité dans le mouvement.

Saint-Jean d'Angély, comme la France entière d'ailleurs, s'inclina.

Le pouvoir des consuls définitivement établi, un de leurs arrêtés, en date du 17 ventôse, ordonna que les administrations municipales qui existaient alors, cesseraient leurs fonctions au moment de l'installation des sous-préfets.

Duret (1) ayant été nommé au poste de Saint-Jean d'Angély, l'administration municipale cessa aussitôt ses travaux, et les scellés furent apposés sur les papiers qui se trouvaient en ses bureaux. Pourtant elle continua à fonctionner provisoirement jusqu'à la nomination de ses successeurs.

---

1. Bonaparte ayant créé les préfectures et les sous-préfectures, Louis-François Duret, avocat et juge depuis du tribunal du département, fut installé sous-préfet le 22 mars 1801 (Guill. Merv. *An. inédites*, p. 27).

Le 15 prairial, dans la salle décadaire, pendant que la musique jouait en présence de deux compagnies de chasseurs et de grenadiers, Dufrêne prêta le serment de fidélité à la nouvelle Constitution et son adjoint Parant ayant rempli la même formalité, ils furent l'un et l'autre installés.

Pendant qu'on faisait la remise des archives, il se produisit alors un incident ; le maire ayant fait remarquer qu'un gros livre très précieux, intitulé *Atlas*, faisant partie de la bibliothèque des « ci-devant Bénédictins », manquait à l'appel. Ce livre fut retrouvé quelques jours après, le 27 prairial, par un sieur Joseph Naus, cordonnier, qui déclara l'avoir rencontré « dessous la croisée de la petite maison qu'il habitait, et comme il ne savait pas ce que c'était et qu'il l'avait entendu réclamer en ville par le trompette », il en fit la restitution.

Si l'administration municipale ne voulait pas voir les masques s'esbaudir dans les rues (1), elle ne se préoccupait guère, semble-t-il, d'assurer la facilité de la circulation dans ces mêmes rues ; car on rencontrait de temps à autre, et spécialement dans les culs-de-sac, « des cochons, des vaches ou d'autres animaux » qui en prenaient à leur aise sans souci de la tranquillité des citoyens.

---

1. Hipp. d'Aussy affirme cependant dans ses *Chroniques saintongeaises et Aunisiennes*, publiées en 1857, « que le carnaval de Saint-Jean-d'Angély était aussi renommé en Saintonge, il y avait soixante-dix ans, que le carnaval de Venise, en Europe ».

De là, on le conçoit, de nombreux inconvénients — un sieur Couillaud avait même été mordu ; — aussi pour y obvier, le maire dut-il prendre un arrêté.

Les maisons n'étaient pas alors non plus faciles à distinguer, aucun numéro régulier ne s'y trouvant. Le hasard en avait bien pourvu quelques-unes, mais cette confusion rendait précisément les recherches encore moins commodes. Les militaires qui traversaient la ville étaient souvent dans le plus grand embarras et faisaient des courses inutiles.

Un arrêté des consuls du 1er fructidor an IX, ayant désigné Saint-Jean-d'Angély comme devant avoir un établissement pour le service des vivres, il fut à cette occasion enjoint à l'administration municipale de faire faire le nécessaire pour le numérotage des immeubles ; ce qui fut fait en janvier 1801.

La ville ayant été divisée en quatre quartiers, il fut pourvu à l'établissement d'un numéro pour chaque maison. Cette dépense, bien que constituant une charge locale et administrative qui dut être prise sur « les sols additionnels », fut laissée à la charge des propriétaires ou de chaque locataire. Ce travail fut confié au citoyen Lemaître, peintre, dont le salaire fut fixé à un sol par numéro. Il ne pouvait exiger plus, mais pouvait recevoir davantage, pour l'indemniser des non-valeurs de ceux qui ne pouvaient faire ce modique déboursé.

Les administrations municipales qui avaient précédé celles de l'an IX, avaient des ressources suffisantes pour payer les dépenses annuelles qui s'élevaient à 4.700 francs. Un arrêté des consuls du 26 ventôse, ayant prescrit un nouveau mode de paiement de ces dépenses, il en résulta qu'à compter de floréal, elles ne pouvaient plus être couvertes qu'avec des centimes additionnels et le dixième sur les patentes, ce qui ne pouvait produire, au plus, que 2.000 francs.

Il y avait donc nécessité, pour ne pas aboutir à la faillite, de réduire le traitement des salariés de la mairie et de supprimer certains articles.

Voici donc, à partir du 1er floréal an VIII, comment furent fixées les dépenses :

Le troisième secrétaire fut supprimé.
Le traitement du premier fut réduit à . . . . 700 fr.
Celui du second à 300
Celui du concierge commissionnaire 150
Celui du trompette afficheur à 80
Celui de l'horloger de l'église à 100
Celui de la geôlière chargée de monter tous les
    jours l'horloge de la tour à 100
Pour les registres de l'état civil 80
Pour les loyers des bureaux 100
Pour frais de bureaux et dépenses extraordinaires 390
                                               2.000 fr.

Les fonds étant ce qui manquait le plus, on ne put, comme par le passé, faire sonner la retraite tous les soirs, non plus faire enlever régulièrement les boues et immondices ; réparer et entretenir la tour ;

labourer les arbres des places ; entretenir les deux horloges ; pourvoir au remplacement des pavés usés à la charge de la commune ; s'occuper, ainsi qu'il convenait, du bon état des armes du dépôt militaire pour le service de la garde nationale et de la colonne mobile. Quelque temps plus tard, l'hospice avait lui-même, ses caisses absolument démunies et les pauvres avaient cependant des besoins urgents.

Pour tâcher de soulager les infortunes dans la mesure du possible, le maire imagina de se procurer quelques fonds, en organisant au profit de l'hôpital un bal paré et masqué pour le 5 messidor. Il devait commencer à 10 heures du soir et se terminer à 4 heures du matin.

Le prix des places dans les premières loges était fixé à 1 fr. 50 par personne et à 0 fr. 75 dans les secondes. Le même prix, 0 fr. 75, était établi pour les enfants qui ne danseraient pas. Et, comme le jour où devait avoir lieu le bal organisé par l'autorité municipale, des artistes appartenant au théâtre des Variétés de Bordeaux offraient précisément une représentation à Saint-Jean-d'Angély, le spectacle qu'ils donnaient alors devait être terminé au plus tard à 8 heures, afin qu'on pût préparer la salle pour la fête chorégraphique : on imposait, en outre, aux acteurs de veiller, eux-mêmes, à ce que tout fût bien prêt.

Nous n'avons point trouvé l'état de la recette qui fut effectuée ; mais nous aimons à croire qu'elle fut fructueuse et que, grâce à cet ingénieux moyen, bien des misères purent être soulagées.

Faute de fonds, bien des questions étaient négligées. L'impôt était très irrégulièrement payé et cependant l'Etat avait, ainsi que nous l'avons déjà dit, autant besoin que la commune, sinon plus encore. D'après la loi du 14 thermidor, chacun, comme on sait, était obligé de contribuer aux charges communes suivant sa situation de fortune, qu'il devait venir déclarer très exactement. Des commissaires furent, à ce moment, chargés à nouveau de rappeler cette obligation aux citoyens peu pressés d'y satisfaire ; ce furent, pour le quartier d'Aunis, Alexandre Chaignaud et Péraud ; pour le quartier Taillebourg, Druelle et Allenet des Aubiers ; pour le quartier Matha, Chapiot fils et Péroche ; pour le quartier de Niort, Albert et Dhiarsat : ceux-ci devaient s'enquérir de la valeur ou situation de l'habitation, de l'état ou profession de l'habitant, du montant de son traitement, de son prix de ferme et de sa patente, du nombre de ses domestiques à gages, de son état civil, de celui de ses enfants, du nombre de ses chevaux, etc...

Cette mesure n'était que le complément de celles déjà remplies, ainsi qu'on a vu. Malgré cet état de gêne, on ne se préoccupait pas moins de l'embellissement futur de la cité et à ces fins, on donnait mission au citoyen Baraud, d'étudier le redressement des rues, en désignant les maisons qui devaient avancer ou reculer : on chercha aussi à empêcher certaines dégradations commises contre les propriétés communales, et spécialement « sur la place Matha, celle-ci étant le seul agrément dont la ville pouvait jouir en la belle saison ».

De même aussi, malgré cet état financier peu brillant, le conseil, pour donner au gouvernement un témoignage « non éphémère » de son attachement, décidait de contribuer dans les subsides en numéraire à verser pour « venger l'honneur du nom français et faire repentir l'Angleterre de l'injuste agression exercée par elle contre la République, au moment où cette dernière faisait, pour maintenir la paix, tous les actes compatibles avec sa dignité ».

Et, pour qu'il en fût ainsi et permettre à chaque citoyen de participer personnellement à cette patriotique contribution, on augmentait les impôts d'un décime par franc sur le taux de chaque imposition, ce décime exigible dans le premier trimestre de l'année.

— Des bâtiments ayant appartenu au monastère des Ursulines et qui existaient avant la Révolution dans la rue des Religieuses, aujourd'hui rue de l'Hôtel-de-Ville, étaient alors en fort mauvais état et menaçaient ruine. On décida d'édifier un marché aux herbes sur leur emplacement.

Le préfet fut autorisé, par la loi du 14 ventôse an XII, à concéder à la ville ce qui restait invendu des vieux bâtiments du couvent, à charge par celle-ci d'en opérer la démolition (1).

---

1. Les Ursulines ayant pour patronne sainte Ursule, bien que

Dans le but d'agrandir le « champ des Jacobins » aujourd'hui boulevard Joseph-Lair, on voulut en même temps acheter un terrain de 25 ares 1/4 qui y confrontait du levant et du couchant au chemin allant à La Fayolle ; de même faisait-on en ce qui concernait une autre parcelle de deux tiers de journal joignant le bois des ex-Capucins, pour augmenter l'étendue de la place Matha.

En outre, le maire était autorisé (la caserne des Cordeliers qui existait étant dans le plus piteux état) à faire vendre les matériaux qui en dépendaient et à employer le prix en provenant à la construction d'une autre, sur l'ancien emplacement du couvent des Capucins ; en sollicitant le gouvernement d'en faire la cession à la ville. On devait ajouter à la somme obtenue par ce moyen, 28.000 livres qui pouvaient être dues aux habitants pour indemnité de guerre qu'ils n'avaient jamais réclamée.

À cette époque, les tribunaux civils du district

---

sous la règle de saint Augustin, se livraient à l'éducation des jeunes filles. Ce fut en 1635 sous Jacques Raoul, évêque de Saintes et sous Louis III de la La Rochefoucauld, abbé de Saint-Jean-d'Angély, que leur couvent fut fondé en cette ville.

Elles furent expulsées en 1792, cent-cinquante-sept ans après leur établissement.

Guillonnet-Merville déclare que leur église avait une longueur de 60 à 80 pieds sur une largeur de 20 et que dans leur cloître, sous une chapelle, était un caveau leur servant de sépulture. Selon lui, la construction du couvent aurait coûté 100.000 francs et aurait duré trois ans.

qui avaient remplacé les sénéchaussées, bailliages et présidiaux, ayant été eux-mêmes supprimés par la Convention, l'ordre judiciaire fut réorganisé et les tribunaux civils de première instance créés dans chaque arrondissement.

Après l'installation de la Cour impériale à Poitiers au commencement de juin, le tribunal civil de Saint-Jean-d'Angély fut lui-même organisé. Il était composé de MM. De Bonnegens des Hermitans, lieutenant-général avant la Révolution qui en devint le président ; Lemaitre père, premier juge ; Mousnier, deuxième juge ; Duvergier, troisième juge ; Maugeais, procureur ; Marchant fils, substitut, et Chopy, greffier.

Il y eut à cette occasion une grande fête ; les cloches sonnèrent à toutes volées et le *Veni creator* fut chanté à la messe du Saint-Esprit. Un banquet fut ensuite offert par le président aux autorités.

Les consuls de la République venaient de proclamer les traités de paix intervenus entre l'Autriche et la France. Une lettre du ministère de l'Intérieur, avait fixé la publication de cet heureux événement au 1er germinal. Le commissaire de police, escorté d'un détachement de la garde nationale, parcourut les divers quartiers de la ville et lut la proclamation des maire et adjoints, adressée aux habitants, à cette occasion :

Citoyens, disait-elle, le jour tant désiré, ce jour de gloire et de paix, va enfin luire sur le sol de la Liberté ! « Décadi prochain, vos magistrats feront solennellement au milieu de vous la proclamation des consuls de la République au sujet du traité de paix signé entre l'Autriche et la France. Le flambeau de la guerre est éteint ; les haines et les divisions vont cesser, tout soumis à l'empire du patriotisme et de la Fraternité va nous rendre le calme et la prospérité.

De toutes parts, le bruit du canon annoncera le triomphe et l'allégresse des Français ; les cris mille fois répétés de : Vive la paix, vive Bonaparte qui a consolidé à jamais la République, vont pénétrer les cœurs et donner sur la terre aux nations asservies l'idée, le courage et l'espoir de secouer leur joug.

Que cette mémorable journée soit signalée partout, par ce que l'esprit humain peut inventer de plus éclatant ! Que l'élan du patriotisme vous porte avec enthousiasme, respect et décence au lieu de la réunion ! Que des emblèmes, des allégories, des décorations, des jeux, des danses. des feux, des chants et tout ce qui peut exprimer le sentiment de la reconnaissance pour nos armées et d'attachement à notre gouvernement, fassent un ensemble imposant et majestueux !

La veille de la fête, sur les 6 heures du soir, le beffroi de la vieille tour et six coups de canon annonçaient la cérémonie du lendemain. Sur la place de la Liberté, les troupes furent massées : la cavalerie, l'artillerie et la mousqueterie firent feu et le canon, à la suite de salves très nourries, tonna jusqu'à 6 heures du soir. Il y eut en ville une illumination générale et comme l'autorité entendait, suivant la proclamation de la municipalité, que l'enthousiasme fût général, on fit dresser procès-verbal contre ceux qui n'allumèrent pas leurs quinquets.

Le manuscrit de Guillonnet-Merville contient à l'occasion de cette fête certains détails particuliers :

Après un *Te Deum* en actions de grâces, on voulut lancer un ballon, mais le vent ne le permit pas. Un feu d'artifice fut tiré et, après l'illumination des rues, places et maisons, de vastes pots à fleurs placés sur le galeries des tours de l'église des Bénédictins lancèrent des feux à une très grande hauteur.

Ce furent ensuite des banquets fraternels, et comme il n'est pas de bonne fête sans lendemain, de jeunes amateurs donnèrent au profit de l'hospice une représentation de diverses pièces, dont deux avaient comme titre : *Les fausses infidélités* et : *La fausse Agnès*.

La poésie s'en mêla aussi, et un amateur de musique, du nom de Prévost, entonna un hymne dans lequel il affirmait que « bientôt l'Univers entier devrait son repos au jeune héros infatigable sur la tête duquel il appelait les faveurs du ciel » !

Peu après cet événement, et sous la date du 15 germinal an X, la municipalité angérienne, désireuse de faire pressentir ses sentiments à celui qui devait être, à quelque temps de là, empereur et roi, lui faisait parvenir l'adresse suivante :

Général consul,

Quand l'univers retentit de la juste renommée et de l'éclat

de gloire ; quand les phalanges coalisées reconnaissent la puissance des armes françaises et reculent d'effroi et de respect devant Celui qui les dirige ; quand, par votre prudente fermeté et votre courage inébranlable, les poignards des assassins sont écartés ;

Quand par une politique aussi sage que bien entendue, vous redonnez à l'Europe étonnée, une paix aussi sûre qu'honorable ;

Qu'il soit permis aux maire et adjoints de la ville de Saint-Jean-d'Angély, de vous offrir, en leur nom et celui de vos administrés, le témoignage de leur plus entière gratitude et d'adresser à l'Eternel des vœux pour la prospérité des jours dont la conservation ne cessera d'être chère à tous les vrais Français !

Le général consul dut, évidemment, être très touché de pareils sentiments, mais aucun document ne nous a fixé sur la réponse qu'il ne dut pas manquer de faire, assurément, pour marquer sa satisfaction.

A part un décret daté de Saint-Cloud du 25 floréal an XII, sur une délibération municipale du 10 germinal an XI. portant que la partie du faubourg Taillebourg qui faisait alors partie de la commune de Ternant, jusques et y compris le village des Granges et dépendances, serait réunie à la commune de Saint-Jean-d'Angély, aucun fait bien important à signaler.

Dufrêne ayant démissionné, Griffon lui succéda. M. de Bonnegens de la Grange fut élu député pour assister au couronnement de Napoléon (1). Une fête eut lieu, à cette occasion, en ville, et à l'issue de la messe, le 10 thermidor an XII, un *Te Deum* solennel fut chanté à l'église paroissiale « en action de grâces de cet heureux événement », dit une mention figurant, page 90, au registre des avocats.

Les membres du barreau y avaient été convoqués par lettre du président du tribunal.

A quelque temps de là, la ville, vu l'état de ses rues et les animaux qui s'y promenaient parfois, n'offrant pas le soir la sécurité désirable, on décida, en 1806, l'établissement des premiers réverbères.

Ce fut ensuite, ainsi qu'on le verra plus loin au chapitre consacré à l'instruction publique, la question de l'école secondaire qui occupa l'attention municipale.

Cette école ayant obtenu un succès inespéré et le

---

1. Le 17 messidor an XII, 6 juillet 1804, les corps attachés à l'ordre judiciaire, en exécution du sénatus-consulte du 28 floréal an XII rétablissant la monarchie en France prêtèrent le nouveau serment de fidélité. Cette formalité eut lieu à l'audience sur un réquisitoire du procureur impérial et un discours du président. Voici quels étaient à ce moment les avocats inscrits :

Loustalot, 1759 ; Laprade, 1759 ; Binet, 1766 ; Brassard, 1767 ; Normand, 1772 ; de Bonnegens d'Aumon, 1774 ; Dautriche, 1776 ; Duret, 1777 ; Marchant, 1783 ; Régnaud, 1784 ; Perrodeau, 1784 ; Delacombe, Degenne, 1784 ; Hanocq, 1784 ; Tillié, 1779 ; Levallois, 1785 ; Lemaître du Pouzat, 1789 ; Cabaud-Desnobles, 1789 ; Feniou, 1789 ; Bellet, 1789 ; Poitou-Duplessy, 1789.

local concédé par « Sa Majesté » étant devenu insuffisant, vu le nombre des élèves qui allait toujours croissant, on résolut de l'agrandir, en obtenant la partie d'immeuble où se trouvait la gendarmerie.

Entre temps, le 28 mai 1808, par un décret impérial d'Ebersdorf, M. de Sérigny de Luret était nommé maire en remplacement de Griffon et ces fonctions lui étaient renouvelées plus tard par un décret daté de Saint-Cloud du 10 avril 1813, avec Pierre-André Jouslain et de Lalaurencie, comme adjoints.

Le 28 novembre de cette même année, le comte Regnaud de Saint-Jean-d'Angély, ministre d'État, arrivait en ville pour présider les opérations électorales du département. Les avocats, sous la présidence de M° Loustalot, leur doyen, faisaient visite à leur ancien collègue.

Quelques mois à peine après l'installation du nouveau maire, un décret de l'empereur, « protecteur de la confédération du Rhin », lancé de Bayonne, le 12 juillet, établissait que les foires de Saint-Jean-d'Angély se tiendraient à l'avenir les 22, 23 et 24 juin de chaque année et le troisième samedi de chacun des autres mois.

Un ordre du ministre de l'Intérieur ayant alors prescrit la confection d'un plan de la ville avec atlas, le maire traita avec Villecrose arpenteur géomètre, qui se chargea de ce travail moyennant un prix de 1.500 francs. En même temps, le conseil se préoccupait aussi d'une question importante et qui avait trait à la situation qui serait faite à la ville en cas d'incendie, aucun moyen pratique de s'en rendre maître, n'existant : après délibération, le maire fut autorisé à se rendre acquéreur d'une pompe. Un sieur Junin, pompier à Niort, fut chargé de la fourniture de cet instrument, ainsi que de tous ses apparaux qui consistaient en une manche de 5 m. 50 de longueur ; plus un tuyau conducteur de 17 m. 50 et enfin 50 seaux en cuir.

Deux ans plus tard, le 20 avril 1810, la compagnie des sapeurs-pompiers de Saint-Jean-d'Angély était créée par arrêté du maire de Sérigny pour porter secours en cas de sinistre.

Les premiers officiers et sous-officiers furent : Roudard, capitaine ; Gayé, lieutenant ; Delhomme, sergent-major ; Bordeaux et Védy aîné, chefs de pompe.

A l'origine, le nombre des pompiers fut fixé à 20 ; voici quelques noms de ceux-ci, pris au hasard : Mesnard jeune, serrurier ; Sureau aîné, charron ; Védy Paul, tailleur de pierre ; Marsaud, cordonnier ; Riberon, maçon ; Féral, couvreur ; Merlin, charpentier ; Lecourt ; Quéron ; Nicolas ; Lépine, dit Nantais, etc.

Pendant quelques années, la compagnie ne semble pas avoir eu de règlement bien établi ; et ce n'est que le 12 janvier 1813 qu'on rencontre seulement la trace du premier signé du maire et qui contenait en tout 4 articles dont voici le résumé :

Tout pompier, aussitôt qu'il s'apercevra d'un feu de cheminée ou autre qui pourrait menacer de quelque danger, sera tenu de faire prévenir le commissaire de police et de se rendre lui-même, avec toute la diligence possible, chez le capitaine, avertissant tous ceux de sa compagnie qu'il trouvera sur sa route afin qu'ils s'y rendent, eux aussi, en évitant aucun cri qui puisse alarmer le public.

Le capitaine fait rendre avec la plus grande promptitude la pompe et les ustensiles et dirige la manœuvre. Les pompiers doivent être connus par une inscription au-dessus de leur porte portant leur titre. Les contrevenants au règlement étaient punis conformément aux règlements militaires, pour fait d'insubordination.

*
* *

Chaque année, Saint-Jean-d'Angély était témoin d'une fête spéciale.

L'empereur avait ordonné qu'au jour anniversaire de son couronnement, « une dot serait donnée à une fille sage que l'on marierait à un homme ayant fait la guerre ».

Le titre de guerrier étant aux yeux de celui que le poète appelait : le Corse aux cheveux plats, le plus beau qui puisse se rencontrer, rien d'étonnant que « Sa Majesté » ne tînt à récompenser ainsi le plus vaillant en l'unissant, suivant la vieille romance, à la plus belle.

Le 26 novembre 1807, la plus sage des filles de Saint-Jean-d'Angély, à marier, était déclarée s'appeler « Marie-Michelle Frouin, qui avait toujours eu une conduite irréprochable » et le plus vaillant était Guillaume Marsaud, retraité.

En 1808, la fête matrimoniale des élus eut un spécial éclat, si l'on en juge par la relation ci-après transcrite du registre des avocats, figurant à une délibération du corps portée à la page 94 :

Le 11 décembre 1808, sur une lettre de M. le maire adressée au doyen de la compagnie, elle s'est réunie au tribunal à 2 heures; de là nous sommes allés à la municipalité et tous les corps réunis ont été prendre M. le comte Regnaud de Saint-Jean-d'Angély, en son hôtel rue des Cordelliers, de là nous sommes venus avec lui à la salle des mariages où a été célébré celui de Bégusseau ancien militaire avec
qui a été dotée de la somme de 600 francs par ordre du gouvernement et de l'empereur en souvenir de son couronnement. Les témoins du mariage ont été : M. le comte Regnaud ; M. le préfet Richard ; M. le sous-préfet Maillard et M. le président de Bonnegens : et de là, nous sommes allés au *Te Deum* chanté en l'église paroissiale où M. le comte Regnaud accompagné de M. le préfet a quêté pour les pauvres.

Plus tard, par décret du 25 mars 1810, l'empereur voulut d'une façon plus formelle encore, marquer l'époque de son mariage, par des actes de bienfaisance ; aussi décida-t-il que 6.000 militaires ayant fait au moins une campagne seraient mariés, le 22 avril de chaque année, avec des filles de leurs communes et qu'ils recevraient dans leur ville 600 fr. de dot. La commune de Saint-Jean-d'Angély fut comprise dans la répartition pour deux militaires. Les deux lauréats de l'année furent, après avis du conseil, François Morin qui, avec vingt-neuf ans de service, épousa Marie Baudrit, et Jean Morin, son frère ou un parent sans doute, qui lui aussi, avec vingt-neuf ans plus cinq mois de service, obtint la main de Suzanne Tesseron. En 1813, solennité spéciale. La veille, la grosse cloche sonna et il en fut de même le lendemain au soleil levant, pour annoncer « la célébrité de la journée » qui commémorait en même temps, cette année, le souvenir de la victoire d'Austerlitz.

Les époux choisis étaient Françoise-Geneviève Desrogis, fille de J.-B. Desrogis, sergier et Jacques-Alexandre Martin, né le 18 mars 1779 : il avait fait la campagne de l'an VIII en Italie ; celle de l'an IX ; de l'an XIV à Austerlitz et celles de 1806 jusqu'en 1811 sans interruption, blessé à Iéna et à Pallaz.

Après le mariage, la foule alla prier à l'église pour « Sa Majesté l'Empereur », et elle fut ensuite conviée à reconduire les époux « avec pompe, au sein de leur famille et à passer le reste de la journée en divertissements analogues à l'importance de cette mémorable journée ».

*
* *

En 1813, au mois de mai, se place la construction d'un hôtel de ville dans le lieu (dit Guillonnet-Merville) où, en 1804, on avait construit une salle de danse, la maison des Bénédictins occupée jusqu'alors par d'autres services, n'étant plus jugée suffisante. On diminua cette salle de danse (1) d'un tiers en y faisant construire une salle pour le conseil municipal, plus deux bureaux pour les adjoints au maire.

En terminant l'examen des faits locaux se rapportant à cette époque, relevons encore un arrêté du 18 mars 1814, du maire, de Sérigny de Luret : par lequel celui-ci, considérant que les intentions de son « Excellence le ministre des Cultes » imposaient à toute personne qui se mariait, l'obligation de se soumettre aux cérémonies de leurs cultes — église ou temple — exigeait que la cérémonie civile eût lieu à une heure convenable de la matinée, pour que la cérémonie religieuse puisse avoir lieu, elle-même, au plus tard à 11 heures du matin.

Cette décision était prise à la suite d'une lettre du

---

1. Pour orner la place de la Halle souvent déserte, cette salle de danse avait été construite sur la place de l'ancien palais de justice ou de la prison.

Commencée en thermidor ou en août 1804, elle fut inaugurée en janvier ou au carnaval de 1806.

Faisant allusion au lieu où était édifiée cette salle, Guillonnet Merville prétend qu'on avait rédigé des inscriptions en vers destinées à être mises au-dessus de la porte et il indique la suivante :

Hic quondam trepidi stabant in carcere sontes,
Hic quondam Angeriaca Themis dare jura solebat,
Hic hodie gaudet saltatque venusta juventus !

ministre des Cultes à l'évêque du diocèse dans laquelle il était dit :

D'après votre lettre pastorale sur les mariages, — mon attention s'est fixée avec beaucoup de chagrin sur la négligence à les faire bénir.

Lorsque j'ai eu connaissance que des maires ou officiers d'état civil, ont porté l'irreligion au point de conseiller de ne point aller à l'église ou même lorsque sur la connaissance qu'ils ont eue que des habitants de leur commune ont négligé ce devoir, j'ai su qu'ils n'en ont point averti les autorités supérieures, j'ai sur le champ écrit au préfet et j'ai même, suivant les circonstances, provoqué la destitution des maires.

Si cet acte le plus sacré de la religion, est méprisé des catholiques, lorsque dans toutes les autres communions, ainsi que vous l'observez, on ne manque pas de le remplir, ce seront autant de familles qui afficheront de n'avoir aucun culte et de vivre indépendamment de toute croyance religieuse.

C'est dans l'ordre politique et social le plus grand fléau ; aussi l'autorité civile s'empressera toujours d'intervenir pour qu'une pareille calamité ne se propage pas.

Le Comte BIGOT DE PRÉAMENEU

Vu par le Maire:
DE SÉRIGNY.

On sait combien difficiles furent les derniers temps de l'Empire, non seulement à l'extérieur où il fallait lutter contre l'Europe coalisée, mais aussi à l'intérieur où les ennemis de celui qui avait étonné l'Univers entier de ses conquêtes, se rencontraient plus nombreux et plus forts au fur et à mesure qu'ils sentaient que son étoile pâlissait et que sa puissance déclinait.

Sire, lui disait, pourtant encore le 24 janvier 1813, une adresse qu'on lui faisait parvenir :

Les habitants de notre ville de Saint-Jean-d'Angély, pénétrés de la plus profonde indignation contre les traîtres qui ont osé tromper et affliger le cœur de Votre Majesté, animés du désir de concourir à la vengeance de leurs crimes et de terrasser vos ennemis, supplient Votre Majesté de vouloir bien accepter l'offre qu'ils font d'équiper à leurs frais deux chasseurs montés ; prient Votre Majesté dans cette offrande de voir un témoignage des habitants de la ville de Saint-Jean-d'Angély pour votre personne et celle de votre auguste famille.

Malgré ces sentiments généreux non seulement de notre cité, mais de bon nombre d'autres villes éblouies par l'éclat de ses conquêtes, l'Empire croula, et son chef, après les adieux de Fontainebleau à son armée, ayant abdiqué, partait pour l'île d'Elbe.

CHAPITRE IX

Instruction publique

§ 1. — *De 1789 à 1816.* — Etat de l'Instruction publique à Saint-Jean-d'Angély sous la Révolution. — Les premiers instituteurs et les premières écoles secondaires et primaires : leurs règlements. — Création d'une école ecclésiastique : sa destruction par l'incendie en 1813. — Adresse du maire aux habitants à ce sujet.

§ 2. — *De 1816 à 1908.* — Nouvelle création d'une école primaire ; le petit séminaire reconstitué. — Ecole d'enseignement mutuel : les autres instituteurs en 1822. — Rétablissement du collège communal en 1830. — Projet d'école normale. — Le jury d'examen à cette époque : ce qu'était alors un examen d'instituteur : les matières du programme. — Etat de l'école. — Création d'une école secondaire. — Difficulté entre la ville de Saint-Jean-d'Angély et l'Université au sujet de l'ancienne abbaye des Bénédictins. — Consultation en faveur de la ville. — Etat de l'enseignement en 1853. — L'ancien collège communal remplacé par un collège congréganiste. — Statistiques scolaires en 1856 et en 1861. — Laïcisation du collège congréganiste en 1881. — Les diverses écoles de Saint-Jean-d'Angély. — Statistique en 1904 et en 1907.

§ I

L'état de l'instruction publique sous la Révolution, se ressentit forcément en France des graves événements qui s'accomplissaient : — A Saint-Jean-d'Angély en particulier, il est certain qu'il était peu florissant (1).

---

1. Dans ses *Chroniques saintongeaises et aunisiennes*.

Dans une des délibérations de l'époque, le conseil municipal constate le fait en déclarant *que la majeure partie des habitants était hors d'état de faire apprendre à lire et à écrire à leurs enfants, qui croupissaient dans une ignorance grossière.*

Dans le but de connaître les divers établissements scolaires qui pouvaient alors exister sur son territoire, le district posait à ce sujet certaines questions à la municipalité et celle-ci, pour déférer aux prescriptions de l'arrêté pris à ces fins, le 17 pluviôse, arrêtait que pour pouvoir exercer une surveillance utile sur les maisons d'éducation, tous instituteurs et citoyens qui en avaient établi dans la commune, seraient tenus, dans les trois jours, de venir en faire la déclaration au bureau municipal à peine de les voir fermer et d'être en outre considérés comme réfractaires aux lois et règlements de police.

Le 22 frimaire an III, répondant alors aux questions du district, l'administration disait ignorer si dans les autres communes il se trouvait des établissements d'enseignement, mais que dans celle de

---

H. d'Aussy en 1857 déclare : « Sans médire des temps passés, je crois qu'il est permis de faire remarquer ce qu'était l'instruction publique en France, il y a cinquante ans. Quelques vieux écrivains végétaient tristement dans les campagnes et étaient incapables d'y former de bons écoliers. La surveillance sur le très petit nombre d'écoles de notre arrondissement était absolument insuffisante... Dans plusieurs localités, on a eu à adresser des reproches plus ou moins graves à des instituteurs».

Ce témoignage ne saurait être suspect.

Saint-Jean-d'Angély, *il n'en existait plus depuis la suppression du Collège et celle des écoles de Charité.*

Elle ajoutait pourtant qu'Elisabeth Bouhier, ex-hospitalière, Etienne Bouilly, ex-capucin, Elisabeth Villechaise, femme divorcée de Piron, avaient déclaré qu'ils enseigneraient à lire, seulement aux enfants qui leur seraient confiés. Ch. Jupin, cy-devant instituteur à « Xantes », ancien curé constitutionnel à Saint-Jean-d'Angély, avait aussi dit qu'il se proposait d'apprendre aux enfants, la langue française, la mathématique, la géométrie, les calculs ; et sa femme, la dame Ursule Jacques, ex-religieuse, s'était, de son côté, offerte de les « perfectionner dans la lecture et le calcul ».

Malgré ces offres, ni maîtres ni parents des élèves n'avaient déféré aux exigences des décrets du 19 frimaire et 4 ventôse ; rien n'avait été payé par la Nation, parce que, depuis longtemps, on commençait un autre mode d'instruction.

En terminant ces renseignements, la municipalité, tout en rendant hommage au talent et au civisme de l'ancien curé Jupin, *le seul qui se fut jusqu'alors dévoué à une instruction intéressante,* disait qu'elle ne connaissait aucun fonds pour l'entretien des établissements scolaires projetés.

En dehors des noms qui précèdent, il existait bien encore une « citoyenne Caraud », la seule institutrice qui restât des écoles de charité et « deux bons maîtres d'écriture, qui, espérait-on, voudraient bien continuer à se dévouer, à instruire les enfants », mais ces trois derniers, n'avaient point fait connaître leurs intentions pour l'avenir.

Il est permis, par ce qui précède, de voir et de se rendre compte de ce que pouvait être, à cette époque, le degré de l'instruction publique à Saint-Jean-d'Angély.

Un peu plus tard, dans la pensée que cette création serait utile au pays, on formait le projet d'établir une école secondaire ; un citoyen Mazure, professeur à l'Ecole centrale des Deux-Sèvres, offrait de prendre la direction de cet établissement, en y adjoignant un pensionnat. Cette proposition ne fut pas acceptée, quelques maisons d'éducation s'étant, dans l'intervalle, organisées tant bien que mal.

Le 24 prairial an X, une commission spéciale, sous la présidence de Griffon, était chargée d'étudier la question.

Composée des citoyens Normand, Tillié et Dufrêne jeune, membres du conseil, auxquels avaient été adjoints les citoyens De Bonnegens, président du tribunal ; Levallois, adjoint au maire et Deruette instituteur, elle avait pour mission de rechercher les moyens de mettre à la disposition de la commune, l'emplacement de la maison des « cy-devant Bénédictins » connu sous le nom de « Classes » et destinée, pendant l'existence du collège qu'ils tenaient, à l'enseignement.

Cette commission devait, en outre, s'occuper des réparations nécessaires ; traiter avec les ouvriers de tous marchés utiles et s'assurer, par des souscriptions volontaires, de trouver les fonds indispensables à la réalisation du projet.

Le 10 thermidor an X, le citoyen Dufrêne, jeune, faisait son rapport sur le résultat des recherches faites.

La première partie de ce travail était relative à l'ordre et au règlement à suivre dans ce qui était particulier à l'instruction proprement dite : la seconde s'appliquait à la tenue et à la police particulière des classes ; le nombre des professeurs était de 5, dont 4 pour les langues latine, française, l'histoire, la géographie et le cinquième pour les mathématiques.

Le projet fut adopté à l'unanimité et les professeurs désignés par le conseil furent les citoyens Galande ; Rennes ; Deruette, instituteurs, et le citoyen Castaignes pour le latin, le français, l'histoire et la géographie ; Delespin fut chargé de la chaire de mathématiques.

En même temps, Levallois annonçait que les réparations au local destiné à l'école étant avancées, celle-ci s'ouvrirait dans la huitaine, et, comme ces réparations avaient été pour les habitants de la ville, la cause de lourds sacrifices, on décidait de solliciter du gouvernement un secours de 15.000 livres.

Toutes pièces administratives ayant été transmises à l'autorité, le titre d'Ecole secondaire, jusqu'alors refusé aux autres maisons d'enseignement, était conféré au nouvel établissement.

Le règlement de cette école fut arrêté, le 18 brumaire an XI de la République, par le conseil de la commune, après avis du comité d'instruction publique.

Ce document comprenait dix-huit articles pouvant se résumer ainsi :

L'enseignement des professeurs devait être proportionné à la force moyenne des élèves, afin de ne point décourager ou rebuter ceux qui n'avaient point une conception vive et facile, et qui demandaient quelques précautions pour le développement de leurs facultés.

Chaque classe consistait en deux sections de force égale : l'instruction devait y être divisée de manière à ce que les leçons et le temps destiné à les donner soient également partagés entre tous.

Les premiers éléments devaient surtout être l'objet de soins spéciaux pour mieux préparer à l'intelligence de la langue latine. Les professeurs des écoles supérieures avaient pour objectif d'inspirer le goût de la belle littérature ancienne, par son rapprochement ou analyse raisonnée de la nôtre.

Aucun élève ne pouvait être admis au collège, sans un *admittatur* délivré par le maire ; et les parents, avant de réclamer l'inscription de leur enfant, étaient tenus de verser dans la caisse du secrétaire général de la mairie, une somme de 25 francs.

Un examen préalable précédait l'entrée du sujet dans une classe, et il ne pouvait ensuite en être expulsé sans avis conforme du professeur et du chef d'établissement.

Chaque professeur faisait quatre heures de classe par jour. Le concierge, pour nettoyer les classes, avait droit à une rétribution de 1 franc par élève pris sur les 25 francs que chaque écolier versait.

La dernière heure de l'exercice de chaque samedi était employée à des instructions sur la morale et la religion.

Dans le mois de la rentrée des classes, la somme formée par les 24 francs de chaque élève était divisée d'une façon égale entre tous les professeurs par les soins du secrétaire de la mairie chargé de cette comptabilité.

Chaque professeur de langue latine et ancienne recevait en outre un traitement annuel de 1.000 francs payable par trimestre des deniers provenant de « l'octroi ». Le professeur de mathématiques touchait 1.500 francs, tenant sa classe de 10 heures jusqu'à midi afin que tous puissent profiter de ses leçons.

Le professeur de dessin recevait 500 francs ; tous les professeurs pouvaient donner des leçons particulières en ville, à la condition que l'élève suivît les cours du collège et non à d'autres, et encore fallait-il que l'enseignement général n'en souffrît pas.

Dix « places franches » étaient réservées aux indigents admis par le conseil. Les seules punitions consistaient en devoirs d'écriture ou de mémoire plus ou moins étendus, en renvoi d'une classe supérieure dans une inférieure, en avertissements aux parents et en plaintes au chef de l'administration.

Tous les dimanches et fêtes conservées et décrétées, ainsi que le jeudi de chaque semaine, il y avait « vacat » ? ; à part ces jours-là, chaque élève devait se rendre en classe.

Pendant qu'il dressait ainsi le règlement de son école secondaire, le Conseil municipal s'occupait en même temps, de celui de son école primaire, car il considérait que, pour être admis dans la première, il fallait avoir reçu dans la seconde les premiers éléments, sans lesquels il était impossible d'y accéder et de se livrer à l'étude des premières sections des langues latine et française.

Ce fut le citoyen Prévot, déjà commissionné par le préfet, comme instituteur libre, qui, en exécution de l'article 3 du titre II de la loi du 11 floréal sur l'instruction publique, fut alors choisi par le conseil pour remplir à Saint-Jean-d'Angély les fonctions d'instituteur primaire.

Celui-ci devait, encore une fois, surtout préparer les enfants de son cours, en leur inculquant les premiers éléments du latin et du français, à l'entrée du cours secondaire, et il touchait, en dehors d'une indemnité de logement de 150 francs, une somme de 3 francs par élève et par mois.

Toutes les autorisations prescrites ayant été fournies, l'école secondaire fonctionna sur ces bases.

Toutefois, le 25 ventôse an XI, il était apporté une modification au règlement par la réduction du nombre des professeurs à 3, à partir de l'an XII, pour la langue latine, plus un maître de langues étrangères.

De plus, ayant à cœur la réussite de l'établissement, le Conseil pensa qu'il ne suffisait pas d'avoir choisi pour enseigner des hommes qui, par leur assiduité, leurs connaissances et leurs aptitudes justifiaient absolument la confiance dont ils avaient été l'objet, mais qu'en outre, il était nécessaire que le public, lui-même, fut instruit des progrès et de l'application des élèves.

Pour cela on décida la création d'une commission, qui, à certaines époques, faisait un rapport sur l'instruction fournie, et, en outre, autant que possible, en se concertant tous les trois mois avec les professeurs, faisait passer aux élèves de chaque classe un examen ayant pour résultat de constater le développement des connaissances acquises.

Elle était composé de De Bonnegens, président du tribunal de première instance, Marchand, juge de paix, Dufrêne jeune, Tillié, homme de la loi, et Merville, médecin.

Elle avait le droit d'apporter toutes modifications utiles pour l'exécution des moyens d'avancement plus rapide et plus certain, et dans son rapport cette commission faisait connaître ses vues pour arriver à une instruction plus soignée :

L'école était établie dans le local que le gouvernement avait mis, dans ce but, à la disposition de la ville. Ce local dépendait de la vaste maison des cy-devant Bénédictins et il était composé seulement de quatre chambres « basses et à la latte. »

Il devint bientôt nécessaire de l'agrandir et d'un

autre côté, le Conseil d'administration, ayant formé le projet d'attacher un pensionnat à l'école, il demanda que des démarches fussent faites près du gouvernement, pour obtenir la cession de la partie invendue de la « cy-devant communauté des religieuses Ursulines. »

Le mauvais état de ces bâtiments était tel, qu'on jugeait toute réparation impossible ; on préférait en faire prononcer l'aliénation et, avec le produit de la vente, acheter un autre local propre au but que l'on se proposait d'atteindre.

Ce projet ne réussit pas.

En 1808, l'abbaye des Bénédictins de Saint-Jean-d'Angély se composait d'une cour, d'un jardin, et de quatre ailes de bâtiments ne formant qu'un seul corps de logis.

Le premier de ces bâtiments, celui de droite, par arrêté du 28 fructidor an XI, avait été concédé par le gouvernement à la ville, pour les classes publiques ; le second, à gauche, était devenu la caserne de gendarmerie, suivant un décret impérial, donné au palais de Fontainebleau, le 14 novembre 1807 ; et le cloître, le bâtiment y attenant et les jardins furent affectés au service de l'école secondaire, aux termes d'un décret impérial, signé au palais de Milan, le 17 prairial an XIII.

Par suite de ces diverses affectations, il ne restait plus disponible qu'un seul corps d'immeubles, celui placé au centre de ces diverses concessions, qui avait sa façade ainsi que son entrée, sur la cour commune avec la gendarmerie et les classes publiques, et qui était alors occupé par les autorités constituées de la ville et de l'arrondissement, c'est-à-dire, la sous-préfecture, la mairie, les tribunaux civil et de commerce, qui payaient un loyer à la régie des domaines.

Le ministre des Finances avait décidé, qu'il serait « à la requête de cette administration, procédé à la vente et aliénation de la maison des cy-devant Bénédictins » en y mettant toutefois « les formes prescrites par la loi ».

Cette menace d'aliénation partielle d'un immeuble auquel la ville tenait tant, émut profondément le cœur des Angériens qui ne virent dans cette démolition projetée, ainsi que dans la vente des matériaux, qu'une spéculation sordide pour l'acquéreur ; en même temps qu'ils redoutaient que la pioche des démolisseurs, n'entraînât la ruine des autres bâtiments.

D'autre part, des considérations toutes patriotiques, agitaient les esprits des habitants, qui ne pouvaient se faire à cette idée que les restes d'un édifice attestant la munificence des anciens souverains, allaient disparaître, emportant avec eux des souvenirs inoubliables.

On tenait énormément à la conservation de ces hôtelleries royales où Philippe le Bel était venu tenir sa conférence, avec Bertrand de Got, archevêque de Bordeaux, lorsqu'il le porta au Saint-Siège et où, en l'an 1700, logèrent encore des princes, quand deux d'entre eux conduisirent leur frère sur le trône d'Espagne.

On pensait, à juste raison, que si cette portion de l'immeuble était aliénée, la sous-préfecture, la mairie et les tribunaux se trouvant sans logement, on serait obligé de solliciter du préfet et du conseil général la création de centimes additionnels pour l'achat du terrain et la construction des locaux nécessaires à ces différents établissements.

C'était là, la source d'un surcroît d'impôts qui rejailliraient sur tous, et ainsi, la vente en question ne devait constituer, en définitive, qu'une opération vraiment désastreuse.

La concession de cette partie d'édifice à la ville offrait, au contraire, un double avantage : celui d'éviter à la régie des dépenses à redouter, et au département des frais d'établissement qui seraient cependant indispensables.

C'est donc, en se basant sur ces diverses considérations que, le 25 octobre 1808, le Conseil municipal, comme nous le disions plus haut, décida de « supplier très humblement Sa Majesté de concéder à la ville de Saint-Jean-d'Angély, la portion disponible de l'abbaye » en y maintenant les concessions déjà attribuées, pour y établir, en dehors des autres services déjà indiqués, son école supérieure qui, encore une fois, s'était promptement augmentée ; on priait, en outre, le ministre des Finances d'intervenir près de l'empereur de toute son influence, pour que la requête qui lui était présentée fût favorablement appointée.

Pendant ce temps, pour favoriser encore davantage, le développement de l'école qui jouissait d'une réputation justement acquise, et dans laquelle « les élèves venus de toutes parts affluaient », on créait une chaire de professeur d'allemand, en se basant sur ce que « vu les circonstances, il allait s'établir des relations fréquentes entre l'Allemagne et les Français. »

Le traitement de ce fonctionnaire était, comme celui de ses collègues, à la charge de la ville à payer aussitôt que l'état des finances municipales le permettrait.

Dans le principe, on avait réglé avec le directeur ou principal, les questions relatives à la tenue et à l'entretien du mobilier et des bâtiments.

Sur la proposition des membres du conseil d'administration et sur la demande du maire, son président, on décida le 28 mars 1811, de reviser le mode alors adopté par un arrêté spécial.

D'après cet arrêté, le pensionnat de l'école secondaire était régi et administré par le principal sous la surveillance des membres du bureau d'administration ; le principal avait le bénéfice exclusif des pensions ; moyennant quoi, il était chargé de tous les frais généraux des élèves, nourriture et entretien, instruction, répétition, de même que réparations au mobilier. La commune avait à sa charge les réparations s'appliquant aux bâtiments cédés au collège, de même que le paiement du principal et des régents.

∗ ∗ ∗

Le collège et le pensionnat qui y était annexé fonctionnant régulièrement et le nombre des écoliers les fréquentant allant, chaque jour, croissant, on songea alors en ville à compléter l'œuvre entreprise en créant une *Ecole secondaire ecclésiastique*.

Dans sa séance du 15 octobre 1812, le conseil municipal émettait un vœu favorable dans ce sens, en évaluant à 13.000 francs les frais et dépenses nécessaires à la réalisation de ce projet.

Les Angériens, absolument partisans de l'organisation de ce nouvel établissement, s'engagèrent à verser en souscriptions volontaires et en dons gratuits une partie de la somme, soit 7.000 francs ; quant à la différence, on devait la réclamer au préfet et au directeur de la comptabilité de la commune, sur les fonds libres des communes de l'arrondissement.

On se basait, pour faire cette réclamation, sur ce fait que l'arrondissement étant appelé à profiter des avantages de tous genres qui devaient en résulter pour lui, il était bien juste qu'il contribuât dans les charges.

Des allocations particulières portées au budget municipal, devaient pourvoir aux frais d'entretien et de réparation des bâtiments.

Grâce aux démarches qui furent faites, la chose réussit ; l'*école ecclésiastique*, autorisée par un décret du 23 janvier 1813, remplaça plus tard l'école secondaire, et elle fut établie dans les superbes bâtiments des « cy-devant Bénédictins concédés à la ville par S. M. Impériale et Royale ».

Les deux écoles trouvèrent tout ce qui leur était nécessaire pour la commodité des études, et sans que les élèves eussent entre eux aucune communication.

Au moment de cette création, le recteur protesta bien contre l'envahissement du collège laïque par cette école ecclésiastique : le grand maître de l'Université fut même mis au courant par ce dernier de la difficulté. Il s'éleva à son tour contre le fait, disant que le décret spécial qui avait concédé le collège à la ville, l'avait fait pour le service de l'instruction publique, et non pour celui des écoles particulières parmi lesquelles comptait la dernière, ajoutant que nul n'avait le droit de changer cette destination.

Mais, comme nous venons de le dire, la voix du recteur fut étouffée et l'entreprise, malgré tout, eut le plus complet succès.

Le nouvel établissement, malgré ses débuts des plus heureux, ne devait pas durer longtemps, car, dans la nuit du 3 au 4 mars 1813, il était détruit par les flammes.

Le rapport dressé à la suite de ce triste événement en donne des détails assez complets ; le deuil fut grand en ville, à la suite de cette catastrophe.

« L'incendie, dit ce document, s'alluma au séminaire, dans la partie la plus voisine de l'église.

« Surpris au milieu de leur sommeil, effrayés de

ses progrès, frappés de terreur pour eux-mêmes, les séminaristes se sauvaient presque nus ; quelques-uns disputaient aux flammes les misérables restes d'un mobilier à demi consumé ; d'autres, qui avaient déjà tout perdu, fuyaient la mort qu'ils auraient trouvée au milieu des ruines.

« Les cris de douleur de ces malheureux et l'effrayante lumière de l'incendie, ont éveillé les habitants les plus voisins ; les trompettes ont donné l'alarme ; la générale a battu ; le sinistre tocsin s'est fait entendre. »

Les citoyens de la garnison rivalisèrent de zèle dans la circonstance : on cherchait à isoler l'incendie et à préserver les parties non atteintes.

« Vers les 4 heures du soir, on parvint enfin à s'en rendre maître et la garde éteignit les quelques flammes rebelles qui brillaient encore à huit heures d'un éclat menaçant ».

Les pompiers et les corps d'ouvriers se distinguèrent d'une façon toute particulière par l'intrépidité de leurs efforts et de leur entreprise. M. Violet, sous-ingénieur des ponts et chaussées, dirigeait les premiers.

On vit « des femmes distinguées » travailler au transport de l'eau, tout comme celles que leur situation expose à des travaux pénibles ; d'autres distribuaient partout des rafraîchissements et ranimaient, par leurs soins généreux, les efforts des habitants et des soldats de la garnison.

Les dévouements furent nombreux et, dit le rapport, si l'on devait rendre un juste tribut d'éloges à tous ceux qui l'ont mérité, il faudrait « nommer beaucoup de monde ».

Un couvreur, nommé Lafaye, et deux soldats de la garnison se signalèrent particulièrement.

Un sieur Boutreux, grenadier de la garde nationale, fut victime de son dévouement en se précipitant dans la rivière, longtemps avant le jour, pour remplir les seaux destinés aux bâtiments incendiés. Il mourut la nuit suivante dans un accès de fièvre délirante.

Le pensionnat laïque, voisin du foyer de l'incendie, tout bouleversé, on le comprend, dût être déménagé. Les élèves furent recueillis par les habitants charitables qui eurent à cœur de leur prodiguer les secours que réclamait leur état.

Une malheureuse veuve, mère de six enfants en bas âge, n'ayant d'autres ressources que son travail, se signala particulièrement, en voulant conserver, malgré sa pauvreté, un jeune séminariste.

Au moment de ce sinistre, la direction de l'établissement de l'Ecole secondaire ecclésiastique qui fut le petit-séminaire du diocèse, avait été confiée à un homme à l'intelligence supérieure et qui fut vraiment remarquable tant par ses vertus que ses talents. Il avait nom Arnaud d'Argenteuil (Paul-René-Louis-César-Auguste), il était fils d'un chirurgien du culte réformé et de Marie-Anne-Véronique Garnaud, né à Aulnay le 16 mai 1784 ; il avait fait de brillantes études à l'Ecole centrale de Niort, et en 1804 il avait d'abord étudié la médecine. Entré dans les ordres, il fut, pour cause de maladie, obligé de se retirer dans sa ville natale où il mourut le 16 mai 1816.

Au lendemain de l'incendie, le maire de Saint-Jean-d'Angély, de Sérigny de Luret, faisait placarder sur les murs de la ville une adresse, dont nous pouvons, (grâce à l'amabilité de l'un de nos concitoyens, qui nous en a offert un spécimen en sa possession), reproduire le texte ainsi conçu :

M. le préfet est avisé que vous tous, chers habitants, vous vous êtes portés avec ardeur, et conjointement avec les militaires de nos deux dépôts, dans tous les lieux où il y avait des risques à courir et des secours à donner ; il me charge de vous témoigner tout son intérêt et son désir de réparer vos pertes.

Je souhaiterais pouvoir dire à chacun de vous, combien j'ai été sensible à votre dévouement. J'invite ceux qui le liront à le transmettre à leur famille et à leur répéter souvent que tous les hommes notables de la ville, tous les membres du conseil municipal s'occupent, conjointement avec le sous-préfet et le maire, à consolider les établissements utiles à votre prospérité ».

§ 2

Au moment du rétablissement, sur le trône de France, des Bourbons en la personne de Louis XVIII, l'instruction publique à Saint-Jean-d'Angély avait besoin d'une sérieuse réorganisation.

Un instituteur du nom de Saudau (1), dont le zèle et l'intelligence méritent une mention, constatant, en 1816, la situation plutôt défectueuse de la ville à ce point de vue, fit tous ses efforts pour fonder, à ses risques et périls, une école primaire, à l'aide de subsides fournis « par les personnes bienfaisantes qui voudraient favoriser son établissement, priant M. le maire, pour pouvoir exécuter son projet, de lui permettre de s'adresser à leur générosité. »

Pour obtenir des élèves « dont le nombre varierait suivant le produit de la souscription », le pédagogue Saudau employait des arguments absolument péremptoires et de nature assurément à faire cesser toutes les hésitations et à vaincre toutes les résistances :

« L'instruction et l'éducation, disait-il, ont toujours été un des besoins les plus nécessaires de l'homme ; elles lui apprennent les obligations qu'il contracte avec la société ; elles corrigent ses mœurs et son caractère ; elles développent ses qualités et contribuent énormément à en faire un bon citoyen, un sujet fidèle, un bon fils, un bon père de famille,

---

1. Saudau Jean, instituteur primaire, est né à Saint-Jean-d'Angély, le 22 fructidor an II. Directeur de l'école communale dite : « Ecole mutuelle de la même ville. » Médaille d'argent de l'instruction publique. Fonda en 1837 une publication mensuelle ayant pour titre : *Le Mentor des élèves des écoles primaires*, qui ne vécut que deux années. En 1838 il fit paraître le premier numéro de l'*Echo, Journal* de Saint-Jean-d'Angély, qui existe encore sous le titre de l'*Echo Saintongeais*.

elles lui apprennent enfin ce qu'il doit à Dieu et à son souverain. Elles font supporter à l'homme avec plus de patience et de résignation, les calamités attachées à l'espèce humaine. »

C'est, pénétré de l'esprit de ces hautes pensées philosophiques — et « jaloux de se rendre utile », suivant sa propre expression, que l'instituteur angérien présentait son projet, sans pourtant, en échange des flots de science qu'il promettait de répandre autour de lui, se montrer bien exigeant, puisque le prix de ses leçons, ajoutait-il, en terminant, « serait à la volonté de chacun ».

Trois écoles d'enseignement mutuel, en dehors d'une autre que quelques dames, se réunissant, avaient formée entre elles, existaient à Saint-Jean-d'Angély, en 1819.

De plus, le petit séminaire dont le développement s'était ralenti, pendant quelque temps, par suite du terrible incendie dont on a vu plus haut la relation, comptait à cette époque, 180 élèves. Une note trouvée dans une liasse spéciale, porte *que les classes de cet établissement étaient bonnes et, qu'il en sortait de grands sujets.*

Cette même année, le 30 mars, le Conseil municipal fondait une école primaire de garçons, dont la direction était confiée à Saudau. La dépense annuelle y relative était de 2.100 francs, couverts tant par les rétributions des écoliers que par les fonds de la ville.

Une commission composée de Levallois, Lair-Lainé ; de Lalaurencie fils, élabora l'appel qui fut adressé aux habitants, pour les engager à envoyer leurs enfants à cet établissement.

D'après ce document, tout le monde allait enfin pouvoir jouir de l'avantage bien connu de l'instruction élémentaire, « grâce au procédé de l'enseignement mutuel de la nouvelle classe » qui allait s'ouvrir en ville, sous les auspices de l'autorité locale.

On y enseignera, disaient en outre MM. les commissaires, « la lecture, l'écriture et le calcul élémentaire, par un procédé plus sûr, plus rapide, plus facile, que celui d'une autre méthode ».

Ce devrait être le véritable âge d'or pour les familles « qui n'auraient plus qu'à s'applaudir de la douceur, de la docilité et de la prévenance de leurs enfants », puis, on disait son fait à l'ancien mode jusqu'alors adopté, en y ajoutant : « celui-ci, ne peut rien leur inculquer de semblable ».

On serait peut-être tenté de croire que, pour se procurer de si beaux avantages, il était nécessaire d'être riche; il n'en était rien pourtant ; toutes les bourses, même les moins garnies y pouvaient prétendre, car la rétribution mensuelle, variait entre 1 fr. 50 et 2 fr. 50.

*
* *

Il résulte d'une statistique que nous avons pu consulter, qu'à cette époque — 1819 — sur une *population* de *cinq mille cinq cents* qui comptait *deux cents enfants*, tant garçons que filles susceptibles d'être reçus dans les écoles primaires, le nombre de ceux qui les fréquentaient alors, était de *trente garçons et de soixante filles*, donnant ensemble un chiffre de *quatre-vingt-dix écoliers*.

Trois ans plus tard, en 1822, en dehors de la classe de l'enseignement mutuel qui avait quatre-vingts élèves, il y avait en plus cinq instituteurs : MM. Malapert, Neumann, Vanel, Sarlat et Prévot qui, lui, joignait à une école primaire de latinité, un pensionnat ; ils avaient ensemble « cent cinquante sujets. »

L'enseignement était donné aux filles, par sept institutrices : MM^{mes} veuve Brioude, Ouzanneau Henriette ; Mercier ; Chaloppin ; Pacaud ; Chasle ; Ouzanneau Marthe, se partageant, entre elles, soixante-dix-sept fillettes.

De plus il y avait les dames de Chavagnes qui avaient remplacé la congrégation des « dames de Coybo » qui s'était éteinte faute de sujets ; elle avait été autorisée par lettres patentes de 1753 à 1754 et de nouveau par un décret du 22 janvier 1808.

Les dames de Chavagnes étaient autorisées par leur évêque et par le préfet, suivant arrêté en date du 1er août 1715.

Il y avait aussi les dames de « Saint-Benoît » qui s'engageaient à instruire, à leurs frais, deux personnes indigentes.

Ces deux communautés étaient comprises sous le titre : « d'Ecoles primaires. »

La première comptait alors 37 jeunes filles dont

20 à titre gracieux et 17 avec rétribution ; la seconde avait 14 professes ; 4 novices ; 5 converses enseignant à 160 élèves, dont 93 gratuitement et 67 moyennant paiement.

En 1830 on décida de demander au ministre de l'Instruction publique, d'autoriser le rétablissement du collège communal qui avait été fondé en 1802 par Griffon et qui avait cessé d'exister en 1815, lorsque le petit séminaire s'établit lui-même à sa place (1).

On proposa comme principal M. Delacombe en remplacement de M. Maréchal.

La ville alloua 8.000 francs sur son budget pour former le traitement du principal, en affectant à cet établissement le local où était l'école ecclésiastique.

Le principal devait occuper la chaire de philosophie, M. Prévot celle de rhétorique et M. Levallois, ancien élève de l'école polytechnique et capitaine du génie, celle de mathématiques spéciales et de physique : de plus on voulait établir un sous-principal,

---

1. L'Instruction publique fut alors, dit Delayant, *Histoire du département de la Charente-Inférieure*, page 366, le sujet d'une lutte entre l'Université et le Clergé, louable dans son but quoiqu'elle ne le fût pas toujours dans ses moyens. Le clergé acquit une influence incontestable dans le midi de la Saintonge. A sa puissante institution de Pons, il joignit celle de Montlieu (1835). Le gouvernement qui augmentait le nombre des collèges royaux en plaça un dans la Charente-Inférieure. Saintes qui entrait dans une voie d'accroissement et d'embellissement le demandait d'abord, puis proposa de l'échanger contre le siège de la préfecture, puis l'abandonna tout simplement à La Rochelle où il fut ouvert en 1843.

Cette émulation n'allait pas sans luttes : la polémique sur la liberté de l'enseignement occupa les journaux du département.

un aumônier et un professeur de français, d'histoire et de géographie.

Un emprunt de 5.000 francs, nécessaire à la réalisation du projet, était en outre résolu et, pour compléter le traitement des maîtres, le principal était autorisé à percevoir de chaque élève, sans préjudice de la rétribution, une somme de 50 francs pour l'année scolaire.

Trois ans après, une pétition fut adressée au maire, revêtue d'un grand nombre de signatures, ayant pour objet d'obtenir de l'Académie de Poitiers, le rétablissement de l'institution de plein exercice d'après les bases anciennes, et au lieu et place du collège créé, sous prétexte que celui-ci était loin de présenter les mêmes avantages que cette institution.

Mais, après débat très vif au sein du conseil sur cette question, le *statu quo* fut maintenu.

Quelque temps plus tard, le conseil général votait la création d'une école normale primaire, soit à Saintes, soit à Saint-Jean-d'Angély.

Cette école, d'après le projet, devait être disposée de manière à contenir au moins 30 élèves pensionnaires. Le prix de la pension était fixé à 300 francs et 20 bourses gratuites y étaient établies au compte du département.

Saint-Jean-d'Angély fit des démarches, pour avoir dans son sein la nouvelle maison d'enseignement, dont l'établissement était décidé en principe, et une partie de la vaste maison des anciens Bénédictins fut offerte pour cela. Cette partie s'appliquait à l'aile ouvrant au levant sur le jardin, et au couchant sur une cour très étendue.

Pour obtenir ce qu'elle sollicitait, la ville faisait valoir que le local par elle proposé, était un des plus commodes et des plus beaux que l'on puisse rencontrer et qu'il pourrait contenir, non seulement 30 pensionnaires, mais encore tous autres qui seraient susceptibles d'y être reçus à ce titre.

La commune s'engageait de plus à fournir le mobilier nécessaire à trois bourses gratuites.

Voici au surplus, comment notre cité plaidait sa cause. Saintes ne saurait aujourd'hui lui tenir rigueur d'un pareil langage :

Saint-Jean-d'Angély est placé dans une situation dont la salubrité est renommée depuis longtemps ; sa population est peu nombreuse ; elle n'atteint pas 6.000 âmes. La moralité de ses habitants est bonne ; ses relations commerciales sont peu étendues ; il y vient rarement des étrangers. Sous tous ces rapports, elle est donc plus propre que toute autre ville du département à recevoir des jeunes gens qui pourront se livrer paisiblement aux études et qui ne rencontreront pas de motifs de dissipation ni de moyens de contracter des habitudes vicieuses.

La ville de Saintes a une population nombreuse ; sa situation n'est pas aussi saine que celle de Saint-Jean-d'Angély, son commerce est assez actif ; il y passe beaucoup d'étrangers.

Elle possède d'ailleurs plusieurs établissements avantageux.

Elle n'a point de local à donner aussi convenable que celui qui est offert.

Elle ne peut donc envier ni disputer à sa voisine, l'établissement de l'école primaire.

Le recteur lui-même de l'Académie de Poitiers, dans une lettre du 26 août 1833 adressée au maire, prenait nettement fait et cause pour Saint-Jean-d'Angély, en écrivant :

Votre Collège est très beau, très vaste et très susceptible de réunir tous les degrés de l'enseignement, tandis que celui de Saintes est bien inférieur à tous les égards. Je désire, dans les intérêts de votre ville et de l'établissement qu'on doit former, que mes vœux, ainsi que les vôtres, soient accueillis.

Mais tout ceci ne fut qu'un beau rêve qui s'évanouit bientôt, ne laissant rien après lui.

*
* *

Il y avait, en ce temps-là, une commission nommée par le recteur, pour examiner les questions relatives à l'enseignement et former à la fois le jury d'examen chargé de recevoir les instituteurs : elle était composée du maire ou du premier adjoint, du procureur du roi, du juge de paix, du curé, du principal du collège et des régents de rhétorique et de mathématiques.

Ce jury, étant donné le besoin qu'on avait d'éducateurs de la jeunesse, était plutôt d'une extrême bienveillance à l'égard des postulants : aussi le recteur ayant eu connaissance de certains faits, dénotant par trop de complaisance, recommandait-il, aux examinateurs, le 13 janvier, d'examiner les candidats avec une certaine sévérité et ce, pour éviter d'admettre, comme cela n'avait eu lieu que trop souvent, des hommes incapables de répandre l'instruction publique selon les besoins et l'esprit de la loi.

Nous avons eu la curiosité, à la suite de cette observation de l'autorité académique, de consulter un programme des matières d'un examen de l'époque, et, nous n'y avons rien relevé qui exigeât, pour l'affronter, des connaissances d'un niveau trop élevé en rendant l'accès bien difficile. Qu'on en juge soi-même !

L'histoire sainte, les évangiles, le catéchisme figurent en première ligne et comportent trois questions : Abraham et Isaac, Conversion de saint Paul, Vertus nécessaires au chrétien.

Puis viennent : 1° la grammaire. Qu'est-ce qu'un adjectif ? Différence des noms communs et des noms propres. Conjugaisons de trois prétérits du verbe changer ;

2° L'arithmétique : une division et une multiplication, très élémentaires ; rapport de l'aulne et du mètre, comme point touchant au système métrique ;

3° Enfin l'histoire et la géographie : races des rois et principaux rois de France ; mort de Saint-Louis : principaux fleuves et principaux départements de la France.

Et c'était là tout ce à quoi, il fallait répondre pour

décrocher le brevet d'instituteur et mériter le titre de savant.

Il faut bien reconnaître que, de nos jours, où la moindre situation exige pour ainsi dire, de véritables titres, cela serait loin de suffire.

Sur une liste de 36 candidats alors admis, le premier était Saudau avec la note « instruit, très capable » ; 26 autres portent en face de leur nom la mention : « faible, peu intelligent. »

Bien que, par ce qui précède, on puisse constater que l'examen qui donnait le droit d'exercer ensuite fût très abordable, et qu'actuellement le plus grand nombre des élèves de nos écoles communales soit certainement, sans plus ample préparation, en état de le subir, certains ecclésiastiques, pour une raison ou pour une autre, se croyaient autorisés à s'en affranchir, tout en enseignant cependant.

C'était là évidemment un abus à réprimer: tous les candidats aspirant au titre de maîtres de l'enseignement primaire, ayant la même obligation d'obtenir le brevet de capacité, « quels qu'ils soient et à quelque classe qu'ils appartiennent, la présomption d'instruction même supérieure ne suffisant pas pour y suppléer ».

Plusieurs desservants ou curés, en ouvrant l'école dans leur commune, ayant donc contrevenu à la loi, le conseil royal de l'instruction publique s'en émut, et fit le nécessaire pour faire cesser l'anomalie, qui faisait qu'un prêtre, membre, de par l'article 13 de la loi du 28 juin 1833, des comités locaux chargés de toutes les écoles de la commune, pût être en même temps « et surveillant et surveillé », confondant ainsi deux qualités absolument distinctes.

Malgré les connaissances sérieuses de celui qui dirigeait alors l'école mutuelle de Saint-Jean-d'Angély « au talent duquel on rendait hommage »; malgré, si l'on s'en rapporte à un petit palmarès manuscrit, qu'il y eût quelques bons élèves, à telles enseignes que trois d'entre eux, parmi lesquels Victor Saint-Blancard, avaient un prix *pour avoir fait le plus de classes dans un mois*; on est obligé de constater que la moyenne n'atteignait pas un niveau satisfaisant, car une note, d'un inspecteur sans doute, indique que la classe était faible.

Les élèves gratuits n'avaient pas de papier : quant à ceux qui payaient, il n'y en avait que 14 qui en étaient pourvus, alors qu'il eût dû y en avoir 30 ou 40.

D'autre part, au moment de la visite, « l'enseignement du dessin n'était pas commencé et les calculs étaient très faibles ».

Enfin, et bien que cet état de choses constituât par lui-même une situation plutôt sombre, le rédacteur de la note constatait dans son rapport « qu'il n'y avait pas de tableau noir » pour servir aux exercices mathématiques.

D'après l'article 9 de la loi du 28 juin 1833, il devait y avoir dans les villes dont la population excédait 6.000 âmes, non seulement une école primaire élémentaire, mais de plus une école primaire supérieure.

Une commission, composée de MM. Chopy, David et Thouvenin, consultée à ce sujet, déclara que la ville, ayant déjà une école primaire dans celle d'enseignement mutuel qu'elle possédait, il n'y avait pas lieu d'en créer une autre du même genre ; elle rejeta donc l'établissement de l'école supérieure par ce motif, que le collège de plein exercice que l'on avait et pour lequel on s'imposait les plus lourds sacrifices, suffisait amplement à fournir aux élèves, tant internes qu'externes, à prix modéré, une éducation telle qu'elle était définie par l'article 1er de la loi sur la matière.

Deux lettres du sous-préfet et du recteur pour faire revenir la commission sur sa détermination, n'eurent au contraire pour résultat que de la lui faire confirmer.

Mais, malgré ce refus formel, le recensement de la population de Saint-Jean-d'Angély ayant accusé un nombre d'habitants supérieur à « 6.000 pour l'année 1841 » on fut, peu après, pour obéir à la loi, obligé de revenir sur la question et, par une délibération du 6 novembre, de voter la création demandée, en portant que cette école serait annexée au collège ; les conclusions du rapporteur Levallois, à ce sujet, furent adoptées à l'unanimité.

D'après ce travail, l'enseignement de l'école était obligatoire ou facultatif.

Ecartant dans cette dernière partie tout ce qui

n'était pas absolument indispensable, étant donné que pour la ville, dépourvue d'industries et réduite à un commerce peu étendu, les exigences à satisfaire de ce chef n'étaient pas très nombreuses, la commission joignait au programme la calligraphie, la tenue des livres en partie double, l'art du trait, c'est-à-dire l'application de la géométrie aux ouvrages d'art.

L'école devait être dirigée par un instituteur spécial, ayant le caractère d'un fonctionnaire public avec un traitement fixe d'abord, et ensuite éventuel, suivant son mérite personnel, sous la surveillance de chacun des membres du Comité supérieur de l'arrondissement et spécialement du principal.

Le nombre des enfants admis gratuitement chaque année au concours, était fixé à 5 : la rétribution pour l'école du premier degré était de 2 fr. 50 par mois et de 5 francs pour le collège ; elle fut pour cette école supérieure fixée à 3 francs, plus 1 franc si l'enseignement était poussé plus loin.

Il était nécessaire que l'instituteur fût pourvu du brevet supérieur, choisi par le conseil sur une liste de trois candidats présentés par le jury d'examen avec un traitement fixe de 600 francs, plus une indemnité de logement fixée à 200 francs.

L'école qui n'admettait que des externes, recevait gratuitement ceux qui fréquentaient le collège ; elle devait être placée dans les bâtiments de ce dernier établissement.

*
* *

Vers cette même époque éclatait, entre la ville de Saint-Jean-d'Angély et l'Université, une difficulté des plus sérieuses ; comme elle est relative, tout au moins, d'une façon indirecte, à la question de l'enseignement que nous examinons et que, d'autre part, elle nous oblige à fournir des renseignements absolument intéressants au point de vue local, il n'est pas inutile d'en parler ici, car pour beaucoup qui l'ignorent, elle ne sera certainement pas dépourvue d'attraits.

Le 7 septembre 1840, le sous-intendant militaire ayant demandé au maire, s'il ne serait pas possible d'établir en ville, mais non dans une caserne, 270 sous-officiers ou soldats du 9me léger qui ne pouvaient être, faute de ressource de casernement, logés à Rochefort et à Saintes, le conseil répondait qu'on pourrait le faire, en affectant à cet usage la partie des bâtiments des anciens Bénédictins occupée par l'école d'enseignement mutuel, en y adjoignant une partie des bâtiments du collège.

Le recteur crut devoir informer le ministre de l'Instruction publique de cette détermination, et le conseil royal, ayant reconnu que les bâtiments en question faisaient partie des biens donnés à l'Université par décret du 11 décembre 1808, il fut chargé de mettre opposition au projet de la ville.

De son côté, le conseil municipal chargea son maire de faire lui-même opposition aux prétentions de l'Université et à la prise de possession des immeubles, en basant son droit de propriété sur :

1° L'arrêté du gouvernement du 28 fructidor an XI,

2° Le décret daté de Milan du 17 prairial an XIII ;

3° Le décret daté de Fontainebleau du 14 novembre 1807 ;

4° Le décret du 11 décembre 1808 ;

5° Le décret du 9 avril 1811 ;

6° Le décret du 23 janvier 1813 ;

7° La révolution de 1830.

Le préfet ayant été sollicité de prendre un arrêté sur la question, le directeur des domaines du département avait fait, le 30 novembre 1841, un mémoire tout en faveur de l'Université.

La ville, tout en affirmant qu'il était hors de doute que la propriété des bâtiments en question ne pouvait lui être contestée, qu'elle en avait joui tant par titres que par une longue possession toujours exercée *animo domini*, et ne voulant rien négliger, pour traiter un sujet si grave, fit nommer une commission de trois membres, composée de MM. Chopy, David et Lemoine, pour l'examiner.

Le travail auquel se livra à ce sujet le rapporteur Chopy, est absolument admirable, aussi ne pouvons nous résister au désir de l'analyser ici, aussi sommairement que possible.

Tout d'abord : qu'était, se demande le rapporteur, l'immeuble dont la propriété était contestée à la ville ?

Les religieux Bénédictins de l'ordre de Saint-Benoît qui existaient à Saint-Jean-d'Angély, étaient chargés de desservir la paroisse de la ville : c'était la seule occupation qui leur fût confiée.

Quelques-uns d'eux, à la vérité, enseignaient bien, mais sans obligation, gratuitement, et dans un petit bâtiment du couvent. Les écoliers composés d'enfants de la paroisse étaient peu nombreux ; ils accédaient aux classes par une porte donnant sur la rue sans communication avec l'intérieur de la maison. On n'enseignait, et encore incomplètement, que le latin et le grec : tout se bornait aux humanités.

De cela, il résultait que les Bénédictins n'avaient jamais tenu un collège : ce n'était qu'un couvent régi par les lois ordinaires et les affectations particulières, et non un établissement d'instruction publique.

A l'époque de la Révolution, le couvent devint une propriété nationale : l'Etat en vendit une partie à divers particuliers, notamment la pharmacie, et la propriété resta composée telle qu'elle était alors en 1842 et est encore aujourd'hui, c'est-à-dire d'un grand jardin, de deux corps de bâtiments ouvrant sur le jardin et la cour du cloître ; d'autres bâtiments au nord des premiers, sur la cour des cuisines, et d'autres immeubles importants.

Les religieux partis, la municipalité à laquelle succéda la mairie, vint, comme on l'a vu précédemment, occuper une portion à gauche du grand escalier ; de même firent pour diverses portions, le district, la sous-préfecture, les tribunaux correctionnel et de commerce, puis la gendarmerie qui les remplaça bientôt.

Plusieurs particuliers, et les chevaux du 20ᵉ dragons qui occupaient les écuries, y furent aussi logés.

Tous payaient un loyer à l'administration des domaines : celui de la mairie, qui était en 1793 de 400 livres, fut réduit plus tard, en 1809, par le préfet à 150 francs.

Le 28 fructidor an XI, un arrêté des consuls concédait à la ville, pour l'école secondaire qu'elle devait avoir, les bâtiments du couvent dont la façade donnait sur le jardin ; une souscription volontaire restaura les classes alors en mauvais état.

L'école secondaire établie, s'étant, comme on le sait, très vite développée, un décret impérial du 17 prairial an XIII satisfit au besoin indispensable d'agrandissement, en concédant à la ville, l'ancien cloître, le bâtiment y adossé et le jardin y attenant, sans prendre aucune partie occupée par les autorités civiles et la gendarmerie, et ce, pour être affectés à l'usage de la susdite école.

On voit par ce qui précède, quelles étaient, en l'an XIII, l'affectation spéciale donnée aux immeubles indiqués et les réserves formelles faites sur une certaine catégorie de ceux-ci.

Le décret du 14 novembre 1807, consacra plus tard, définitivement, ces réserves en chargeant le département de faire les frais d'appropriation du local ; ce que celui-ci n'ayant pas voulu faire, ce fut la ville qui y pourvut.

Les choses étaient dans cet état, lorsqu'un décret du 11 décembre 1808 donna à l'Université tous les immeubles appartenant « aux ci-devant prytanées français, universités, académies ou collèges », qui n'avaient point jusqu'alors été aliénés ou qui n'étaient pas affectés à un service spécial.

Tel était le titre sur lequel on s'appuyait après trente-deux ans de mutisme, pour revendiquer l'ancien couvent des Bénédictins.

Or, établissait le rapporteur, ce décret était inapplicable dans l'espèce, et ce pour plusieurs raisons, notamment :

1° Parce que, le couvent n'avait jamais été érigé en prytanée ; les religieux l'habitant avant la Révolution n'y tenant point de collège ;

2° Parce que antérieurement au décret du 11 décembre 1808, une partie considérable de l'édifice avait été concédée à la ville pour son école secondaire et au département pour le casernement de la gendarmerie. Au surplus, aucune demande d'envoi en possession n'avait été faite alors par l'Université, et une expertise avait eu lieu à la demande des domaines pour l'alimentation d'une partie, sans qu'il y eût eu la moindre protestation de celle-ci.

Enfin, même après le décret de 1808, les autorités administratives et judiciaires avaient continué à en jouir, en payant un loyer aux domaines, comme précédemment, jusqu'à ce que le décret de 1811 leur eût concédé la propriété des portions par elles respectivement occupées.

Ce décret ayant donné gratuitement aux départements, arrondissements ou communes la pleine propriété des édifices ou biens nationaux occupés par les administrations, cours, tribunaux et instruction publique, la remise des bâtiments occupés par la mairie fut faite à la ville et au département : la commune cessa de payer le loyer à partir de ce jour et pourvut à tous frais de réparations et entretien, comme elle l'avait fait précédemment pour les immeubles cédés en l'an XII et en l'an XIII affectés à l'école secondaire.

Cette école ayant cessé d'exister en 1812 fut, ainsi qu'on l'a vu plus haut, malgré les protestations du recteur, remplacée par l'école ecclésiastique dont nous avons déjà parlé ; cette protestation, ainsi que celle du grand maître de l'Université, reconnaissait bien les droits de la ville.

Au surplus, les bâtiments du collège ayant été, comme on l'a vu, détruits par un incendie, l'Université était restée alors absolument muette, et son budget n'avait pas supporté un centime dans les 80.000 francs que la reconstruction avait coûtés ; en outre, elle ne s'était plus occupée de la question ; l'école ecclésiastique avait fonctionné jusqu'en 1830, les divers services s'étant retirés en 1815 pour lui faire place ; personne n'avait protesté.

Le collège remplaça le petit séminaire en 1830 ; n'occupant que la portion abandonnée en 1815 par les divers services, l'école primaire et la gendarme rie étaient dans les lieux qui leur avaient été concédés.

En présence d'arguments aussi puissants, et la commune ne tenant pas d'ailleurs à maintenir sa première décision d'établir une caserne, même à simple titre provisoire et d'urgence, pour parer à une éventualité qui ne s'était pas même réalisée, le conseil, à l'unanimité des votants, dans sa séance du 26 février 1842, décida de s'opposer par tous les moyens de droit à la mise en possession réclamée par l'Université.

Un avocat, M. Lemoyne, appuya en outre de l'autorité d'une consultation de droit fort étudiée, favorable à ce système, le rapport remarquable donné plus haut en substance ; elle se terminait ainsi : *La propriété de l'immeuble appartient à la ville de Saint-Jean-d'Angély, ses droits reposant sur des titres positifs et suivis d'une possession de bonne foi remontant à plus de trente ans.*

Les choses en cet état se calmèrent et jamais depuis, croyons-nous, la moindre difficulté n'a surgi sur une question aussi nettement posée et tranchée.

*
* *

En 1853, la question de l'enseignement fut une de celles qui furent spécialement traitées.

Plusieurs habitants, sur l'initiative sans doute de quelqu'un qui voulait, suivant un terme de palais qui

Collège de Saint-Jean-d'Angély (Abbaye reconstruite).

rend bien notre pensée « lier l'affaire », crurent devoir adresser une pétition au maire, dans laquelle, sous prétexte « d'économiser les finances de la ville » ils demandaient la suppression de l'école communale, et la reconnaissance de l'école des Frères de la Doctrine chrétienne, en tant qu'institution communale qui devait la remplacer.

L'occasion était trop belle pour ceux dont les sentiments se trouvaient servis par cette proposition, pour qu'ils ne la saisissent pas immédiatement avec empressement, ou plutôt pour que la circonstance créée par eux ne fût pas mise à profit.

Aussi le conseil, le 13 février 1853, après avoir entendu plusieurs membres, « prenant en considération l'état obéré des finances de la ville, ayant égard au haut degré de moralité dont était empreinte l'éducation puisée à l'école chrétienne ;

« Considérant en outre que la population marquait sa préférence en envoyant 50 enfants à l'école communale, tandis que l'établissement des frères était fréquenté par 300 élèves et possédait en outre une classe d'adultes où 200 personnes venaient recevoir, matin et soir, les leçons d'une utilité incontestable pour les ouvriers ;

« Invitait le maire à se pourvoir près du recteur pour obtenir que l'établissement des Frères fût substitué à l'école communale à partir du 1er janvier 1854. »

En même temps on créait des fonds spéciaux pour instruire les enfants pauvres.

Cette décision était maintenue par le conseil, dans sa séance du 7 octobre 1853.

Presque en même temps et dans le même ordre d'idées, on adoptait les conclusions d'une commission spéciale dont M. Jouslain était le premier rapporteur qui concluait 1° à la suppression de la subvention faite annuellement au collège, sauf en ce qui concernait l'allocation de 1.000 francs nécessaire à l'entretien de l'école primaire supérieure qui était maintenue ;

2° A l'examen futur de la question relative à la fondation d'un établissement d'instruction publique.

Une somme de 600 francs était allouée dans le budget aux Frères de la Doctrine chrétienne, qui avaient pour directeur le frère Gabriel.

Peu après, un traité, ayant pour objet l'établissement d'un collège de plein exercice avec M. Caillet, supérieur général de la Société des Frères de Marie, était approuvé, valable pour neuf années.

La ville faisait aux immeubles de l'ancienne abbaye des Bénédictins moins la salle d'asile, les réparations utiles, fournissait le mobilier, prenait les impôts à sa charge et payait à la Société 3.500 francs, y compris 1.000 francs pour l'enseignement primaire supérieur payable en deux termes égaux.

De leur côté, les « Frères de Marie » faisaient les réparations locatives ; entretenaient le mobilier et touchaient le prix de la pension tant interne qu'externe, à charge seulement de verser à la ville une somme de 10 francs par élève : 15.000 francs étaient jugés indispensables par la commission pour l'achat du mobilier. Pour y faire face, on décidait un emprunt remboursable en douze annuités et pour le couvrir une contribution extraordinaire de 5 centimes.

Le décret impérial qui autorisait l'école secondaire libre à partir du 1er octobre 1864, et qui s'appuyait sur le décret du 11 décembre 1808 et sur l'article 69 de la loi du 15 mars 1850, de même que sur le décret du 7 prairial an XIII, est en date, au palais de Saint-Cloud, du 18 août 1866.

*
* *

En 1861, voici quel était l'état de l'enseignement public à Saint-Jean-d'Angély et le nombre d'élèves qui fréquentaient les écoles :

Le collège comptait alors..........	128 élèves
Les Frères des Ecoles chrétiennes..	233
L'établissement Etourneau.......	50
Pinatel, école mixte protestante....	50
Les Ursulines de Jésus..........	191
Les Bénédictines...............	17
Les demoiselles Nadeau..........	68
Mlle Cheminade................	36
Mlle Garlandat................	18
En tout.............	791

La salle d'asile recevait en outre 101 filles et 100 garçons. L'école protestante dirigée par M. Pinatel, puis par le pasteur Lefebvre, existait à ce moment depuis une trentaine d'années.

En 1877, M. Barthié, bachelier en théologie de la Faculté protestante de Montauban, demanda à en ouvrir une rue des Douves.

Sur une demande du pasteur et après avis du conseil presbytéral, le conseil municipal vota, à la charge de la commune, le paiement de la rétribution pour les enfants indigents qui fréquentaient cette école : aucune subvention de cette nature n'avait jusqu'alors été votée, bien que les protestants, suivant qu'ils le disaient, participant aux charges communales, fussent ainsi tenus de payer, pour leur part et portion, la part leur incombant dans les frais des écoles communales laïques et congréganistes subventionnées.

*
* *

Le 30 juin 1881, le conseil municipal, déclarant vouloir s'associer au grand mouvement qui se produisait alors dans toute la France républicaine en faveur de l'enseignement laïque, décidait, en votant 6 centimes demandés pour compléter les ressources nécessaires, la transformation du collège congréganiste en collège laïque pour le mois de septembre 1882 et ce, à une majorité de 14 voix sur 16 votants.

Cette laïcisation avait été très vivement combattue en ville, car, le 19 janvier, on déposait à la mairie 8 pétitions revêtues de 827 signatures plus 105 croix tracées par des illettrés.

Les adhérents demandaient :

1° Le maintien du collège dirigé par les « Frères de la Société de Marie » ;

2° Le renouvellement du bail ;

3° Le rejet absolu de tous nouveaux impôts.

Dans le rapport que M. Joseph Lair, maire, faisait, à la séance du 23 mars 1882 sur la question qui revenait devant le conseil, il s'exprimait ainsi :

Messieurs, on a dit : transformer le collège c'est se lancer dans l'inconnu.

Sans doute, il y a dans chaque transformation une part d'inconnu. Si la transformation a lieu dans cinq ans, dans dix ans, dans vingt ans, il y en aura encore une. Citez-moi un progrès qu'on ne puisse empêcher ; une réforme qu'on ne puisse combattre avec un pareil argument. Heureusement, il nous est permis de mettre en lumière et d'opposer aux perspectives assombries, les autres côtés du tableau ; de montrer par exemple, les avantages d'ordres divers qui résulteront de l'arrivée au milieu de nous, d'hommes instruits, vivant de notre vie, animés à coup sûr d'un esprit libéral...

. . . .

A l'argument tiré de l'inconnu, à la défiance et aux appréhensions qu'il renferme, je répondrai par une question où me semble condensé le fond de l'importante affaire qui nous occupe.

Dans une société démocratique, avide de science et de liberté, l'avenir est-il aux congrégations ou à l'Université de France?...

Le décret du Président de la République autorisant la création du Collège dans l'ancienne abbaye des Bénédictins, est du 3 août 1882. C'est un établissement de plein exercice.

L'enseignement secondaire qui y est donné est établi sur les bases les plus larges ; l'enseignement primaire des classes de Septième, Huitième et Neuvième prépare les jeunes enfants aux études classiques ou modernes.

De plus — récemment établi — un cours d'agriculture complet d'une durée de deux ans, à raison de deux leçons par semaine et qui comprend, la première année, la production végétale, et la seconde, la production animale, prépare avec soin ceux qui se destinent aux travaux agraires, par des études théoriques dont ils auront ensuite à faire plus tard l'application.

Quant aux études primaires, telles qu'elles sont actuellement établies, on en connaît le fonctionnement, et il est assurément inutile d'insister plus longuement sur ce point. Deux écoles de garçons et une de filles sont ouvertes, toutes très fréquentées et dirigées par des maîtres dévoués ; de nombreux élèves viennent y puiser l'instruction qui les prépare admirablement à l'accomplissement des situations sociales qu'ils doivent plus tard remplir dans la vie.

Une école maternelle constitue une pépinière fertile pour le recrutement de ces classes.

Disons enfin en terminant, et ce sera notre dernier mot sur ce sujet si intéressant de l'Instruction publique, qu'en exécution d'une lettre de l'inspecteur primaire ayant pour objet l'institution d'une caisse dans toutes les communes, selon le vœu de la loi du 28 mars 1882, article 17, sur l'enseignement obligatoire, le conseil, en 1884, entrant dans la voie qui lui était tracée, décida la création d'une caisse des écoles de Saint-Jean-d'Angély, approuvant le projet de statuts dressé conformément à la circulaire ministérielle du 29 mars 1882.

Le but de cette institution si louable est de faciliter la fréquentation des classes, par des récompenses, sous forme de livres utiles et de livrets de caisse d'épargne, aux élèves les plus appliqués, et aux indigents par des secours, en leur donnant des vêtements et des livres qu'il leur serait, sans cela, difficile de se procurer.

Depuis et en vertu de l'article 14 de la loi du 1er juillet 1901, relative au contrat d'association, nul n'étant admis à diriger soit directement, soit par personne interposée, un établissement d'enseignement de quelque ordre qu'il soit, ni à y donner l'enseignement s'il appartient à une congrégation religieuse non autorisée, les établissements des Bénédictines et des dames de Chavagnes, ont dû fermer leurs portes.

Dans ce dernier couvent, devenu par traité régulier, la propriété de la ville, il a été établi une maison d'enseignement primaire supérieur pour les filles, qui, à l'heure actuelle, divisée en trois classes, fonctionne, à en juger par le nombre des élèves qui en suivent les cours, dans des conditions qui font bien augurer de son avenir.

Avant de terminer cette étude, certains chiffres permettront de se rendre compte de l'état de l'enseignement public, non seulement dans la ville et l'arrondissement de Saint-Jean-d'Angély, mais encore dans le département de la Charente-Inférieure, ce qui n'est pas sans intérêt, assurément.

En 1904, spécialement, au moment de la rentrée des écoles élémentaires du département, voici quelle était la situation, d'après le rapport adressé par l'inspection académique à l'administration préfectorale.

Les écoles se répartissaient ainsi : spéciales aux garçons : publiques 337 ; privées, 17 ; spéciales aux filles, publiques 339 ; privées, 143. (Mixtes-publiques 177 ; privées, 5). Soit 853 écoles publiques et 165 privées ; en moins sur l'année précédente 18 écoles privées (2 de garçons, 14 de filles et 2 mixtes). Les 177 écoles mixtes publiques (3 en plus) se répartissaient ainsi : dirigées par un instituteur 134 laïques ; par une institutrice 42 laïques et 1 congréganiste. Soit en plus 1 école dirigée par un instituteur et 2 par une institutrice.

Les écoles mixtes publiques recevaient 6.267 élèves (140 en plus). Garçons, 3.468 ; filles 2.799, soit en plus 2 garçons et 138 filles.

Nombre de filles admises dans les écoles mixtes publiques dirigées par un instituteur : 2.132 (34 en plus).

Nombre des garçons admis dans les écoles mixtes

aux filles : publiques 339 ; privées, 143 (mixtes publiques, 177 ; privées 5) ; soit 853 écoles publiques et 165 privées ; en moins sur l'année précédente, 18 écoles privées (2 de garçons, 14 de filles et 2 mixtes).

Les 177 écoles mixtes publiques (3 en plus) se répartissaient ainsi : Dirigées par un instituteur, 134 laïques ; par une institutrice 42 laïques et 1 congréganiste ; soit en plus, une école dirigée par un instituteur et 2 par une instiutrice.

Les écoles mixtes publiques recevaient : 6.267 élèves (140 en plus) ; garçons 3.468 ; filles, 2.799 ; soit en plus, 2 garçons et 138 filles.

Nombre de filles admises dans les écoles mixtes publiques dirigées par un instituteur : 2132 (34 en plus).

Nombre des garçons admis dans les écoles mixtes publiques dirigées par une institutrice : 520 (34 en plus).

Les 5 écoles mixtes privées, dont une continue à être dirigée par un instituteur, ont reçu 79 élèves (23 en moins), 39 garçons (17 en moins) et 40 filles (16 en moins).

Sous le rapport de la direction, les 1.018 écoles élémentaires se répartissaient ainsi : écoles publiques dirigées par des laïques, 852 ; par des congréganistes, 1.

Ecoles privées dirigées par des laïques, 75 ; par des congréganistes 90.

Soit en plus, 30 écoles laïques ; 2 écoles publiques et 28 écoles privées et, en moins, 48 écoles congréganistes ; 2 écoles publiques et 46 écoles privées.

Il ne restait plus cette année par suite d'une sécularisation, en 1902-1903, d'une école publique, qu'une seule de cette catégorie dirigée par un congréganiste qui avait même, à cette époque, présenté des lettres de sécularisation.

Sous le rapport de la fréquentation :

Les élèves reçus dans toutes les écoles privées ou publiques (supérieures, élémentaires, maternelles) ont été au nombre de 62.031 (834 en moins) savoir : Dans les écoles élémentaires et supérieures, 56.473 (153 en moins).

Dans les écoles maternelles, 5.558 (681 en moins). Les 56.473 élèves ci-dessus étaient ainsi classés : écoles publiques 7.311 de moins de six ans, 38.273 de six à treize ans ; 2.261 de plus de treize ans.

Ecoles privées: 1.049 de moins de six ans ; 44.921 de six à treize ans ; 3.192 de plus de treize ans. Soit une augmentation de 238 unités dans le nombre des enfants âgés de moins de six ans et une diminution :

1º De 243 unités dans celui des enfants âgés de six à treize ans ;

2º De 148 unités dans celui des enfants âgés de plus de treize ans.

Environ 400 enfants (179 garçons et 198 filles) ne

fréquentaient aucune école publique du département (1).

Si, maintenant, résumant ce qui précède, l'on compare l'organisation actuelle de l'enseignement public

---

1. Voici, à titre de document, comment dans sa séance du 22 mai 1909, le Conseil départemental séant à La Rochelle, a composé la délégation cantonale chargée d'exercer la surveillance prévue par la loi organique, dans les écoles de l'arrondissement de Saint-Jean-d'Angély :

Canton de Saint-Jean-d'Angély :

MM. J. Archambaud, pharmacien, pour les écoles rue Tailleboug et Poursay-Garnaud ;

E. Benon, négociant, Saint-Pardoult, La Chapelle-Bâton ;

A. Barthe, notaire, adjoint au maire, Ternant, Lavergne ;

Clopeau, ancien instituteur, Ecoles publiques des filles ;

Dr Emerit, les Eglises d'Argenteuil, La Benâte ;

Dr Jonchères, Voissay, Asnières ;

Jean Laurent, adjoint au maire, Landes, Pension Jeanne-d'Arc ;

A. Mesnard, avoué, ancien adjoint au maire, Mazeray, Bignay ;

J. Neau, avoué, conseiller général : Ecoles libres des pensions Kieffer et Brung ;

Dr Normand-Dufié, maire, Antezant, Vervant, Courcelles ;

Eugène Réveillaud, député, Saint-Julien de l'Escap, Saint-Denis-du-Pin ;

A. Rabault, maire, Fontenet, Varaize ;

C. Veillon, Principal du Collège, Ecoles Gambetta et Maternelle.

Canton de Loulay :

MM. Bévin, conseiller d'arrondissement, maire de Migré ;

Bonnet, propriétaire à Migré ;

Charrier, ancien maire, Loulay ;

à celle qui existait sous la Révolution ou pendant la période qui a suivi, tout esprit impartial ne devra-t-il pas reconnaître l'immense progrès réalisé sur ce terrain par la République, dont la mission toute

---

Durand, pharmacien, maire, Loulay ;
Dr Joffrion, à Saint-Martin-de-la-Coudre ;
Gravat, conseiller général, maire, Villeneuve-la-Comtesse ;
C. Jousselin, adjoint, *idem* ;
Lamoureux, ancien maire, Saint-Martin-de-la-Coudre ;
Tétron, notaire, *idem* ;

Canton de Saint-Hilaire de Villefranche :

MM. Bouhet, suppléant du juge de paix à Saint-Hilaire-de-Villefranche ;
Blanchet, fils, propriétaire à Juicq ;
Croizet, notaire, conseiller d'arrondissement, maire Aumagne ;
Dr Guillaud, ancien conseiller général, professeur à la Faculté de médecine de Bordeaux, Saintes ;
Dr Jolly, médecin, Brizambourg ;
Normand d'Authon, maire à Authon ;
Mallat, notaire, maire à Brizambourg ;
A. Roy, maire à Nantillé ;
Dr Robin, maire, Saint-Hilaire-de-Villefranche ;

Canton de Saint-Savinien :

MM. Dr Deramé, Taillebourg ;
Dr Foubert, maire de Saint-Savinien ;
Fraprie, ancien maire, Les Nouillers ;
Raby, ancien notaire, Thors ;
Ravaud, notaire, Saint-Savinien ;
Bordelais, conseiller d'arrondissement, adjoint au maire, *idem.*

Canton de Matha :

MM. Dr Audouin, à Beauvais-sur-Matha ;
Audouin Félix, propriétaire aux Touches-de-Périgny ;
Bignon Fœdéré, propriétaire à Beauvais ;

pacifique doit être de dissiper dans toutes les consciences, les ténèbres de cette ignorance, mère de l'erreur, qu'un philosophe appelait « la plus grande maladie du cœur humain » ?

Dr Coyrard, conseiller général, Matha ;
Clergeau, propriétaire. Chez Boucherie de Bresdon ;
Denéchère, propriétaire à Macqueville ;
Gautron Victor, propriétaire à Thors ;
Lablancherie, propriétaire à Blanzac ;
Monmoine, pharmacien, maire, Matha ;
Dr Porchaire, maire, Neuvicq ;
Chéneau, notaire, Matha ;
Roullin, père, propriétaire, Saint-Jean-d'Angély ;

Canton de Tonnay-Boutonne :
MM. Dechène, ancien instituteur, à Tonnay-Boutonne ;
Faucheraud, ancien maire à Tonnay-Boutonne ;
Gouynaud, maire, Saint-Loup ;
Raffin, notaire, Tonnay-Boutonne ;
Dr Schmütz, conseiller général, Tonnay-Boutonne ;
Tournat Auguste, propriétaire à Puyrolland ;

Canton d'Aulnay de Saintonge :
MM. Bafferon, maire à Dampierre ;
Baudet, ancien instituteur, Aulnay ;
Braud, notaire à Fontaine-Chalendray ;
Chauveau, pharmacien, adjoint au maire, Aulnay ;
Davion, notaire, Aulnay ;
Dr Marchand, conseiller général, maire, Aulnay ;
Mayé, ancien instituteur, Saint-Mandé ;
Michaud, conseiller d'arrondissement, maire, La Villedieu ;
Micheau Alix, maire, Saint-Martin-de-Juillers ;
Dr Mouclier, Romazières ;
Madeleine, maire, Fontaine-Chalandray ;
Péraud, ancien maire au Gicq ;
Pineau, ancien maire, Néré ;

s tableaux récapitulatifs ci-après copiés sur les textes officiels qui nous ont été communiqués permettent d'un seul coup de se rendre compte de l'état de l'enseignement dans l'arrondissement de Saint-Jean-d'Angély, pour l'année scolaire -1907.

Département de la Charente-Inférieure : Circonscription de Saint-Jean-d'Angély

Population totale de la circonscription : 65.974

				Publiques	Privées	Totaux
Nombre s communes.	Pourvues au moins d'une école publique de garçons, de filles ou mixtes.	118	De moins de 6 ans. { Garçons.	636	30	666
			Filles....	588	78	666
	Réunies légalement à d'autres communes pour l'entretien d'une école publique....................	1	De 6 à 13 ans. { Garçons.	3.250	69	3.319
			Filles....	2.783	379	3.162
	Dépourvues d'écoles.............	0	De plus de 13 ans. { Garçons.	287	21	308
	Total égal au nombre des communes de la circonscription	119	Filles....	217	69	286
			Totaux.......	7.761	646	8.407
Nombre es communes.	De plus de 500 âmes.............	50				
	De plus de 500 ayant au moins une école publique de filles............	50				
	De plus de 500 âmes n'ayant pas d'écoles publiques, mais une ou plusieurs écoles privées de filles......	50				
	De plus de 500 âmes n'ayant pas d'écoles publiques, mais une ou plusieurs écoles privées de filles......	0				
	De moins de 500 ayant une école publique de filles......................	12				

			NOMBRE DES ÉCOLES			NOMBRE DE CLASSES				NOMBRE D'ÉLÈVES INSCRITS DANS CES ÉCOLES							
			Laïques	Congrég.	Total	Enfants	Primaires élément.	Primaires supérieures	Total	Laïques		Congréganistes		Total des élèves		Tot. géné.
										Garçons	Filles	Garçons	Filles	Garçons	Filles	
Écoles publiques.	Primaires supérieures	de garçons..	1		1		3		3		110	8			110	1.
		de filles.....						1	1	37				37	3.
	Cours complémentaires	de garçons..					1									
		de filles.....														
Élémentaires mixtes dirigées par	spéciales	garçons....	61		61		12		72	2.762				2.762		2.76
		filles........	60		60	10	67		77	290	2.544			290	2.544	2.83
	un instituteur..........		47		47		47		47	906	693			906	693	1.59
	une institutrice........		16		16		16		16	178	241			178	241	4
Totaux pour les écoles publiques ..			185		185		242	4	216	4.173	3.588			4.136	3.625	7.76
Écoles privées.	Primaires supérieures	de garçons...														
		de filles......														
	Classes prim. sup. annexées à des écoles élémentaires	de garçons...					1	1		12				12		1
		de filles......														
	Spéciales aux garçons.........		2		2	1	4		1	83				83		8
	Élémentaires aux filles.......		13		13	4	22		26	25	526			25	526	55
	Mixtes dirigées par	instituteur ...														
		institutrice...														
Totaux pour les écoles privées.....			15		15	5	26	1	28	120	526			120	526	64
Enfants instruits dans leur famille art. 7, loi du 28 mars 1882.	Garçons. 0															
	Filles ... 1															
Totaux généraux..............			200		200	15	268	5	244	4.293	4.114			4.256	4.151	8.40

CHARENTE INFÉR.

Circonscription de St-Jean-d'Angély

État de situation des Écoles maternelles

Population de la circonscription : 65.974

Nombre des enfants reçus dans les écoles maternelles.			ÉCOLES		Total
			publiques	privées	
	de 2 à 6 ans	Garçons	97	22	119
		Filles	79	29	108
	de plus de 6 ans	Garçons	3	»	3
		Filles	5	»	5
Totaux			184	51	235

Écoles maternelles		Laïques	Congrég.	Total	Nombre de classes		Nombre d'élèves inscrits			Total	
					Enfant.	Matern.	Garçons	Filles	Congr.	Garçons	Filles
	Publiques	1	0	1	0	2	100	84	0	100	84
	Privées	1	0	1	0	1	22	29	0	22	29
Totaux généraux.		2	0	2	0	3	122	113	0	122	113

Total général : Écoles maternelles publiques. 184
     —   — privées... 51
          Ensemble..... 235

Nombre des élèves présents dans les écoles maternelles, le premier jour scolaire :

    Décembre 1906. 131
    Juin 1907....... 148

Élèves inscrits au registre d'appel :

    Décembre 1906. 163
    Juin 1907....... 188

Ecoles privées

Désignation des catégories		Nombre des instituteurs dirigeant une école				Adjoints ou adjointes				Total du personnel enseignant dans les écoles privées
		sans brevet	avec brevet élément.	avec brevet supérieur	Total	sans brevet	avec brevet élément.	avec brevet supérieur	Total des adjoints	
Nombre des instituteurs	Laïques	»	1	1	2	»	3	»	3	5
	Congrég.	»	»	»	»	»	»	»	»	»
	Totaux....	»	1	1	2	»	3	»	3	5
Nombre des institutrices	Laïques	»	12	1	13	»	13	3	16	29
	Congrég.	»	»	»	»	»	»	»	»	»
	Totaux....	»	12	1	13	»	13	3	16	29

CHAPITRE X

Saint-Jean-d'Angély sous Louis XVIII — Charles X et Louis-Philippe

§ 1. — Adresse d'adhésion de la municipalité au gouvernement provisoire. — Députation au duc d'Angoulême et adresse au roi. — Son retour de Bordeaux à Saint-Jean-d'Angély. — Proclamation du sous-préfet Griffon à ses administrés. — La couleur et la cocarde blanches. — La fête du roi.

§ 2. — Retour en France de Napoléon Ier. — Appel aux armes des jeunes gens de Saint-Jean-d'Angély. — Nouvelle proclamation du maire de Sérigny de Luret. — Supplique au roi au nom des habitants. — La nouvelle municipalité. — Sa prestation de serment. — Suppression des emblèmes de l'empire. — Manifestation en faveur du nouveau régime. — La Fête-Dieu à Saint-Jean-d'Angély. — Obligation de tendre sur le passage du cortège. — Observation des avocats angériens à ce sujet en 1767. — Composition de la garde royale. — Listes électorales. — Obligation imposée aux habitants de fermer leurs portes à une heure déterminée. — Défense de fumer au minage, aux halles, au marché et sur les places publiques.

I

La déchéance de Napoléon Ier venait d'être prononcée et, dans sa séance du 3 avril 1814, le Sénat avait adopté le retour d'un gouvernement monarchique, en la personne de Louis XVIII.

Le 14 de ce même mois, on se posait à Saint-Jean-d'Angély la question de savoir si on présenterait une adresse d'adhésion à ce nouveau gouvernement : cette proposition ayant été résolue dans le sens affirmatif, MM. de Bonnegens des Hermitans, maire, Marchand et Jouanneau, avocats, furent chargés de sa rédaction dont voici la teneur :

Le maire de la ville de Saint-Jean-d'Angély, les adjoints et les membres du conseil municipal ont l'honneur de vous adresser les témoignages de la reconnaissance qu'ont excité en eux les mesures adoptées par le Sénat, dans sa séance du 3 de ce mois.

Il a saisi votre pensée la plus chère en émettant le vœu d'un retour au gouvernement monarchique dans l'antique maison des Bourbons qui donna à la France tant de souverains remarquables par leur talent, leur bravoure, leur vertu et particulièrement, en la personne de Louis XVIII.

Veuillez bien, Nos seigneurs, agréer l'hommage de notre adhésion aux actes de votre gouvernement : nous vous l'exprimons, au nom de tous les habitants de notre ville.

Une députation de trois notables composée de MM. de Lalaurencie fils, adjoint municipal, Levallois, membre du conseil, receveur de l'enregistrement, et Duret fils, avocat, fut nommée pour aller présenter à son Altesse Sérénissime, Monseigneur le duc d'Angoulême, — alors à Bordeaux, — « le témoignage d'amour et de fidélité des habitants de la ville pour le roi Louis XVIII et les princes de son auguste maison. »

Monseigneur, disait cet écrit, la ville de Saint-Jean-d'Angély qui a eu le précieux avantage d'être toujours et constamment attachée à la noble couronne de France et qui le dut au courage et aux soins paternels de Saint-Louis, cette ville qui se glorifie d'avoir eu, dans les plus beaux temps de la monarchie des relations intimes avec Bordeaux, première cité qui ait eu le bonheur de recevoir un prince de la maison de Bourbon, lui est encore unie par ses affections, par ses sentiments d'amour pour ses souverains dont nos vœux les plus ardents avaient depuis longtemps désiré le retour.

Après vingt ans d'interrègne, les Français jouiront enfin du bonheur de posséder les descendants d'Henri IV. Les habitants de la ville que nous représentons auprès de Votre Altesse royale, rivaliseront toujours avec les Français de toutes les Cités, d'amour et de fidélité pour Louis XVIII, chef de Votre Auguste Maison et pour les Princes qui la composent.

La députation fit son voyage à Bordeaux et M. Duret, en en rendant compte, déclara « que son Altesse royale leur avait dit qu'Elle était sensible à tout ce qui lui était exprimé et que les députés pouvaient assurer à leurs concitoyens qu'elle s'empresserait de faire connaître leurs sentiments au roi ».

Une nouvelle ambassade, composée du maire, M. de Sérigny de Luret, Jolly d'Aussy, Jouanneau, commandant d'une cohorte, avocat, et Victor Saint-Blancard, juge instructeur, fut en outre chargée de porter à Paris aux pieds du roi, l'expression de l'amour et de la fidélité des habitants.

Voici en quels termes le conseil s'exprimait, dans la pièce à remettre :

Sire, après vingt-cinq ans d'orage et de malheur, des siècles de félicité vont s'ouvrir pour la Patrie. Ralliés autour de l'étendard sacré des augustes Bourbons, sous l'égide d'une monarchie paternelle, les Français béniront le jour qui, rappelant Louis XVIII au trône de Louis XII, rendit un père à ses enfants : que l'Etranger généreux qui protège son retour devienne son noble et fidèle allié, et la reconnaissance que lui offriront les cœurs français ne le cédera qu'au respect, à l'amour et au dévouement qui les animent pour leur monarque. Sire, tels sont les sentiments dont la ville et le Conseil Municipal de Saint-Jean-d'Angély (Charente-Inférieure) adressent l'hommage à Votre Majesté et dont les députés déposent l'expression sur les marches du trône.

La députation partit pour Paris et, le 22 juin 1814, le bruit de son retour se répandit en ville.

Tous les habitants notables, « formant une belle réunion de cavaliers bien montés », allèrent au-devant d'elle à plus d'une lieue.

Venaient ensuite, à quelque distance, les adjoints et les membres du conseil accompagnés des corporations civiles et militaires, des élèves du collège et du séminaire. En cette circonstance M. Jouslain, premier adjoint, prononça un discours « plein de sentiment et d'éloquence » et la population fit retentir les airs des cris répétés de « Vive le roi Louis XVIII ! ».

Entre temps, une musique nombreuse exécutait les airs chéris des *Amis du Roi*, les cloches sonnaient à toutes volées, « tout était en mouvement et annonçait la plus vive allégresse. »

Les fonctionnaires et la classe dirigeante ne négligèrent rien, — il faut bien en convenir, — pour exciter l'enthousiasme ; tout fut mis en œuvre pour frapper l'imagination et les cœurs.

L'ancien maire, Griffon, venait d'être nommé sous-préfet : pour témoigner sa reconnaissance à son nouveau maître, il fit placarder sur les murs de la ville, ce qu'il appelle lui-même pompeusement « une proclamation à ses administrés », pièce où la flatterie du pouvoir semble poussée au paroxysme, sorte d'ode d'un lyrisme exagéré.

Voici le texte complet de cette pièce qui sortait des presses de Mme Lacurie et qui nous a été offerte par un de nos concitoyens :

Français,

Après vingt-cinq ans de troubles et d'inquiétudes, vos malheurs sont enfin terminés : l'âge d'or vient de renaître. L'air retentit encore de ces paroles consolantes : Paix au monde, plus de circonscriptions, plus d'impôts vexatoires. Et quel est celui qui vient vous parler ainsi ?... C'est un souverain qui, longtemps repoussé par des sujets égarés, ne veut les punir de leurs erreurs que par un généreux oubli : c'est un Père qui, méconnu par ses enfants, ne consulte que son cœur et leur pardonne ; c'est un prince que la Providence dont les voies sont impénétrables, a paru délaisser pendant quelque temps, et qui vient enfin, aidé de son secours, briser les fers forgés par la tyrannie ; c'est enfin l'héritier légitime des Bourbons, le successeur de l'infortuné Louis XVI.

L'insulaire audacieux qui, depuis quatorze ans, s'est immiscé, sous différents titres, dans le gouvernement de la France, qui a sacrifié à sa coupable ambition le dernier de vos fils, de vos frères, de vos amis, qui a épuisé jusqu'à la dernière de vos ressources, est maintenant dans l'impuissance de suivre son système homicide. Pour la première fois, il s'est rendu justice : il vient d'abdiquer une couronne usurpée, il se résigne à porter, dans un honteux exil, le poids accablant de son remords.

Paix au monde entier : vous verrez fleurir le commerce, l'âme des Etats et le lien des peuples, que de folles prétentions avaient altéré, que de faux calculs avaient tari jusqu'à sa source.

Plus de conscription : un souverain que des droits héréditaires et incontestables replacent sur le trône, qui veut par son humanité, gagner le cœur de ses sujets, qui saura par sa justice, mériter la confiance des rois ses voisins, n'a pas besoin, pour maintenir son autorité, de ces armées innombrables qui boivent le sang des familles et dévorent leur fortune.

Plus d'impôts vexatoires : le sujet est, par autorité divine et humaine, tributaire du prince, mais s'il est du devoir du peuple de subvenir aux dépenses qu'exigent la majesté et la dignité du trône, la sagesse du prince n'exigera de vous qu'un tribut que vous puissiez acquitter, qui sera basé sur les revenus de vos biens et jamais assujetti aux caprices ruineux d'une ambition dévastatrice.

Pères de famille, dont je partage la sensibilité, comme

vous j'ai longtemps pleuré l'absence de mes enfants, que la nécessité a rangé sous les drapeaux de l'avide conquérant : cet événement va les ramener dans nos bras : si nos tendres épouses nous donnent des gages de leur amour, nous ne serons plus réduits à reprocher au ciel ses présents funestes.

Vos administrateurs ne seront plus les instruments forcés de vexations odieuses : sous un règne protecteur de la justice et des lois, ils pourront, sans compromettre leur responsabilité, prêter l'oreille à vos réclamations, ouvrir le cœur à vos plaintes.

Qu'elle qu'ait été votre position sous Bonaparte, l'avènement de Louis XVIII ne peut être pour vous que le présage du bonheur.

Si vous avez fidèlement rempli des fonctions publiques vous êtes, d'avance, investis de toute sa confiance : il n'a point l'orgueil de croire qu'il puisse y avoir, en administration, de choix heureux que ceux qu'il aurait faits lui-même.

Si vos services dans la carrière militaire vous ont mérité des honneurs et des récompenses, vous continuerez à en jouir sous son règne : il sait reconnaître le mérite pour quelque cause qu'il ait été employé. Si, sous la foi des lois alors existantes, vous avez acquis des domaines que la justice aurait dû laisser entre les mains de ceux qui les possédaient, Louis XVIII vous en confirme la propriété et sa parole, comme celle de Henri IV, est inviolable.

Et vous, estimables cultivateurs, vous verrez sans inquiétude croître vos moissons : vous ne craindrez plus qu'une réquisition arbitraire vous prive du fruit de vos travaux.

Les dernières tentatives de Bonaparte luttant contre une

destinée invincible vous ont distraits de vos travaux et vous ont éloignés de vos familles dans un âge où l'on ne doit plus s'occuper que de pourvoir à l'existence de ceux à qui nous avons donné ou de qui nous tenons le jour. On vous a mis des armes entre les mains, lorsque vous ne deviez y tenir que des instruments de la culture ; déposez-les, ces armes : ne vous gardez entre vous et contre tous que par l'attachement que se doivent les membres d'une même famille.

Paix au monde entier : plus de circonscription ; plus d'impôts vexatoires ; tel est le mot d'ordre de Louis XVIII. Obéissance au Souverain ; respect aux lois, aux personnes et aux propriétés, tel doit être le mot de ralliement de ses fidèles et dévoués sujets.

VIVE LOUIS XVIII !

Fait à Saint-Jean-d'Angély, à l'hôtel de la sous-préfecture, le 10 avril 1814.

Signé : Griffon

En même temps que le sous-préfet parlait ainsi aux Angériens, le maire, de Sérigny de Luret, voulant, lui aussi, donner des preuves d'attachement au nouveau régime, publiait une ordonnance royale par laquelle la couleur blanche était déclarée nationale : ceux qui voulaient porter la cocarde étaient tenus d'arborer cette nuance : les militaires devaient l'avoir constamment sur leur uniforme et l'autorité se réservait de poursuivre et de faire juger ceux qui s'oublieraient à arborer la cocarde tricolore.

Le soir du jour où cette ordonnance était portée à

la connaissance des habitants, on annonçait, au son de la grosse cloche, qu'une illumination générale embraserait la ville, sans aucun doute, pour donner une compensation à ceux qui éprouvaient, en leur for intérieur, de la peine à cette substitution de couleur.

La fête du nouveau monarque fut fixée au 25 août et, pour lui donner tout l'éclat qu'il convenait, le programme en était officiellement arrêté par le maire.

Tout d'abord, le beffroi sonnait, la veille, pour annoncer la réjouissance du lendemain. Il devait, en outre, se faire entendre au soleil levant, le matin de ce même jour, puis à l'heure de la grand'messe et enfin à 7 heures du soir, pour annoncer le rassemblement à l'Hôtel de ville des autorités civiles et militaires.

Les administrateurs étaient tenus de se rendre à l'église paroissiale et d'assister aux offices divins en corps comme aux jours des fêtes les plus solennelles. Malgré ces débuts quelque peu religieux, la note profane n'était pas oubliée pourtant. Dans l'après-midi, il y avait des danses sur la place du Marché et au bois des Capucins. A 7 h. 1/2, réunion des autorités à l'Hôtel de ville, avec adjonction des compagnies de grenadiers et des musiciens : à 8 heures, départ du cortège pour le feu d'artifice tiré sur la place Matha : enfin, une illumination générale clôturait la cérémonie.

Chaque année, la fête royale était célébrée sans grande variante : celle du 24 août 1816 semble pourtant affirmer un zèle plus actif, tout au moins de la part du pouvoir.

Nous célébrerons demain, ainsi que toute la France, disait le maire, la fête du meilleur comme du plus vertueux monarque. Livrons-nous à l'allégresse que doit inspirer à tout Français une pareille journée. Renouvelons à ce prince chéri tout notre attachement et ne cessons de lui donner des marques de notre amour et de notre admiration dont il est si digne.

Puis, ce sont, suivant l'antique usage, des messes, un *Te Deum*, des prières en action de grâces ; des gardes nationales escortant le cortège ; un feu de joie, des musiciens donnant les meilleurs morceaux de leur répertoire dans le petit bois des Capucins, des illuminations et des ébats chorégraphiques pleins d'entrain...

II

Malgré les proclamations, les adresses, l'exhibition de la couleur blanche, on sait que celui que Griffon appelait « l'Usurpateur » revint, et l'on connaît l'époque dite des « Cent jours », sans que, dans ces pages de pure histoire locale, nous ayons à nous arrêter sur cet événement autrement qu'en ce qui a trait aux faits qui en furent la conséquence en ville.

Pour recruter des soldats pour lutter contre Napoléon Ier, on ouvrit à l'Hôtel de ville un registre sur lequel devaient s'inscrire les engagés et pour exciter le zèle et l'émulation des recrues, on promettait de transmettre leurs noms au roi qui, certes, ne manquerait pas d'en être mémoratif un jour.

Dans ce but, le maire, de Sérigny de Luret, adressait à dix jeunes gens une lettre ainsi conçue :

Un sentiment d'honneur vous appelle au service de la Patrie. La mort du « Scélérat » qui est venu troubler la paix vous rendra à vos familles ; à vos compatriotes. Vous y reviendrez avec la gloire d'avoir prouvé votre dévouement et votre amour pour votre roi et votre Patrie.

Deux jours plus tard, pensant que cet appel limité ne suffisait pas, on apposait sur les murs de la ville la proclamation suivante :

Habitants de Saint-Jean-d'Angély,

Les nouvelles reçues hier sont satisfaisantes ; de toutes parts, on voit l'esprit national s'éveiller pour la cause du roi, de la Charte constitutionnelle et de la Liberté française.

Saint-Jean-d'Angély n'imiterait-il pas l'exemple des villes voisines, dont la jeunesse s'empresse de se faire inscrire pour le service du roi ? Accourez, braves jeunes gens, la gloire vous appelle ! Si la lutte est terminée avant votre arrivée, vous aurez au moins le mérite d'avoir voulu y contribuer. Des registres sont ouverts à cet effet à la mairie et je m'empresserai de faire connaître au roi ceux qui s'y feront inscrire.

Vive le Roi.

Signé : De Sérigny de Luret.

Malgré tout, Napoléon Ier revenait et, le 27 mars, le drapeau tricolore, remplaçant encore une fois le drapeau blanc fleurdelisé, flottait à l'Hôtel de ville et les citoyens arboraient, à nouveau, la cocarde aux trois couleurs.

Le 3 mai, des registres étaient déposés à la sous-préfecture, à la mairie, au greffe, chez le juge de paix, chez tous les notaires, à l'effet d'y recevoir les votes pour l'acceptation de l'Acte additionnel aux constitutions de l'Empire. Les sous-officiers et soldats de la vieille garde, ceux de la jeune garde, ceux des escadrons d'artillerie et des équipages militaires furent invités à reprendre du service, et Sa Majesté les prévenait qu'elle comptait sur leur zèle et leur dévouement.

Peu après, on le sait, c'était Waterloo et c'était Sainte-Hélène !

*
* *

Le retour du roi fut encore, pour Saint-Jean-d'Angély, le prétexte d'une manifestation.

« Sire, disaient Simouneau, Rocquet et Bartaré dans une supplique qui porte la date du 29 juillet et qui fut remise au roi, lorsque Votre Majesté daigna recevoir avec bonté la députation de cette ville chargée de porter au pied du trône de Louis, le désiré, l'expression des sentiments qui remplissent le cœur de tous les Français, nous étions loin de penser qu'un « usurpateur » viendrait incessamment troubler le bonheur dont nous jouissions par la présence du meilleur des rois.

« La surprise, l'effroi, la terreur ont comprimé tous les moyens de résistance : les forts ont été comprimés ; les faibles entraînés. Votre Majesté a daigné promettre à ceux-ci l'oubli de leur erreur. Ainsi tous les Français seront, à jamais, réunis pour défendre le trône des lis et donner à leur auguste souverain des témoignages constants de leur respect et de leur attachement sans bornes. »

L'adresse se terminait en affirmant que « Saint-Jean-d'Angély priait Sa Majesté d'agréer un nouvel hommage de son respect, de son amour et de sa fidélité pour son auguste personne et celle de tous les princes de la maison de Bourbon. »

La nouvelle municipalité, nommée par « ordonnance de Sa Majesté donnée au château des Tuileries, le 11 avril de l'an de Grâce 1816, le vingt et unième du règne » se composait de MM. de Lalaurencie, fils, Charles-Joseph comme maire, Demerville, Louis-François qui signe G. Merville, premier adjoint et Pierre Lair, deuxième adjoint.

A l'exception de G. Merville, qui le fit plus tard pour cause de maladie, les nouveaux nommés prêtèrent le serment dont voici la formule et ce, en présence, dit le procès-verbal, des autorités civiles et militaires et d'habitants qui criaient : « Vive le roi, Vivent les Bourbons ! » « Nous jurons et promettons à Dieu de garder obéissance et fidélité au roi, de n'avoir aucune intelligence, de n'assister à aucun conseil, de n'entretenir aucune ligue qui seraient contraires à son autorité ; et si dans cette commune ou ailleurs, nous apprenions qu'il se trame quelque chose à son préjudice, nous le ferions connaître au roi. »

L'autorité municipale ne négligea aucun des moyens en son pouvoir, pour affirmer son affection pour le nouveau maître.

C'est ainsi que le maire qui connaissait, disait-il, le bon esprit des habitants, s'empressait d'informer ses concitoyens qu'à l'exemple de plusieurs cités, les autorités feraient parvenir au pied du trône une adresse de protestation de la ville « contre l'horrible attentat commis le 21 janvier 1793 envers le plus juste des rois, l'infortuné Louis XVI, et contre les augustes victimes de sa famille ». La pièce restait déposée quatre jours à l'Hôtel de ville, pour être signée par les habitants.

Une ordonnance du 28 décembre 1825 maintenait les mêmes municipalités que précédemment, à l'exception de Demerville qui était remplacé par le notaire Lemoyne.

En regard de chaque nom, sous le titre : « Fortune évaluée en revenu » on trouve :

De Lalaurencie........	5.000 plus tard, 9.000
Demerville...........	1.200
Lair................	3.000
Lemoyne............	2.000

De plus, de Lalaurencie fils et Griffon qui s'entendaient à merveille, édictaient que tous les emblèmes qui pouvaient encore rappeler le gouvernement de l'usurpateur seraient brûlés sur la place publique, le 20 mars. En conséquence, ceux qui étaient nantis « de cachets, cadres, drapeaux, tableaux, aigles, bustes ou de tout autre signe » étaient invités à les apporter à l'administration municipale, dans un délai de huit jours, afin de les réunir à ceux déjà déposés à la sous-préfecture.

En même temps que l'on détruisait le buste de « l'usurpateur », on inaugurait à l'Hôtel de ville celui de « S. M. Louis XVIII, dit le bien-aimé » avec tout l'apparat que la localité et les circonstances permettaient : les habitants étaient invités à décorer leur maison de drapeaux blancs. « Sa Majesté » goûtait, paraît-il, énormément ces manifestations des habitants de Saint-Jean-d'Angély; aussi, leur faisait-elle adresser, par les soins du marquis de la Roche-Courbon, son commissaire général de police, ses éloges, en constatant « l'esprit d'ordre et d'enthousiasme qui avait régné dans cette cérémonie ».

Tout était alors prétexte à l'autorité municipale pour manifester les sentiments de sympathie qu'elle éprouvait pour le nouveau régime : fêtes religieuses, le matin ; fêtes profanes, le soir.

C'était d'abord l'heureux anniversaire du « jour où Louis, le désiré, avait mis le pied sur le sol français après vingt-cinq ans d'absence et de malheur » ; c'était ensuite celui de la rentrée du roi à Paris ; puis celui du mariage de la princesse Marie-Caroline de Sicile avec Charles-Ferdinand, duc de Berry.

A l'occasion de ces événements, on allait à la messe et aux vêpres, on chantait des cantiques, l'on faisait des processions et, le soir de ces jours-là, comme il y a temps pour tout, des orchestres facilitaient les exercices chorégraphiques et les amusements : on dansait sur toutes les places publiques ; il y avait un immense feu de joie sur la place Matha, et le petit bois des Capucins et l'Hôtel de ville étaient ornés d'emblèmes et de transparents pour fêter, ainsi qu'il convenait, « des événements aussi importants pour les destinées de la France ».

Les jours commémoratifs de la mort de Louis XVI et de celle de Marie-Antoinette, des services solennels auxquels on devait assister étaient célébrés, en grande pompe et, pendant ces cérémonies, « tout travail était suspendu et tout industriel devait fermer sa boutique ».

La célébration de la Fête-Dieu était l'objet de soins tout spéciaux, pour que son éclat en fut le plus possible rehaussé : le maire à cette occasion recevait, de l'autorité supérieure, des instructions toutes particulières qui devaient être fidèlement exécutées. M. de Lalaurencie s'était entendu avec le curé de la ville pour fixer l'itinéraire de la procession qui devait s'effectuer par les rues de la Grosse-Horloge, en tournant au coin de la maison Larade, pour entrer dans la rue de l'ancien Hôtel-de-Ville et se rendre par celle du Jeu-de-Paume et le Canton-des-Forges à l'église.

Aux termes d'un arrêté spécial du 20 mai 1818, affiché et publié, « les propriétaires et locataires des maisons comprises dans ces quartiers étaient tenus de tendre » et ceux qui entouraient les cantons et places traversés par la procession étaient aussi « tenus de le faire sur son passage ».

Ce n'était pas là une invitation ayant pour objet de plaire à la municipalité : ceux qui contrevenaient à l'ordre donné encouraient les peines portées par les lois.

Des personnes étrangères au culte catholique, des protestants prétendant qu'il s'agissait là d'un acte qui touchait au dogme, refusèrent, un jour de procession, de parer le devant de leur maison en tendant des draps : procès-verbal fut dressé par le commissaire de police. Un jugement condamna les récalcitrants et sur pourvoi, il fut maintenu par la Cour de cassation (1).

Cette question de processions de la Fête-Dieu

---

1. Cette question des processions semble n'avoir pas toujours été toute seule, car, dès 1767, les processions de la Fête-Dieu avaient déjà donné l'occasion aux avocats de Saint-Jean-d'Angély de présenter certaines observations, ainsi qu'il est établi dans une délibération du 20 mai

Obligés de se rendre à l'église, en robe, pour y porter le dais, ils se plaignirent du fait qui, selon eux, devait rentrer plutôt dans les attributions de MM. les officiers du siège qui « s'évitaient ainsi à leur détriment pareille corvée ». Celle-ci motiva de la part du préfet une assez longue lettre au maire de Saint-Jean-d'Angély, dans laquelle on lit :

Il faut tenir la main à la stricte exécution des mesures de police dont s'agit... Si la charte a voulu que tous les cultes fussent libres et protégés, elle a, en même temps, déclaré que la religion catholique était celle ; de l'Etat et comme l'exercice de ce culte a, de temps immémorial, été environné d'une certaine pompe quand il était extérieur, c'est une nécessité de ne pas déroger maintenant à l'usage consacré... Vous pourrez finir par dire que vous avez des ordres exprès de ma part et que j'ai, moi-même sur ce point, des ordres supérieurs... Je me suis, au surplus, entendu avec Mgr l'Evêque de La-Rochelle...

était d'autant plus désagréable, disaient-ils, qu'ils n'avaient même pas la possibilité de se loger dans le banc des officiers et qu'ils étaient ainsi confondus avec toute la populace.

L'incident ne se régla pas à l'amiable, car le 5 mai 1773, page 59 du registre des délibérations, les avocats déclarèrent que certains d'entre eux ayant été « malades et indisposés, en portant le dais », leur intention était, à l'avenir, de se faire remplacer dans cet office par « quatre hommes vêtus décemment et relativement à la cérémonie », se contentant, eux, de porter les glands. M. le lieutenant général pensant que cela ferait difficulté et « déplairait à MM. les religieux Bénédictins », leur demanda de continuer, mais les avocats tinrent bon, déclarant qu'à titre de transaction, ils continueraient cette année seulement, mais non les suivantes. Ceux qui signèrent la délibération sont : Perrodeau. Marchant de Fief-Joyeux, Guillonnet de Merville, Meaume, Mounier, Perrodeau, Guillonnet, Valentin, Duverger, Loustalot, syndic.

Ces mesures, qui s'adressaient surtout aux consciences, ne faisaient point oublier, pourtant, les moyens pratiques de ramener les esprits en faveur du roi en groupant autour de lui le plus grand nombre de forces et de concours possible.

Pour y parvenir on s'occupa, sur les ordres reçus, de former un corps de citoyens dévoués à sa personne et à ses institutions sous le nom de *Garde royale*.

Bien que Louis XVIII eût déclaré qu'il voulait que ceux qui auraient l'avantage inappréciable de le servir, fussent pris dans toutes les classes de la société, les membres de cette milice n'en étaient pas moins, avant leur admission, l'objet d'une sélection préalable très étudiée.

Les avantages du « Corps privilégié destiné exclusivement à entourer la personne auguste de Sa Majesté » étaient le grade supérieur pour tous ceux le composant ; « la solde double » à celle de la ligne ; « l'honneur et la considération attachés à des militaires braves et fidèles choisis dans l'élite de la Nation ».

Pour en faire partie, il fallait être muni d'un certificat de bonne conduite et de dévouement au roi, signé du maire et de trois notables et visé par le juge de paix. De plus, il fallait fournir au sous-préfet tous les renseignements qu'il lui plaisait exiger.

Les listes des électeurs et des éligibles étaient dressées conformément à l'article 35 de la charte octroyée par le roi et suivant les instructions du ministre de l'Intérieur transmis par le préfet aux maires du royaume. En conséquence, les habitants de Saint-Jean-d'Angély qui payaient au-dessus de 300 francs de contribution étaient seuls électeurs, et éligibles ceux-là qui payaient au-dessus de 1000 fr. Pour l'établissement des listes de ceux qui avaient alors l'exercice du suffrage, il fallait que ceux qui prétendaient à cette faveur apportassent leurs quittances aux bureaux de la mairie.

Les portes des maisons et bâtiments de la ville et des faubourgs devaient être fermées à 8 heures du matin, du 1er octobre jusqu'au 31 mars et à 10 heures du soir, depuis le 1er avril au 31 septembre.

Cette disposition, en même temps qu'elle pouvait assurer la sécurité des personnes, permettait aussi de contrôler plus facilement les actes de chacun.

Un arrêté du 16 mars 1824 réglementait les divers cas qui se présentaient sur la question, et les propriétaires fermiers ou principaux locataires qui l'enfreignaient, se voyaient poursuivis et condamnés par les juges compétents.

Dans le but de « maintenir le bon ordre et d'écarter de tous les lieux sujets à une grande réunion d'habitants tout ce qui pouvait nuire ou diminuer les avantages ou agréments de la société », le maire, de Sérigny de Luret, par un arrêté en bonne et due forme, du 6 août, faisait défense à toute personne de fumer sous les halles, minage, marché et cantons en dépendant, les jours de foire et pendant la tenue du minage et du marché de chaque jour.

De plus et toujours, dans l'excellente intention de ne pas enlever à la société le moindre charme, il était également défendu aux Angériens de fumer sur les promenades publiques, lorsqu'il y avait réunion de quelques personnes ; et qu'on n'aille pas croire que ces menaces étaient purement pour la forme et qu'aucune sanction ne réprimait l'infraction aux ordres du maire! Ceux qui y contrevenaient se voyaient bel et bien dresser procès-verbal par le commissaire de police, poursuivre et punir, conformément à des lois et règlements visés dans l'arrêté.

CHAPITRE XI

§ 1. — Conditions requises à Saint-Jean-d'Angély pour être boulanger sous Louis XVIII. — La presse locale. — La censure. — Les affiches. — Troubles dans la rue Taillebourg. — Moyens employés pour les réprimer. — Emprunt et demande de remise de dette par le gouvernement.

§ 2. — Invitation à Saint-Jean-d'Angély de reprendre ses armoiries. — Demande à ces fins du maire de Lalaurencie. — Avis du conseil. — Lettres patentes du roi du 14 avril 1820, portant confirmation des armes de la ville. — Adresse au roi à l'occasion de la mort du duc de Berry et de la naissance du duc de Bordeaux. — Les fêtes. — Députation à la duchesse d'Angoulême.

§ 3. — Les moulins à poudre de Saint-Jean-d'Angély. — Leurs création et organisation. — Les divers accidents occasionnés dans la ville par ces établissements. — L'explosion du 25 mars 1818. — Rapport sur cette catastrophe. — Supplique au roi pour la translation des moulins en un autre lieu. — Commission d'étude nommée à cet effet. — Difficultés entre la ville, les commissaires et les inspecteurs de la poudrerie. — Secours aux victimes.

§ 4. — Adresse au nouveau roi Charles X. — La nouvelle municipalité. — Les fêtes du sacre. — Mesures administratives. — Le drapeau tricolore arboré à l'Hôtel de ville en faveur de Louis-Philippe. — Le nouveau maire. — Organisation de la garde nationale. — Demande d'armes au gouvernement et demande de restitution de canons transportés à Rochefort. — Diverses mesures administratives. — Adresse au roi. — Troubles à la halle aux grains. — Exhortation aux habitants. — Aliénation de la cabane de La Lance.

I

En ce temps-là, n'était pas boulanger à Saint-Jean-d'Angély qui voulait : pour brasser la pâte, l'étendre dans les corbeilles et la mettre au four, il fallait que le *dignus est intrare* eût été prononcé, et produire, au préalable, une permission du roi qui n'était accordée qu'à celui « *qui était de bonne vie et mœurs, et justifiait avoir fait un apprentissage et connaître les bons procédés de l'art.* »

Les industriels de cette profession qui étaient en exercice au mois de mai 1818, devaient, sous peine de déchéance, dans le mois, pour tout délai, se pourvoir d'une nouvelle investiture.

Il y avait des degrés dans le métier : pour être de 1re classe, il fallait avoir dans son magasin un approvisionnement minimum de farine de 3.500 kilogrammes, pour la deuxième 2.500 et enfin pour la troisième, 1.500 kilogrammes.

A ce propos, et puisque cet ordre d'idées n'est pas étranger au sujet que nous traitons, indiquons en passant que les moulins, soit à eau, soit à vent, qui faisaient farine sous la Révolution, paraissaient être au nombre d'une quinzaine, ainsi qu'il résulte d'un état donné en 1793 pour répondre à un renseignement demandé par les administrateurs du Directoire du district à la municipalité. C'étaient celui de Puycherand faisant 10 quintaux de farine dans les vingt-quatre heures qui, par un traité, avait abandonné la moitié de son eau à la régie des poudres ; les deux de Saint-Eutrope faisant 15 quintaux ; celui de Lafont, près la ville, 15 quintaux ; celui de la Grande-Roue 20 quintaux ; deux à Comporté 20 quintaux chacun ; ceux de Moulinvau, à Cassote, à Véron, faisant, ces deux derniers, 15 et 16 quintaux. Il y avait en outre deux moulins à eau et à papier, près et hors la ville.

Quant aux moulins à vent on en comptait trois ; celui de Morin sur la hauteur de la ville ; celui au fief Garcin et enfin celui de Rocquet, faisant chacun 5 quintaux.

Pour exercer la surveillance qui s'imposait, en ce qui concernait l'exercice de la profession de boulanger, une chambre syndicale était créée, composée des dix plus anciens boulangers qui nommaient un syndic et trois adjoints.

Pour résigner ses fonctions, chaque boulanger devait au préalable et six mois avant, faire une déclaration ; faute de quoi les approvisionnements de celui qui cessait, étaient vendus à l'Hôtel de ville, au profit de l'hospice ; et, pour prévoir et éviter les tours qu'aurait pu jouer à l'administration un boulanger quelque peu rusé, en faisant indirectement disparaître ses provisions, dans le but d'esquiver les conséquences de cette infraction prévues par le règlement, il était stipulé que celui qui aurait agi ainsi « garderait prison jusqu'à ce qu'il eût trouvé des fonds pour payer ».

On comprend qu'une semblable sanction était de nature à faire réfléchir ceux qui auraient pu avoir la velléité de fermer, brusquement, boutique.

Ces arrêtés, ces mesures n'avaient rien, on le comprend, qui pût, au fond, satisfaire sans réserves ces esprits angériens, que le laps de temps trop court qui s'était écoulé depuis la Révolution n'avait pas encore suffisamment habitués à l'idée et aux mœurs monarchiques.

Cependant, il fallait bien se taire, la liberté de la presse n'existait pas encore, et les moyens de faire connaître et répandre sa pensée et de formuler des critiques n'étaient pas nombreux.

Un seul journal existait alors à Saint-Jean-d'Angély, qui sortait des presses de Mme veuve Lacurie.

Avant d'être publié, chaque article devait être examiné et « surveillé » par les soins de M. Pierre Lair-Laîné, adjoint, chargé spécialement de ce soin par le maire, conformément à l'arrêté du préfet.

C'était la « censure » et il n'est pas besoin de demander si celle-ci faisait consciencieusement sa besogne.

Les affiches devaient toutes être posées dans des endroits indiqués par un arrêté municipal.

Cinq poteaux les recevaient : le premier à l'Hôtel de ville ; le deuxième au tribunal civil ; le troisième au minage ; le quatrième au marché neuf ; le cinquième au coin de la rue des Bancs.

*
* *

Malgré toutes les fêtes et toutes les mesures prises en vue de développer l'enthousiasme dans les esprits et d'établir un courant sympathique en faveur du gouvernement de « Louis le bien-aimé », il semble que les choses n'allaient cependant pas toutes seules !

S'il y avait des fervents, des ralliés, il y avait aussi des réfractaires et des irréductibles, et les vivats officiels que les habitants poussaient quelquefois dans les grandes circonstances, étaient plutôt sur les lèvres de beaucoup qu'au fond des cœurs.

Evidemment, les mécontents prenaient bien leurs précautions pour manifester, mais ils n'en existaient pas moins.

C'est ainsi que, dans la rue Taillebourg, en guise de protestation, pendant trois jours et plus, on lançait « des pierres qui cassaient les vitres, pots et autres objets » et qui atteignaient même des personnes en les blessant.

La police avait fait des recherches vaines ; et c'est inutilement qu'elle avait invité les habitants à la seconder pour découvrir les auteurs de ces méfaits.

Il fallait pourtant en finir avec les perturbateurs, dans la crainte de voir bientôt se généraliser le trouble ; aussi, le 17 octobre 1816, le maire prenait-il un arrêté aux termes duquel des soldats de la légion des Deux-Sèvres étaient mis en garnison dans certaines maisons où ils devaient être nourris jusqu'à nouvel ordre.

Ceux qui étaient ainsi obligés de recevoir la visite des soldats s'appelaient : Nourri, menuisier ; de Robenne, propriétaire ; Védy Paul ; Bonnet, aîné, charpentier ; Chapeau, officier, et Faure, teinturier.

Nous ne savons si, après l'emploi de cette mesure quelque peu gênante, les pierres continuèrent à tomber, mais si ceux dont les noms précèdent étaient les auteurs des délits commis, il est probable qu'ils durent bientôt se lasser et cesser leur petit jeu en conservant sans doute plus intimement au fond de leurs cœurs, les sentiments qui déterminaient leurs actes.

En général, les affaires n'allaient pas très bien, et malgré les proclamations et les fêtes données par l'administration municipale, on se plaignait.

Si le peuple pour être heureux réclame les jeux du cirque, il veut aussi du pain.

Or, le pain était cher et les contribuables payaient très difficilement leurs impôts ; il fallait souvent les menacer de poursuites et souvent aussi mettre ces mesures à exécution.

D'autre part, les caisses du gouvernement ne semblaient pas plus garnies qu'il convenait ; il avait été dans l'obligation de faire un emprunt de 100 millions. Il fallait rembourser aux prêteurs ce qu'ils avaient avancé et cette restitution, à ce moment, gênait l'emprunteur.

On fit une sorte de réunion de créanciers porteurs des titres constatant les prêts qu'ils avaient faits à l'Etat et, par un arrêté, le maire de Saint-Jean-d'Angély informa ceux de ses concitoyens qui se trouvaient dans ce cas, que « Sa Majesté » verrait avec la plus grande satisfaction que, suivant le généreux exemple que certains avaient donné, ils fissent une remise, soit totale, soit partielle de leurs créances.

Un registre fut déposé à l'Hôtel de ville, à l'effet

de recevoir les sacrifices qui étaient sollicités, afin d'obtenir ce concordat d'un nouveau genre.

II

Ces points financiers toujours délicats à trancher pour un gouvernement qui ne peut faire face à ses engagements, n'empêchaient pas cependant celui de « Louis le bien-aimé de chercher à assurer le bonheur des villes de son royaume et en particulier de Saint-Jean-d'Angély, en s'occupant de l'importante question des armoiries ».

Les maires des communes de France avaient reçu, de M. de Saint-Allais, une lettre circulaire les invitant à faire prendre rang dans l'armorial général des villes de France, aux cités dont ils avaient l'administration.

« Il n'est pas un sujet fidèle et dévoué à son roi, disait cette lettre, qui ne doive s'empresser de coopérer au rétablissement des institutions qui ont, pendant plusieurs siècles, fait le bonheur de la France, ou illustré ses habitants.

« Les armoiries de chaque ville sont des monuments qu'il importe de reproduire, parce qu'elles prouvent, la plupart, leur origine dans la fidélité que les habitants ont montré au prince, ou dans l'amour qu'ils ont manifesté pour la patrie ; elles sont en quelque sorte le signal historique de chaque cité. »

Considérant donc, suivant l'expression de la circulaire, comme « un des devoirs de sa place » de déférer à cette invitation, le maire de l'époque qui avait succédé à M. de Sérigny de Luret, M. le baron Charles-Joseph de Lalaurencie, fils, né le 6 novembre 1775 à Chadary commune de Blanzac (Charente), ancien chevau-léger de la garde du roi qui avait servi dans l'émigration, adressait au préfet une demande ayant pour objet de faire reprendre à la ville de Saint-Jean-d'Angély ses anciennes armes.

Le conseil, appelé à émettre un vœu sur cette question, le fit d'une façon favorable après avoir scrupuleusement examiné l'écusson que lui présentait le maire, tout en étant d'avis que, l'abbaye n'existant plus, il serait convenable de supprimer au support la mitre et la crosse qui se trouvaient de chaque côté de la couronne.

M. A. Belliard, référendaire en la Chancellerie de France, instruisit la demande de la ville et, après consignation préalable des droits, après avoir constaté la reprise du type proposé et demandé des justifications au point de vue de l'ancienne possession des armoiries réclamées — ancien cachet ou actes timbrés — il informait le maire, le 15 avril 1820, qu'il venait d'obtenir des lettres patentes autorisant la ville de Saint-Jean-d'Angély à reprendre ses anciennes armoiries, ainsi conçues :

> Louis, par la grâce de Dieu, roi de France et de Navarre,
>
> A tous présents et à venir, salut :
>
> Voulant donner à nos fidèles sujets des villes et commu-

nes de notre royaume un témoignage de notre affection et perpétuer le souvenir des services que leurs ancêtres ont rendus aux rois, nos prédécesseurs, services consacrés par les armoiries qui furent anciennement accordées auxdites villes et communes et dont elles sont l'emblème, nous avons, par notre ordonnance du 26 septembre 1814, autorisé les villes, communes et corporations de notre royaume, à reprendre leurs anciennes armoiries, à la charge de se pourvoir à cet effet par-devant la commission du Sceau ; nous réservant d'en accorder à celles des villes, communes et corporations qui n'en auraient pas obtenu de nous, ou de nos prédécesseurs et par notre ordonnance du 26 décembre suivant, nous avons divisé en trois classes lesdites villes, communes et corporations.

En conséquence...

Nous avons par ces présentes, signé de notre main, autorisé et nous autorisons la ville de Saint-Jean-d'Angély à porter les armoiries ci-dessus énoncées telles qu'elles sont figurées et coloriées aux présentes.

Mandons à nos amis et féaux, conseillers à notre Cour royale de Poitiers, de publier et enregistrer les présentes ; car tel est notre bon plaisir.

Et afin que ce soit chose ferme et stable à toujours, notre garde des Sceaux y a fait apposer, par nos ordres, notre grand sceau en présence de notre Commission du sceau.

Donné à Paris le 14e jour d'avril de l'an de grâce 1820 et de notre règne le 20e.

Signé : Louis

Par le garde des Sceaux de France.

Le pair de France, sous-secrétaire d'Etat au département de la Justice : Comte de Portalis.

Enregistré à la Commission du Sceau, registre 5, folio 123.
Signé : Cuvillier.

Lu et publié à l'audience solennelle de la Cour royale, séant à Poitiers, présidée par M. de Bonnegens... et transcrite au registre de ladite Cour, le 24 novembre 1820. Le greffier en chef : Ginot.

Le prix d'un timbre ou cachet en noir à confectionner par le graveur du sceau était fixé à 60 francs et celui d'un cachet à la cire était de 40 francs.

L'envoi des lettres patentes et celui du timbre aux armes de la ville fut fait le 6 mai 1820 par la diligence de La Rochelle, en une boîte enregistrée sous le n° 10.

Les réquisitions nécessaires pour l'enregistrement de ces lettres à Poitiers eurent lieu par les soins de M. Dautriche le 24 novembre 1820 en audience solennelle tenue à cet effet.

Voici qu'elles étaient alors ces armoiries :

Ecartelé au 1ᵉʳ de gueules, aux bassin et tête de Saint-Jean-Baptiste, argent.

Les 2, 3 et 4° d'azur aux trois fleurs de lis d'or, deux en chef et une en pointe.

Le tout couronné de prince et orné de la crosse et mitre d'abbé.

Armes de la Sénéchaussée
de Saint-Jean-d'Angély

III

C'est sous le règne de Louis XVIII que Saint-Jean-d'Angély vit disparaître, à la suite d'une catastrophe dont beaucoup ont gardé le souvenir, les moulins à poudre que possédait cette ville.

Avant de faire la relation de cet accident, il n'est peut-être pas sans intérêt de donner, ici, quelques détails sur la création et le fonctionnement de cette manufacture royale où beaucoup d'Angériens étaient employés.

C'est en 1656, sur un bras de la Boutonne (1) et de la petite rivière de la Nie, que fut construit à Saint-Jean-d'Angély, par M. de Buffay, à la place d'un moulin à écorce, le premier moulin à poudre.

---

1. La *Boutonne* — dont Guillonnet-Merville déclare ne pouvoir donner l'étymologie, p. 76 — est appelée par Alin, *Botona*; par Papire-Masson, *Voltumnus*; *Voitona*, par de Thou ; *Voltumna*, par Richard, moine de Cluny ; *Vultonia* par Moréri et *Vulturnius* par plusieurs autres.

D'après Bourignon, de Saintes, — 46e no de ses *Affiches de Saintonge et d'Angoumois*, — elle tirerait son nom du Celte *bon* ou *bu* qui désigne l'eau d'où sont venus *buie* cruche, et *buée* lessive et de *on* mot celtique qui signifie fontaine.

La *Boutonne*, dit encore Guillonnet-Merville, prend sa source à Chef-Boutonne, en Poitou sous le château ; passe par Lussay, Saint-Martin d'Antraigne, Chevigné, Brioux, Séligny où elle reçoit la *Belle* qui vient de Melle et la *Brune* de Notre-Dame de Celle ; puis elle coule vers Chisay, Availles et entre par Saint-Séverin et Dampierre sur le territoire de l'arrondissement de Saint-Jean-d'Angély. Elle traverse

En 1655, cet établissement fut augmenté d'une seconde roue ; en 1775 d'une troisième et d'une nitrière artificielle en 1777.

Voici, d'après Guillonnet Merville, la description succincte de ces moulins et quels étaient les procédés employés pour la fabrication de la poudre:

« Une roue à aubes, que faisait mouvoir la vitesse et le poids de l'eau, faisait tourner un arbre garni d'un certain nombre de lames par qui autant de pilons étaient levés alternativement.

« Deux jumelles contenaient les pilons qui étaient de bois de chêne, et garnis, à l'extrémité d'une boîte de cuivre fondu. Leur battage était de cinquante à cinquante-cinq coups par minute, leur poids de 80 livres et leur élévation de 14 pouces. Au-dessous de ces pilons, dans une forte pièce de bois, maintenus sur un massif de maçonnerie par des crampons, étaient creusés autant de mortiers.

« On arrosait d'une pinte d'eau et on agitait avec une spatule de bois les 20 livres d'un mélange de soufre, de nitre et de charbon, qu'on mettait dans chaque mortier, avant que de lever la vanne pour faire jouer les pilons.

« On appelait rechange l'opération qui consistait

Coivert, Saint-Pierre de l'Isle, Nuaillé, Saint-Pardoult, Antezant, Vervant, Courcelles, Poursay-Garnaud, après s'être divisée en une infinité de branches qui font tourner des moulins dans ces communes. Elle arrive enfin à Saint-Julien de l'Escap où elle se divise en deux grands bras: l'un va se diviser vis-à-vis Fossemagne en deux autres bras ; le second passant par le faubourg Taillebourg.

à disposer la matière contenue dans les mortiers de manière qu'elle fût mieux broyée et mélangée par l'action des pilons et que l'on prévînt l'inflammation qui aurait eu lieu infailliblement par une percussion répétée sur une matière qui, étant durcie dans les mortiers par les premiers coups, s'échauffait par le mouvement. Cette opération était indispensable et méritait toute l'attention des poudriers. Pour la faire on baissait la vanne, on relevait les pilons et on les arrêtait avec une cheville qu'on y passait au-dessus de la moise.

« On tirait ensuite la matière du premier mortier et on le déposait dans un couloir ; on versait celle du second dans le premier, celle du troisième dans le second et ainsi de suite jusqu'au dernier dans lequel on passait ce qui était réservé dans le couloir.

« Le rechange s'opérait ordinairement sept ou huit fois dans les vingt-quatre heures ; le premier se faisait une heure après le chargement, les autres de trois en trois heures. Suivant la saison, la sécheresse ou l'humidité de la matière contenue dans les mortiers, on arrosait à chaque rechange d'un peu plus ou d'un peu moins de 8 onces d'eau.

« Lorsque le battage était fini on retirait des mortiers toute la matière qu'ils contenaient, on la portait dans un lieu élevé, sec et aéré, où elle séjournait quelques jours pour s'essorer ; de là on la transportait au grenier où par le moyen d'un ou plusieurs cribles percés de trous de deux lignes de diamètre s'opérait la granulation. »

Ces moulins, par suite des risques nombreux qui sont la conséquence de cette organisation, avaient occasionné de multiples accidents.

La première des catastrophes de ce genre, dont nous avons relevé la trace, remonte au 4 frimaire an III. Un bruit considérable semblable à celui de plusieurs coups de canon se produisit. Le dernier des moulins appelé le « Sans Culotte, cy-devant Saint-Jean », était sauté par l'effet d'un accident des mortiers tout remplis de matière formant ensemble 200 kilos pesants : la cause en fut inconnue.

La deuxième se rapporte un an après, au 26 frimaire an IV. Une note d'un rapport de Levallois et Bartaré indique que le moulin appelé « Sainte-Barbe » avait fait explosion ; le mécanisme fut dérangé ; la toiture en planches de sapin s'effondra et la grande roue d'eau fut brisée.

Puis ce fut le 27 mai 1807, à 9 heures et demie, qu'un autre fait semblable se produisit. « Deux cents kilos de poussier de poudre de guerre ayant détonné », les immeubles furent sérieusement endommagés, les portes et contrevents en furent arrachés et brisés ; de même les piles du mécanisme et les tabliers ainsi que le constata le commissaire des poudres, Clouet.

Cinq ans plus tard, 27 janvier à 7 heures du matin le « Sans Culotte », auquel les écritures rendent alors son nom de moulin « Saint-Jean », est de nouveau dans le plus piteux état, constatent MM. Paul Lair, Levoirier et Jouslain : tout le mécanisme s'étant brisé à l'exception de la grande roue, du rouet des arbres de levée et d'une douzaine de pilons.

Le 25 mai 1818 à une date, comme on le voit, relativement assez rapprochée, la ville de Saint-Jean-d'Angély était à nouveau, à l'occasion de ses moulins à poudre, dans la consternation : les grenoir et blutoir de la poudrerie royale faisaient encore explosion et causaient un dommage beaucoup plus considérable que ceux qui avaient jusque-là précédé (1).

Cette poudrerie était située au sein du faubourg Taillebourg, le plus populaire de la cité : la voie publique divisait les établissements de la fabrique qui se trouvait ainsi exposée à tous les accidents du dehors.

« Trente-huit milliers de poudre », placés dans le grenoir déterminèrent l'accident et ce fut, suivant

---

1. Une note écrite par M. Eugène Fromy, ancien président du tribunal de commerce de Saint-Jean-d'Angély, décédé en 1863, qui nous a été communiquée par M. Eugène Rogée-Fromy, son petit-fils, contient des renseignements d'autant plus intéressants sur cet événement qu'ils sont rapportés par un témoin oculaire qui a pris soin de les consigner au moment même où il s'accomplissait. « Tout à coup, dit-il (alors qu'il était à une campagne éloignée de la ville), une cage qui contenait une linotte tomba par terre... la porte de la rue fermée à clef se dilata par la compression de l'air et s'ouvrit seule ; la trappe de la cave s'élevant jusqu'au plafond fit tomber mon chapeau, je crus à un tremblement de terre. La générale battait en ville. Tous ceux qui le pouvaient se sauvaient épouvantés à demi nus dans la campagne ».

les termes d'un rapport, « par un bonheur incompréhensible ou plutôt par l'effet d'une providence spéciale » que le magasin général, dont la toiture fut enfoncée par des débris enflammés, ne sauta pas également, ce qui eût eu pour conséquence « de détruire la ville de fond en comble ».

Déjà, ainsi qu'on l'a vu plus haut, la poudrerie avait subi le même sort, et la régie avait indemnisé les victimes ; mais la seconde catastrophe était de beaucoup plus terrible que la première ; le procès verbal d'estimation dressé par les experts évaluait à 493.163 francs les dégâts.

La presque totalité du faubourg fut détruite, plusieurs habitants y perdirent la vie et l'on compta de nombreux blessés.

Il est facile de se rendre compte de l'état d'affolement dans lequel se trouvèrent les esprits, à la suite de cette explosion ; aussi, dans une supplique adressée presque immédiatement à Louis XVIII, les habitants de Saint-Jean-d'Angély, tout « en s'excusant d'affliger le cœur de Sa Majesté », lui demandèrent-ils la translation dans un autre local, situé dans un lieu plus éloigné, de ce qui restait des moulins.

« Sire, disaient-ils, cette ville vient d'éprouver le plus grand désastre !... les familles sont dans le deuil et la détresse... Nous supplions Votre Majesté d'éloigner de nous le fléau dont nous avons été victimes ».

Aucune des raisons propres à faire agréer leur requête ne fut alors laissée de côté : si la poudrerie était rétablie, c'était d'abord l'école ecclésiastique, riche de 200 pensionnaires, qui était la principale ressource du pays, qui deviendrait déserte, les parents justement alarmés s'empressant très certainement de retirer leurs enfants des approches « de ce volcan ».

Ensuite, tous les établissements décroîtraient et la ville ne conserverait que ceux qui ne pourraient l'abandonner. Nul étranger ne serait tenté de s'y établir à l'avenir, d'où une diminution certaine de la valeur des propriétés urbaines et des environs ; d'où le défaut d'activité, d'industrie, de travail, d'où la misère...

D'un autre côté, la question d'intérêt pour l'Etat n'était pas non plus négligée : les terrains seraient vendus et il y aurait ainsi somme suffisante pour indemniser le gouvernement des sacrifices qu'il ferait en vue de se procurer un autre local.

« Puissent nos vœux être exaucés ! disaient en terminant les suppliants... nous trouverons un puissant protecteur dans l'amour que Votre Majesté porte à ses sujets, et ce sera pour ceux qui habitent Saint-Jean-d'Angély un bienfait de plus et un nouveau motif pour bénir votre auguste nom. »

Cette supplique fut transmise aux députés du département ainsi qu'à M. Jouneau, pour qu'ils voulussent bien l'appuyer d'une façon particulière.

Une commission spéciale fut nommée, ayant pour mission de surveiller et d'ordonner les travaux à faire aux maisons des personnes les plus nécessiteuses du faubourg Taillebourg et autres parties de la ville qui avaient souffert de l'explosion.

Elle était composée de MM. Duret, père, Dezille, Brillouin et Charrier ; MM. Rayé, Mousnier et Bouyer, commissaires de police, furent nommés membres adjoints.

Un rapport à « Son Excellence, le ministre de la Guerre », sur la reconstruction de la poudrerie dans la ville de Saint-Jean-d'Angély ayant été fait, le corps municipal s'émut des dispositions que l'on paraissait avoir pour son rétablissement et il nomma aussitôt une commission chargée de faire tout ce qui lui paraîtrait utile, dans la circonstance, en vue de sauvegarder les intérêts des habitants.

Le directeur général et l'inspecteur de la poudrerie, au lieu de se concerter avec les autorités locales pour l'examen de la question conformément à ce qui a été dit, firent de leur propre chef des démarches pour acheter de nouveaux terrains situés près de ceux autrefois occupés par les moulins à poudre et firent dresser de nouveaux plans.

Cette façon de faire souleva dans le conseil une protestation d'autant plus énergique, qu'elle semblait être en désaccord avec les « volontés bienfaisantes du gouvernement ».

En effet, les nouvelles mesures proposées par le commissaire et l'inspecteur ne faisaient que changer « le point du danger et le cratère du volcan » sans l'éloigner de la ville, et il en résultait seulement que si la partie sud se trouvait moins exposée, la partie est l'était davantage : le nouvel établissement devait se trouver presque au centre de divers villages populeux dépendant de la même commune.

« Cette proposition, disait-on, n'était qu'une sorte de dérision, dont on peut difficilement définir le caractère, et on a peine à concevoir que deux fonctionnaires, à la vérité étrangers à la ville, mais témoins encore journellement des effroyables désastres occasionnés par l'explosion de leur usine, fassent éclater autant d'indifférence sur de semblables et peut-être plus funestes dangers encore, pour l'avenir. »

Les faits et gestes du commissaire et de l'inspecteur des poudres Levoirier et Paqueron furent signalés à M. le comte Ruty, directeur général des poudres et salpêtres du royaume, dans une supplique des plus énergiques qui se terminait ainsi :

. . . .

Nous nous permettrons de vous rappeler vos bonnes dispositions à notre égard, manifestées dans votre lettre du 29 juin dernier. Nous vous prions, au nom de l'humanité, au nom du roi, dont nous sommes les enfants aussi dévoués que reconnaissants, au nom de nos familles désolées, dont les maux ne peuvent être égalés que par la terreur que leur inspire l'idée de vois rétablir près d'elles le volcan qui les a écrasées, nous vouprions de tenir la main à ce que vos ordres soient exécutés et à ce que, par suite, le terrain sur lequel devra être reconstruite la poudrerie, soit choisi de concert avec nous. Nous nous chargerons d'en indiquer un convenable ; vous le jugerez tel, M. le comte, et vous ferez renaître parmi nous la confiance, la sûreté et le bonheur.

Le commissaire et l'inspecteur ayant sans doute, à la suite de cette pétition, reçu des ordres de haut lieu, présentèrent en personne de nouveaux plans et des notes explicatives de leur projet, mais le conseil, sans se laisser influencer par les belles promesses des agents, rejeta entièrement les propositions qui lui étaient faites en se basant sur ce que la ville serait tout aussi menacée que par le passé par la construction en perspective, et que le terrain sur lequel on voulait reconstruire l'usine étant en amphithéâtre et dominant la cité, une explosion entraînerait sa ruine totale.

Le 5 octobre, sur le rapport d'une commission spéciale chargée à nouveau d'étudier la question, cette décision devint définitive.

Cette détermination s'appuie sur des raisons consignées le 5 septembre dans une supplique au roi, dont voici quelles étaient les conclusions :

« La terrible leçon que nous avons reçue, commande aujourd'hui l'éloignement tant des moulins que du reste de la fabrique, surtout s'il est vrai qu'ils sont nécessaires l'un à l'autre et qu'on ne puisse, sans nuire au service, les séparer entièrement. »

Au surplus, Saint-Jean-d'Angély, disait-on à l'appui de cette théorie, n'était pas la seule ville qui offrit un local convenable à l'établissement d'une poudrerie.

D'autres localités pouvaient se rencontrer, non moins favorables sur la même rivière ; telles étaient par exemple, les moulins de Grenet ; les chutes d'eau de Champdollent et même l'écluse de Bernouet (1).

Quelques mois plus tard, le projet de reconstruction de la poudrerie dans les anciens bâtiments paraissant abandonné, le conseil se basant sur une proposition contenue dans une lettre de M. le baron Évain, directeur d'artillerie et du génie, en date du 27 octobre, demandait à faire l'acquisition des anciens locaux et de leurs dépendances, au moyen de la ressource que devait lui procurer la compensation de la juste indemnité des dommages occasionnés par l'explosion et il en demandait au roi le règlement de cette façon.

Les recettes de tous genres effectuées pour venir en aide aux victimes de l'explosion, s'élevèrent à 112,121 fr. 09, y compris les sommes accordées par Sa Majesté et les princes de sa maison, par le ministre de l'Intérieur, le préfet, les communes de l'arrondissement et plusieurs communes du département ainsi que par des particuliers.

Ces sommes furent distribuées par les soins d'une commission nommée à cet effet.

*
* *

Avant d'en terminer avec cette époque, rappelons

---

1. Ecluse faisant refluer les eaux de la Boutonne vers le port et la rendant navigable.
Aussi ancienne que la ville, son nom viendrait de celui qui la fit construire. Rebâtie et réparée en 1440 et en 1530, sous les mairies de Dorin et de Brun. Démolie par Charles IX lors du siège de Saint Jean d'Angély par ce prince, elle aurait été aussi reconstruite par Jean Legendre.

encore que c'est sous le règne de Louis XVIII et plus spécialement en septembre 1819, que fut acquis par les habitants du quartier du Pilori, suivant une note de Guillonnet-Merville, le charmant petit monument d'architecture se trouvant autrefois dans le château de Brizambourg qui recouvre le puits (1) qui s'y trouve et surmonte la margelle édifiée également à leurs frais ; une pompe y a été adaptée de la façon que l'on sait, par la ville.

Une inscription entoure le monument dans la partie existant entre les quatre baies et la corniche sous une coupole en pierre en imbrication ; elle est ainsi conçue :

---

1. Les puits publics étaient souvent forés dans les divers quartiers des villes, pour les alimenter d'eau en cas de siège. Cette façon de procéder était moins onéreuse et présentait moins d'inconvénients que celle qui résultait de l'établissement de longs aqueducs que l'ennemi pouvait couper en temps de guerre. La plupart des villes possédaient à la fois et des puits publics et des fontaines que les Romains aimaient surtout à multiplier. Publiques ou privées, les fontaines isolées ou adossées se ramènent à deux types l'un, à vasque circulaire ou polygonale ; l'autre, à angle rectangulaire.

« *L'un des plus beaux puits*, dit Enlart, *Manuel d'archéologie française*, t. II, p. 300, *est le puits du Pilori à Saint-Jean-d'Angély.* »

Cette charmante construction de la Renaissance a figuré en une reproduction artistique, dans un des pavillons de l'exposition de Paris renfermant le fin cognac des Charentes.

Puits de l'ancien château de Brizambourg, sur la place de l'ancien Pilori.

Assis lan mvcxlvi : ic. fvs edifiesci

Ce furent ensuite l'agrandissement du cimetière ouvert en 1781 qui existait alors, et la pose de la première pierre de sa clôture par le sous-préfet J. de Bonnegens qui occupèrent l'administration, ainsi que certaines réparations à l'église paroissiale dont la voûte fut refaite et le chœur restauré.

En même temps, on réparait la façade orientale du séminaire endommagée par l'incendie de 1813 et l'évêque de La Rochelle, en présence des autorités de la ville, bénissait l'édification d'une chapelle pour les Ursulines de Chavagne ; alors que l'on commençait en mai 1823, les fondements, dans le local occupé par le fermier de l'abbaye, acquis aux frais du gouvernement, d'un palais de justice dont la ville était alors dépourvue.

IV

Le cri de « Le roi est mort, vive le roi » ayant appris à la France que Louis XVIII n'était plus et que son frère, le comte d'Artois venait de lui succéder sous le nom de Charles X, le conseil municipal de Saint-Jean-d'Angély fit parvenir au nouveau monarque une adresse ainsi conçue :

Sire, la Providence par ses décrets impénétrables vient de nous priver d'un grand monarque dont les rares vertus avaient su concilier tous les intérêts de la France dans les temps difficiles. Sa mémoire sera à jamais vénérée : placé à côté de Saint-Louis dans les régions célestes, il protégera ce royaume et fera répandre sur lui les bénédictions du Maître de l'Univers.

Une pensée bien consolante peut seule arrêter le cours de nos larmes : un Bourbon est sur le trône, un Bourbon ne peut faire que le bonheur de son Peuple surtout quand, comme Votre Majesté, il réunit toutes les vertus et un caractère si éminemment français.

Recevez, sire, de vos fidèles sujets, les habitants de Saint-Jean-d'Angély, le renouvellement de leur serment à la légitimité et particulièrement celui de fidélité et d'amour à votre auguste personne. Vive Charles X ! Vivent à jamais les Bourbons !

Nous sommes, avec le plus profond respect, sire, de Votre Majesté, les très humbles, très obéissants, très fidèles serviteurs et sujets...

Les actes de la vie administrative qui suivent jusqu'à la révolution de 1848 n'offrant pas un grand intérêt, nous les passerons rapidement en revue.

Aux termes d'une ordonnance royale du 28 décembre 1825, M. de Lalaurencie Charles-Joseph Nicolas fut nommé maire et Hippolyte Lemoyne et Pierre Lair, adjoints.

La nouvelle municipalité fut installée le 23 janvier 1826 par M. Joseph de Bonnegens, sous-préfet, qui reçut leur serment conçu dans les termes suivants :

« Nous jurons fidélité au roi, obéissance à la charte constitutionnelle et aux lois du royaume. »

Un des premiers actes de cette municipalité fut de voter 150 francs pour l'achat d'un buste de Sa Majesté et 1,000 francs pour donner une fête aux habitants, à l'occasion de son sacre.

Voici en quels termes le maire traçait le programme de cette cérémonie :

Demain, 29 mai, nous célébrerons le jour auguste du sacre de S. M. Charles X, jour à jamais mémorable. Notre bon roi renouvellera au pied des autels le serment qu'il a fait et qui est si bien gravé dans sa belle âme, de faire le bonheur de ses sujets. Réunissons-nous pour fêter ce jour heureux. La fête commencera par des cérémonies et prières en actions de grâces. La veille au soir, la cloche de l'Hôtel de ville annoncera la fête ainsi que des bombes qui seront tirées sur la place de l'Hôtel-de-Ville pendant que la musique de la garde nationale exécutera des morceaux analogues. Le lendemain, la cloche sonnera au jour et ensuite à 7 heures, pour le placement des drapeaux blancs aux croisées. Le cortège se réunira à 9 heures précises, pour aller assister à la grand'messe et aux prières pour le roi. A l'issue des vêpres il sera placé des divertissements sur la place de Matha, de 5 heures du soir à 10 heures : dans cet intervalle, il sera allumé par les autorités un feu de joie sur la même place :

l'Hôtel de ville sera illuminé, le petit bois des Capucins le sera aussi et les habitants sont invités à illuminer leurs maisons.

La fête terminée, on s'occupa de quelques mesures sans grande importance : le repavage des rues notamment en fort mauvais état fut décidé et les sommes à employer pour cet objet devaient être prélevées sur les fonds communaux, les habitants ne pouvant payer, personnellement, cette dépense : toutefois, comme les deniers communaux devaient être insuffisants à moins de grever le budget de ce chef pendant un très grand nombre d'années, on proposa une imposition de 10 centimes pendant huit ans et demi.

Le 29 juillet 1828, on ajouta au bureau central d'octroi qui fut maintenu, quatre autres bureaux placés à chacune des extrémités des faubourgs de Niort, Matha, Taillebourg et Aunis avec une barrière pour chacun d'eux. Neuf autres barrières furent, en outre, créées aux lieux ci-après :

1º A l'entrée de Saint-Eutrope, par le Bizard ;

2º Au même faubourg, par la grande route de Matha ;

3º Au chemin du Cimetière ;

4º A la rue Tourronde ;

5º Au chemin Larron, pour le faubourg de Niort ;

6º Au même chemin par la rue Puylachevalle ;

7º Au même chemin par deux arrivages de la Porte-d'Aunis ;

8° Au faubourg d'Aunis par le chemin du Coi ;

9° Au chemin du Petit-Manoir, par la rue du Port.

Cette même année, sur une proposition de l'évêque de la Rochelle, le conseil avait décidé d'ériger le collège en établissement de plein exercice, en portant que les rétributions accordées au petit séminaire pour 1829, seraient allouées pour cette année à la nouvelle institution. Le 4 septembre 1830, le conseil décidait le maintien de l'établissement de plein exercice qui existait alors.

Citons encore, à cette époque, un avis émis par le conseil municipal le 2 décembre 1830, favorable à la translation de la préfecture à Saintes qui en avait joui pendant vingt ans par une loi du 16 septembre 1790 et dont cette ville s'était vue tout à coup dépouiller par un décret impérial contre le vœu de cinq arrondissements sur six. Cet avis qui, comme on le sait, est toujours resté sans suite depuis, avait été donné sur une lettre du maire de Saintes qui avait écrit au procureur du roi de Saint-Jean-d'Angély pour lui exprimer le désir de voir faire de nouvelles démarches dans ce but.

*
* *

On sait quels événements la constitution du ministère Polignac, août 1829, suscita en France et le mécontentement qu'il souleva.

On a encore présent à l'esprit, les paroles pleines

de menaces, par lesquelles Charles X ouvrait la session législative déclarant aux députés que « si par de coupables manœuvres, ils suscitaient des obstacles à son gouvernement, il trouverait la force de les surmonter, dans sa résolution de maintenir la paix publique ».

La fameuse adresse des 221 fut la réponse à ce défi.

Quelques jours après, le drapeau blanc flottait sur les murs d'Alger et aussi intervenaient les fameuses ordonnances qui, en même temps qu'elles renvoyaient les Chambres, modifiaient les conditions et la liberté de la presse et avaient pour conséquence de faire éclater la révolution de 1830.

La prise d'Alger fut célébrée à Saint-Jean-d'Angély le 25 juillet 1830, par un « *Te Deum* chanté en action de grâces du succès des armes de Sa Majesté. »

La crise provoquée à Paris par les événements que l'on connaît, gagna vite les départements dont certains, spécialement à Grenoble et en Bretagne, organisèrent des associations, pour refuser le paiement de l'impôt.

Saint-Jean-d'Angély ne resta pas en arrière du mouvement : dès le 2 août, les habitants accouraient en masse à l'Hôtel de ville pour former une garde nationale ; le maire inquiet se hâtait d'en référer immédiatement au préfet.

Ce même jour, à peine avait-il, vers les 6 heures du soir, quitté la mairie, que quelques citoyens impatients de manifester leurs sentiments, hissaient le drapeau tricolore à la place du drapeau blanc.

On juge quel fut, à cette vue, l'état d'âme du premier magistrat de la commune, dont le dévouement à la cause des Bourbons s'était manifesté chaque fois que l'occasion s'en était présentée.

Sa première pensée fut, assurément, de faire enlever l'emblème tricolore, mais en présence de l'effervescence qui existait, il dut de suite modifier sa résolution, craignant avec raison que l'exécution de ce projet ne fut la cause de « *scènes fâcheuses et graves pour la sûreté des habitants* ».

Quatre jours à peine, après ces faits, M. de Lalaurencie mécontent d'avoir vu son « autorité méconnue », ainsi qu'il l'écrivait, donnait sa démission de maire de Saint-Jean-d'Angély, consentant toutefois, sur l'insistance dont il fut l'objet, à administrer encore provisoirement avec une commission de cinq membres : MM. Levallois, Saint-Blancard, Lemaistre et Mousnier, plus cinq notables, MM. David avocat, Toffin, Raffaud, Jeanjan et Drahonnet.

Le 7 août suivant, le duc d'Orléans s'appelait Louis-Philippe Ier. Quelques jours après, le 16, M. de Bonnegens la Grange, remplaçait comme maire de Saint-Jean-d'Angély M. de Lalaurencie, auquel le conseil municipal transmettait l'expression de ses regrets et de sa reconnaissance.

La garde nationale fut alors organisée par M. Izambard qui en était le colonel, pour le service de la police et la sûreté de la vllle.

Son effectif à ce moment était de 700 hommes « bien dévoués, organisés en grenadiers et chasseurs, mais non armés ».

Malgré tous les efforts tentés en vue d'avoir un équipement complet, on n'avait pu obtenir que 120 fusils avec baïonnettes, mais sans sabre, ni giberne ni porte-giberne.

Le maire demanda instamment au ministre de la Guerre 300 ou 400 fusils : il avait employé tous les arguments possibles pour obtenir satisfaction, faisant valoir notamment pour vaincre toutes résistances de la part de l'autorité, que Saint-Jean-d'Angély étant un chef-lieu d'arrondissement, point central, offrirait dans un moment où les campagnes développaient un peu d'effervescence, par sa position, les ressources nécessaires pour la comprimer.

Les sabres et fusils avaient bien été expédiés, mais il n'y avait pas de « baudriers » et de leur côté, les fusils n'avaient pas de « bretelles ».

Et cependant, disait encore le maire au ministre de la guerre, « on ne pouvait exiger de nouveaux sacrifices de la part d'hommes qui s'étaient habillés à leurs frais ».

La ville avait déjà pris l'engagement de fournir les « schakos », et cet engagement dépassait même ses moyens !

Ce n'était pas trop exiger de la libéralité du gouvernement que de demander cette fourniture « qui, disait-il, ne pouvait manquer de faire le meilleur effet, en excitant d'une part l'émulation de la garde citoyenne, en complétant un fourniment de la plus indispensable nécessité ». Le maire sollicitait même encore quelque chose de plus en ajoutant : « Je crains bien d'être indiscret en vous demandant cent fusils de voltigeurs de plus. »

Il est vrai qu'il ajoutait aussitôt : « Si vous pouviez connaître tout notre zèle... tous nos sacrifices, vous feriez droit de suite à notre demande. »

Comment le gouvernement eût-il pu, après cela, refuser ?...

Pendant que l'on s'occupait de la question relative à l'armement régional, le maire songeait à faire restituer à la ville deux pièces de canon en bronze du calibre 4 que Napoléon Ier lui avait offertes en 1806.

En 1817, sous Louis XVIII, le gouvernement les avait fait transporter à l'arsenal de Rochefort, pour servir à la défense des côtes.

Dans une lettre au préfet, il faisait valoir que le retour de ces deux canons dans les murs angériens, serait utile à raison des circonstances, d'autant plus que Saint-Jean-d'Angély avait alors une « compagnie de 30 artilleurs expérimentés ».

De même peu après on s'occupait de faire retourner un drapeau remis par « Sa Majesté » et qui se trouvait alors à Aulnay : l'envoi de 200 ou 300 hommes fut décidé pour cette opération. Ils devaient saisir cette occasion de fraterniser avec la garde nationale de cette localité « à charge de revanche ».

Un registre fut ouvert à la mairie, en exécution d'une circulaire inscrite aux actes administratifs de la préfecture pour y recevoir le serment des officiers en résidence à Saint-Jean-d'Angély, le seul qui se trouvait dans le cas s'appelait Neumann : le 31 août 1830, il prêtait le serment requis par la loi.

C'est à cette époque que se place, ainsi qu'on a pu le voir au titre : *Enseignement public*, la décision du conseil de rétablir un collège de plein exercice en remplacement de l'institution ecclésiastique que la ville possédait.

L'évêque de La Rochelle avait écrit au maire, pour lui exprimer la douleur que lui causaient les ruines de cet établissement. Celui-ci lui répondant, le prenait d'assez haut, en lui disant notamment que « la jeunesse avait besoin d'une éducation en harmonie avec les besoins de l'époque et la forme du gouvernement constitutionnel », ajoutant au chef du diocèse, qu'il s'était assurément mépris sur les dispositions des habitants de la ville. En même temps, on établissait l'enseignement mutuel.

*
* *

Par suite de l'état des esprits à cette époque, le sous-préfet avait écrit au maire pour lui signaler les inconvénients pouvant résulter de la sortie des processions qui s'effectuait alors librement.

Mais le maire répondit que jusqu'alors les cérémonies religieuses ayant été l'objet du respect, il ne pensait pas que la continuation du *statu quo* put se modifier sans cependant vouloir répondre de l'avenir.

Sur la demande du curé, des ordres étaient cependant donnés à la gendarmerie et à un détachement de la garde nationale, d'accompagner le cortège religieux.

En 1831, les protestants angériens ne possédaient qu'un oratoire et non un temple proprement dit ; d'après les documents fournis, il y avait à peu près, 25 familles appartenant au culte réformé, formant 70 personnes.

Les mesures administratives qui suivent sont relatives à un vœu favorable tendant à l'établissement à Saint-Jean-d'Angély d'une succursale du dépôt de remonte de Saint-Maixent, dans le local des cy-devant capucins sur le rapport du général Wolf, inspecteur général des dépôts de remonte.

Cette création dans la partie la plus salubre de la ville, sa proximité de l'eau, son étendue, offraient tous avantages désirables et cette idée avait, au surplus, été autrefois appréciée, puisqu'il y existait pendant les troubles de la Vendée et la guerre dans le midi, un précédent dépôt de 900 à 1.000 chevaux, qui était l'aliment de la cavalerie de l'ouest et du midi.

En 1842, le plan de cette nouvelle caserne était arrêté sur l'emplacement projeté avec un devis de 350.000 francs.

En même temps, on s'occupait de prendre des mesures préventives contre le redoutable fléau du choléra dont l'invasion apparaissait comme prochaine, on achetait de nombreux médicaments qui devaient être remis à l'hôpital au cas où la ville échapperait à l'épidémie.

Les pharmacies étaient en outre soigneusement visitées, pour qu'elles puissent, étant bien approvisionnées, être en mesure de pourvoir à tous les besoins.

De nouvelles insurrections troublèrent à ce moment, la France : les esprits étaient excités.

A Saint-Jean-d'Angély, les choses n'allaient pas très bien non plus : la musique et la garde nationale étaient en complet désaccord ; le maire fut obligé d'intervenir pour faire cesser la désunion et il dut menacer les musiciens de leur faire restituer les instruments qui étaient la propriété de la ville.

On se souvient que le 19 novembre 1832, au moment où le roi passait sur le pont qui avoisine la rue du Bac à Paris, se rendant à la Chambre des députés, un coup de pistolet fut tiré sur lui.

Cet événement servit de prétexte à plusieurs villes pour envoyer une adresse au monarque, le félicitant d'avoir échappé à cette tentative d'assassinat.

Saint-Jean-d'Angély ne voulut pas rester en arrière, et sur la proposition de son maire, une commission fut nommée, le 1er décembre, avec mission de rédiger les termes des compliments de la population.

Les voici. Au Roi :

« Sire, à la nouvelle de l'attentat qui a poussé le bras d'un lâche assassin contre les jours de Votre Majesté, les habitants de Saint-Jean-d'Angély ont été saisis d'une vive douleur et d'une indignation profonde. Le conseil municipal, organe naturel de leurs vœux, a éprouvé le besoin de se réunir pour vous porter l'expression des sentiments de gratitude dont il est pénétré envers la Providence qui a détourné le coup affreux, qui menaçait une vie, chère à la France.

« S'il pouvait être une compensation à l'horrible événement que nous déplorons, elle devrait se trouver en ce qu'il a fait plus que jamais éclater l'adhésion de la France au trône constitutionnel, ainsi que son dévouement au Roi populaire qui l'occupe d'une manière si glorieuse et pour elle et pour lui, sous l'égide du drapeau tricolore.

« Puissiez-vous, Sire, recevoir avec autant de satisfaction que nous en éprouvons à vous les offrir, les vœux ardents que nous formons pour la conservation de vos jours.

« Nous avons l'honneur d'être, avec un profond respect, Sire, de Votre Majesté, les très dévoués et très fidèles serviteurs,

« Thouvenin, Chopy, Noir, Darragon, Ladmiral, Feniou, Rayé, Dezilles, Guesdon, Levallois, Lemoyne, Estacbon, Poitevin Julien, Lemoyne et de Bonnegens, maire président. »

Quelques années plus tard, 5 janvier 1839, des troubles et des actes de rébellion au marché aux grains, agitèrent la ville.

Des mesures prises pour rétablir l'ordre méconnu ne purent aboutir, et, pour calmer l'irritation des esprits, on afficha sur les murs une proclamation ainsi conçue :

Habitants de Saint-Jean-d'Angély,

Des désordres graves ont signalé la journée d'hier et porté la perturbation dans le marché aux grains, dont il est si important de protéger la liberté ; la propriété privée a été violée...

Votre maire et votre conseil municipal en ont été émus, et, tout en se félicitant de la prudence de l'autorité à éviter un pareil conflit entre la force armée et les perturbateurs, ils aiment à croire que de pareilles scènes ne viendront plus attrister notre cité ordinairement si calme.

Habitants de Saint-Jean-d'Angély, des étrangers coupables ont pu seuls exciter et fomenter ces désordres ; ces excès ne peuvent qu'éloigner de nos murs les grains qui viennent chaque semaine approvisionner notre ville.

Vos mandataires ne feront pas inutilement appel dans cette circonstance à votre amour de l'ordre.

Notre intérêt à tous, notre honneur, sont d'assurer, avec la liberté du commerce, la tranquillité publique.

Nous comptons sur votre courage pour calmer les esprits égarés et pour assurer au besoin l'exécution des lois.

Ces sages exhortations furent écoutées : tout rentra dans l'ordre.

Le 1ᵉʳ octobre 1840, MM. de Gaalon, Lair Pierre, Cotard et Jacques Michel étaient nommés maire et adjoints par ordonnance royale.

Jusqu'en 1846, rien dans le fonctionnement de l'administration municipale qui mérite d'être relevé.

Une question plus importante et relative à l'aliénation de la cabane dite de La Lance se présenta cependant devant le conseil cette année.

La propriété de la métairie de la « Cabane de la Lance » avait été concédée, par la loi du 7 septembre 1807, à l'hospice et aux écoles de charité de Saint-Jean-d'Angély, à titre de remplacement des biens vendus et des capitaux dont ces établissements avaient perdu la jouissance par les effets de la loi du 23 messidor an II.

Ceux-ci avaient été mis en jouissance provisoire de cette cabane par un décret complémentaire de l'an XIII.

Cette cabane de la Lance appartenait originairement à l'abbaye de Gramont qui l'avait donnée à bail emphytéotique à un sieur Solleau, le 5 novembre 1750, moyennant une redevance de 550 francs.

Depuis la mise en possession provisoire, l'hospice et les écoles de charité avaient joui de cette redevance de 550 francs.

Une délibération prise par la commission administrative de l'école de Charité demanda l'autorisation de vendre cet immeuble dans l'arrondissement de Rochefort et d'appliquer son produit à la reconstruction de l'hospice, sous la seule condition d'opérer, sur le prix de la vente, la distraction d'un capital, qui, placé en rentes sur l'Etat, serait affecté à maintenir en sa faveur la quotité de la rente dont elle jouissait par la loi du 7 septembre 1807.

« Le conseil, considérant que les revenus d'alors des écoles de Charité suffisaient à leur entretien dont l'état était prospère, que la commune était dotée de plusieurs établissements de ce genre, qu'elle possédait une école maternelle où tous les indigents étaient reçus » ;

Autorisa la vente de la métairie dont s'agit, pour en appliquer le produit à la reconstruction de l'hospice, sous la retenue d'une somme de 11.000 francs à placer en rentes sur l'Etat pour assurer le service de la redevance de 550 francs pour deux tiers appartenir aux écoles de Charité, et un tiers à l'hospice.

MM. Chopy, Challe, Giron, Petit, Levallois, Feniou, Augier de la Jallet et Demoges, élus à cette époque membres du conseil municipal, jurèrent fidélité au roi des Français, obéissance à la charte constitutionnelle et aux lois du royaume. Les élections n'avaient pas été sans difficultés.

Le conseil divisa ses travaux en quatre commissions. Presque aussitôt il eut à statuer sur une pétition des habitants du faubourg Matha qui, se plaignant du danger que créait pour eux le dépôt des poudres de chasse, en demandaient l'éloignement.

Cette requête était bien prise en considération, mais ce n'est qu'en 1900 que les pétitionnaires devaient recevoir satisfaction par son transfert à l'extrémité des allées d'Aussy, dans le vieux moulin à vent, restauré pour la circonstance et que l'on y voit sur la droite en montant.

C'est également à ce moment que se place la difficulté entre l'Université et l'Etat à propos de la propriété communale des bâtiments provenant des Bénédictins, ainsi qu'on l'a pu voir au chapitre de l'*Enseignement public*.

La chapelle de l'hospice fut érigée en *succursale intra muros* et on vota un crédit de 80.000 francs pour l'agrandissement des constructions nécessitées par cette mesure.

Enfin, on créa des ateliers de charité à l'aide d'un crédit de 2.100 francs qui avait aussi pour objet d'assurer le comblement des douves de la rue Puylachevalle ; de mettre en état les chemins du cimetière, de réparer les chemins du Coi et de l'Etore et de niveler la place des Halles, le Champ de foire et la place des Nouvelles Casernes.

Puis, on vend, en sept lots, les anciennes écuries du port : la mise à prix fut de 52.000 francs ; les bâtiments à aliéner comprenaient les maisons Auger et Parent, les petites et grandes écuries ; les cuisines, les petites casernes. Une partie de ces immeubles avait été donnée à la ville par le département, suivant acte authentique consenti par le préfet, accepté par le commissaire général, le 21 août 1841 et monumenté dans un acte reçu Morin, notaire à La Rochelle, le 29 août 1843.

Une autre portion avait été acquise de M. Auger et de Julie Delestang, par acte administratif du 20 janvier 1824.

La troisième partie des immeubles, — quatrième, cinquième et sixième lots — avait été donnée par l'Etat à la ville par décret impérial, daté du palais de Bayonne, le 24 juin 1808, à la charge de les entretenir, et de les tenir constamment à la disposition du ministre de la Guerre pour le logement de la cavalerie.

La ville avait été exonérée de cette charge et autorisée à vendre le tout aux enchères publiques par ordonnance royale du 1er juin 1843.

Les faits que nous venons de passer en revue, constituent la vie administrative de l'époque dans ce qu'elle eut de plus saillant, et nous conduisent à la Révolution de 1848.

LIVRE TROISIÈME

Sommaire Général du Livre Troisième

Saint-Jean-d'Angély sous la Révolution de 1848 et sous la présidence de Bonaparte. Le 2 décembre 1851. — Saint-Jean-d'Angély sous Napoléon III. — Proclamation de la République : de 1870 à 1909.

De 1848 à 1852.

CHAPITRE XII

La Révolution de 1848 à Saint-Jean-d'Angély. — Adresse aux habitants à cette occasion. — Organisation de la Garde Nationale et de la Musique Municipale par le citoyen Lacourt. — Demande d'armes au Ministre de la Guerre. — Les journées de juin : Départ du contingent ; Plantation d'un arbre de la Liberté. — Proclamation de la Constitution républicaine. — Fêtes. — Troubles dans l'arrondissement. — Arrestations. — Diverses questions administratives. — Agrandissement de la Salle d'asile. — Aliénation de terrains, rue Coybo, au profit des Dames de Chavagnes. — Demande par l'Evêque d'établir une école des Frères de la Doctrine chrétienne. — Refus. Reconstruction de la nouvelle sous-préfecture et réorganisation de la Caisse d'Epargne. — Bonaparte proclamé Président de la République. — Démission de M. Taffoireau. — Le serment constitutionnel et le Conseil municipal. — Le 2 décembre.

Le ministre Guizot refusant à l'opinion publique les réformes qu'elle réclamait et celle-ci ayant fait appel au pays, les réformistes qui voulaient autre chose qu'une modification dans le système électoral, attaquèrent, on le sait, la monarchie.

On se souvient, sans qu'il soit besoin de les rappeler ici, des causes qui amenèrent la révolution de 1848 ; un banquet non autorisé, organisé par les républicains dans le XIIe arrondissement de Paris, en fut l'origine.

A la suite de manifestations bruyantes, les ouvriers descendirent des faubourgs et marchèrent, nombreux, vers le centre de Paris.

L'émeute, commencée le 23 février, était maîtresse de la capitale, le 24, et ce même jour, à midi, après avoir abdiqué, Louis-Philippe quittait les Tuileries.

Ces faits avaient forcément leur répercussion en province : dès le 27 du mois pour calmer les esprits inquiets qui commençaient à s'agiter à Saint-Jean-d'Angély, le maire Feniou, son adjoint P. Normand et les membres du conseil municipal, adressaient aux habitants une proclamation dont voici les termes :

Chers Concitoyens,

De graves événements viennent de s'accomplir à Paris ; le roi a abdiqué ! Un gouvernement provisoire est installé qui recommande à tous l'ordre et la confiance et nous annonce de nouvelles institutions sur lesquelles tous les Français seront appelés à donner leur avis.

Vos magistrats, dont le zèle et le dévouement vous sont connus, comptent sur votre respect pour les lois et la tranquillité publique : ils prennent l'engagement de vous informer de tous les actes du nouveau gouvernement aussitôt qu'ils arriveront à leur connaissance.

Ils se reposent avec confiance sur le concours de tous les citoyens et spécialement sur celui de la garde nationale pour assurer, comme à Paris, l'exécution des lois essentielles à l'existence de toute société.

Notre Cité, comme toutes celles qui nous entourent, est placée sous la protection de la garde nationale et de ses magistrats.

*
* *

Presque aussitôt qu'eut retenti au Palais-Bourbon les cris de : « A bas la Régence ! Vive la République ! », et que, sur la proposition de Lamartine, le gouvernement provisoire eut été nommé, la ville de Saint-Jean-d'Angély, comme un grand nombre des villes de France, eut à cœur de manifester ses sentiments en faveur des nouvelles institutions.

Citoyens, — disait une adresse aux nouveaux élus, Dupont de l'Eure, Arago, Marie, Garnier-Pagès, Ledru-Rollin, Lamartine et Crémieux, — nos frères de Paris, dans un héroïque élan de patriotisme, viennent d'accomplir un grand acte national, en renversant une royauté qui avait méconnu les droits de la Nation et violé ses propres serments.

La ville de Saint-Jean-d'Angély salue de ses acclamations l'ère nouvelle de Liberté dont vous venez de doter la France et vous apporte son adhésion franche et dévouée à l'établissement de la République, de ce gouvernement populaire qui a écrit au-dessus de son drapeau cette noble et grande devise : *Liberté, Egalité, Fraternité.*

Placée sous cette triple égide. la France sera désormais libre, grande, heureuse, et vous, citoyens, vous trouverez dans la reconnaissance publique, la seule récompense qui soit digne de votre courageux dévouement.

Ceux qui s'exprimaient ainsi, le 12 mars 1848, s'appelaient : Mousnier Abel, Jouslain, Rayé, Challes, Victor Beyneix, Baud, Neumann, Giron, Demoges, Chopy, Brillouin.

Les premières élections donnèrent pour le département les résultats suivants : MM. Renou, 106,883 voix ; Bethmont, 103,364 ; Baroche, 92,380 ; Gaudin, 78,538 ; Dufaure, 68,197 ; Brard, 64,919 ; Target, ouvrier au port de Rochefort 64,451 ; Debain 59,440 ; Audry, 56,508 ; Dupont 52,671 ; Coutanceau, 49,934 ; Dargenteuil 40,545. M. Renou fut nommé commissaire général du département.

On procédait immédiatement à l'organisation de la compagnie de la garde nationale, on recevait le serment des officiers, on distribuait des armes aux hommes et après avoir passé la revue, avec beaucoup d'éclat, on proclamait le 5 mars, à Saint-Jean-d'Angély, la République.

Le maire provisoire, Abel Mousnier, confiait à M. Desprez le commandement des compagnies et celui-ci, après avoir été reconnu ainsi que les capitaines, autres officiers et sous-officiers, sur la place Matha, un délégué du gouvernement provisoire inspectait les troupes.

*
**

Ce jour-là, 18 mars 1848, ce fut en ville une grande fête : l'enthousiasme était à son comble : il y eut des feux de joie et l'artillerie salua « l'ère nouvelle » qui allait s'ouvrir, par 21 coups de canon.

À la fin du mois, la garde nationale était régulièrement constituée : tous les chefs étaient nommés ; elle comptait 800 inscrits. Les services fonctionnaient et, chaque soir, à partir de 7 heures jusqu'au lendemain matin 6 heures, une garde de 25 hommes commandée par un officier, se tenait, comme poste, à l'Hôtel de ville.

Pendant que les autorités s'occupaient de l'équipement, le citoyen Lacourt, lui, organisait la musique de la nouvelle compagnie. Il semble avoir apporté à cette œuvre tous ses soins et, de son côté, le maire ne négligeait rien pour exciter tout son zèle.

Vous doterez notre ville, lui écrivait-il, le 12 avril, d'une musique dont elle pourra à juste titre être fière. Les corps spéciaux et la musique, en particulier, sont l'ornement indispensable d'une garde nationale bien organisée. Aussi l'administration fera-t-elle tous ses efforts pour vous soutenir dans l'achèvement de votre entreprise.

La sœur aînée de notre République n'a-t-elle pas vu ses soldats en petit nombre, sans uniforme et sans aucune habitude des exercices militaires, mais électrisés par les sublimes accents de la *Marseillaise*, renverser les régiments disciplinés, aguerris et nombreux, que leur opposait l'Europe entière coalisée contre nous ; c'est à la musique qu'elle doit ses premiers succès, c'est à elle que nous devons l'organisation complète et brillante de notre garde nationale.

Et le maire terminait, après avoir spécialement recommandé à chaque membre d'entretenir de bonnes dispositions les uns vis-à-vis des autres, de seconder les chefs par leur entente mutuelle et leur accord parfait, en disant : « Malgré les faibles revenus de la ville, ses sympathies ne vous feront jamais défaut. »

Ces chaudes paroles étaient appuyées d'une somme de 350 francs pour acheter 3 ophicléides qui manquaient, 2 cors et 1 saxophone ; il était en même temps prescrit de fournir la note exacte de tous les instruments qui appartenaient à la mairie.

Malgré ces bonnes recommandations, malgré tous les efforts du chef Lacourt auquel, en récompense de ses loyaux services, on offrit « une clarinette d'honneur », il y eut un temps où la musique ne les exécuta pas : elle se relâcha, fit preuve d'insoumission et d'un mauvais esprit par trop marquant, si bien qu'on fut obligé de la dissoudre et de faire rentrer dans le rang ceux qui, sous prétexte d'harmonie, faisaient tout autre chose.

« Nous verrons bien, dit le maire, quand les hommes auront goûté du service actif, quand ils auront pu voir et constater, en l'exécutant, quelles en sont les charges, s'ils ne seront pas plus soumis. »

Mais si, en 1793, les accents de la *Marseillaise* avaient eu la plus heureuse influence sur le moral de nos troupes, ainsi que le constatait le maire de Saint-Jean-d'Angély, dans sa lettre à Lacourt, en 1848, il semble qu'il fallut autre chose que de la musique pour mener à bonne fin les affaires entreprises à cette époque. Or, cette autre chose, indispensable pourtant quand il s'agit de se défendre contre les ennemis, c'est-à-dire les armes, c'est ce qui manquait le plus.

Dès le mois d'avril, on réclamait au commissaire d'arrondissement 150 sabres briquets et 40 sabres poignards dont on avait absolument besoin pour finir l'armement.

La musique de Saint-Jean-d'Angély ayant eu occasion de fraterniser avec celle de Saintes, avait constaté que chaque musicien saintais avait, en plus de son instrument, un sabre poignard à son côté.

Dès lors, pourquoi la musique angérienne ne serait-elle pas aussi bien traitée ? La distance qui sépare ces deux villes amies n'était pas si grande, n'était pas si difficile à franchir, pour qu'il existât une pareille différence entre elles.

Dans la lettre qu'il écrivait au commissaire à ce sujet, le maire, dépeignant l'état d'âme de sa musique, à l'égard de ces poignards si ardemment convoités, s'écriait : « Elle les a vus... » Cela suffisait pour que le ministre de la Guerre n'eût pas le droit de refuser ces armes, d'autant plus que, de la part des Angériens, on offrait de les restituer, si plus tard cette remise était utile pour un service plus actif.

*
* *

La garde nationale de Saint-Jean-d'Angély comprenait, en avril 1848, quatre compagnies de quartier, deux compagnies du centre, une compagnie d'artillerie, une compagnie de pompiers.

Suivant l'indication fournie au citoyen commissaire du département à La Rochelle, on avait reçu en notre ville, en deux fois, 196 sabres d'infanterie, 42 mousquetons, 11 sabres de cavalerie, plus des pièces de canon avec accessoires. La subdivision d'artillerie formait un effectif ainsi composé : 1 capitaine, 1 lieutenant en premier ; 1 lieutenant en second ; 1 maréchal des logis ; 1 fourrier ; 4 maréchaux des logis ; 8 brigadiers ; 60 artilleurs ; 2 clairons.

Lors des journées de Juin, pendant lesquelles les ouvriers de dix-sept à vingt-cinq ans que l'on voulait enrôler ou faire partir pour la Sologne s'étaient soulevés et, drapeau rouge en tête, emparé des rues de Paris, l'insurrection avait pris des proportions épouvantables, puisqu'il y eut à la suite 5,000 morts dont 7 généraux et 3 représentants, sans compter les blessés.

Ces faits indiquent combien on avait alors besoin d'hommes à Paris.

Les dépêches de la capitale étaient alarmantes : une émeute avait éclaté et des barricades obstruaient les faubourgs Saint-Antoine et Saint-Denis.

Le 24 juin, la commission du Pouvoir exécutif avait donné sa démission et l'Assemblée nationale avait concentré les pouvoirs sur le général Cavaignac, ministre de la Guerre.

Voici en quels termes le préfet du département, Wissocq, portait ces faits à la connaissance du public :

Habitants de la Charente-Inférieure,

De graves événements s'accomplissent à Paris.

Encore une fois l'anarchie lève la tête et répand dans le pays une mortelle inquiétude.

La garde nationale de Paris a triomphé de cette nouvelle tentative des ennemis de l'ordre et de la prospérité publique.

Les gardes nationales des autres départements marchent à son aide. Celles de la Charente-Inférieure seront jalouses aussi de concourir au salut public.

Que ceux d'entre vous qui accepteront la glorieuse mission de marcher au secours de la capitale nous confient avec sécurité leurs familles et leurs intérêts ! Nous saurons y veiller et les défendre !

De son côté, le sous-commissaire de l'arrondissement, H. Lemoine, écrivait, le 26 juin, au maire :

Citoyen maire,

Je ne puis que vous engager à prendre des mesures pour qu'un *détachement mobile* de votre compagnie soit prêt à se diriger au premier signal vers la capitale ; que les hommes de bonne volonté auxquels leur fonction permet d'offrir au pays un service actif, fassent tous leurs préparatifs pour se montrer au jour du danger, les soutiens de l'ordre et de la liberté.

Je vous prie de me faire connaître, le plus tôt possible, quelles sont les forces *mobiles*, c'est-à-dire les *citoyens célibataires de vingt à trente-cinq ans*, que la garde nationale de votre compagnie pourrait, *au besoin*, mettre à la disposition du gouvernement de la République pour se mettre en marche sur Paris.

Le contingent de départ de la garde nationale de Saint-Jean-d'Angély, y compris celui de Saint-Savinien, fut fixé à 61 hommes.

Le détachement était commandé par Feniou, capitaine en premier ; Lhardy capitaine en second ; Gautreau, Ortax, lieutenant et Gautreau Apollin, sous-lieutenant.

Ces quatre officiers nommèrent leur trésorier, leur porte-drapeau et leurs sous-officiers.

Le trajet devait s'effectuer par Melle et Poitiers et le départ fut fixé au 27 juin, de 1 heure à 2 heures, par voiture : on devait aller coucher le soir à Melle et le lendemain avant midi, il fallait être à Poitiers. La caisse du détachement devait être garnie pour une dizaine de jours et comprenait environ 1.000 fr. Enfin on demanda au sous-préfet de faire délivrer par les contributions indirectes 2 kilos de poudre, pour faire 200 à 300 cartouches pour les hommes.

*
* *

Entre temps, on ne négligeait pas cependant les

questions qui, étant donnés les événements d'alors, peuvent paraître avoir eu une importance relative.

On se réunissait en cortège à l'Hôtel de ville et on allait, solennellement, planter un arbre comme un emblème qui, aux yeux de la foule, symbolisait la réalisation des désirs et des aspirations démocratiques. On chanta ; ainsi qu'on a l'habitude de le faire en pareille circonstance, on tira force coups de canon, et la cérémonie se termina, sans incident particulier.

Le curé de la paroisse, comme fonctionnaire, prit la parole, sans que cependant il nous ait été possible de retrouver son discours : un sieur Baubit, protestant, mais non accrédité, qui avait voulu lui répondre, ne fut pas autorisé à le faire, malgré sa demande expresse, ceux qui détenaient des fonctions publiques en ayant seuls le droit.

Le maire, en lui envoyant son « salut fraternel » pour lui faire part du refus qui lui était opposé, ajoutait toutefois qu'il verrait avec plaisir qu'il se réunît au cortège de l'Hôtel de Ville, « pour y représenter à la fête ses coréligionnaires ».

Peu après, un service funèbre était célébré en l'honneur des citoyens morts pour la défense de l'Ordre et de la République dans les journées de Juin.

*
**

La constitution républicaine élaborée par l'Assemblée fut proclamée solennellement le 12 novembre 1848 à Paris, sur la place de la Concorde.

Le Pouvoir exécutif, on s'en souvient, appartenait à un président élu par le suffrage universel pour quatre ans, rééligible après un intervalle de quatre ans. Conformément à un décret du 6 novembre, article 6, on se réunissait le 19 à l'Hôtel de Ville de Saint-Jean-d'Angély pour faire cette proclamation. Une cérémonie eut lieu à cette occasion en ville et, pour bien faire les choses, on demanda à la direction de l'artillerie 50 kilos de poudre à canon. La Constitution nouvelle fut lue au peuple réuni : peu après des prières publiques furent faites : un *Te Deum* fut chanté à l'église paroissiale en présence des autorités civiles et militaires et de la garde nationale.

Chaque commune pouvant avoir une écharpe et un drapeau, le maire en réclama la remise au sous-préfet.

*
* *

Peu après, des troubles sérieux éclatèrent dans l'arrondissement. Diverses communes se signalèrent, surtout par l'état d'effervescence dont elles firent preuve alors. Des groupes nombreux excités par certains chefs se portèrent sur Saint-Jean-d'Angély. Des arrestations nombreuses furent faites à cette occasion et, comme il était question de conduire dans les prisons de la ville ceux qui avaient été arrêtés, la population craignant un soulèvement de la part des prisonniers, le maire, pour calmer les inquiétudes, demanda avec insistance de les éloigner du chef-lieu de l'arrondissement. La garde nationale qui avait précédemment envoyé à celle de Paris une adresse de félicitations, fit preuve dans la circonstance de bravoure en se portant au secours de la ville « menacée dans son honneur et sa sécurité ».

Ces faits, plutôt d'ordre politique, accomplis, l'administration municipale de Saint-Jean-d'Angély s'occupa des questions qui s'appliquaient plus spécialement aux intérêts locaux.

On fit, notamment, le nécessaire pour toucher une somme de 1,500 francs que le « citoyen ministre de l'Instruction publique » avait promis de donner pour aider aux frais d'agrandissement et d'appropriation de la salle d'asile.

On réclama la nomination d'un commissaire de police dont la ville était privée depuis un certain temps, le citoyen Jean ne faisant qu'en remplir provisoirement les fonctions. Divers legs ayant été faits à l'hospice, on les accepta et on régla à cet établissement les dépenses faites par les enfants de la Patrie qui s'élevaient, pour le premier trimestre de 1848, à 1,124 fr. 90. Une somme de 20,000 francs, à prendre sur les fonds du budget de l'Etat, était allouée pour les travaux sur la Boutonne: en même temps, l'autorisation d'aliéner les terrains de la rue Coybo donnés à la ville, au profit des dames de Chavagnes, pour une somme de 25,000 francs, était fournie.

Le 12 juillet 1850, le curé de Saint-Jean-d'Angély informait le maire que l'évêque allait appeler dans cette ville des frères des écoles chrétiennes ; plus de soixante enfants, disait-il, n'ayant pu trouver de places dans les écoles catholiques et certains ayant été obligés d'entrer dans « une école tenue par un protestant ».

Une enquête fut ouverte et le résultat fut que les instituteurs communaux laïques étaient, au contraire, parfaitement en nombre suffisant pour instruire les enfants.

Le conseil, composé de MM. Abel Mousnier, Devers, Petit, Taffoireau, Lemoyne, Audry, Chaigneau, Bouscasse, Giron, Brillouin, Puet, Ladmiral, Clais, Baud, Audouin, Normand, Gautreau, après avoir été consulté, déclara qu'il verrait avec regret l'ouverture d'une école des frères de la doctrine chrétienne dans la ville et qu'il n'y avait pour cela « ni utilité, ni nécessité, ni opportunité ».

La construction d'une nouvelle sous-préfecture fut décidée et la Caisse d'épargne (1) qui, par suite du décès de quelques-uns de ses directeurs, du peu de

---

1. *La Caisse d'épargne et de prévoyance de Saint-Jean-d'Angély*, fondée par ordonnance du roi du 8 mai 1834, a été ouverte le 15 juin de la même année. Le nombre des fondateurs indiqué dans les rapports annuels est de 147. Le Conseil d'administration est composé de MM. Etienne Clais, président ; Georges Meunier, vice-président ; Dubois, A. de Reboul, Denys d'Aussy, administrateur et Albert Leculliez, comme administrateur adjoint. Il y a, en outre, 28 directeurs et directeurs adjoints.

Il existe des succursales à Aulnay, Beauvais-sur-Matha, Loulay, Matha, Néré, Saint-Savinien, Tonnay-Boutonne, Villeneuve-la-Comtesse.

zèle de certains membres et aussi des événements de 1848, ne fonctionnait pas, fut réorganisée.

*
* *

Le citoyen Louis Bonaparte, celui qui, peu après, devait être Napoléon III, ayant été proclamé, par 5,662,834 voix, président de la République, le préfet du département informa le maire de Saint-Jean-d'Angély, par une lettre en date du 23 décembre 1851, que cette proclamation aurait lieu le 1er janvier 1852 et que chaque chef-lieu d'arrondissement devrait y être représenté par son maire ou un délégué.

Par 8 voix sur 14 votants, M. Taffoireau était désigné pour assister à cette cérémonie.

La Constitution prescrivait aux conseillers municipaux de prêter serment avant d'entrer en fonction. Quelques-uns refusèrent de souscrire à cette obligation, d'autres démissionnèrent et, quelques décès s'étant produits, le nombre des édiles, réduit à 16, l'était peu après à 13.

Le 6 août 1853, la municipalité prêtait le serment prescrit par l'article 14 et MM. Texier, maire, Giron et Andouin « juraient obéissance à la Constitution et fidélité au président ».

En 1852, le nombre des livrets était de 250 ; en 1908, il était de 14.412.

En 1908, les versements ont été de	1.830.606.99
Les remboursements de	1.457.329.19
D'où une augmentation du capital de	373.277.80

Les conseillers présents à la séance du 25 septembre faisaient de même. Les citoyens Petit et Sureau s'abstenaient et donnaient leur démission. Il en était ainsi de M. Puet, par sa lettre du 29 septembre.

On sait ce qui se passa dans la nuit du 2 décembre : la première histoire de France que l'on ouvre à cette date s'exprime ainsi :

« Les représentants du peuple furent arrêtés ; l'Assemblée nationale fut dissoute et le Palais-Bourbon où elle siégeait fut occupé militairement. Deux cents députés qui s'étaient réunis pour protester furent arrêtés par les soldats et jetés en prison : une terrible fusillade balaya les boulevards. Des départements qui avaient pris les armes furent soumis à une terrible répression : des chefs républicains furent déportés en masse et des commissions mixtes poursuivirent tous ceux qui avaient voulu défendre les institutions républicaines (1). »

Quelques mois après, celui qui devait être le chef du second Empire visitait les villes de la Charente-Inférieure pour préparer les voies et se faire acclamer.

A cette occasion, le conseil municipal de Saint-Jean-d'Angély était invité, par le préfet du département, à venir au chef-lieu faire escorte au président.

Sept membres : MM. Beyneix, Legendre, Devers, Baud, de Bonnegens, Jouslain, Lacour furent désignés pour accompagner le maire dans ce voyage.

---

1. *Cours complet d'histoire de France* de Blanchet et Pinard, édit., 1900, p. 550.

Cette tournée du Président de la République était à peine terminée, que les préfets dociles se hâtaient d'exécuter le mot d'ordre qu'ils avaient reçu en faisant consulter les conseils municipaux des communes pour avoir leur avis sur la proposition, qu'ils leur soumettaient, tendant au rétablissement de l'Empire héréditaire en la personne de « Son Altesse le prince Louis-Napoléon ».

Déférant à cette invitation, le 2 octobre 1852, à 7 heures du soir, le conseil municipal de Saint-Jean-d'Angély se réunissait pour délibérer sur la question qui faisait l'objet de la convocation. Le quorum n'ayant pas été atteint pour délibérer utilement, ceux qui avaient répondu à la convocation, MM. Texier, maire, Chopy, Baud, Legendre, Giron, Beyneix, Rolland et Clais, se retirèrent après une heure d'attente vaine.

Sans doute, l'autorité supérieure dut être prévenue du peu d'empressement de ceux qui étaient invités à faire connaître leur avis, car il n'apparaît pas, si l'on consulte le registre des délibérations, qu'aucune autre consultation du même genre ait été, à nouveau, réclamée : les écritures municipales sont muettes sur ce point.

Malgré cela, les choses suivirent leur cours ; ce qui était écrit devait s'accomplir.

Le sénatus-consulte du 7 novembre rétablit la dignité impériale en faveur de Louis-Napoléon : un plébiscite ratifia le sénatus-consulte.

Le 2 décembre, Louis-Napoléon fut officiellement

proclamé Empereur des Français sous le nom de Napoléon III.

Ceux qui, le 6 août et le 25 septembre 1852, avaient juré fidélité à la Constitution et qui s'appelaient : Texier, Mousnier, Legendre, Beyneix, Grelat, Rayé, Chopy, Baud, Duret, Devers, Lacour, Giron, L. Clais, envoyaient à Paris l'adresse suivante :

Le Conseil municipal de Saint-Jean-d'Angély saisit, avec empressement, l'occasion de son installation pour exprimer les sentiments de reconnaissance que lui inspire l'acte du 2 Décembre auquel on doit le rétablissement de l'Ordre — source de toute prospérité.

CHAPITRE XIII

Serment de fidélité à l'Empire par le Conseil Municipal, le 25 mars 1853. — Les travaux municipaux de l'époque. — Obligations des libraires et des boulangers. — L'éclairage et la sonnerie publics. — La recette municipale. — Avis favorable à l'installation d'un ministre protestant. — La question du Cimetière. — Les Sociétés de secours mutuel. — Les cercles et associations diverses. — La loge maçonnique. — Sa fondation. — Ses premiers membres.

Le 5 mars 1853, pour déférer aux prescriptions du sénatus-consulte du 23 décembre 1852 qui exigeait des fonctionnaires de tous ordres la prestation de serment avant d'entrer en fonction, MM. Giron, Normand, Mousnier, Clais, Legendre, Beyneix, Chopy, Baud, de Bonnegens, Duret, Jouslain et Devers, conseillers municipaux réunis en séance extraordinaire, après avoir répondu à l'appel de leurs noms, s'exécutaient dans les termes suivants :

« Je jure obéissance à la Constitution et fidélité à l'Empereur. »

Cette question, de pure forme sans doute, vidée, et le premier enthousiasme passé, on se mettait au travail en s'occupant de certaines mesures d'intérêt local.

On ne saurait contester que l'idée qui domine dans la conception et la réalisation du plus grand nombre des projets de l'assemblée municipale à cette époque, ne se ressente des événements politiques qui venaient de s'accomplir : d'ailleurs, en les passant en revue, il est facile de s'en convaincre.

Cette constatation faite, tout esprit impartial doit cependant reconnaître que, lorsque la préoccupation politique n'a pas été la seule cause déterminante de l'acte accompli, la besogne faite a plutôt été favorable aux intérêts de la ville.

Ce furent, tout d'abord, les travaux de réfection du pavage des rues qui attirèrent l'attention du conseil municipal ; et vraiment, il ne semble pas que ce fût-là de l'argent mal placé. Si l'on en croit, en effet, une lettre du maire au préfet, en date du 6 décembre 1853, l'état des rues et voies d'accès de Saint-Jean-d'Angély était alors des plus défectueux. « Les pavés, disait cette pièce, sont si mauvais, que quadrupèdes et bipèdes y font, journellement, des chutes nombreuses. »

D'autre part, certains édifices publics, vieux ou menaçant ruine, furent réédifiés : mesures toujours importantes, car en obligeant les administrations qui y procèdent à recourir à des emprunts, elles occasionnent des critiques de la part de ceux qui, avant de les formuler, ne réfléchissent pas qu'il est pourtant sage de se préoccuper non seulement du présent mais aussi de l'avenir.

*
* *

Non loin du lieu où existait l'ancien hôtel du duc de Rohan, dans l'endroit où s'élevait, avant la Révolution, le monastère des Ursulines fondé par André Tiraqueau le 11 août 1635, par acte au rapport du notaire Tourneur ; là où se trouvaient les bâtiments qui dépendaient du couvent et qui disparurent en 1806, existait une ancienne construction qui servait de marché. D'un aspect étrange, avec quatre hangars, bas et sombres, soutenus par des piliers de pierre ; au milieu, un espace vide, où croissait un immense marronnier : tel était l'endroit où le nouveau marché aux comestibles fut construit.

En même temps, on décidait d'édifier, à la place du vieux minage, un nouvel établissement qui, d'après le projet, devait contenir dans son ensemble une halle aux blés et farines, une bourse et un tribunal de commerce : il ne fut, comme on le sait, exécuté qu'en partie.

Ces monuments étaient alors dans un tel état de décrépitude, qu'il y avait un véritable danger pour la sécurité des personnes qui s'y réunissaient.

Pour dégager sa responsabilité, l'autorité avait été obligée de les faire étayer ; mais elle ne pouvait plus répondre d'un éboulement partiel. Elle avait des craintes légitimes sur les suites que pouvait entraîner leur état de vétusté.

Dans le rapport sur la question qu'il faisait au conseil municipal, le 13 mars 1860, M. Chopy, pour le déterminer à accepter le projet présenté, s'exprimait dans ces termes quelque peu solennels : « En adoptant cette proposition, nous croyons, messieurs, que vous ferez une bonne chose au point de vue de l'intérêt de nos concitoyens. Notre siècle va vite et, sous l'impulsion d'un gouvernement dont personne ne saurait nier les grandes idées, tout progresse autour de nous. Aveugle qui ne le voit pas.

« Suivons donc l'impulsion qui est donnée et soyons de notre époque. L'avenir de nos vignobles s'ouvre sous de bien beaux auspices au commencement de cette année 1860. Eh bien ! que cette même année voie poser la première pierre de l'édifice que notre ville veut consacrer aux transactions commerciales qui doivent faire la richesse de notre Saintonge ! »

Pour couvrir les dépenses nécessaires, pour remédier à l'état de choses qui existait, un emprunt de 140.000 francs au Crédit Foncier, remboursable en 50 annuités était voté et pour activer les travaux, on réclamait à « Sa Majesté l'Empereur » un secours de 12.000 francs à prendre sur les 4 millions qu'il venait d'accorder aux classes laborieuses, à titre de subvention.

En même temps, et pendant que l'on s'occupait de substituer du neuf au vieux, l'église paroissiale se trouvant dans le plus piteux état, on décidait, en principe, de continuer les travaux qui s'y appliquaient et qui avaient été interrompus par la Révolution.

Toutefois, comme les fonds manquaient et qu'en ce temps-là on n'entrevoyait pas la possibilité de s'en procurer au moyen de quêtes ou d'offrandes volontaires de la part des personnes pieuses, on se bornait, pour en trouver, à l'emploi d'une mesure toute platonique, en émettant à l'unanimité le vœu de l'établissement d'une « tontine », avec espoir de voir ce desideratum « couronné d'une entière réussite ».

Il n'apparaît pas que par la suite ce projet se soit réalisé !

**

A cette époque, pour obéir aux prescriptions du ministre de l'Intérieur du 16 juin 1830, on informait les libraires de la ville, que, pour exploiter leurs brevets hors de leur domicile, même dans la localité où ils avaient leurs fonds de commerce, ils étaient assimilés aux colporteurs pour l'estampillage des livres qu'ils mettaient en vente : comme ces industriels ils étaient l'objet de la plus étroite surveillance.

Une commission permanente était instituée pour vérifier les livres destinés à l'étalage et elle devait apposer un cachet bleu sur ceux qui étaient jugés dignes d'être livrés à la consommation intellectuelle.

De même que l'on s'occupait de la nourriture de l'esprit, on ne négligeait pas non plus celle du corps et on réglementait également les droits ou prérogatives des boulangers qui, suivant les prescriptions de l'ordonnance du 6 août 1823, furent divisés en trois classes.

La première comprenait ceux qui consommaient plus de 10,000 kilos de farine par trimestre et dont l'approvisionnement de quatre-vingt-dix jours était une moyenne de 15,000 kilos.

La deuxième visait ceux qui employaient de 5 à 10,000 kilos et dont l'approvisionnement était de 7,500 kilos. Enfin dans la troisième, étaient rangés tous ceux qui écoulaient 4,000 kilos et dont l'approvisionnement était de ce chiffre.

*
* *

En 1853, Saint-Jean-d'Angély n'était point éclairé au gaz.

Cinquante réverbères dont la création première remontait à 1808, tel était le nombre des sources lumineuses.

Malgré les strictes prescriptions du cahier des charges qui exigeait comme matière inflammable l'emploi d'une huile de première épuration de Lille, reconnue la plus propre à ce mode d'éclairage, et aussi malgré les mèches qui devaient être coupées carrément, sans être dédoublées, il est acquis, en consultant le témoignage des contemporains de l'époque, que l'on n'y voyait pas alors d'une façon satisfaisante dans les rues de Saint-Jean-d'Angély et que les personnes qui s'attardaient dans leurs courses le soir agissaient prudemment en portant avec elles lanterne ou falot pour le retour. Et cette mesure était d'autant plus sage, qu'ainsi qu'on l'a vu plus haut, la voirie était mauvaise puisque, de l'aveu même du premier magistrat de la commune, « quadrupèdes et bipèdes » perdaient souvent leur centre de gravité.

Si l'installation lumineuse de l'époque était plus primitive que celle actuelle, en revanche la dépense y afférente était bien moins élevée et, alors qu'actuellement, le crédit annuel nécessaire à donner de la lumière à la ville est plutôt fort élevé, en 1853 après n'avoir été même en 1830 que de 820 francs payés à un sieur Jérôme Vigier, il n'était encore à ce moment, que de 2.076 fr. 15 se décomposant comme suit :

1° 30 grammes d'huile par heure, soit, pour les 52 réverbères un total de 1 kgr. 560 et, pour six cent seize heures présumées, celui de 960 kgr., ce qui donnait les résultats suivants :

1,40 le kilog.............	1.345,34
2° Déchet 4 o/o...........	53,81
3° 55 m. de mèches........	22
4° Service des réverbères.....	440
5° Entretien et risques......	215
	2.076,15

Si l'éclairage, comme on le constate, était alors tout à fait sommaire, en retour, on pouvait être facilement renseigné sur l'heure de la journée.

Le maire, en effet, M. Texier, avait passé avec un sieur Gourdin, ingénieur mécanicien au Mans, un traité aux termes duquel cet industriel vendait 3 horloges à la ville : 1° une à la tour nord des Bénédictins, donnant les heures et les quarts, dite « horloge à quarts doubles » ; 2° une autre à la grosse tour, très forte, à répétition, avec deux grands cadrans de

1 m. 66 sur fond blanc; les heures et minutes noires, entourage doré et pouvant être éclairée à l'intérieur afin de donner l'heure la nuit et le jour ; 3° une autre enfin à l'hôtel de ville à heure et demie, garantie dix ans. Ces trois horloges coûtaient ensemblent 4.600 francs, non compris la serrurerie, le charpentage, l'échaffaudage, etc...

La recette municipale à cette époque était incorporée à la perception ; vu son importance, les sommes perçues dépassaient 30,000 francs ; il fut décidé qu'elle en serait détachée. Quatre candidats, MM. Griffon, Texier, Esmein et Giron, adjoint au maire, briguèrent le poste de receveur nouvellement créé !

Le cautionnement était fixé à 15,000 francs.

Sur une lettre du préfet, le conseil émit un vœu favorable à l'installation d'un ministre protestant à Saint-Jean-d'Angély : d'autre part, après l'accomplissement de toutes formalités préalables nécessaires, le plan d'alignement de la ville dressé par M. Viaud, architecte, fut définitivement admis pour être mis en vigueur, aussitôt après approbation de l'autorité supérieure.

Ce fut ensuite la question relative au cimetière qui occupa le conseil municipal.

Trop près du dépôt de Remonte et des maisons du quartier, devenu insuffisant comme étendue, son transfert dans un endroit qui devait être de 3 ou 4 hectares au moins fut arrêté.

Après étude, on choisit comme emplacement le fief de Grattemoine, en fixant exactement la superficie à acquérir de 2 h. 62 à 65 ; le prix des terrains, comme acquisition ne devait pas dépasser 11,820 fr. à raison de 0 fr. 45 le mètre.

Le devis pour les travaux à faire, dressé par l'agent-voyer s'élevait à 23,000 francs.

*
**

Le droit de se réunir et de se grouper pour la défense d'intérêts communs constituant pour l'homme un besoin en quelque sorte instinctif, Saint-Jean-d'Angély a de tout temps compté et compte encore de nombreuses sociétés d'ordres les plus divers.

En 1858, deux associations ouvrières, après avis favorable du conseil, faisaient le nécessaire pour se constituer en sociétés de secours mutuels : ces deux associations étaient celles des « Jardiniers » et des « Compagnons de tous les corps d'états reconnus sur le tour de France ». Les statuts de la société des « Jardiniers de Saint-Jean-d'Angély » comprenaient 39 articles. Celle-ci avait pour principe « l'ordre, l'économie, l'union et la charité chrétienne » et elle assurait à chacun de ses membres un secours en cas de maladie. Pour en faire partie, il fallait avoir au moins vingt et un ans révolus et moins de cinquante-cinq ans. Quand un membre n'était pas suffisamment connu, il devait faire trois mois de noviciat.

L'article 8 prescrivait que la fête de la société aurait lieu le 30 août, jour consacré à son patron, saint Fiacre. Tous les sociétaires devaient assister à la cérémonie sous peine d'une amende de 5 francs, avec exclusion en cas de récidive.

Au jour dit, les membres associés allaient entendre la messe, en marchant sur deux rangs ; le président, à la tête du cortège, accompagné de deux commissaires qui escortaient un bouquet placé sur un brancard.

Les statuts de la société furent approuvés le 26 mars 1856 par un arrêté du préfet Boffinton ; un décret impérial du 3 février 1866 en nomma M. Constant Jollet le président.

Une note au dossier porte le nombre des membres titulaires en 1860, à 13, et celui des honoraires à 9, parmi lesquels figuraient M. Texier, maire, MM. Rayé, Dury, de Meschinet, Cotard Charles Aristide de Reboul, Fromy, Camuzet.

La société des « Compagnons du devoir » est fort peu riche en documents. Ce fut par une lettre en date du 21 novembre 1858, signée « H. Chesne, doleur », adressée au maire, que l'autorisation de se former en société fut demandée.

Le but poursuivi par les sociétaires était ainsi défini par eux dans leurs statuts :

1° Resserrer les liens de confraternité qui les unissaient en voyage ; 2° tâcher par des déférences mutuelles de prévenir les querelles fâcheuses qui s'élèvent, parfois, entre les divers corps d'états et qui « jettent sur le devoir une défaveur imméritée » ;

3° rendre les hommages funèbres aux compagnons décédés.

Chaque sociétaire devait verser une cotisation trimestrielle de 1 franc et une entrée de 0 fr. 50.

La date exacte de la fondation de cette société à Saint-Jean-d'Angély est du 20 novembre 1858, elle fut autorisée par une lettre du maire du 6 avril 1859. A ce moment, 43 corps d'états différents et 58 membres en faisaient partie.

En 1862, le montant des capitaux disponibles était de 110 fr. 45 et le total des recettes de 247 francs, les frais de gestion étaient de 23 francs, les amendes de 15 francs.

En 1866, les « Compagnons du devoir » ne firent guère d'économie car, d'après une note donnant la situation financière et émanant sans doute du trésorier, on lit, à la colonne des observations, cette mention textuelle : « Les deux cents quarante sept francs porté au daispance pour fré des glisse et au Banqué où assisté tous les sociétère. »

Une autre société dite « Fraternelle et Philanthropique de Saint-Jean-d'Angély » fut fondée le 2 avril 1851. Elle comptait en 1856, notamment, 251 hommes dont 15 entrés cette année-là. Le montant des capitaux placés, en caisse, était à cette époque de 6,535 fr. 03 : les cotisations des membres participants étaient de 2,860 ; les amendes de 22 fr. 50, les droits d'entrée de 61, les intérêts touchés de 184 fr. 91, le total des recettes de 3,128 fr. 41, les frais de gestion de 101 fr. 75 ; les honoraires des médecins de 1,342 fr. 30, les frais pharmaceutiques de 925 fr. 95, les secours en argent aux malades de 1,507 francs; les frais funéraires de 250 francs, le total des dépenses pour l'année s'élevait à 4,155 francs. Les capitaux placés en caisse, formant l'avoir disponible au 31 décembre de cette année 1865 prise au hasard, étaient de 5,508 fr. 44 et les cotisations à recouvrer en retard étaient de 520 francs.

Sans sortir des limites de notre cadre, tout en étant aussi complet que possible, cependant, mentionnons, encore, à titre de renseignements, comme existant ou comme ayant existé, les sociétés ou associations, quelle qu'en soit la nature, dont les noms suivent :

Le Cercle industriel de Saint-Jean d'Angély approuvé par arrêté préfectoral du 22 novembre 1871, sanctionné, lui-même, par dépêche du ministre de l'Intérieur du 27 du même mois.

Le nombre de ses membres, en 1872, était de 64, la plupart commerçants.

Une « Société d'agriculture » qui ne fonctionnait plus depuis 1847, se reconstitua en 1856.

Un Cercle littéraire approuvé par arrêté préfectoral du 16 février 1864 ; le Cercle républicain de l'Union ; le Cercle philharmonique.

Le Cercle de Saint-Vincent-de-Paul qui avait en 1868, comme président M. de Bonnegens. Le Cercle catholique ouvrier qui remontait à 1876. Le Cercle des Muses santones autorisé par arrêté préfectoral du 10 août 1876.

Les « Prévoyants de l'Avenir », association créée à Paris le 12 décembre 1880, autorisée le 23 février 1881 et par arrêté ministériel du 31 octobre 1887. La Société coopérative de production et de consommation de la Charente-Inférieure.

La Société des Libres Penseurs angériens.

L'Angérienne, société de tir et de gymnastique.

La Société historique et scientifique de Saint-Jean-d'Angély ayant pour objet : 1º de faciliter et populariser l'étude des sciences en général et particulièrement de tout ce qui se rattache à l'histoire locale et à l'histoire naturelle de l'arrondissement ; 2º de créer à Saint-Jean-d'Angély un musée renfermant les productions se rattachant à ces études.

La société se divisait en deux sections comprenant, la première les sciences physiques et naturelles ; la deuxième l'archéologie, la numismatique, la statistique et l'histoire locale. Elle fut autorisée par arrêté préfectoral du 30 mars 1863 ; le nombre des volumes publiés par elle était de quatre. Elle avait, comme président, M. Augier de la Jallet ; comme secrétaires, MM. Edmond Poitevin et Alfred Devers, avec Eugène Lemarié, comme conservateur archiviste.

Une note retrouvée sur une feuille au dossier porte que depuis 1870 son fonctionnement ne s'est plus effectué régulièrement.

La Société linéenne de la Charente-Inférieure, approuvée le 23 mai 1874.

La Société de prévoyance et de secours mutuels dont l'existence est affirmée par un arrêté préfectoral du 18 juin 1861. Le montant du droit d'administration est de 12 francs. Lors de sa fondation dont la date indiquée est celle du 22 janvier 1862, elle comptait 29 membres. En 1865 son capital était de 565 fr. 65 et ses fonds disponibles au 31 décembre de cette même année, étaient de 695 fr. 81.

Relevons encore :

Le Cercle angérien de la Ligue de l'Enseignement ; l'Avenir du Prolétariat ; le Comice et le Syndicat agricoles ; le Véloce-Club angérien ; le Sporting-Club ; la Société des Pêcheurs angériens ; l'Echo angérien, groupe orphéonique ; une section de la Ligue des Droits de l'homme et du citoyen ; le Cercle d'études sociales de la Jeunesse catholique ; le Pigeon Angérien, Société colombophile ; la société des chasseurs ; la société d'escrime ; la société de tir ; l'Association amicale des anciens élèves du Collège de Saint-Jean-d'Angély ; les Femmes de France ; les Dames de France ou Croix rouge ; et enfin, une Loge maçonnique.

*
* *

Bien que dans ses *Recherches topographiques et historiques*, Guillonnet-Merville ait écrit « qu'il ne pouvait donner les noms des fondateurs de cette société, un secret inviolable régnant dans toutes ses opérations », plus heureux que lui, il nous est ici permis d'analyser certains documents relatifs à ce groupement local.

Association autrefois secrète, la franc-maçonnerie, établie sur des principes de morale philosophique, avait pour objet de créer entre ses membres qui se reconnaissaient à des signes et à des emblèmes, des rapports de fraternité.

Quelle en serait l'origine ? C'est ce que cherche à établir la légende en la faisant remonter jusqu'à Hiram, architecte du temple de Salomon qui avait déjà divisé ses ouvriers en apprentis, compagnons ou maîtres, alors que d'après d'autres versions, cette société serait issue des mystérieuses initiatives du paganisme, des corporations ouvrières, de l'ancien ordre du Temple créé 715 ans avant Jésus-Christ et d'une société qui aurait eu son siège en Angleterre après la retraite des Romains.

Remontant aux corporations, c'est-à-dire au VIIIe siècle, introduite en France en 1725, ce fut quelque temps après que fut fondé à Paris le Grand Orient de France.

La franc-maçonnerie a comme devise : « un pour tous et tous pour un » qui n'est autre que l'application du grand principe de solidarité qui, malgré la différence de position sociale, doit faire de ses membres des frères.

Quoi qu'il en soit, c'est le 19 mars 1764, en style maçonnique : en l'an de lumière 5764 et le troisième du mois que, dans le but de fonder une loge à Saint-Jean-d'Angély, se réunissaient les frères François Rolland, Cordié de Maurenval, directeur des poudres et salpêtres de la ville, Benjamin Gruel-Villeneuve, jeune, marchand de « draps et soyes », Maurice

Castin de Guérin, officier de marine, pensionnaire du roi ; Pierre Ouzanneau, bourgeois de cette ville, tous membres de la très juste et parfaite loge de Saint-Jean-de-Jérusalem régulièrement établie à Saintes, sous le titre de « la Sincérité ».

A ces membres s'étaient joints Maurice Beaulieu de Baraud, sieur Destouches, membre de celle de la marine de Paris ; Nicolas Chavy de Persy, « symphoniste ordinaire de l'abbaye de cette ville », membre de celle de Limoges. La convocation avait été faite par le cher et bien-aimé frère « Guenon de Brive, chevalier de l'ordre royal et militaire de Saint-Louis » dans le but, ainsi que nous l'avons dit, « de fonder une loge juste et parfaite, à l'orient de la ville, sous le titre de l'Egalité ! »

Les frères François Brillouin et Charles Debonnegens de Lagrange, dont la réception antérieure était présumée irrégulière, furent réhabilités et le profane Jacques Brillouin, de la religion romaine, fut initié aux sublimes mystères.

Serment prêté par tous les membres de bien observer les règlements de la maçonnerie tels qu'ils sont prescrits par la très respectable grande Loge de France (1), un vénérable et deux surveillants furent

---

1. Un petit ouvrage fort ancien édité à Paris chez Caillot, père et fils, rue Saint-André-des-Arts, 57, qui nous a été communiqué, contient de très intéressants renseignements sur le « G∴ O∴ législateur de l'Ordre qui en a le gouverne-
« ment et réunit tous les pouvoirs. »
C'est lui qui constitue les Loges ou les Chap∴ dans toute

nommés et revêtus de leurs insignes. Cela fait, il fut décidé qu'une requête serait adressée à la grande Loge de France, pour solliciter d'elle des lettres patentes de constitution établissant celle de l'*Egalité de Saint-Jean-d'Angély*.

Ce même jour, on procéda à la nomination du fr∴ orateur ; à celle du secrétaire trésorier en la personne de Gruel-Villeneuve, du tuileur en la personne de François Brillouin ; de l'architecte en celle de Chavy.

Les statuts et règlements et particulièrement ceux relatifs à la finance furent communiqués : on décida l'achat d'un coffre-fort pour renfermer les bijoux de la loge et de rechercher une maison pour s'assembler et « travailler aux sublimes travaux ».

La « requeste » aux très chers et dignes officiers et frères composant la très sublime et très respectable « grande Loge de Paris » remise au F∴ député de Saintes, se terminait ainsi : « Nous aurons à nous flatter que vous ne rendrez pas notre attente vaine et qu'à la prière de nos F∴ de Saintes jointe à notre juste demande, nous ne tarderons pas à recevoir de vous les lettres de constitution que nous vous demandons, qui nous mettront à même d'ériger un nouveau temple à la vertu. »

La loge de Saint-Jean-d'Angély comprenait à cette date neuf membres dont on a vu les noms.

---

l'étendue du territoire Français et dans les pays étrangers faisant partie de sa correspondance. Il comptait au moment de sa publication, 169 officiers dont 7 grands premiers dignitaires ; 63 officiers d'honneur et 99 officiers ordinaires.

Sur de nouvelles démarches faites quelque temps plus tard, les lettres patentes de constitution parvinrent à Saint-Jean-d'Angély, sous les auspices et bon plaisir de S. A. S. Louis de Bourbon, Comte de Clermont, prince du sang, très illustre et respectable grand maître de toutes les loges de France (1).

Après assistance à la messe dite par le R. F∴ Mesnard, chez les RR. PP. Cordeliers, il en fut donné lecture, et la loge de Saint-Jean-d'Angély fut définitivement constituée sous le titre distinctif de l'Egalité. Le serment ayant été prêté dans les formes voulues, T∴ C∴ F∴ Martin, gardien des RR. PP. Cordeliers, déjà membre de la Sincérité de Saintes, demanda son affiliation à celle qui venait d'être formée.

Les statuts et règlements arrêtés par les quatorze commissaires nommés par la Grande Loge de France pour être ratifiés et observés par toutes les loges particulières, comprenaient 33 articles qu'il est inutile de reproduire ici, puisqu'ils ne rentrent pas dans le cadre de notre étude locale.

Pour ne pas se laisser entraîner par « un désir curieux et une sotte vanité » de posséder une foule de grades maçonniques dans le but d'attirer sur elle de la part des loges voisines de cet Orient des déférences contraires à l'esprit de l'égalité et de l'union qui sont la base de tout bon maçon, la loge de

---

1. Il eut comme successeur après sa mort le duc de Chartres ; le duc de Luxembourg étant substitut général et le prince de Rohan Guéménée représentant du grand maître.

Saint-Jean-d'Angély, — le deuxième jour du troisième mois de l'an 1766, — déclarait se contenter des sept grades suivants qu'elle conférait à ses membres : *apprenti*, *compagnon*, *maître* et *maître élu* dans lesquels elle pensait que se trouvait réunie toute la maçonnerie symbolique.

Le premier contenait les épreuves capables de décourager un cœur faible et peu zélé de l'art royal.

Le second tendait à former les mœurs et le cœur du nouveau frère : le troisième renfermait, tant dans le cérémonial de réception que dans l'instruction, tous les événements survenus lors de la mort du respectable M∴ J∴, son exhumation de la montagne et son inhumation dans le sanctuaire du Temple.

Le quatrième renfermait des symboles qui, au sens moral, avaient pour objet de détruire les défauts du frère et d'épurer ses mœurs.

Le troisième grade supérieur et dans lequel, disait la loge, était renfermé, selon elle, le but de la maçonnerie, était celui de *Chancelier* de l'*Orient* après lequel venait celui de *Prince maçon* et enfin le septième et dernier connu sous le nom de *Rose Croix* et d'autres divers, spécialement celui de *Parfait maçon*.

Ces trois derniers grades étaient regardés par la loge de Saint-Jean-d'Angély comme les seuls symboliques de la maçonnerie ; tandis que les autres étaient par elle considérés comme des productions de l'imagination.

Plus tard, en 1767, sur des ordres venus du gouvernement, tous travaux furent suspendus « jusqu'à des temps plus heureux. »

En 1769, l'annuel à payer pour chaque frère était de 18 livres, dont 12 pour l'entretien de la loge et 6 pour les frais des banquets dont les quatre obligatoires étaient fixés à Noël, à la Quasimodo, à la Saint-Jean-Baptiste et à la décollation.

Quelque temps après, de nouvelles lettres de constitution furent données à la loge de Saint-Jean-d'Angély, pour être inscrites, sur le tableau des loges régulières de France, à la date du sixième jour de la troisième semaine du troisième mois de l'an de vraie lumière 5764, époque de sa constitution primitive.

Viennent ensuite diverses admissions de membres parmi lesquels nous relevons celles de Jean-Joseph Bonnegens des Hermitans ; Jean Hospitel de Lhormandie, curé de Brizambourg ; Pierre-Amable Pelluchon du Breuil, procureur du roy ; Roulet, D^r en médecine, Vicomte de Brie, de Lalaurencie, Laroche, Regnaud (de Saint-Jean-d'Angély) etc., etc.

CHAPITRE XIV

Érection de la statue du Comte Regnaud de Saint-Jean-d'Angély sur la place de l'Hôtel de Ville. — Les diverses constructions : Minage, tribunal, prison, abattoir. — La sécheresse en 1864. — Projet d'adduction auprès de la Ville par l'arqueduc de la fontaine du « Coi » des eaux du ruisseau du « Rousseau ». L'eau et la pompe du Minage ; son analyse chimique. Circulaire ministérielle du 16 septembre 1865. — Mise en communication des faubourgs Matha et Saint-Eutrope. — Le champ de foire des bœufs. — Adresse à Napoléon III.

Le 5 février 1860, dans le but de perpétuer la mémoire du comte Louis-Michel-Etienne Regnaud, dont on connaît le rôle important dans le pays, on agita la question relative à l'érection de la statue qui se voit actuellement sur la place de l'Hôtel-de-Ville.

S'adressant, ce jour-là, à ses concitoyens réunis, le maire de Saint-Jean-d'Angély leur exposait que Regnaud, nommé en 1789 député du tiers-état de la sénéchaussée de Saint-Jean-d'Angély à l'Assemblée constituante, avait puissamment contribué à l'abolition de tous les privilèges et à l'établissement d'un même droit commun à tous les Français.

Passant à l'époque impériale, l'orateur fit ressortir le dévouement de Regnaud à la dynastie régnant alors ; il énuméra les services qu'il rendit comme administrateur financier et magistrat, en insistant sur une des gloires les plus éclatantes du député de 1789, celle d'avoir contribué à la rédaction de nos Codes.

Il le représenta, ensuite, comme membre de l'Académie française ; procureur général près la Haute-Cour ; comte de l'Empire ; ministre d'État, arrivé à l'apogée des grandeurs, et cependant fidèle au souvenir de son point de départ et aux amitiés de sa jeunesse ; saisissant, avec empressement, toutes les occasions de faire triompher le mérite et les droits acquis, recherchant les faibles et les malheureux pour leur servir de conseil et d'appui.

Le maire termina son exposition en rappelant qu'en 1835, le conseil municipal de la ville avait rendu hommage à la mémoire du comte Regnaud en décidant que son buste serait rétabli dans la salle de ses séances et il demanda si, après vingt-cinq ans, le sentiment populaire, après avoir réfléchi, n'estimait pas que Regnaud, né le 9 novembre 1760, mort le 11 mars 1819, n'était pas « un de ces hommes » exceptionnels auxquels la Patrie reconnaissante « pouvait élever une statue ».

Des applaudissements unanimes accueillirent ces paroles du maire et un comité fut créé pour recueillir les souscriptions qui devaient permettre la réalisation d'un projet caressé depuis un certain temps déjà.

La ville de Saint-Jean-d'Angély fut autorisée à élever cette statue en bronze sur la place où on la voit actuellement, par un décret du 14 décembre 1859.

Comme cela se produit fréquemment, en pareille

Regnaud de St-Jean-d'Angély   Cliché Chaine

matière, les préliminaires pour arriver enfin au résultat définitif, furent longs ; il y eut des retards et des lenteurs et la situation commençait à devenir plutôt gênante.

Dans une lettre du 6 avril 1861, le sous-préfet disait au maire : « Il est impossible que le *statu quo* se prolonge plus longtemps, sans tomber dans la situation la plus anormale et vis-à-vis de la famille du comte Regnaud et vis-à-vis des communes. Voilà plus de dix-huit mois que l'œuvre est commencée sans résultat ; de nombreuses plaintes sont portées par les communes, » et le sous-préfet en profitait pour stimuler le zèle de la municipalité.

Enfin, après un vote du conseil municipal, le 25 novembre 1861, intervenait un traité ferme avec le sculpteur Bogino de Paris.

Le général de division, comte Roguet, premier aide de camp de l'empereur, fut délégué par ce dernier pour le représenter aux fêtes d'inauguration ; les habitants furent invités à pavoiser lors de l'arrivée du général qui devait avoir lieu, le 22 à 8 h. 1/2, par le faubourg Taillebourg.

Un détachement du 50e de ligne fut envoyé pour la cérémonie qui fut célébrée le 23 août à une heure de l'après midi : un banquet à 25 francs par tête la clôtura.

Les dépenses nécessitées par l'édification du monument s'élevèrent à 28,836 francs se décomposant comme suit :

Prix de la statue............	28.085
Piédestal et envoi des fonds....	6.004
Frais d'inauguration.........	1.024
Débours divers..............	1.722

La statue de Regnaud fut érigée à l'endroit où on la voit actuellement, c'est-à-dire au centre de la place de l'hôtel de ville, mais, comme il existait déjà précisément au même lieu une construction dite « halle aux draps », on décidait le transport de cet édifice qui n'est autre que notre « salle municipale » sur le côté nord à l'alignement de la rue Maichin.

*
* *

Entre temps, on votait divers crédits pour permettre la construction du Minage ; l'amélioration de la voirie urbaine ; des réparations à l'abattoir ; des achats d'immeubles pour la construction de la maison d'école et l'agrandissement de la place de l'Hôtel-de-Ville.

Sur une lettre du préfet relative à la reconstruction du palais de justice, une commission était nommée pour en examiner le projet : la ville s'engageait à y consacrer 140,000 francs, toute dépense supérieure restant à la charge du département s'il consentait à lui allouer une somme de 90,000 francs et à lui abandonner le vieux monument qui servait alors de tribunal et que l'on avait l'intention d'utiliser pour le service des écoles.

Sur le rapport de la commission, on choisit comme emplacement du nouveau palais à édifier, le terrain à l'est de la place de l'Hôtel-de-Ville qui avait servi autrefois de champ de foire et y faisait suite au midi et occupé alors par les maisons Mollier et Texier.

La ville devait céder gratuitement cette portion d'emplacement nécessaire à la nouvelle construction qui comprendrait : un tribunal civil ; un tribunal de commerce ; une justice de paix, et tous les bâtiments indispensables aux divers services en dépendant ; avec réserve, au nord du monument, d'une rue de 15 mètres de largeur et, au midi, d'une autre rue de 8 mètres de largeur.

Le 13 novembre 1865, après bien des discussions sur la question, le conseil donnait, enfin, son adhésion aux dispositions arrêtées par l'assemblée départementale dans sa séance du 24 août précédent, et ainsi se terminaient les études préparatoires qui devaient aboutir à la construction que l'on connaît.

*
* *

Vers le même temps, l'édification d'une nouvelle prison ayant été votée dans un lieu dit « Champ Bardon » séparé de l'ancien cimetière, on décidait d'offrir cet emplacement au département, en échange de l'abandon gratuit des deux tours qui servaient alors de maison d'arrêt.

Cela fait, on créait des ateliers de charité destinés à venir en aide, pendant l'hiver, à la classe indigente ; on cherchait à obtenir, mais vainement, la transformation de la direction simple du bureau de poste, en une direction composée. En effet, le 25 février 1866, M. Vandel, conseiller d'Etat, directeur général des postes, écrivait à M. Roy de Loulay, alors député de l'arrondissement, pour lui dire que cet arrondissement n'avait pas l'importance suffisante pour motiver pareille modification : cependant on augmentait le nombre des heures d'ouverture du bureau.

Enfin, on émettait un vœu à l'effet d'obtenir une brigade de gendarmerie à pied, rendue nécessaire par la surveillance des 20 communes du canton, les nombreux convois de prisonniers et l'importance toujours croissante des foires et marchés : il devait se réaliser un peu plus tard. De même, on demandait au Gouvernement d'accélérer par tous les moyens possibles les travaux d'amélioration de la Boutonne, seule voie de transport économique pour la ville et l'arrondissement : la ville avait déjà payé mille francs pour le même objet.

*
* *

Il y eut, en ce temps-là — (août 1864) — dans la région, une sécheresse telle que la plupart des puits furent hors d'état de fournir l'eau nécessaire à la consommation. Cette situation amena des inquiétudes dans l'esprit de beaucoup et certains pour y remédier eurent la pensée d'amener auprès de la ville, au moyen de l'aqueduc connu sous le nom de « Fontaine du Coi », les eaux dites des « Fontenelles » qui prennent leur source au Pouzat (1), commune de Saint-Denis-du-Pin, en passant au Bellay, à Bourgneuf, aux Grands arbres, à Lajallet, au Rousseau, à la Madeleine, aux Arrondeaux, aux Nauds, pour aller se jeter dans la Boutonne après avoir traversé Orioux et Pellouaille, parcourant ainsi environ 10 kilomètres.

Une pétition dans le but d'arriver à ce résultat, couverte de 576 signatures, fut adressée au Conseil municipal, et une délégation fut envoyée près du propriétaire M. Augier pour lui demander l'autorisation de commencer les travaux ; mais celui-ci, après s'être montré favorable au projet, s'y opposa.

Pour réussir dans leur entreprise, les pétitionnaires faisaient valoir que les eaux du « Rousseau » étaient de première qualité et qu'il y avait pour les habitants intérêt à les employer, en les préférant comme boisson aux eaux séléniteuses des puits. On demandait donc toutes autorisations utiles à ces fins, en constatant l'état de l'aqueduc de la fontaine, les réparations à y faire et la différence du niveau de ces eaux avec le point culminant de la ville.

---

1. Le ruisseau du Pouzat entraîne dans son cours les eaux de la fontaine du Gâsson après avoir traversé le domaine de Pellouaille, dit d'Aussy dans ses *Chroniques*.

Le conseil nomma une commission de huit membres pour étudier le projet et entrer en pourparlers avec le propriétaire pour traiter avec lui, avec ou sans indemnité. Les commissaires s'occupèrent de leur mission ; mais à quelque temps de là, ils furent obligés de suspendre leurs travaux d'étude à cause de la crue des eaux. Un si beau projet dut être abandonné, par la suite, car nous ne trouvons plus rien dans les écritures municipales qui y soit relatif ; et cependant la question des eaux livrées à la consommation a constamment eu, dans notre ville, une importance incontestable, à en juger par les préoccupations auxquelles elles ont toujours donné lieu.

Quelques années plus tard en effet — en février 1870 — on y revenait encore à propos d'une épidémie qui avait très cruellement sévi à Saint-Jean-d'Angély et notamment sur le quartier avoisinant le minage. Des craintes nombreuses s'étant manifestées, comme depuis encore d'ailleurs à plusieurs reprises, sur la salubrité des eaux de cette même pompe du minage ; on pensait généralement qu'elles renfermaient des substances de nature à nuire à la santé publique. Justement émue de cet état de choses, l'administration municipale fit des démarches pour être définitivement fixée à ce sujet et, de l'analyse à laquelle il fut alors procédé par le pharmacien en chef de la Marine de Rochefort, il résulta que, comparée à l'eau de cette dernière ville par l'homme de l'art, les eaux de Rochefort comme celles de Saint-Jean-d'Angély renfermaient une très petite quantité de sels de cuivre ; aucun inconvénient à raison de ce fait n'ayant jamais été signalé, il n'y avait pas lieu dans notre ville de s'en émouvoir ; de plus les eaux du puits de La Chevalle et celles d'un puits appartenant à un particulier, envoyées à Rochefort comme termes de comparaison à cause de leur proximité du puits du Minage, renfermaient des parties de cuivre plus sensiblement appréciables que ces dernières.

Cette même pompe ne paraissait contenir aucune autre substance nuisible : son eau était déclarée parfaitement limpide, inodore et presque insipide.

Comme on le voit par ce qui précède, les craintes qui faisaient tenir pour suspectes les eaux de la fontaine du Minage, n'étaient donc pas justifiées.

*
* *

Il convient, en passant, de relever une circulaire ministérielle du 16 septembre 1865 prévoyant la publicité des procès-verbaux des séances municipales : sur le rapport favorable d'une commission, il fut décidé qu'à l'avenir, chaque fois que la réunion le jugerait utile, on userait de cette faculté dans les limites projetées. Deux ans plus tard, on devait faire un pas de plus dans cette voie en arrêtant, en principe tout au moins, qu'on rendrait compte des délibérations par la voie de la presse.

L'idée d'embellir la cité qui présidait aux diverses constructions dont nous parlons, se manifesta, à nouveau, à cette époque dans plusieurs circonstances.

C'est ainsi que M. Camuzet, à la philanthropie duquel il convient de rendre hommage, ayant fait un abandon tout gracieux des terrains qu'il possédait, deux faubourgs — ceux de Matha et de Saint-Eutrope — grâce à des voies nouvelles que le conseil pouvait ainsi y tracer, sans avoir à faire des dépenses hors de proportions avec les ressources budgétaires, faisaient communiquer ensemble deux quartiers qui auparavant pour se joindre, étaient obligés de faire de longs détours.

Après un rapport d'études, on créait aussi le nouveau champ de foire des bœufs, vaches et porcs, dans l'ancien cimetière, c'est-à-dire dans l'enclos vaste et commode où il est actuellement.

La communication entre les quartiers du port et l'intérieur de la ville était autrefois peu facile : il fallait faire un long circuit et s'allonger quand les habitants de ces deux points quelque peu éloignés, avaient besoin de s'y transporter.

La translation du tribunal dans le lieu où il est maintenant et qui avait pour conséquence l'entier achèvement de la rue nouvelle, permettant de la faire déboucher sur la place des « tours des Bénédictins », le port et la ville se trouvaient ainsi reliés.

En souvenir du dévouement avec lequel avait administré M. Michel Texier, le premier adjoint de l'époque, M. Pichot proposa de lui donner le nom de

La salle Municipale   Cliché Chaine

celui-ci, ce qui était accepté à l'unanimité. « Ce sera, disait-il, un acte de justice qui, en répondant au sentiment public, rappellera à la postérité le nom d'un administrateur distingué qui, pendant plus de quinze années, a consacré son temps et son intelligence aux intérêts de la cité. »

Pendant qu'il rendait ainsi hommage à l'un de ses maires, le Conseil, dans le but d'honorer la mémoire de deux autres de ses magistrats municipaux, décidait d'exhumer de l'ancien cimetière dont l'usage venait d'être modifié, ainsi que nous venons de le dire, les restes de Paul Paroche-Dufrène, négociant décédé le 3 février 1816 et ceux d'Elisée Loustalot, doyen des avocats, décédé le 22 avril 1817, aux frais de la municipalité (1).

En même temps, une concession à perpétuité était accordée à la fabrique pour y recevoir les restes des desservants de la commune.

*
* *

La fin de l'année 1867 fut marquée par une adresse à l'empereur Napoléon III, pour lui dire l'impression pénible produite sur la population de Saint-Jean-

---

1. C'est le père du célèbre publiciste né à Saint-Jean-d'Angély le 12 avril 1762. Il fonda avec Prudhomme le 15 juillet 1789, le *Journal des Révolutions* qui portait cette épigraphe : « *Les grands ne nous paraissent grands que parce que nous sommes à genoux : levons-nous donc !* » Rainguet. Biographie Saintongeaise, p. 367.

d'Angély par l'odieux attentat dirigé le 6 juin contre la vie de l'empereur de Russie qui était alors un des hôtes de la France.

Elle se terminait ainsi: « La Providence n'a pas permis qu'une main étrangère souillât le sol français du sang de ceux qui s'étaient confiés à notre hospitalité. Les habitants de Saint-Jean-d'Angély ont protesté unanimement contre un de ces actes insensés que flétriront tous les cœurs honnêtes, et ont témoigné leur joie en apprenant que Dieu avait détourné l'arme de l'assassin. »

L'empereur répondait, le 27 juin, par l'intermédiaire du préfet, qu'il avait été touché des manifestations sympathiques provoquées à cette occasion sur tous les points du territoire.

En 1869, M. Roy de Loulay, père, donnait sa démission de maire de la ville : peu après, intervenait avec une compagnie, le traité qui établissait l'eau et le gaz, substituant ce mode d'éclairage à la convention faite en 1863 avec une maison Moris, d'après laquelle celle-ci avait dû fournir à la ville 82 réverbères en cuivre, grand modèle, avec réflecteurs et tous accessoires, au schiste minéral, à raison de 9 centimes par heure d'éclairage.

Le Tribunal　　　　　　　　　Cliché Chaine

CHAPITRE XV

La guerre de 1870. — Le conseil municipal de l'époque. — La commission administrative. — Le Temple protestant. — Demande d'érection en succursale de la chapelle du faubourg Taillebourg ; rapport de Joseph Lair à ce sujet. — Dénombrement de la population de la commune en 1876 ; diverses statistiques.
Etablissement de la voie ferrée de Taillebourg à Saint-Jean-d'Angély.
La première locomotive à Saint-Jean-d'Angély ; fêtes à cette occasion.
Les divers projets municipaux en 1878.
Divergence et démission de certains membres du conseil. — Leur réélection.
La mort de Léon Gambetta. — Son retentissement à Saint-Jean-d'Angély.
La loi du 5 avril 1884. — Discours de Joseph Lair.
Mort de Victor Hugo : délégation à ses obsèques à Paris.
Achille Camuzet, son testament.
Mort et funérailles de Joseph Lair. — Son testament. — Le domaine de Chancellée aux enfants moralement abandonnés.

Les faits que nous venons de passer en revue nous amènent à 1870 : la France vient de déclarer la guerre à la Prusse.

Le 5 septembre, le nouveau conseil municipal était installé : il était alors composé de MM. Giron, Lair, Bourcy, Walch, de Reboul, Fourestier, Petit, de Bonnegens des Hermitants, Clouzeau, Laurent, Godet, Jouslain, Robichon, Devers, Meunier, quincaillier ; Sicard, Baron, Gérin, Texier, Puet, Marot et Serton.

M. Charles Giron, conseiller municipal délégué, remplit les fonctions de maire : un des premiers soins de la nouvelle édilité fut de s'occuper de l'organisation de la garde nationale sédentaire.

Le 14 septembre, une commission administrative nommée par le préfet, composée de MM. Joseph Lair, Laurent et Jouslain, P... entrait en fonctions, malgré certaines observations à ce sujet de MM. de Reboul et de Bonnegens. Ce dernier, spécialement, voyant dans cette commission un pouvoir excluant celui du conseil municipal, disait au sein de l'assemblée : « Je désire savoir si nous existons ou si nous n'existons pas. » Le préfet consulté au surplus par télégramme calma ses inquiétudes.

Des fusils et des cartouches pour armer la garde nationale furent accordés à la ville ; de plus on décida d'acheter 300 chassepots et un fourgon pour transporter les bagages et les vivres des hommes faisant campagne.

Dans le but d'examiner la question d'armistice proposée à la Prusse par le Gouvernement de la défense nationale alors établi et que l'ennemi n'avait point voulu prendre en considération, sous prétexte que ce gouvernement provisoire n'était point régulier, il avait été décidé que le peuple serait convoqué pour la nomination d'une Assemblée souveraine, qui aurait tout pouvoir de traiter.

Le Comité républicain se réunit alors le 22 septembre pour choisir les candidats qui devaient être présentés au Comité départemental de Saintes.

Tous les arrondissements de la Charente-Inférieure étant réunis dans cette dernière ville le lendemain,

Joseph Lair et Dominique Amaudry étaient acclamés « l'un jeune, l'autre vieux, honnêtes et probes des pieds à la tête », suivant l'expression d'un écrivain de l'époque.

Les autres candidats, en plus des deux noms qui précèdent, agréés par le Comité, étaient : Eugène Pelletan, membre de la Défense Nationale ; Gaudin, ex-constituant à Saintes ; Brelay, négociant à La Rochelle ; Bethmont, ex-député à Rochefort ; Brard, ex-constituant à Jonzac ; Barbedette, juge à La Rochelle ; Dufaure, ex-constituant ; Castagnary, rédacteur du *Siècle*, à Saintes.

Les élections durent être ajournées en présence des prétentions excessives de la Prusse.

A cette occasion, cinquante républicains assemblés à Saint-Julien de l'Escap, à la tête desquels se trouvait Joseph Lair, signèrent une pétition aux membres du Gouvernement de la défense nationale, en l'adjurant de conserver le pouvoir aussi bien pour lutter contre les ennemis de l'extérieur que contre ceux de l'intérieur.

Ce mouvement devait se généraliser, servi et entretenu qu'il était par la presse qui, au lendemain de la révolution qui venait de s'accomplir, avait obtenu sa liberté (1).

---

1. L'un des premiers effets de cette mesure fut d'accorder aux journaux qui, jusque-là, n'avaient pu traiter de matières politiques sans verser au trésor un cautionnement important, le droit de s'occuper librement des affaires publiques.

Le *Journal de Saint-Jean-d'Angély*, dont l'imprimeur

Bon nombre des communes de l'arrondissement imitèrent l'exemple qui leur était donné.

Voici, au surplus, un extrait adopté par les signataires de l'adresse :

« La Patrie est en danger ! La République est menacée. Tandis que l'étranger souille notre sol, une réaction impudente s'organise.

Chassez l'un ; étouffez l'autre.

. . . .

« Prenez hardiment toutes les mesures de Salut public qui vous seront imposées par votre patriotisme !

« Marchez droit devant vous ! La France vous suivra. Citoyens, sauvez la Patrie !

« Sauvez la République ! »

*
* *

Malgré les tristes événements du temps et les graves préoccupations du lendemain, l'administration municipale ne se laissa pas distraire de ses devoirs administratifs et, s'il n'y eut pas durant les jours som-

---

Lemarié était propriétaire-gérant, et qui, jusqu'alors, était une feuille purement littéraire, devint un journal politique sous le titre : la *Concorde*, défendant nettement l'idée républicaine.

Le principal collaborateur, pendant cette période, en fut M. Eugène Réveillaud, le futur député de notre arrondissement qui dirigeait, en même temps, le *Contribuable*, de Rochefort.

Ses articles dans la *Concorde* étaient signés du pseudonyme : *Jehan de Saintonge*.

bres de « l'année terrible », d'entreprises importantes, les intérêts communaux auxquels il convenait de pourvoir, ne furent cependant pas négligés.

Deux des points qui occupèrent alors le conseil, se rattachent spécialement à l'idée religieuse.

Par une délibération du 22 décembre 1871, le conseil presbytéral de Saint-Jean-d'Angély avait décidé de proposer à la ville de prendre possession du local consacré au culte protestant situé rue du Puylachevalle et, en l'acceptant, de le reconnaître comme édifice communal. Le conseil municipal, après un rapport de la commission des bâtiments, donna un avis favorable à la requête qui lui était présentée, en s'appuyant sur l'obligation qui incombait aux communes de fournir aux divers cultes salariés par l'Etat les édifices nécessaires à l'exercice de leur rite. D'autre part, il observait en même temps que la communauté protestante jouissait de ce temple, dont la construction remontait à une époque assez éloignée, sans titre légal. Cependant des recherches ayant été faites, on reconnut que ce n'était point le conseil presbytéral qui avait qualité pour disposer de l'immeuble, mais bien un M. Fourestier et, après acte d'abandon régulier, au rapport de M⁰ Rigault, notaire à Paris, le maire était autorisé le 27 mars 1872, à passer acte authentique.

A quelque temps de là, un certain nombre d'habitants de la ville adressèrent à l'autorité une pétition, aux fins de voir convertie en succursale la chapelle du faubourg Taillebourg. Chargé de faire un rapport sur la question, M. Joseph Lair, alors conseiller municipal, s'opposait pour plusieurs motifs à la réalisation de ce projet dont le besoin ne se faisait pas sentir :

« Si les pétitionnaires, disait-il, avec cet esprit vif qu'on lui a connu et non sans une délicate pointe ironique, persistent dans leur demande et se décident à en poursuivre la réalisation au moyen des ressources dues à l'initiative privée, ils auront la satisfaction de ne grever nullement le budget de la commune et le mérite de ne faire supporter les charges de leur entreprise qu'à ceux-là seulement qui en apprécient les avantages et qui en ressentent le besoin. Ce sera un essai, dans une sphère modeste, de la séparation de l'Eglise et de l'Etat (1). »

Le 17 mars 1874, on vota le rachat du droit de péage établi alors au port sur la Boutonne ; cette abolition était réclamée par un grand nombre de citoyens qui, prenant, eux-mêmes, l'initiative de cette mesure, avaient par souscriptions volontaires réuni une somme de 4,000 francs pour cet objet.

Le 25 juin 1875, M. Nicolas Pastureau était installé comme maire.

On réorganisa la compagnie des sapeurs-pompiers sur les bases de l'ancien règlement ; la ville fournit le matériel nécessaire et une caisse de secours fut, en même temps, créée.

---

1. Déjà à cette époque, Joseph Lair entrevoyait comme devant forcément se produire dans un avenir plus ou moins éloigné la loi votée en décembre 1905.

La reconstruction de l'abattoir fut arrêtée, en principe, dans le même emplacement qu'il occupait déjà, ainsi que sur une portion de terrain acquise en 1866. Un arrêté préfectoral autorisa, en 1878, un emprunt de 80,000 francs remboursable en neuf annuités pour couvrir les frais nécessités par cette construction.

Le dénombrement qui se fit en 1876, de la population angérienne, accusa un chiffre de 7,172 habitants dont 6,036 en ville ; 863 dans la banlieue et 223 pour la partie flottante.

Comme les statistiques, bien que constituant un sujet quelque peu aride, offrent souvent un certain intérêt en permettant, à distance, d'établir des comparaisons, surtout dans une étude locale, nous compléterons ces chiffres en indiquant que le nombre des maisons de la cité était alors de 1,584 : celui des ménages de 2,030 ; des garçons de 1,644 ; des filles de 1,535 ; des veufs de 201 ; des personnes du sexe non mariées de 1,805 ; des femmes mariées de 1,536 ; des veuves de 451. Il y avait, à cette époque, une augmentation de 141 maisons ; de 167 décès et de 58 mariages.

*
* *

En 1878, les travaux de construction de la ligne ferrée de Taillebourg à Saint-Jean-d'Angély, ayant pris fin, la première locomotive réveillait sur son passage les échos endormis de la Boutonne et du Bramerit, l'un et l'autre tributaires de la Charente.

Légère comme une hirondelle, impatiente et fière ainsi qu'une cavale insuffisamment brisée au mors, coquettement parée de trophées et de drapeaux tricolores, celle que Zola a appelée la « bête humaine », que d'autres ont saluée du titre de messagère de la civilisation, franchissant les plaines, les collines, les bois ou les rocs éventrés pour lui livrer accès, s'arrêtait enfin dans notre ville après de sinueux méandres dans les communes de Taillebourg, Grandjean, Fenioux, Mazeray et Saint-Jean-d'Angély.

Ce fut alors sous un gai soleil, — il nous en souvient, et par un beau dimanche, — que cette reine de l'espace, haletante et regrettant pour ainsi dire de ne pouvoir continuer plus loin sa course — car ce n'est que quelques années plus tard que la Charente-Inférieure et les Deux-Sèvres devaient communiquer — fut saluée de chaleureux bravos.

De tous les points de l'arrondissement, depuis Chives, Romazières, Vinax, La Villedieu qui sépare la forêt d'Aulnay, Dampierre-sur-Boutonne, Saint-Séverin, Villenouvelle jusqu'à Taillebourg, Coulonges et Bords, de Neuvicq à Chervettes, de Dœuil à Juicq ou Mons, de partout les spectateurs parés de leurs habits de fête, mûs par un même sentiment facile à comprendre, accoururent témoignant hautement leur satisfaction, parce qu'ils pressentaient combien devait être avantageux, pour le pays, ce mode de transport, substitué à l'avenir à celui des vieilles

Inauguration du Chemin de fer, le 3 février 1878.
Bénédiction par Mgr G. Thomas, évêque de La Rochelle

Cliché Neûmann

diligences peu confortables ou des lourds véhicules démodés.

Le conseil vota pour cette inauguration un crédit de 25,000 francs ; la fête locale qui la consacra réussit à merveille ; chacun, encore une fois, était plein d'entrain et heureux du résultat. Cette joie n'était-elle pas, au surplus, légitime ? et, chaque fois que l'humanité fait un pas dans la voie du progrès, ne doit-elle pas en éprouver une douce fierté, puisque le progrès, manifestation d'efforts continus et raisonnés de la volonté, doit être l'objectif constant de tout être qui pense !

*
* *

En 1878, l'idée d'embellir la ville de Saint-Jean-d'Angély qui avait déjà présidé à plusieurs conceptions du conseil municipal et déterminé certains actes, se manifesta à nouveau.

Les emprunts précédents étant alors amortis, M. Gautreau, dans un généreux élan, déclarait que c'était avec impatience que l'on attendait cette époque où, grâce aux nouveaux centimes qu'il allait être permis de créer, on pourrait enfin doter la ville de monuments et d'embellissements devenus de nos jours de première nécessité pour une localité voulant maintenir le rang qu'elle occupait : donnant tout son sentiment sur cette question, l'ardent novateur épris du louable désir de faire bien les choses, s'écriait en commençant un rapport très étudié :

« Toute cité qui aujourd'hui ne marche pas, recule ; il ne lui est pas permis de rester stationnaire... »

Idée absolument juste, puisque le mieux, ainsi que nous le disions tout à l'heure, n'est que la résultante d'efforts raisonnés et persévérants accomplis chaque jour.

Les projets de la municipalité étaient alors les suivants :

1º Construction d'un hôtel de ville sur la place où existait l'ancien ;

2º Edification d'un théâtre là où le demandait la majorité du conseil, c'est-à-dire entre le nouveau boulevard projeté et la rue Notre-Dame, ainsi qu'elle était appelée ;

3º Ouverture d'un boulevard reliant la place de la Mairie au champ des Jacobins ;

4º Agrandissement de l'école communale laïque des garçons et des filles.

D'autres questions relatives au vote d'une subvention pour les travaux de l'église ; à la transformation du jardin Beyneix en un jardin public ; à la création d'une annexe à la maison d'école, étaient écartées des discussions, comme constituant des projets non suffisamment mûrs pour être immédiatement réalisés.

L'assemblée communale était alors divisée en deux camps ayant l'un et l'autre son idée et son plan : MM. Gautreau et Pouilloux en étaient les porte-parole, chacun au nom du groupe qu'il représentait.

Cette divergence de vues ayant eu pour résultat de faire échouer les deux combinaisons, une nouvelle commission d'études de 7 membres était nommée. Le 13 avril 1879, M. Walch faisant connaître les conclusions de celle-ci, proposait, en son nom, l'établissement du nouvel édifice sur la place de l'Orme-Vert; tandis que M. Laurent proposait un contre-projet d'après lequel il indiquait, comme emplacement, celui qui était alors occupé, avec un devis bien plus réduit.

Les projets, comme on le voit, ne manquaient pas, et chacun s'échauffait pour préconiser les avantages de sa conception ; aussi aux discussions qui en étaient les conséquences, les esprits s'excitant quelque peu, la situation devint-elle bientôt tendue au sein de l'assemblée.

La prise en considération de la proposition Laurent fut le signal du désarroi et, au moment de passer au vote, le mot de « démission » était lancé.

En vain, le président fit-il tous ses efforts pour maintenir la conciliation : plusieurs membres quittèrent la salle des délibérations. C'étaient MM. Jacques Meunier ; Comte ; Puet ; Pouilloux ; Duverger ; A. Mesnard, avocat, et Walch, qui adressaient en même temps leurs démissions de conseillers municipaux.

Malgré l'appel pressant du maire, la crise ne put être conjurée, chacun persista dans sa résolution.

Le 2 février 1879, il y eut de nouvelles élections : MM. Jouslain ; Pouilloux ; Walch ; Duverger ; Moreau ; Dubois ; Meusnier, A. Mesnard et Méchain étaient élus : quelque temps plus tard, 17 mai 1879, un nouveau conseil municipal était installé.

A cette occasion, le président Joseph Lair s'exprimait ainsi :

Je profite des circonstances qui m'appellent à présider cette assemblée pour saluer le retour des anciens collègues que je vois parmi nous et pour souhaiter aux nouveaux la plus cordiale bienvenue. Depuis 1870, la ville de Saint-Jean-d'Angély ne s'est pas déjugée : par les scrutins du 27 avril et du 4 mai, elle vient encore une fois de confier la direction des affaires à un conseil uniquement composé de républicains ; il n'y a pas lieu d'en être surpris, nous connaissons trop bien l'attachement de l'immense majorité de ses habitants au gouvernement de la République.

Puis, après avoir exprimé le désir de voir cesser l'agitation énervante qui durait trop longtemps, l'orateur, en terminant, ajoutait :

Selon le mot de Gambetta, l'ère des dangers est passée, celle des difficultés commence.

Reconnaissons-le, non pour nous décourager, non pour nous fournir un prétexte à ne rien faire ; loin de là, mais pour n'agir en toute occasion qu'avec prudence et maturité.

Restant unis, ayant constamment en vue l'intérêt général de la ville qui n'est que la résultante des intérêts de ses différents quartiers, nous serons forts.

Celui qui parlait un si noble langage, devenait le 29 mai le chef de la municipalité de Saint-Jean-d'Angély, avec MM. Jouslain et Rambaud comme adjoints.

Quelque temps plus tard — le 7 décembre — après la solution de divers points d'une importance relative, la question si irritante de l'emplacement que devait occuper l'hôtel de ville, revenait devant le conseil et cette fois-ci, par 15 voix contre 4, il était enfin décidé que la maison commune serait construite en face le tribunal et qu'un boulevard relierait le champ des Jacobins à la place. Un décret du 17 décembre 1880 autorisa un emprunt de 400,000 francs au Crédit Foncier, à l'amortissement duquel on devait, chaque année, contribuer, grâce aux fonds libres concurremment avec une contribution de 9 4/10 additionnels à inscrire au budget de 1881.

Ainsi se terminait une question qui passionna pendant quelque temps l'opinion publique et divisa des hommes qui avaient pourtant, les uns pour les autres, une estime réciproque et qui étaient assurément faits pour s'entendre.

En 1882, M. Joseph Lair était maintenu comme maire avec MM. Pouilloux et Walch comme adjoints.

Quelques mois plus tard — le 1er janvier 1883 — une nouvelle qui frappait tous les patriotes de stupeur, celle de la mort du grand tribun, Léon Gambetta, retentissait tout à coup en France. Il n'y avait pas à en douter : celui qui, durant l'année terrible, avait soutenu de sa parole chaude et convaincue, de ses discours enflammés qui faisaient l'admiration de tous, les courages défaillants et réconforté les esprits abattus, venait d'être fauché par une mort imbécile, en pleine maturité et alors que la République qu'il avait si fortement contribué à fonder, avait encore tant besoin de lui...

M. l'adjoint Walch, à l'occasion de ce triste événement, proposant d'envoyer une délégation aux obsèques de ce grand citoyen, disait :

« En honorant de votre présence une des manifestations que Paris n'a peut-être jamais vue, vous affirmerez, une fois de plus, votre profond attachement aux idées démocratiques et la confiance que vous inspirait celui qui n'est plus. »

MM. Bossuat, Jouslain et Rambaud étaient chargés de représenter la ville à Paris et, pour bien manifester ses sentiments à l'égard du grand homme que la République pleurait, Saint-Jean-d'Angély autorisé par décret du 21 juillet 1885, donnait son nom à une de ses principales rues, suivant en cela l'exemple de bien d'autres villes de France, en même temps que, par une association d'idées bien naturelle, il donnait à une autre de ses voies celui « d'Alsace-Lorraine », les deux chères provinces que la force seule arracha à la mère Patrie et pour lesquelles le cœur de Gambetta avait si fortement battu.

Hommage pieux assurément et qui correspondait à un sentiment unanime, mais en quelque sorte surabondant pour conserver les impérissables souvenirs bien plus solidement inscrits au fond des âmes que sur le marbre ou l'airain !

Le 4 mai 1884, pour la première fois en France, la loi du 5 avril de cette même année était appliquée : la même municipalité était conservée.

A cette occasion, le maire Joseph Lair prononçait, en termes émus, une de ces allocutions dont il avait le secret. Comme elle contient des déclarations en quelque sorte de principe, il ne saurait être superflu d'en citer ici les principaux passages ; ainsi ceux qui l'ont connu et approché pourront retrouver les sentiments exquis dont sa belle âme profondément républicaine était pleine et, quant à ceux qui n'ont pas eu cette bonne fortune, ils seront certainement bien aises d'entrevoir ce que fut celui qui sacrifia tout pour la cité qu'il aimait tant.

Voici, après avoir salué en termes tout sympathiques et les anciens collègues qui revenaient et les nouveaux qui comblaient les vides causés dans les rangs par l'absence et par la mort, comment il s'exprimait :

« Quelle est la pensée qui a guidé le choix du suffrage universel ? Il est aisé de s'en rendre compte.

« Nos concitoyens ont confirmé une fois de plus, depuis treize ans, leur volonté de n'envoyer siéger dans les conseils de la commune que des hommes connus pour leur attachement au régime républicain.

« Nous sentons le prix de l'honneur dont nous sommes l'objet et je suis heureux de me faire votre interprète aujourd'hui en témoignant hautement de notre gratitude. Mais ne craignons pas de le répéter, la question posée le 4 mai était bien supérieure à toutes les questions de personnes.

« C'était une de ces questions de principes qui nous trouvent et nous trouveront, toujours, ralliés et réunis par les liens d'une indissoluble discipline.

Lors de son passage à Périgueux, le 15 avril dernier, M. Jules Ferry, faisant allusion aux élections prochaines et indiquant le double caractère qu'elles devaient avoir, disait : « Elles seront républicaines, et je souhaite qu'elles soient en même temps municipales. »

On pourrait ajouter : pour qu'elles soient municipales, il faut d'abord qu'elles soient républicaines.

En effet, suivant les paroles mêmes de M. Jules Ferry, on peut faire rentrer dans un conseil, des représentants de bien des nuances de l'opinion républicaine, mais le suffrage universel a le droit d'exiger de ses élus une condition première essentielle : le respect de la loi ; l'acceptation loyale et sans arrière pensée du gouvernement de leur pays.

Voilà le véritable terrain sur lequel peut et doit se faire la conciliation !

Les conseils municipaux appelés parfois à remplir un rôle politique, ne sont pas des assemblées politiques. Eh bien, le meilleur moyen d'y manifester la politique dans ses justes limites, c'est d'écarter résolument les hommes qui essayent de reconquérir des positions perdues, pour de là faire plus commodément la petite guerre aux institutions républicaines.

Leur opposition ne serait pas dangereuse : j'accorde qu'elle ne compromettrait par l'existence du gouvernement : elle aurait, à coup sûr, l'inconvénient d'introduire la politique là où, précisément, elle n'a rien à voir et de consumer en luttes et en discussions stériles un temps destiné à être consacré d'une façon plus utile aux soins des intérêts communaux. »

Faisant ensuite allusion aux difficultés créées au point de vue administratif, par la destruction des vignes qui constituaient alors, on le sait, la richesse du pays, Joseph Lair ajoutait :

Sans doute l'économie nous est commandée : le temps est passé — momentanément du moins — où l'accroissement des revenus de la commune se comptait, chaque année, par plusieurs milliers de francs. Saint-Jean-d'Angély ne pouvait se flatter, seul, au milieu des autres villes, d'échapper aux conséquences du fléau qui atteint dans sa source la principale richesse de la contrée.

Enfin il terminait, en visant les dispositions de la nouvelle loi municipale qui prescrivait la publicité des séances, et en saisissant l'occasion de dire comment il entendait l'accomplissement du mandat de conseiller municipal :

Désormais nous travaillerons sous les yeux de nos concitoyens : ils nous verront à l'œuvre : nul assurément ne peut se flatter de satisfaire tout le monde. Ce que nous espérons c'est qu'après avoir assisté à nos délibérations, les hommes de bonne foi rendront justice à l'esprit d'équité, d'impartialité et de dévouement qui est l'honneur de nos assemblées et dont la longue tradition ne périclite pas entre vos mains.

En 1886, après bien des lenteurs d'exécution et des

difficultés qui ne manquent jamais de se produire en pareille occurrence, l'hôtel de ville enfin terminé était inauguré par une fête : la vieille maison qui en avait servi jusque-là, était démolie et ses matériaux vendus et disséminés aux quatre coins de la ville, étaient employés par les adjudicataires à des usages différents.

*
* *

La commune n'ayant pas les ressources suffisantes pour faire face au paiement jusqu'en 1930 de l'annuité nécessaire à l'acquit des dépenses de la nouvelle construction, l'unification de la dette fut décidée. On sollicita de l'administration supérieure un décret autorisant la ville à s'imposer extraordinairement, à partir de 1887 jusqu'en 1930, de 20 centimes 4/10 additionnels au principal des 4 contributions directes pour le remboursement intégral de l'emprunt de 400.000 fr., concurremment avec un prélèvement annuel sur ses revenus ordinaires ; le décret à intervenir devant bien entendu annuler celui du 17 décembre 1880 rendu pour le même objet.

L'on venait de reviser les noms de certaines rues ; diviser la ville en quartiers et d'obtenir un décret du président de la république sanctionnant le baptême des noms nouveaux : Valentin ; Abraham Tessereau ; Camuzet ; Regnaud ; Michel Texier ; Béguin ; Lus-

Hôtel de Ville. Cliché Chaine

sault et Bernard Tronquière, quand on apprit à Saint-Jean-d'Angély la mort de Victor Hugo.

Une délégation de 3 membres (1) fut désignée pour représenter la ville, en allant se joindre à Paris aux nombreux groupes députés de toute la France pour pleurer celui qui suivant une expression célèbre était « entré vivant dans l'immortalité ». Une couronne portant ces mots : *La Ville de Saint-Jean-d'Angély à Victor Hugo* fut emportée par la délégation en même temps qu'une adresse à la famille du grand disparu pour témoigner de la douleur éprouvée « par la perte non seulement de son plus brillant enfant, de son immortel poète, mais de l'un de ses plus grands patriotes, de ses plus grands concitoyens si justement dénommé : le *phare de la démocratie universelle.* »

Peu après cet événement, pour déférer au désir d'une pétition de nombreux habitants et permettre un accès plus facile de la part des quartiers éloignés du port et du faubourg d'Aunis à la place de l'Hôtel-de-Ville, lieu central où se trouvaient les principaux monuments, on résolut de percer le boulevard qui devait relier le quartier dit du Petit Manoir à cet endroit.

En même temps que le travail était voté, on allouait le crédit nécessaire pour l'exécuter. Il eut pour résultat de faire disparaître de vieilles maisons laides et en fort mauvais état ; de démasquer la vue

---

1. MM. Joseph Lair, A. Jouslain et Jules Neau.

qui, précédemment, s'arrêtait à ces immeubles qui l'obstruaient ; d'embellir tout le quartier qui existait déjà, en en créant un nouveau, en traçant la magnifique voie large et droite que l'on voit actuellement traverser dans toute sa longueur l'ancien Champ des Jacobins et se prolonger jusqu'à la chaussée du Calvaire sur les anciennes douves comblées qui servaient alors de dépôts publics.

Presque en même temps, et plus exactement sous la date du 17 décembre 1886, mourait, à Saint-Jean-d'Angély, un philanthrope, bienfaiteur de la cité, qu'il faisait sa légataire universelle : il avait nom Achille Camuzet.

Voici comment il s'exprimait dans l'acte simple et touchant qui contenait ses dernières volontés :

« Je donne à la ville de Saint-Jean-d'Angély tout ce que je possède, à charge d'établir par elle, dans ma maison, un asile pour les vieillards des deux sexes et d'y affecter les revenus de ma donation.

« Ce sera peu pour commencer, mais j'espère que l'administration et les gens de cœur de tous les partis viendront en aide à un établissement dont le besoin se fait sentir, car il est pénible de voir la manière dont les vieillards sont traités chez les malheureux, dans les campagnes et dans les villes.

« Je désire qu'il n'y ait pour l'admission des vieillards, aucune préférence pour les divers cultes et qu'il n'y soit rien fait qui puisse enlever la liberté de conscience.

« Je crois en Dieu, mais non en ses ministres ni en

leurs prières et cérémonies. Aussi, fidèle aux convictions de toute ma vie, je veux être enterré civilement et simplement.

« On distribuera 200 francs de pain aux pauvres. J'aime mieux leurs bénédictions que celles des prêtres. »

Dès qu'il fut informé des dispositions qui précèdent, le conseil rendit hommage « à la générosité du testateur, à la fermeté et à l'élévation de son esprit, tout en exprimant le regret que les circonstances n'eussent pas permis d'exécuter ses dernières volontés en ce qui concernait ses funérailles. »

Le legs fut accepté en principe et on décida que l'institution nouvelle qui serait créée, à l'extinction d'usufruit dont étaient grevés les immeubles légués, porterait le nom du bienfaiteur : « Asile Achille Camuzet. »

*
* *

Le 20 mai 1888, la municipalité conservait Joseph Lair comme chef avec MM. Paul Laurent et Léon Pouilloux comme collaborateurs.

Deux ans s'étaient à peine écoulés depuis, quand tout à coup, la nouvelle de la mort de Lair alors en traitement au Mont-Dore, venait consterner notre ville (1).

Ce fut — beaucoup s'en souviennent — un deuil général, chacun, quelles que fussent ses opinions ayant pu apprécier en même temps que la loyauté du caractère, la noblesse des sentiments, la délicatesse de l'âme, la finesse d'esprit, le charme de la conversation de celui qui avait été si longtemps le vaillant porte-drapeau de la démocratie dans cet arrondissement.

Transporté dans la salle des pas perdus de cet hôtel de ville qu'il aimait tant et pour lequel il avait tant fait, sur un catafalque qu'on lui avait dressé, au

---

1. Joseph Lair dont le nom appartient à l'histoire de notre cité et qui, à ce titre, devait se trouver bien des fois sous notre plume, était né à Saint-Jean-d'Angély le 25 décembre 1834. Après de fortes études à Montlieu et à Pons, il fit son droit à Paris où il se lia avec « un groupe de jeunes hom-
« mes courageux et fiers — dit H. Bellet dans sa biographie
« — qui devaient plus tard s'illustrer en combattant pour la
« sainte cause de la justice et de la liberté. »

Le 10 août 1872, il épousa Mlle Anaïs Bac, fille de Théodore Bac, mort en 1865, l'un des hommes les plus illustres parmi les 900 constituants de 1848.

Ce mariage eut comme témoins : Louis Blanc, Eugène Pelletan, Babaud-Laribière et Pozzi.

Lair s'intéressa aux questions politiques et sociales, aima la littérature, la science et les arts. Il laissa plusieurs écrits et fonda un journal *Le Réveil de la Saintonge* « qui lutta
« contre l'Empire et prépara les esprits à l'avènement de la
« République. »

milieu de couronnes et de monceaux de fleurs, à l'ombre de ce drapeau tricolore pour lequel il avait un culte si profond et qu'il avait exalté dans ses « *Soldats d'autrefois* », ce fut près de sa chère dépouille un long pèlerinage de visiteurs affligés, ayant à cœur de lui exprimer, une dernière fois, l'affection qu'ils avaient pour lui.

Les funérailles de cet homme de bien, faites par le peuple lui-même, furent ce qu'elles devaient être, imposantes et grandioses à travers les rues, noires de monde (1) et celui qui avait été l'ami de Gambetta dut, dans sa bière glacée, certainement tressaillir encore d'un légitime orgueil s'il pressentit le long défilé d'amis le conduisant à sa dernière demeure !

*
* *

Celui qui devait recueillir sa lourde succession

---

1. On évalua à plus de cinq mille le nombre des personnes qui suivaient le cercueil lequel disparaissait sous les couronnes. Ces obsèques suivant la volonté du défunt furent purement civiles.

Les cordons du poêle étaient tenus par MM. Grimanelli, préfet ; le général Sermeusan, Vrignaud, adjoint ; Combes, sénateur ; de Tessan, principal du Collège, représentant le recteur d'académie et Henri Coutanseau.

« Toute la ville — ajoute M. Hippolyte Bellet, dans une
« biographie du défunt — était en deuil ; des drapeaux tri-
« colores cravatés de noir flottaient aux fenêtres. Des dis-
« cours remplis de hautes et généreuses pensées furent
« prononcés par des amis... Les uns disaient adieu ; d'autres
« au revoir. Au revoir est un mot qui console !... »

administrative, lui consacrait ainsi, à la séance du 26 septembre 1869, une dernière pensée :

Avant de reprendre nos travaux, permettez-moi, Messieurs, d'adresser quelques mots de souvenir et de regrets à celui qui dirigeait encore il y a quelques jours nos délibérations. Laissez-moi rappeler bien haut ici, que M. Lair, dans ses fonctions de conseiller municipal, d'adjoint et de maire, a toujours été un collègue affable, bienveillant, conciliant, écoutant avec attention et calme, les opinions diverses s'exprimer ; résumant avec impartialité les débats et tirant de ces débats des conclusions qu'adoptait toujours la majorité du conseil, souvent à l'unanimité. Les propositions qui émanaient de lui étaient présentées après une étude sérieuse : elles étaient appuyées sur des arguments difficiles à combattre parce qu'elles visaient toujours l'intérêt général de la commune qu'il a administrée avec tant de désintéressement pendant dix ans.

Inutile de dire que le conseil tout entier s'associant aux paroles de son président, en ordonnait l'inscription au procès-verbal, pour servir plus tard de documents.

Par son testament olographe, en date du 19 mars 1886, Joseph Lair demandait à être inhumé civilement dans le tombeau de sa famille à Saint-Jean-d'Angély et il léguait à sa « chère femme » l'universalité des biens par lui laissés, ajoutant qu'il connaissait assez « son cœur et son intelligence pour être certain qu'elle ferait de ces biens le meilleur et le plus digne emploi ».

Il déclarait n'avoir aucune dette proprement dite, son seul engagement consistant à payer pendant une période de dix ans une somme de 5,000 francs chaque année à titre de subvention au collège communal de cette ville. Il faisait en outre divers legs particuliers à des tiers, notamment 60,000 francs à la ville ; 10,000 francs à l'hospice ; 5,000 francs au bureau de bienfaisance ; 3,000 francs à la salle d'Asile ; aux sœurs de la Miséricorde une rente de 100 francs et quelques sommes à diverses écoles laïques et aux sociétés, notamment à la loge maçonnique, etc.

On peut dire qu'à chaque ligne de cet acte de volonté dernière, écrit tout en entier sous la dictée de son cœur, Joseph Lair se révèle comme un philanthrope ardent et convaincu dont le nom doit survivre à l'oubli (1).

De son côté, celle qui fut sa digne compagne exécuta les volontés du défunt en léguant à la ville de Saint-Jean-d'Angély, la fortune qu'elle n'avait reçue de lui qu'à titre de dépôt sacré : l'existence de la mère de Mme Lair, héritière réservataire de sa fille pour un quart, a empêché, à concurrence de ce quart, l'accomplissement intégral du testament de cette dernière.

---

1. Ces lignes étaient depuis quelque temps écrites, quand nous avons appris avec plaisir que, sur une intelligente initiative, une commission avait été constituée pour recueillir les dons et faire le nécessaire pour élever une statue à celui qui a tant fait pour sa ville.

La liquidation à laquelle donna lieu cette succession terminée, « l'asile Joseph Lair » ouvrit ses portes et put enfin recevoir, suivant le désir du propriétaire, sa destination, en recueillant les enfants moralement abandonnés qui pourront ainsi apprendre à travailler et devenir plus tard d'honnêtes citoyens.

Puissent ces enfants bénir, comme il le mérite, le nom du père adoptif qui, en les sauvant de la misère, leur fera aussi oublier l'abandon dont ils ont été l'objet de la part de leur famille !

Profondément reconnaissante de tous ses bienfaits, la ville a donné son nom au boulevard dont il avait lui-même facilité l'établissement, en attendant que d'ici peu, chacun puisse, en passant, saluer la place qu'occupera la sympathique figure disparue ! (1)

*
* *

---

1. Sur la tombe du défunt, ses concitoyens ont fait établir une plaque commémorative avec cette inscription :

1834   1889

A JOSEPH LAIR

SES CONCITOYENS EN DEUIL

RECONNAISSANTS DES SERVICES

QU'IL A RENDUS

EN LUTTANT TOUTE SA VIE

POUR LA RÉPUBLIQUE

EN SACRIFIANT SA FORTUNE

A L'INSTRUCTION DU PEUPLE

ET AU SOULAGEMENT DE CEUX

QUI SOUFFRENT

Lettres, Agriculture, Science.

CHAPITRE XVI

Les successeurs de Lair à la Mairie. — Les municipalités qui ont suivi. — Actes administratifs. — Le théâtre sous la Révolution et depuis cette époque à Saint-Jean-d'Angély. — Création de la Salle municipale. — Les fêtes de l'inauguration.

Le 26 septembre 1789, M. Vrignaud, ainsi qu'on l'a vu, succédait comme maire à Joseph Lair.

Par suite des grands travaux précédemment exécutés, peu de faits à signaler en dehors des actes d'administration courante.

Notons pourtant une tentative en vue d'obtenir une garnison. On désirait, aux termes d'une pétition des habitants, un régiment de cavalerie ; le conseil estima que ce serait déjà bien beau d'obtenir un bataillon d'infanterie et une démarche fut tentée à ces fins près de M. Ch. de Freycinet. Malheureusement le ministre de la Guerre, se basant sur ce qu'il ne pouvait modifier les dispositions déjà prises pour les répartitions des troupes sur le territoire de la dix-huitième région, répondait, le 25 avril 1890, qu'il ne fallait pas y compter (1).

---

1. Par suite de la création de 24 nouveaux régiments d'artillerie, cette question du casernement a, de nouveau, au cours de l'année 1909, occupé le conseil municipal qui a désigné une commission de trois membres chargée d'aller à

Deux ans et demi à peine après son investiture, le maire Vrignaud, avec une certaine tristesse dans la voix, en même temps qu'il remerciait certains concours dévoués, flagellait certaines manœuvres, occultes et résignait les « pénibles, délicates et ingrates fonctions » qu'il exerçait.

Réélu par deux fois différentes, Vrignaud, par dévouement, acceptait à nouveau la mairie, avec MM. Paul Laurent et Gautreau comme adjoints.

Rien de particulièrement intéressant jusqu'au 26 juin 1894, époque à laquelle, à la suite de l'horrible assassinat du président Carnot, le conseil municipal envoyait une adresse à sa veuve et à sa famille pour lui transmettre « ses respectueuses et douloureuses condoléances ».

Le 13 mai 1896 était la date des nouvelles élections municipales.

Elu maire, M. le Dr Bourcy, alors député, acceptait ces fonctions avec MM. Neau et Rabault, comme adjoints. Moins de trois mois après, des circonstances obligeaient celui qui écrit ces lignes à remplacer M. Neau, démissionnaire et à s'incliner devant la volonté du conseil formellement exprimée à deux reprises différentes, tout en faisant appel à tous les concours pour l'accomplissement d'une tâche sur le

---

Paris, solliciter du général Brun, ministre de la guerre, l'admission de notre ville au nombre de celles qui recevront les nouvelles garnisons. Des sommes importantes ont été votées par le conseil dans le but d'assurer l'exécution des devis proposés et le rapport dressé après étude des documents produits, a été inséré dans les journaux locaux.

poids de laquelle il ne s'était jamais fait d'illusions.

Quelque temps plus tard, le maire ayant lui-même démissionné, M. Rabault lui succédait et la municipalité était complétée par M. Ph. Richard (1).

Les actes administratifs de 1896 à 1903, sont trop près de nous, et il est trop délicat de parler d'événements administratifs auxquels on a, soi-même, été directement mêlé pour qu'à cette heure nous nous attardions, on le conçoit, sur un pareil sujet ; le temps seul, ce grand maître, en effaçant les traces

---

1. Voici, empruntée à l'*Histoire de la ville, commune et sénéchaussée de Saint-Jean-d'Angély*, Paris 1909, Jouve éditeur — que son auteur a bien voulu, dans une attention délicate, offrir « à son ami et compagnon d'œuvre » — la liste des maires depuis la Révolution jusqu'à nos jours :

Antoine Valentin, 1772-1790. — Cabaud-Desnobles, 1791. — Elisée Loustalot, 1792-1793. — Paul Paroche-Dufresne, 1794-1795. — François Tillé, président de l'administration municipale, 1796-1798. — Paul Paroche-Dufresne, 1798-1799. — Jacques-Elie Levallois, ancien procureur, 1800. — Paroche-Dufresne, 1801. — Jean-Baptiste Griffon, négociant, 1802-1809. — De Sérigny de Luret, ancien lieutenant de vaisseau, 1810-1815. — Charles-Joseph de Lalaurencie, 1816-1830. — Joseph de Bonnegens de La Grange, 1830-1833. — Jean-Baptiste-Marie Chopy, avoué, 1833-1839. — Auguste de Gaalon, 1839-1845. — Les membres du Conseil municipal dans l'ordre du tableau, 1845-1847. — Auguste Feniou, avoué, 1847-1848. — Abel Mousnier, négociant, 1848-1853. — Michel Texier, capitaine de corvette, en retraite, 1853-1864. — Auguste Roy de Loulay, avocat, député, 1864-1870. — Jean-Baptiste Petit, 1870-1871. — Alphonse Jouslain, docteur en médecine, 1871. — Nicolas Pastureau, 1876. — Pascal Bourcy, docteur en médecine, 1877-1878. — Joseph Lair, avocat, 1879. — Alexandre Vrignaud, avocat, 1889-1896. — Pascal Bourcy, 1896-1898. — André-Joseph Rabault, propriétaire, 1898.

d'impressions personnelles trop vives pouvant permettre de juger et les hommes et leurs œuvres.

Toutefois, pour ne pas mentir au titre de notre ouvrage et être ainsi incomplet, quelques mots rapides encore sur certains faits de cette époque.

*
* *

Celui qui se réfère aux écritures municipales doit constater l'accomplissement de certains travaux relatifs aux propriétés communales.

C'est ainsi que les deux vieilles tours dont certaines pierres inspiraient des craintes pour les passants furent entourées d'une grille en fer, en même temps que quelques plantations à leur base donnaient l'illusion d'un petit square.

L'hospice et son annexe étaient restaurés, le boulevard Lair était redressé et de nombreuses plantations d'arbres ornaient les promenades publiques.

Ce furent ensuite divers soins qui occupèrent l'attention du conseil : entretien des voies et chemins ; constructions d'édicules jusque-là jugés impossibles à cause de la question du tout à l'égout ; l'inscription sur les panneaux de l'hôtel de ville des dates et documents constitutifs de l'histoire de notre vieille cité si riche en souvenirs historiques ; en même temps que la création et l'organisation d'un cours complémentaire de dessin et de dessin municipal encouragé par M. le ministre des Beaux-Arts.

Entre temps, d'importants travaux à l'immeuble affecté à l'exercice du culte catholique étaient exécutés par des personnes qui avaient recueilli des souscriptions dans ce but : de même l'édifice du culte réformé fut quelque peu amélioré.

Enfin l'eau et le gaz étaient distribués dans certains quartiers neufs qui jusque-là, en avaient été dépourvus.

Au mois de mai 1900, l'ancienne municipalité était maintenue ; M. A. Barthe remplaça M. Richard qui se retirait comme second adjoint (1).

La lutte fut vive, deux listes étant en présence. Au

---

1. A cette même époque se place un événement dont l'histoire conservera le souvenir, celui de la manifestation grandiose à laquelle donna lieu le banquet offert à Paris, aux Tuileries, par le Gouvernement aux maires de France ou à leurs délégués.

L'honneur d'y représenter la commune de Saint Jean-d'Angély, nous ayant été réservé, c'est encore, — bien que déjà à près de dix ans, — avec une douce fierté, que nous nous reportons à la plaquette de Vernon et aux documents offerts à chaque assistant pour commémorer une date inoubliable.

C'est avec un même sentiment que nous aimons à évoquer les viriles accents qu'au cours de ce banquet, le président Emile Loubet, dont la juste mémoire vivra, nous faisait entendre :

« Quand vous serez rentrés dans vos communes..., dites que nous restons fidèles à l'esprit de la Révolution, parce que notre patriotisme est égal à notre amour de la République ; parce que nous voulons la France libre, forte et glorieuse ; unie au-dedans sous le règne de la Loi et du Droit, respectée au dehors pour son génie, pour la puissance de ses armes, pour son amour sincère de la paix. Dites enfin, dites surtout que nous n'avons ni de haine, ni de rancune contre personne et que notre plus chère espérance est de voir tous les Français fraternellement unis dans un même amour de la Patrie et de la République. »

premier tour de scrutin, cependant une forte majorité assurait le triomphe des candidats républicains.

Quelque temps plus tard — 27 avril et 11 mai 1902 — l'arrondissement de Saint-Jean-d'Angély par 10,610 voix, confiait à M. Eugène Réveillaud le mandat de député à l'Assemblée législative, en souvenir sans doute des incessants efforts par lui tentés de longue date, pour conquérir ce siège à l'idée démocratique : en mai 1906, ce mandat lui était renouvelé.

Le fait le plus saillant qui marque l'avènement de la nouvelle municipalité, se rapporte à l'étude de l'établissement d'un théâtre à Saint-Jean-d'Angély.

Nous sommes particulièrement heureux, en ce qui nous concerne, d'avoir pu joindre nos efforts à ceux de nos honorables collègues pour faire aboutir un projet jugé jusque-là par nos devanciers, soit pour une raison, soit pour une autre, irréalisable : et, puisque le sujet nous y convie, donnons quelques détails encore sur l'histoire du théâtre en notre ville, sous la Révolution et depuis.

*
* *

Le désir de voir dans le monde fictif de la scène, les actes accomplis par chaque agent sous l'empire des passions qui les déterminent, correspond, assurément, à un véritable besoin.

Sans qu'il soit ici nécessaire — ce qui n'entrerait pas, d'ailleurs dans le cadre restreint de cette étude purement locale, — de faire l'histoire générale de la question théâtrale à travers les âges et chez les différents peuples, constatons cependant, en passant, que la création des établissements de cette nature n'est que la résultante du sentiment, pour ainsi dire instinctif qui de tout temps a poussé les hommes à se réunir pour échanger leurs idées.

Lieu de réunions publiques en effet, au début, protégé seulement par une simple toile contre les intempéries de la saison, c'était, ainsi qu'on sait, au théâtre, que sous des masques tout primitifs à l'origine, après avoir joué les scènes de la passion ou autres similaires, on venait ensuite discuter les intérêts de l'Etat et quelquefois aussi, les questions philophiques.

Constructions en bois, provisoires d'abord, légères et se démontant facilement, ainsi qu'on le fait actuellement dans les foires, à mesure que le goût des œuvres dramatiques s'affermit, le local qui servira à leurs reproductions deviendra plus confortable ; avec le temps on affectera même pour ce genre d'entreprise, une architecture spéciale.

*
* *

Ce principe indiscutable posé, rien de plus facile à comprendre que cette force instinctive qui pousse les hommes à travers les époques, à se grouper pour conférer ensemble de sujets divers et d'ordre général, et vivre en commun d'une vie scientifique, artistique ou littéraire, se soit manifestée bien souvent à Saint-Jean-d'Angély, ainsi que dans bien d'autres centres habités.

Il serait donc dans l'erreur celui qui s'imaginerait que la construction de la « Salle Municipale », n'est que l'éclosion d'un pur caprice et l'œuvre d'une fantaisie dans un but non suffisamment réfléchi. C'est au contraire, — ainsi qu'en témoigne l'empressement que le public met à s'y rendre à chaque occasion, — pour répondre à une impérieuse sollicitation de l'esprit réclamant ses droits, que notre ville, en tirant parti d'un bâtiment inutile et presque en ruines, a eu l'idée de l'aménager ainsi qu'on peut le constater.

* *
*

Sous la Révolution, et nous ne remonterons pas plus haut, pour rester dans nos limites, on trouve l'existence indiscutable d'un théâtre à Saint-Jean-d'Angély.

Jusque-là, d'après les écritures du temps, il se donnait « peu de spectacles » dans la commune ; aussi l'administration n'avait-elle pas eu à intervenir, en ce qui concernait l'application des lois et règlements en la matière. Au surplus, l'on sait qu'en ce temps-là, le théâtre ne fut pas très florissant en France.

Peut-être est-ce, pour cette raison, « qu'alors — ainsi que l'a écrit un auteur connu — les poètes, les hommes de génie, au lieu d'écrire des tragédies, en faisaient d'héroïques ; au lieu de la plume tenaient l'épée, au lieu du bureau paisible, occupaient la tribune ; le génie agissant au lieu de rêver ! »

Vers « l'an V de la République Une et Indivisible » il se créa à Saint-Jean-d'Angély, une troupe théâtrale qui prit le nom de *Société Dramatique*.

Dans le principe, cette Société ne dut pas avoir une bien grande importance, et, son répertoire devait être plutôt limité, avec des exécutants dont la bonne volonté était, sans doute, supérieure au talent.

La direction ne paraît pas, non plus, avoir été irréprochable au point de vue de l'organisation : c'était, si l'on ajoute foi à certaines archives, une sorte de groupement d'amateurs ayant, plutôt, en vue un but philanthropique, grâce aux quelques sommes qu'elle pouvait ainsi se procurer ; n'offrant, suivant le mot employé, aucun caractère de « stabilité ».

Peut-être n'était-ce au début, que la seule réunion de quelques gais compagnons, nouveaux enfants sans soucis, plutôt amateurs que professionnels, interprétant devant un public indulgent une œuvre des plus éphémères.

Peu à peu, cependant, la *Société Dramatique* progressa : les spectateurs devinrent plus nombreux et plus assidus, à tel point, dit la relation, *que le spectacle s'étant élevé et soutenu*, la direction de l'exploitation théâtrale fut franchement et résolument prise par un citoyen du nom de « Gerdolle ».

L'article 1er de la loi du 7 frimaire an V visait un droit à percevoir au profit des indigents sur le prix des billets d'entrée dans les spectacles : ce droit était déterminé par un arrêté du directoire exécutif du

29 frimaire, de même que par une lettre de l'administration du département et une loi du 2 floréal an V.

Comme il y avait, en ce temps, fort peu de spectacles dans la commune, l'administration municipale de Saint-Jean-d'Angély n'avait pas eu alors à prendre d'arrêtés pour faire exécuter cette loi.

La *Société Dramatique* se perfectionnant et attirant un certain monde, son succès éveilla son attention : aussi, le 28 floréal de cette année, après avoir entendu le commissaire du Directoire exécutif, l'Administration arrêtait-elle, qu'à compter de ce jour, cette société *paierait 1 décime par franc, 2 sols par livre, ensus du billet d'entrée pendant six mois.*

Ce droit des pauvres, tel qu'on l'appelle aujourd'hui, avait pour objet, ainsi que son nom l'indique, de secourir les indigents qui n'étaient pas dans les hospices, et les directeurs devaient tenir état des perceptions faites, pour qu'on puisse y recourir à fin de vérification, le cas échant.

Le bureau de Saint-Jean-d'Angély pouvait commettre un de ses membres à l'effet de constater l'état des recettes et même, le membre commis avait le droit, pour cette opération délicate, de se faire assister d'une « sentinelle » qui devait être fournie par le commandant de poste de la garde extérieure ; elle devait être placée près de la salle du spectacle pour y maintenir le monde.

*
* *

Nous n'avons rien trouvé qui nous permette d'affirmer que, ce soit sous la Révolution, soit avant soit depuis, il ait jamais existé à Saint-Jean-d'Angély, un édifice quelconque pouvant, à proprement parler, mériter le nom de *théâtre* et ayant une ressemblance plus ou moins parfaite avec les constructions consacrées autrefois aux spectacles du peuple. Nulle trace d'un local entouré de portiques avec sièges disposés en demi-cercle et par degré, environnant un espace réservé à l'orchestre.

Malgré cette absence de monument spécial dédié au dieu de la Comédie, et bien que Boileau ait cru devoir écrire quelque part que :

> Chez nos dévôts aïeux le théâtre abhorré
> Fut longtemps dans la France un plaisir ignoré,

nous avons pu, cependant, en faisant des recherches à ce sujet, ainsi que nous le déclarions plus haut, constater que, dans la cité angérienne, le public, obéissant en cela au besoin de groupement auquel nous faisions allusion au début, non seulement n'avait jamais été opposé à ce genre de distraction, mais qu'au contraire, il semblait toujours s'en être montré plutôt amateur.

Pendant longtemps, bien après la disparition du lieu où Gerdolle dirigeait la *Société Dramatique*, il y eut une autre salle, plus ou moins confortable, il est vrai, mais pouvant cependant, avec quelque bonne volonté, donner l'illusion de la scène et permettre après tout, de fois à autre, d'entendre des artistes, professionnels ou par accident.

Bon nombre d'habitants se souviennent encore certainement du « Théâtre ou salle Ardusser » qui existait dans la rue dite alors des Religieuses, c'est-à-dire, dans une aile du café de la Comédie servant actuellement ou ayant servi aux exercices de l'« Angérienne ».

En 1866, le propriétaire ayant à cœur de conserver l'affectation donnée à son immeuble, proposait au conseil municipal d'y faire pour 12.000 francs de réparations, afin d'offrir, disait-il, au public *un local spacieux et richement orné*, et ce, malgré l'exiguïté de l'espace.

L'intérieur devait être refait à neuf ; les peintures blanchies avec or d'Allemagne ; le plafond en harmonie avec les décors ; banquettes en velours et trois décors nouveaux représentant un salon, une mansarde, un paysage. Les premières devaient se composer d'un amphithéâtre, une loge en arrière ; à droite et à gauche quatre autres loges. Il devait ranger en tout 370 places dont 90 premières et 180 secondes, non compris les loges du maire, du sous-préfet, des pompiers et du commissaire de police. Une commission, nommée pour étudier ces propositions, ayant émis un avis favorable, le conseil adoptait son rapport et décidait d'accorder une subvention annuelle au propriétaire, de 500 francs pendant une durée de vingt ans, temps pendant lequel le *statu quo* serait conservé.

La salle devait être à la disposition de la ville chaque fois qu'elle en aurait besoin pour un bal ou un concert.

Entre temps, des entrepreneurs proposèrent à l'administration municipale de construire un théâtre à Saint-Jean-d'Angély, mais leurs offres ne furent pas acceptées.

*
* *

En 1878, la question se posait, à nouveau, devant le conseil et le rapporteur, M. Robichon, constatant à quels besoins correspondait cette idée, s'écriait : « Nous ne pouvons pas ne pas prendre en considération le vœu émis depuis longtemps par la presque totalité de la population de voir la ville posséder un théâtre que nous ne pouvons lui faire attendre plus longtemps... » Et, il concluait en proposant d'en construire un sur l'emplacement de l'ancien hôtel de ville, c'est-à-dire à l'angle méridional occidental de la place et tout proche de la statue de Régnaud.

« Ne fermons pas les portes, disait le rapporteur en terminant, au progrès, aux améliorations qu'il nous demande ; tranchons dans le vif, inspirons-nous des plus larges idées, préparons les voies à nos successeurs qui, plus heureux que nous, pourront donner à notre chère cité, les développements de splendeur, que nous avons rêvés pour elle et dont nous pourrons, dès aujourd'hui, jeter les premiers fondements... »

A la suite de ces faits, de nouvelles études étaient faites sur la question et le 13 janvier 1879, M. Walch s'écriait à son tour : « La majorité de la commission a eu un moment la pensée de sacrifier le théâtre... Pouvait-elle s'arrêter longtemps à cette idée qui n'aurait pas manqué de soulever des protestations ?... Telle n'a pas été sa manière de voir. » Et le nouveau rapporteur, en se basant sur ce que cette idée faisait partie du programme de ceux qui les avaient précédés à l'hôtel de ville, proposait d'établir cet édifice en façade sur la place, c'est-à-dire, entre le boulevard projeté et la rue dite alors « Notre-Dame », avec 14 mètres de largeur sur 28 de profondeur.

Malheureusement, ces superbes conceptions, qui font honneur à ceux qui les formulaient ne purent être, à ce moment, réalisées, parce que les dépenses principales et accessoires de la mairie ne laissaient aucun crédit possible pour cela. Pourtant l'homme ne vit pas seulement de pain, et la nourriture intellectuelle est parfois un besoin impérieux ; aussi comprenait-on que la question devait aboutir enfin d'une façon ou d'une autre.

Déjà sous la précédente administration municipale un de nos amis avait lancé un pressant appel à ceux qui pensaient ainsi, et personnellement nous avions été heureux de joindre notre voix à la sienne. Une Commission d'étude avait alors été nommée. Cette tentative ne fut pas stérile ; ce fut le premier pas dans la voie ; bientôt un effort plus grand serait tenté et, sous peu, la semence germerait sans doute...

*
* *

Quelques jours à peine après les élections municipales de 1900, un de nos honorables collègues avec lequel nous étions, sur ce point, en complète communion d'idée, M. A. Moreau, conseiller d'arrondissement, faisant preuve en cela de la plus louable ténacité, demandait à l'Assemblée municipale la nomination d'une nouvelle commission ayant pour mission d'examiner si, avec un crédit relativement peu élevé, il ne serait pas possible de transformer l'ancienne halle au drap, sise au nord de la place de l'Hôtel-de-Ville, ne servant pour ainsi dire à aucun usage, en en faisant une salle pouvant s'utiliser aussi bien pour les représentations théâtrales que pour les réunions publiques, conférences ou bals.

Ce n'était pas seulement, ainsi que nous l'écrivions dans les études préparatoires que nous fûmes chargé de faire à ce sujet, la création d'un établissement, servant à la diffusion des seuls moyens de plaisir qu'envisageaient les promoteurs de l'idée, mais aussi et surtout, le côté pratique, car ils étaient persuadés qu'en arrivant à réaliser ce rêve trop longtemps repoussé et en permettant à la population d'entendre parfois des œuvres d'art, des conférenciers érudits, des artistes de talent, interprétant telle ou telle œuvre de nos maîtres justement appréciée, l'esprit public ne pourrait qu'y gagner ; le *Castigat ridendo mores* qui doit présider à toute conception théâtrale, ne pouvant en définitive qu'assurer les effets de cette classique devise. D'autre part, le côté matériel et plus positif n'était pas exclu non plus, puisque si le projet aboutissait, la caisse municipale devait y trouver son compte par la perception de droits de location, tout en procurant au commerce local un bénéfice appréciable.

Ces diverses considérations déterminèrent la constitution d'une nouvelle commission municipale des Beaux-Arts (1) qui, après un concours ouvert par la municipalité, fut chargée d'examiner les plans et devis, au nombre de huit, produits par divers architectes. Grâce à la bienveillance de nos collègues, nous eûmes l'honneur de présenter le rapport sur la question au conseil municipal (2) qui, après examen et délibération, l'approuva : toutes autorisations nécessaires furent accordées après de nouvelles études par la Commission départementale des bâtiments publics et enfin M. le Préfet, « considérant que la dépense projetée pour l'exécution du travail était d'une utilité réelle », sanctionnait, par son arrêté du 4 novembre 1901, la décision prise.

L'adjudication aux enchères publiques des travaux à effectuer fut prononcée et il fut enfin permis de poursuivre la réalisation d'une œuvre jusque-là considérée comme irréalisable.

---

1. Cette commission comprenait MM. Rabault, A. Mesnard, A. Moreau, R. Pouilloux, M. Proux et Guinot.
2. Le vote du conseil municipal est du 18 décembre 1900 : Ont voté pour : MM. Rabault ; Barthe, A. Mesnard, J. Neau ; A. Moreau, D Emerit, Mlle Emerit, Texier-Raffaud, Pouilloux, Girard. Raffin, Portel, Coignard, Papillaud, Guinot, Berthon ;
Contre : MM. Jouvin et J. Laurent.
Abstenu : M. Ouvrard.
Absents : MM. Proux, Meneau.

*
* *

La vieille construction utilisée pour le nouvel édifice était autrefois, ainsi qu'il a déjà été dit, une halle servant au commerce ; elle était, ainsi qu'actuellement d'ailleurs, composée d'arcatures, type Renaissance formant un bâtiment en forme de quadrilatère. La transformation a eu pour objet de faire une construction neuve dans une vieille, dont le bois était le principal élément. On ne put avec le crédit relativement minime dont on disposait, songer à une reconstruction totale, l'état des finances communales ne l'eût pas permis ; c'eut été là une pensée téméraire qui eût eu pour conséquence d'ajourner encore à de nouvelles calendes la réussite d'une entreprise si ardemment désirée par la population tout entière, ainsi qu'il est permis de le constater par ce qui précède. Telle est l'unique raison pour laquelle on a dû conserver la forme carrée qui, à première vue, peut paraître étrange et quelque peu primitive ; forme en honneur en Espagne jusqu'à la fin du xviii° siècle et qui n'existe plus chez nous que dans les établissements de second ordre.

Ces explications en passant, pour répondre aux reproches de ceux qui, de parti pris, pourraient encore, envers et malgré tout, oublier volontairement, que, si l'on fait abstraction complète de la question d'économie des deniers communaux, la critique peut être aisée !

*
* *

La charpente très légère est supportée par des colonnes en bois et soutient un plafond avec corniches, jours plafonnants et cheminée d'aération ; les bas-côtés en forme cintrée s'y ajoutent et un fronton sur la grande porte principale faisant façade à la place la décore. L'aspect extérieur a pour complément des sculptures sur pierre, des ornements en zinc ; une teinte générale sur les murs donne à l'immeuble une nuance uniforme.

Aménagée en théâtre, la salle, suivant le but proposé, peut servir à tous usages. Comme distribution intérieure on y trouve une entrée à la façade latérale par un péristyle de 3 m. 50 de hauteur donnant accès à l'endroit réservé au public par un passage où sont les guichets ; à l'extrémité, escaliers doubles conduisant aux tribunes et galeries entre lesquels un espace pour vestiaires et buvette si plus tard elle est jugée utile.

Comme dimensions moyennes, 13 m. 50 de largeur sur 25 de longueur ; hauteur du centre 6 mètres sous plafond et 2 m. 50 sous galeries.

La scène, y compris l'avant-scène, mesure 8 mètres de profondeur environ, l'ouverture 7 mètres de large sur 4 mètres de hauteur.

Si ces mesures n'atteignent pas celles de l'antiquité, où toute une population pouvait s'asseoir dans les vastes amphithéâtres d'alors, en dominant la ville, les montagnes ou la mer dont les grands horizons formaient le cadre de la scène, il faut cependant reconnaître qu'elles sont bien suffisantes pour nous puisque avec l'aménagement actuel l'on pourrait loger dans la salle au moins 700 personnes et que l'on pourrait même, en utilisant bien des espaces vides, dépasser encore ce nombre.

Des jours plafonnants donnent une lumière diurne largement abondante ; quant à l'éclairage nocturne il se produit au moyen de 48 becs à incandescence placés sur 16 girandoles à 3 branches fixées aux piliers à hauteur du plancher des galeries. Les couloirs, les escaliers, les loges d'artistes sont également éclairés au gaz ; le péristyle et l'entrée sont munis de becs à incandescence indépendants de la salle placés sur consoles ornées et sur girandoles.

Sur la scène une rampe avec réflecteur (12 becs) et une herse (6 becs) avec règlement de la lumière par un jeu d'orgue.

Quant aux décors de la scène, des circonstances ayant permis à la ville d'en faire achat dans des conditions particulièrement favorables, elle en trouve aujourd'hui un emploi des plus avantageux, car pour se procurer le matériel qu'elle a pu ainsi utiliser, il eût fallu, de l'aveu des personnes compétentes, une somme relativement élevée. Ces décors comprennent : une forêt, un jardin, un parc, un rustique, un palais, quatre salons, une mansarde, une église, la mer, une place publique, une prison et un grand nombre de praticables et accessoires. Ils sont du meilleur goût et avec une perspective parfaitement rendue ; ils ont été travaillés avec beaucoup de soin.

Sur les colonnes à huit pans, des motifs et filets or et argent se détachent sur le fond d'une teinte violette très légère ; les ornements des chapiteaux, les bagues, les astragales, les consoles sont rehaussés d'or ; la balustrade des loges et de la galerie comprend une rangée de balustres peints dans le même ton que les colonnes et se détachent sur fond vert tendre ; des motifs sur ces balustres et sur le fond complètent cette décoration.

Les murs décorés de panneaux à deux tons avec filets et champs, font ressortir le brillant de l'ornementation de la salle. Des privés à effet d'eau ne laissent rien à désirer au point de vue de l'aération.

Quant à la disposition des places pour les spectateurs, les deux petits plans que nous devons à l'obligeance du dévoué architecte municipal, M. Braud, permettent aisément de se rendre compte de leur disposition et pour le rez-de-chaussée et pour les galeries.

On compte 140 fauteuils à dossiers garnis de velours, avec sièges cannés à bascule répartis entre fauteuils d'orchestre et premières ; 168 avec dossiers et sièges cannés pour les secondes ; 180 places sur banquettes garnies de velours peuvnt être affectées aux troisièmes.

Dans les galeries 8 loges très spacieuses, avec 8 chaises cannées sur deux rangs dont celles du second plus hautes de 15 centimètres pour faciliter la vue.

Certainement, en construisant de toute pièce, plutôt que d'utiliser un vieil édifice, auquel on n'avait jusqu'ici jamais songé pour pareil objet, on eût pu mieux faire et obtenir d'une façon plus complète l'illusion de la scène que cherchaient par-dessus tout et que connurent si bien les Grecs ; mais encore une fois, dans certains cas, l'amour de l'esthétisme ne doit-il pas s'effacer devant les exigences budgétaires d'une commune, d'autant plus, qu'après avoir vu, et en tenant compte de cette considération péremptoire, on pourra se convaincre qu'après tout le résultat dépasse plutôt les espérances justement permises. Un des architectes admis au concours avait pris pour devise : *Da materiam et splendescam*, offrant, en échange de la matière, — et par ce mot faut-il entendre, on s'en doute, toute autre chose qu'un plomb vil, — un monument tout resplendissant. Certes on n'eût pas mieux demandé que de faciliter l'éclosion d'une si généreuse entreprise, mais le nerf de la construction étant comme celui de la guerre, il a fallu compter ; tout esprit impartial ne l'oubli ra pas avant de formuler son jugement sur la façon intelligente dont M. E. Perrein, architecte à Cognac, lauréat du concours municipal, a su s'assimiler la conception de notre désir et diriger l'exécution par les soins de l'entrepreneur Méchain.

Rappelons en terminant, à propos de la vieille halle à drap, aujourd'hui transformée, que c'est par un arrêté de Bonaparte, premier consul, agissant au nom du gouvernement de la République, sur le rapport du ministre des Finances, le 10 thermidor an XI, que le préfet de la Charente-Inférieure a été autorisé à abandonner à la commune de Saint-Jean-d'Angély, les matériaux provenant de la démolition des murs, à hauteur d'appui, du cloître des Bénédictins.

En considération de cet abandon, la commune avait dû faire cette démolition à ses frais, effectuer, en outre, certains travaux réconfortatifs en brique au pied du corps de logis et employer les matériaux à la construction d'une halle publique, sans aucune indemnité, ni de part ni d'autre. La vente de la quatrième partie des colonnes ou de ces matériaux qui restaient alors, avait été autorisée par un arrêté du 30 messidor an XI.

Tel est l'historique de la question théâtrale à Saint-Jean-d'Angély sous la Révolution et depuis cette époque à nos jours.

A cette heure la *Salle municipale*, dont la livraison a quelque peu été retardée par des lenteurs, chacun le sait, indépendantes de la volonté des exécutants, est depuis quelque temps déjà terminée.

Dans ce lieu sombre, plein de tristesse et de solitude, envahi naguère par des vagabonds qui s'y réfugiaient avec leurs roulottes pour y chercher, l'hiver quelque abri, a surgi un Temple consacré à la culture intellectuelle où se donnent maintenant rendez-vous Apollon et Terpsychore, association aimable, d'où découlera pour nous, en de bonnes heures, un délassement moral nous distrayant de la vie, suivant le mot d'Alphonse Karr.

A l'ombre épaisse et froide, a succédé la lumière vive et qui réchauffe ; à l'ennui mortel du lieu désert, le mouvement ; aux cris obscènes de quelque oisif nomade pris de boisson, le chant poétique et musical qui berce l'âme en y suscitant l'idée constante du beau, du vrai et du bien.

Suivant l'expression du poète aimé, de l'immortel Victor Hugo, chaque fois qu'il sortira de cet endroit transformé — tel aura du moins été l'objectif de ceux qui ont eu à cœur de faire aboutir la conception — l'homme emportera avec lui quelque sentiment de moralité, Fontenelle ayant écrit quelque part, croyons-nous :

« Le théâtre est l'ennemi de tout ce qui est petit et bas »;

Bien que J.-J. Rousseau, dans un mouvement de mauvaise humeur, assurément, n'ait au contraire, voulu, lui, n'y voir qu'un moyen d'altération des mœurs.

L'inauguration (1) de la Salle municipale a eu

---

1. Voici, d'après une note de l'éditeur d'une plaquette déjà parue, quelques détails complémentaires à ce sujet :
Les 27 décembre 1903, 6 et 10 janvier 1904, la Municipalité angérienne inaugurait, enfin, cette *Salle municipale* à laquelle elle a attaché son nom.
Sous la première date, des artistes de la Comédie-Française parmi lesquels, Garry, Ravet, Séverin, MM^{mes} Geniat,

lieu les 27 décembre 1903, 6 et 10 janvier 1904 au milieu d'une grande affluence de spectateurs : depuis, la faveur du public pour cette salle n'a point diminué

Persoons, Even et autres, ont interprété avec talent, — est-il besoin de le dire, avec de semblables noms ? — *Denise*, l'émouvante pièce d'Alexandre Dumas : d'autres artistes de différents théâtres de Paris, ont ensuite, eux-mêmes, très convenablement, rempli le programme de la deuxième journée, avec les *Fourberies de Scapin* et le *Dépit amoureux* de l'immortel Molière.

Un grand bal populaire gratuit, fort bien réussi, a clôturé cette série de fêtes ; le local se prêtant, à merveille le cas échéant, aux exercices chorégraphiques.

L'empressement du public à répondre à chaque invitation, démontre, à n'en pas douter, que la création de cette salle correspondait bien à un réel besoin et la justifie pleinement.

Avant de terminer ces notes rétrospectives, il convient de rappeler encore, comme se rapportant étroitement à l'étude qui précède, et ce, suivant les termes mêmes de notre confrère de l'*Echo Saintongeais*, « l'aimable à-propos, dans lequel un discret amateur... en des vers écrits sur un rythme à la Jacques Normand, chaussant le cothurne à chevilles dorées, a chanté l'ouverture du nouveau théâtre et les plaisirs désormais fameux d'*Angéri...* »

Certains organes de la presse régionale ont publié ; d'autres, en termes flatteurs tout au moins, ont cité cette œuvre locale rendue d'aimable façon par deux artistes de la troupe Marot.

Citons en passant, la *Gazette de Saint-Jean-d'Angély*, la *Revue des Charentes*, la *Revue de Saintonge et d'Aunis*, *Le Bulletin des Archives historiques*, qui en donne un extrait, dans la deuxième livraison de son XXIVe volume : *L'Echo Saintongeais*, dans les termes plus haut indiqués : le *Peuple*, la *France*, la *Petite Gironde*, la *Franche parole*. etc...

La presse parisienne, elle-même, dans une chronique du *Rappel*, de M. Emile Marsy, dans son n° du 17 janvier, a salué

et chaque fois que l'occasion s'en présente, qu'il s'agisse de bals, de concerts, de conférences ou de spectacles, on peut voir encore une fois, que, comme

---

d'un mot aimable, « cette pièce composée pour la circonstance par un délicat poète.... »

Par une attention à laquelle *Le Subiet* a été très sensible, il a pu tout le premier la servir à ses nombreux lecteurs et amis : l'éditeur de cet ouvrage est particulièrement heureux de l'offrir ici à nouveau, à ceux qui ne l'auraient pas déjà lue.

« Le thème de la pièce, écrivait la *Revue de Saintonge et d'Aunis*, le 1er mars 1904, est le suivant :

« Un spectateur, en voyant la transformation subie par l'ancienne salle, se demande s'il ne rêve pas. Une voix le rassure et lui dit que ce qu'il voit et entend est bien la réalité. Intervention de la Muse planant sur les sommets du Parnasse et qui indique comment elle a appris qu'on venait de lui construire un temple à *Angeri* ; à quels signes elle a reconnu la vieille cité angérienne. La poésie constate qu'elle n'a point été trompée : un Barde remercie alors la ville de son œuvre et fait appel à l'union et à la concorde de tous sur le terrain des lettres et des arts.

UN SPECTATEUR

Pourquoi ce lieu, jadis, solitaire et si sombre
Resplendit-il, ce soir, de semblables clartés ?...
Quel Dieu, d'un geste fort, en chassant au loin l'ombre,
A changé la tristesse en flots de voluptés ?...
N'est-ce pas un mirage à la trompeuse forme ?
Un souffle léger, qui disparaîtra bientôt,
Ne laissant rien après — une chimère informe
Rentrant dans le néant dès que le jour éclôt ?...
Si nos sens abusés sont le jouet d'un rêve,
Eh bien ! qu'il dure encore, puisque le rêve est doux,
En nous donnant l'oubli, jamais qu'il ne s'achève !
Voix secrète parlez ? De grâce, fixez-nous !...

LA VOIX

Non, vous ne dormez pas et votre esprit est libre ;
L'oreille entend ; l'œil voit et sous ces longs arceaux,

nous le pensions, la création de cet établissement correspondait bien à un réel besoin.

A l'heure qu'il est nous en avons terminé : les actes des deux municipalités qui, sous la conduite du même chef M. Rabault, ont continué l'administration

---

A tout nomade ouverts, c'est la Harpe qui vibre,
Remplissant de sons purs ces lieux qui sonnaient faux.
Ecoutez dans les airs, partout, cette harmonie.
Qui, bien haut, vers le Ciel monte — nouveau Noël —
L'hymne, que dit ainsi ce bruit de symphonie,
Est celui de la paix par qui l'Art éternel
Enrichi, chaque jour, par le Cerveau qui pense
Complète le travail des vieux siècles passés !
Loi forte du Progrès ! En vain la mort s'avance
L'idée, à jamais, vit, croît et marche ! Ecoutez !

LA MUSE

Je suis la Poésie et sur le Mont Parnasse
Je planais, quand voilà qu'en traversant l'espace,
Un bruit parti d'en bas, sur les ailes du Vent,
Est monté jusqu'au Pinde en venant du Levant.
Tout à coup, une voix douce se fit entendre
Et dit : « Ecoute-moi, Muse, je viens t'apprendre
Qu'au lieu dit « Angéri », près du pays Santon,
De Médiolanum, vit un peuple dit-on,
Ami des Arts et qui, voulant suivre l'exemple
De ses voisins, vient de t'édifier un Temple.
Sur ces bords où, jadis, moines Bénédictins,
Gravement s'avançaient, quand les sons argentins
De la cloche tintaient pour réciter matines,
Une magique main de ce tas de ruines,
A fait un doux asile où Cécile, au luth d'or,
Et toi, Muse, pouvez, en prenant votre essor,
Venir calmer la soif, avec votre ambroisie,
Du Beau, du Vrai, du Bien dont notre âme est saisie.
Angéri, dans la France, ainsi que Tarascon,
Certainement est loin des monts de l'Hélicon !
Mais, il est cependant facile à reconnaître :

Quand vous verrez deux Tours, à vos yeux apparaître,
— Deux Tours ayant bon air et montant gravement

municipale depuis les faits qui précèdent, sont trop récents pour que nous ayons à les apprécier. Ce sera la tâche de ceux qui continueront notre œuvre.

Disons cependant que des travaux sérieux ont été exécutés par elles, et des questions importantes

---

Dans le ciel azuré — superbe monument,
Dont la cime altière, à travers le feuillage,
Se dessine à ravir, quand, venant de voyage,
On passe tout là-bas, dans le train qui s'en va :

Quand vous verrez encor, semblable à la Néva,
Par ses flots transparents comme elle, la « Boutonne »
Aux bords si séduisants, et dont le lit étonne
Le pêcheur dont le fil taquine le poisson :
Ou bien, un peu plus loin, la « Fontaine Gazon »
Chère à nos amoureux qui s'en vont le dimanche,
Une main dans la main, tous deux cherchant la branche
— En même temps qu'un fruit — leur offrant un abri :

Quand, devant vous encor, l'élégant « Pilori »,
Œuvre de Brizambourg, si coquet par son style,
Se dressera tout près d'un bel hôtel de ville :

Quand, enfin, vous verrez cette « Tour du Trésor »
Qui renfermait bien clos — précieux comme l'or —
Les documents du Temps qui proclamaient l'Histoire
De la Cité qui sut, soutenant avec gloire
Sièges et famine, et pleine de fierté,
Rester digne et superbe avec sa Liberté,

Muse, alors, descendez de la sphère céleste,
C'est le terme fixé ! Par Apollon, j'atteste
Que c'est bien « Angéri » ! N'allez pas au delà !
Son Peuple vous attend pour vous fêter ! C'est là !

La voix qui me parlait s'étant éteinte — avide
De voir ce lieu — sitôt je quittai la Phocide,
Avec ma sœur Cécile et, traversant les mers,
J'eus tôt fait de franchir les vastes univers
En trouvant le pays d' « Angéri-la-Coquette ».

traitées au mieux ; spécialement en ce qui concerne la création de l'école primaire et supérieure dont nous avons parlé plus haut et l'établissement dans

---

La voix avait dit vrai. — Désormais, mon poète
Pourrait dire mes chants en ce temple charmant,
En des vers aussi purs que le pur diamant.
. . . .
Et la Muse se tut, en touchant à l'épaule
Un Barde à ses côtés, fils de l'antique Gaule :
Il comprit, car sitôt, sur sa lyre il chanta
Ce chant qui, vers le Ciel, comme un hymne monta :

LE BARDE

A toi salut, aimable Ville,
Par qui bientôt l'art va fleurir ;
Salut à ce charmant asile
Dont la porte vient de s'ouvrir !
L'art est chez lui, souverain maître,
D'un vif éclat prêt à briller :
L'ombre a régné : le jour va naître,
L'Idée, enfin, va s'éveiller !

∴

A toi salut, ô Sanctuaire
Honni des profanes humains !
Sois le lieu sacré, tutélaire,
Dans lequel se tendront les mains !
Sois notre Temple de concorde ;
Qu'à ton seuil l'Agitation
Expire, ainsi que la Discorde,
Sois pour nous le trait d'Union !

∴

Le regard droit, loin dans l'espace,
Marchant unis, dorénavant
Sans nul souci de ce qui passe.
Que notre mot soit : En avant !
En avant ! oui, par la Pensée
Plus forte que le dur airain,
Par qui, l'Ignorance chassée,
La France régnera demain !

l'ancienne maison curiale, d'une bibliothèque communale si utile à ceux qui veulent travailler et s'instruire. Souhaitons qu'elle s'enrichisse de plus en plus, et qu'on établisse dans ce même local, avec tous les soins qui s'imposent, les archives, véritable « trésor », pour tous ceux qui suivant la parole de « Maistre Armand Maichin », veulent apprendre « la vertu par l'histoire des devanciers ! »

TABLE SOMMAIRE DES MATIÈRES

Pages

Sources principales............................... 5
Préface... 7

LIVRE PREMIER

Chapitre Premier

Etat des esprits à Saint-Jean-d'Angély, en 1789. — Les deux municipalités rivales : Normand d'Authon et Valentin.

Troubles et mouvements séditieux dans la ville. — Les députés aux états généraux : Les cahiers des doléances de la noblesse ; du clergé ; du tiers-état. — Lettres patentes du roi Louis XVI. — La Société des « Amis de la Constitution ». — Tentatives de ce groupe et attitude des diverses municipalités du district. — Etat financier de la commune à cette époque. — Les notables. — Annulation de l'élection du 28 et 30 janvier 1790. — Les députés des huit cantons de Saint-Jean-d'Angély à la Confédération générale à Paris. — Le serment de fidélité à la Constitution au « Champ-de-Mars ». — L'arbre de la Liberté...... 15-90

Chapitre II

§ 1. — Organisation de la municipalité : les officiers municipaux. — Désordres à l'hôpital : plainte contre le corps municipal. — Projet de casernement. — Troubles graves à Saint-Jean-d'Angély et dans un grand nombre de paroisses de la région. — Envoi de commissaires pour notifier la loi rendue le 10 décembre 1790 sur le décret de l'Assemblée nationale du 30 novembre précédent à la suite des troubles de Saint-Jean-d'Angély et lieux circonvoisins.

Retrait des armes à feu qui étaient aux mains des habitants.

Nominations diverses : le bureau de conciliation. — Division du territoire communal.

§ 2. — L'agitation continue : Saint-Jean-d'Angély divisé en deux camps. — Les partisans de la municipalité et la Société des « Amis de la Constitution ». — Le serment de la Garde nationale.

Installation de la municipalité dans la maison des « cy-devant Bénédictins ». — La mairie sous Loustalot. — Les officiers municipaux et les notables de la commune. — Division du travail : le serment des fonctionnaires.

Décret du 24 février 1793 sur le service de la Patrie. — Engagement de volontaires aux Jacobins : les trois premiers inscrits : masse pour exciter le zèle des engagés ; les donateurs. — Fabrication de piques et de baïonnettes à Saint-Jean-d'Angély pour les besoins de la guerre.................................. 91-120

Chapitre III

§ 1. — Mort de Louis XVI : son retentissement en ville. — Création d'un « Comité de Salut public et d'un Comité de Surveillance à Saint-Jean-d'Angély : leurs composition et premiers actes. — Réélection de la municipalité et des officiers municipaux.

§ 2. — Les « Clubs » et Sociétés politiques à Saint-Jean-d'Angély sous la Révolution : 1° La Société des « Amis de la Constitution » ; 2° La Société des « Amis de la Liberté et de l'Egalité » ; 3° La Société populaire et républicaine ; 4° La Société révolutionnaire. Les règlements : prestation de serment des membres.

— Les gendarmes nationaux et la Société. — Affiliation de la Société de Matha.

Adresse d'adhésion aux décrets de la Convention Nationale condamnant Louis XVI à mort. — Les noms des signataires. — Les membres de la « Société populaire et révolutionnaire » d'**Angély-Boutonne** (Saint-Jean-d'Angély).

Nouvelle formule de serment. — Les suspects..... 121-152

DEUXIÈME PARTIE

Chapitre IV

Fête à Saint-Jean-d'Angély sur la place de la « Fédération » à l'occasion de la présentation et de l'acceptation de la « déclaration des droits de l'homme. »

Désordres au marché : premières menaces de disette ; précautions pour y obvier. — Taxes : déclarations à faire par l'habitant à peine d'être suspect. — Visites domiciliaires.

Délégation à Brioux : Pain « d'Egalité » Pain blanc : conditions requises pour en avoir.

La disette s'accentue : Proclamation du maire Paroche-Dufrène : Scènes de désordre provoquées par le besoin.

Taxes du pain à 3 et 5 francs la livre. — Pénurie des matières de première nécessité : le savon ; le sucre ; le suif ; le fer, l'eau-de-vie pour les militaires.

Discrédit complet des assignats : abandon par les nourrices non-payées des enfants de la Patrie confiés à leurs soins.

La famine à Saint-Jean-d'Angély................ 153-186

Chapitre V

Les fêtes publiques à Saint-Jean-d'Angély sous la période révolutionnaire : arrêtés et circulaires à ce sujet.

L'Autel à la Patrie : la salle des audiences attribuée aux fêtes décadaires.

Nombre des fêtes nationales : leur célébration ; les principales.

La cocarde tricolore et les citoyennes angériennes : peines contre celles qui ne la portaient pas..... 187-202

Chapitre VI

La question religieuse sous la Révolution dans le district de Saint-Jean-d'Angély.

Départ des Bénédictins et désaffectation de leur paroisse : Fermeture des églises de l'arrondissement. Envoi des objets du culte à la municipalité d'Angély-Boutonne par les communes d'Haimps, Annepont, Les Eglises d'Argenteuil ; Beauvais-sur-Matha ; Ballans ; Taillebourg ; Saint-Pierre de l'Isle ; Saint-Martin de la Coudre ; Massac ; Bernay ; Bresdon ; Courcelles ; Fontenet ; Landes ; Mons ; Saint-Ouen ; Romazières ; Fontaine Chalendray ; Villepouge ; Neuvicq ; Les Nouillers ; Taillant ; Villiers Couture ; Vervant ; Néré ; Tonnay-Boutonne ; Siecq et Saint-Loup.

Déclarations des officiers municipaux de ces communes à ce sujet.

Départ de Dom Deforis, curé de Saint-Jean-d'Angély. — Le serment des prêtres : registre à cet effet.

Attitude des curés Gouinaud et Jupin.

Les prêtres remplacés par 20 citoyens prédicateurs : leurs noms.

La célébration des décadis : Hymnes religieuses. — Retour de certains ecclésiastiques dans la Commune, proclamation à ce sujet pour en empêcher

Arrêté municipal du 13 pluviôse an II de Jolly d'Aussy, Quentin, Favre, Faure, Jouslain, pour les chasser dans les trois jours, à peine d'être dénoncés comme suspects.

Pages

Mesures contre les « cy-devant Nobles » parents d'émigrés et étrangers.

Certificat de civisme à Jolly d'Aussy ; sa réintégration dans les fonctions d'officier municipal.

Recommandation spéciale de Boisserin contre les nobles et réfugiés de la Vendée ; leur nombre à ce moment. — Séquestre de leurs biens.

Liste des émigrés de la sénéchaussée de Saint-Jean-d'Angély.................................... 203-239

Chapitre VII

Préoccupations de l'époque : l'officier municipal Jolly d'Aussy : son règlement de l'hospice.

Les déserteurs : mesures prises contre eux. — Les patrouilles : la question militaire.

Conversion en caserne du couvent des ex-Capucins.

La municipalité établie chez les ex-Bénédictins.

Le marché ; sa police ; les rues de la ville.

Transformation de l'ancien cimetière « Saint-Georges » en une « Bourse de Commerce ». — Diverses mesures municipales. — Déclarations à faire pour impôts sur le revenu.

Projet de décentralisation : pétition du 11 vendémiaire an VI au Conseil des Cinq-Cents par les habitants de Saint-Jean-d'Angély ; La Rochelle, Saintes.. 240-270

LIVRE II

Chapitre VIII

La Constitution de l'an VIII ; sa publication à Saint-Jean-d'Angély. — La nouvelle municipalité.

Etat des rues à cette époque ; le numérotage des maisons. — Etat financier : impôt sur le revenu : quelques mesures municipales.

Fête à l'occasion du traité de paix avec l'Autriche. — Adresse au général consul.

Les premiers réverbères angériens ; fixation des foires de Saint-Jean-d'Angély par décret impérial.

Création de la compagnie des sapeurs-pompiers angériens ; règlement de cette compagnie.

Mariage des filles sages avec les guerriers : fixation de l'heure des mariages.

Adresse et offre de la ville de Saint-Jean-d'Angély à Napoléon Ier. — Fin du premier Empire........ 271-294

Chapitre IX

§ 1. — De 1789 à 1816. — Etat de l'instruction publique à Saint-Jean-d'Angély, sous la Révolution.

Les premiers instituteurs et les premières écoles secondaires et primaires : leurs règlements.

Création d'une école ecclésiastique ; sa destruction par l'incendie en 1813.

Adresse du maire aux habitants à ce sujet........ 295-312

§ 2. — De 1816 à 1908. — Nouvelle création d'une école primaire : le petit séminaire reconstitué.

Ecole d'enseignement mutuel : les autres instituteurs en 1822.

Rétablissement du collège communal en 1830 ; projet d'école normale.

Le jury d'examen à cette époque : ce qu'était alors un examen d'instituteur ; les matières du programme ; état de l'Ecole.

Création d'une école secondaire.

Difficultés entre la ville de Saint-Jean-d'Angély et l'Université au sujet de l'ancien abbaye des Bénédictins. — Consultation en faveur de la ville.

Etat de l'enseignement en 1853. — L'ancien collège communal remplacé par un collège congréganiste.

Statistiques scolaires en 1856 et en 1861.

Laïcisation du collège congréganiste en 1881.

Les diverses écoles de Saint-Jean-d'Angély.

Statistiques en 1904 et en 1907.

Délégation cantonale de l'arrondissement........ 312-349

Chapitre X

§ 1. — Adresse d'adhésion de la municipalité au gouvernement provisoire. — Députation au duc d'Angoulême et adresse au Roi : son retour de Bordeaux à Saint-Jean-d'Angély.
Proclamation du sous-préfet Griffon à ses administrés.
La couleur et la cocarde blanches.
La fête du roi.................................... 350-359

§ 2. — Retour en France de Napoléon Ier. — Appel aux armes des jeunes gens de Saint-Jean-d'Angély. — Nouvelle proclamation du maire de Sérigny-de-Luret.
Supplique au roi au nom des habitants.
La nouvelle municipalité : Sa prestation de serment.
Adresse de protestation contre la mort de Louis XVI.
Suppression des emblèmes de l'Empire : manifestation en faveur du nouveau régime.
La fête-Dieu à Saint-Jean-d'Angély. — Obligation de tendre sur le passage du cortège. (Observation des avocats angériens au sujet du port du dais en 1767).
Composition de la garde-royale : listes électorales. — Obligation imposée aux habitants de fermer leur porte à une heure déterminée.
Défense de fumer au Minage, aux Halles, au Marché et sur les promenades publiques................ 359-370

Chapitre XI

§ 1. — Conditions requises à Saint-Jean-d'Angély pour être boulanger sous Louis XVIII.
La presse locale ; la Censure ; les Affiches.
Troubles dans la rue Taillebourg : moyens employés pour les réprimer.
Emprunt et demande de remise de dette par le Gouvernement.

§ 2. — Invitation à Saint-Jean-d'Angély de reprendre ses armoiries. — Demande à ces fins du Maire de

Lalaurencie. — Avis du Conseil. — Lettres-patentes du roi du 14 avril 1820 portant confirmation des armes de la ville. — Adresse au roi à l'occasion de la mort du Duc de Berry et de la naissance du Duc de Bordeaux : les fêtes. — Députation à la duchesse d'Angoulême 371-380

§ 3. — Les moulins à poudre de Saint-Jean-d'Angély : leurs création et organisation. — Les divers accidents occasionnés dans la ville par ces établissements. — L'explosion du 25 mars 1818; rapport sur cette catastrophe. — Supplique au roi pour la translation des moulins à poudre en un autre lieu. — Commission d'étude nommée à cet effet.

Difficultés entre la ville, les commissaires et les inspecteurs de la poudrerie : Secours aux victimes. — La pompe du Pilori... 381-393

§ 4. — Adresse au nouveau roi Charles X ; la nouvelle municipalité. — Les fêtes du sacre ; mesures administratives.

Le drapeau tricolore arboré à l'hôtel de ville en faveur de Louis-Philippe. — Le nouveau maire, organisation de la garde nationale. — Demande d'armes au gouvernement et demande de restitution de canons transportés à Rochefort. — Diverses mesures administratives. — Adresse au Roi. — Troubles à la Halle aux grains. — Exhortation aux habitants. — Aliénation de la cabane de la Lance............ 394-410

LIVRE III

De 1848 à 1852.

Chapitre XII

La Révolution de 1848 à Saint-Jean-d'Angély. — Adresse aux habitants à cette occasion. — Organisation de la Garde nationale et de la musique municipale par le citoyen Lacourt. — Demande d'Armes au ministre de la Guerre.

Les journées de juin. — Départ du contingent. — Plantation d'un arbre de la Liberté. — Proclamation de la Constitution républicaine. — Fêtes. — Troubles dans l'arrondissement. — Arrestations. — Diverses questions administratives. — Agrandissement de la salle d'asile. — Aliénation de terrains, rue Coybo, au profit des dames de Chavagnes. — Demande par l'évêque d'établir une école des Frères de la Doctrine Chrétienne. — Refus. — Reconstruction de la nouvelle sous-préfecture et réorganisation de la Caisse d'épargne.
Bonaparte proclamé président de la République. — Démission de M. Taffoireau.
Le serment constitutionnel et le Conseil municipal.
Le 2 décembre.................................. 411-428

Chapitre XIII

Serment de fidélité à l'Empire par le Conseil Municipal, le 25 mars 1853.
Les travaux municipaux de l'époque.
Obligations des libraires et des boulangers. — L'éclairage et la sonnerie publics. — La Recette municipale. — Avis favorable à l'installation d'un ministre protestant. — La question du cimetière. — Les sociétés de Secours mutuels. — Les Cercles et associations diverses. — La loge maçonnique. — Sa fondation; ses premiers membres........................ 429-448

Chapitre XIV

Erection de la statue du Comte Regnaud de Saint-Jean-d'Angély sur la place de l'Hôtel de Ville. — Les diverses constructions : Minage, Tribunal, Prison, Abattoir. — La sécheresse en 1864. — Projet d'adduction auprès de la Ville par l'aqueduc de la fontaine du « Coi » des eaux du Ruisseau du « Rousseau ». — L'eau et la pompe du Minage ; son analyse chimique.

Circulaire ministérielle du 16 septembre 1865. — Mise en communication des faubourgs Matha et Saint-Eutrope.

Le champ de foire des bœufs.

Adresse à Napoléon III........................ 449-460

Chapitre XV

La guerre de 1870. Le Conseil Municipal de l'époque. — La Commission administrative. — Le Temple protestant. — Demande d'érection en succursale de la Chapelle du faubourg Taillebourg : rapport de Joseph Lair à ce sujet. — Dénombrement de la population de la commune en 1876 : diverses statistiques. — Etablissement de la voie ferrée de Taillebourg à Saint-Jean-d'Angély.

La première locomotive à Saint-Jean-d'Angély. — Fêtes à cette occasion.

Les divers projets municipaux en 1878. — Divergence et démission de certains membres du Conseil. — Leur réélection.

La mort de Léon Gambetta. — Son retentissement à Saint-Jean-d'Angély.

La loi du 5 avril 1884. — Discours de Joseph Lair.

Mort de Victor Hugo, délégation à ses obsèques à Paris.

Achille Camuzet, son testament.

Mort et funérailles de Joseph Lair. — Son testament. — Le domaine de Chancellée aux enfants moralement abandonnés................................ 461-486

Chapitre XVI

Les successeurs de Lair à la Mairie. — Les municipalités qui ont suivi.

Actes administratifs

Le théâtre sous la révolution et depuis cette époque, à
   Saint-Jean-d'Angély.
Création de la salle municipale.
Les fêtes de l'inauguration...................... 487-515
Table... 516-526

IMP. HENRI JOUVE, 15, RUE RACINE, PARIS

www.ingramcontent.com/pod-product-compliance
Lightning Source LLC
Chambersburg PA
CBHW071416230426
43669CB00010B/1572